Schwierige Dreierbeziehung

Studien des Forschungsverbundes SED-Staat an der Freien Universität Berlin

Herausgegeben von Klaus Schroeder
und Jochen Staadt

Band 18

PETER LANG
EDITION

Jochen Staadt (Hrsg.)

Schwierige Dreierbeziehung

Österreich und die beiden deutschen Staaten

PETER LANG
EDITION

Bibliografische Information der Deutschen Nationalbibliothek
Die Deutsche Nationalbibliothek verzeichnet diese Publikation in der Deutschen Nationalbibliografie; detaillierte bibliografische Daten sind im Internet über http://dnb.d-nb.de abrufbar.

Covergestaltung: Uta Schulz
Fotos Rückseite: Botschafter Friedrich Bauer 1974
in Ost-Berlin und 1987 in Bonn
1. Schneider, ADN/Zentralbild, heute BArch.
Bild 183-M0516-0348
2. Bundespräsidialamt

ISSN 0946-9052
ISBN 978-3-631-64045-6

www.peterlang.de

Inhaltsverzeichnis

Einführung

von Jochen Staadt

Drei Nachfolgestaaten gingen nach dem Ende des Zweiten Weltkrieges aus Hitlers Großdeutschland hervor. Das Verhältnis zwischen ihnen blieb bis zur deutschen Wiedervereinigung eine schwierige Dreierbeziehung. Die Republik Österreich und die Bundesrepublik Deutschland waren auf politischem, wirtschaftlichem und kulturellem Gebiet über alle Jahre aufs engste miteinander verbunden. Der DDR gelang es erst in den frühen siebziger Jahren, die lange erwünschten zwischenstaatlichen Beziehungen zu Österreich herzustellen und ihre Wirtschaftsbeziehungen zu der Alpenrepublik mit erheblichem Erfolg auszubauen. In den achtziger Jahren gewannen österreichische Bank- und Handelspartner für die schwächelnde DDR-Wirtschaft immer größere Bedeutung. Das galt neben den vertraglich geregelten gegenseitigen Wirtschaftsbeziehungen auch für verdeckte Handelsgeschäfte mit Waren, die unter das Embargo des westlichen Militärbündnisses fielen, sowie für den ausgedehnten Waffenhandel der DDR mit Staaten der Dritten Welt. Der sogenannte „spezielle DDR-Außenhandel", für den Alexander Schalck-Golodkowski verantwortlich war, bezog über österreichische Firmen auch westdeutsche Unternehmen in seine Geschäfte mit Militärgütern aller Art ein.

Die Beiträge zu diesem Buch widmen sich auf unterschiedlichen Feldern dem besonderen Verhältnis zwischen Österreich und den beiden deutschen Staaten. Maximilian Graf untersucht die Wahrnehmung der DDR durch österreichische Diplomaten in der Zeit zwischen 1949 und 1972 und leistet damit, ausgehend von den Quellen des österreichischen Außenministeriums, einen wichtigen Beitrag zur Perzeptionsforschung. Enrico Seewald schildert die Tätigkeit der österreichischen Botschaft in Ost-Berlin während der ersten Jahre nach der Aufnahme diplomatischer Beziehungen zwischen der DDR und der Republik Österreich. Maximilian Graf und Michael Rohrwasser gehen einem besonderen Fall in der deutsch-österreichischen Literaturgeschichte auf den Grund, der Kontroverse um Franz Kafka, wie sie sich Mitte der sechziger Jahre zwischen deutsch-dogmatischen Kommunisten und kommunistisch Andersdenkenden aus dem ehemaligen österreichisch-ungarischen Kulturraum zugetragen hat. Angela Schmole geht einigen der umfangreichen Geheimdienstoperationen des DDR-Ministeriums für Staatssicherheit in Österreich nach und beschreibt die Bandbreite der geheimpolizeilichen Überwachung von Österreichern in der DDR.

Malte Fischer verfolgt die Spur des Geldes, das aus der DDR auf österreichische Konten wanderte und schließlich dank höchstrichterlicher Entscheidungen teilweise wieder an das 1990 entstandene neue Deutschland teilweise zurückgegeben werden mußte.[1] So kam es, daß die kommunistischen Notgroschen nach dem Ende des SED-Staates dem Wiederaufbau eines fast verloren geglaubten christlichen Bauwerks zugute kamen. Was 1949 „der Zukunft zugewandt“ sein wollte, ist nun Vergangenheit. Die Geschichte dieser Vergangenheit ist freilich noch längst nicht geschrieben. Einige Tiefenschnitte hierzu liefert dieses Buch.

Österreicher der ersten Stunde

Zahlreiche Österreicher lebten nach dem Zweiten Weltkrieg in der DDR. Viele von ihnen waren kommunistische Emigranten, die sich für das sozialistische Kleindeutschland entschieden, nachdem der Kommunistischen Partei Österreichs bereits im Herbst 1945 alle Blütenträume des Frühlings der Befreiung auf ein klägliches Wahlergebnis von 5,6 Prozent zusammengeschrumpft waren. Diese Niederlage hatte Folgen für die sowjetische Besatzungspolitik in Deutschland. Auf freie Wahlen und auf ein unkontrolliertes Volk war also kein Verlaß. Es ging auch ohne. So jedenfalls meinten einige Österreicher, die in der ersten Stunde dem neuen Deutschland hinter dem „Eisernen Vorhang“ zu Hilfe eilten. Wenn schon in Österreich mit der Kommunistischen Partei kein Staat zu machen war, warum nicht dem ausgefeilteren Versuch im sowjetisch besetzten Teil Deutschlands auf die Sprünge helfen? So jedenfalls sahen es zwei durchaus exemplarische österreichische Brüder, die sich in den Anfangsjahren der DDR um das kommunistische Experiment in Deutschland verdient gemacht haben. Der eine von ihnen beherrschte die Kunst der Propaganda aus dem Effeff, der andere die Propaganda durch Kunst. Der eine, ältere, Gerhart Eisler, Jahrgang 1897, ist weitgehend vergessen. Er brillierte zu DDR-Zeiten auf der Klaviatur des kommunistischen Agitationsapparates auf höchster Ebene. Der andere, jüngere, Hanns Eisler, Jahrgang 1898, ist unvergessen. Er komponierte dem ersten deutschen Arbeiter- und Bauernstaat das Wiegenlied „Auferstanden aus Ruinen“.

Ganz ohne Probleme verliefen die Karrieren der beiden Österreicher im „roten Preußen“ freilich nicht. Gerhart Eisler, der im Ersten Weltkrieg als Leutnant der k.u.k. Armee gedient hatte, setzte seine militärische Karriere zunächst in der Roten Garde des österreichischen Arbeiter- und Soldatenrates fort. Er folgte dann aber seiner jüngeren Schwester Elfriede nach Berlin und brachte es in der KPD als Journalist und Agitator zu Rang und Namen. Gerhart Eisler kehrte als

1 Ein Vermögensanteil von 250 Millionen Euro ist freilich bis heute streitgegenständlich.

treue kommunistische Seele aus dem Exil in den Vereinigten Staaten 1949 nach Berlin zurück, wurde Leiter des staatlichen Propagandaapparates und geriet in der stalinistischen Säuberungswelle von 1953 unter Verdacht, ein Agent des Westens zu sein. Nach dreijährigem Funktionsverbot erhielt er den Stellvertreterposten und 1962 die Leitung des Staatsrundfunks der DDR, wurde mit Orden überschüttet und Mitglied des SED-Zentralkomitees. Der *Spiegel* schrieb 1968 in einem Nachruf über Gerhart Eisler: „Mit Wiener Akzent und krächzender Altherrenstimme artikulierte er Woche um Woche die Gedanken Ulbrichts: Im ‚Sonntagsgespräch', dem Ost-Berliner ‚Frühschoppen', zeterte er wider den Westen." Ausgerechnet als Gerhart Eisler 1968 Radio Eriwan in Armenien besuchte, stellte ihm der Tod eine Frage, die er im Prinzip nicht mit Nein beantworten konnte. Was von ihm blieb, war eine Sammlung markiger Reden und Schriften mit dem Titel „Auf der Hauptstraße der Weltgeschichte".

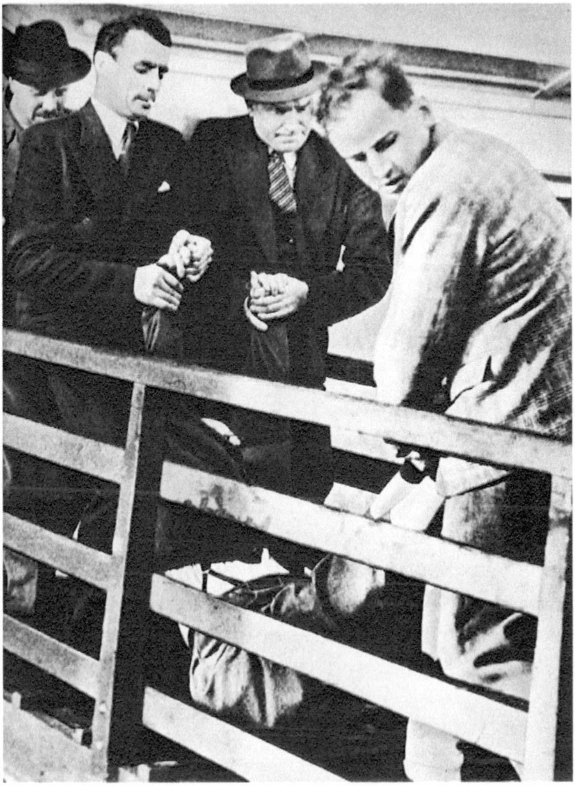

Gerhart Eisler wurde bei der Ankunft des polnischen Dampfers in Großbritannien vom Schiff getragen, nachdem er sich weigerte zur Überprüfung seiner Papiere an Land zu kommen. Vor Gericht erstritt er gegen das Auslieferungsersuchen der USA seine Weiterreise in die DDR.

Angenehmer als dieses Agitatorengedröhn klingt, was sein jüngerer Bruder Hanns Eisler zuwege brachte – neben der DDR-Hymne „Auferstanden aus Ruinen" schmissige Gassenhauer wie das „Einheitsfrontlied" oder das „Solidaritätslied" sowie über 40 Bühnenmusiken im Dienste Bertolt Brechts. Hanns Eisler erlernte sein musikalisches Handwerk unter anderem bei Arnold Schönberg in Wien. Schon in den späten zwanziger Jahren hatte er in Berlin mit Bertolt Brecht zusammengearbeitet, außer kommunistischen Kampfliedern Musikkritiken für das Zentralorgan der KPD *Rote Fahne* verfaßt und die Filmmusik zu Brechts „Kuhle Wampe“ komponiert. Nach der Machtergreifung seines Landsmannes Adolf Hitler floh er durch halb Europa, um schließlich im amerikanischen Exil vor der nationalsozialistischen Verfolgung sicher zu sein. Allerdings geriet er dort nach Kriegsende ebenso wie sein Bruder Gerhart in die Fänge der Kommunistenjäger um den republikanischen Senator Joseph McCarthy und FBI-Chef J. Edgar Hoover. Gerhart und Hanns Eisler entwichen schließlich aus dem Land der unbegrenzten Möglichkeiten, das sie vor den Nationalsozialisten gerettet hatte, aber als ausländische Kommunisten nach dem Beginn des Kalten Kriegs nicht mehr dulden wollte. Heute weiß man freilich, daß Gerhart Eisler tatsächlich für den sowjetischen Geheimdienst gearbeitet hatte und die Vorwürfe der Antikommunisten gegen ihn nicht ganz haltlos waren. Wie sein Bruder eckte auch Hanns Eisler unverschuldet in seiner neuen Heimat DDR an, kaum daß er dort als Komponist der Staatshymne Anerkennung gefunden und das Präsidentenamt des DDR-Musikrates übernommen hatte. Sein Libretto zur Oper „Johann Faustus“ geriet unter Formalismus- und Dekadenzverdacht.[2] SED-Chef Walter Ulbricht verkündete am 27. Mai 1953 auf einer „Konferenz der Angehörigen der Intelligenz“ das vernichtende Urteil über Eislers Opernentwurf. Man werde es in der DDR „nicht zulassen, daß eines der bedeutendsten Werke unseres großen deutschen Dichters Goethe formalistisch verunstaltet wird, daß man die große Idee in Goethes Faust zu einer Karikatur“ mache, wie „das in einigen Werken auch in der DDR geschehen ist, zum Beispiel in dem sogenannten Faust von Eisler“. Die SED führe „den Kampf gegen diese Verfälschung und Entstellung der deutschen Kultur, gegen die Mißachtung des deutschen Kulturerbes, für die Verteidigung

2 Die SED-Führung hatte im März 1951 eine parteiamtliche Definition ihrer Auffassung von Formalismus und Dekadenz veröffentlicht. Vgl.: „Der Kampf gegen den Formalismus in Kunst und Literatur für eine fortschrittliche deutsche Kultur“, Entschließung des ZK der SED auf der Tagung am 15., 16. und 17. März 1951. Darin hieß es: „Formalismus und Dekadenz in der Musik zeigen sich in der Zerstörung wahrer Gefühlswerte, im Mangel an humanem Gefühlsinhalt, an verzweifelter Untergangsstimmung, die in weltflüchtiger Mystik, verzerrter Harmonik und verkümmerter Melodie zum Ausdruck kommt.“ Am 19. Dezember 1952 griff das „Neue Deutschland“ erstmals öffentlich den DDR-Nationalpreisträger Hanns Eisler an und zieh ihn des Formalismus. Vgl. zur Kontroverse zwischen Hanns Eisler und der SED-Führung Weihen, Daniel zur: Die Staatliche Kommission für Kunstangelegenheiten und die Komposition zeitgenössischer Musik. In: Staadt, Jochen (Hrsg.): „Die Eroberung der Kultur beginnt!“ Die Staatliche Kommission für Kunstangelegenheiten der DDR (1951–1953) und die Kulturpolitik der SED. Frankfurt am Main 2011, S. 277 ff.

der großen Leistungen unserer Klassiker auf allen Gebieten".[3] Hanns Eisler, von den eigenen Leuten in Grund und Boden verdammt, war untröstlich. Erst recht, als wenige Tage später die Arbeiter und Bauern der DDR am 17. Juni 1953 ernst nahmen, was ihnen die Staatshymne mit Bechers Worten und Eislers Melodie verhießen hatte – „Steigt ein frei Geschlecht empor...".

Einen Monat nach der Niederschlagung des Volksaufstandes vom 17. Juni 1953 trieb sich Eisler im West-Berliner Rotlichtmilieu am Savignyplatz herum. Am 16. Juli 1953 gegen 13 Uhr stoppte ein West-Berliner Taxifahrer mit dem volltrunkenen Hanns Eisler im Fond seinen Wagen vor dem Polizeirevier unweit des Bahnhofs Zoo. Ob sich der Komponist aus Verzweiflung über das uneinsichtige DDR-Volk oder aus Liebesleid in den West-Berliner Untergrund gestürzt hatte, ist nicht überliefert. Seine Frau Louise hatte sich jedenfalls zu dieser Zeit von ihm ab- und im fernen Wien seinem Freund, dem österreichischen Germanisten und Kommunisten Ernst Fischer, zugewandt.[4]

Paul Buchwald alias GM „Rose" nahm Hanns Eisler in West-Berlin in Ausnüchterungshaft.

Foto: BStU

Überliefert ist ein offizielles Protokoll der West-Berliner Polizei über das Benehmen Eislers am Mittag des 16. Juli 1953 sowie ein inoffizielles Protokoll des DDR-Staatssicherheits–dienstes zum gleichen Ereignis. Denn ausgerechnet der zuständige Revierbeamte, bei dem der Taxifahrer Anzeige gegen Eisler erstattete, arbeitete unter dem Decknamen „Rose" als „Geheimer Mitarbeiter" für die DDR-Staatssicherheit. „Rose", der mit bürgerlichem Namen Paul Buchwald hieß, war außerdem insgeheim Mitglied der SED. Seinem Ost-Berliner Führungsoffizier übergab er kurz nach dem Vorfall einen „Bericht" über Eislers Festnahme. Ihm sei am Mittag des 16. Juli als Wachthabenden des 131. Polizei-

3 Ulbricht, Walter: Die Aufgaben der Intelligenz beim Aufbau des Sozialismus in der deutschen Demokratischen Republik. Reden und Aufsätze zur Geschichte der deutschen Arbeiterbewegung, Band IV. Berlin/DDR 1958, S. 604.

4 Ausgerechnet Ernst Fischer hatte ein Jahr zuvor in der DDR-Kulturzeitschrift „Sinn und Form" Eislers Faust-Libretto in höchsten Tönen gelobt, was die fanatischen sozialistischen Realisten unter den SED-Kulturfunktionären wohl zu weiteren Attacken gegen Eisler herausgefordert hat. Vgl. hierzu Wißmann, Friderike: Hanns Eisler. Komponist, Weltbürger, Revolutionär. München 2012, S. 205 f. Fischers Rezension „Doktor Faustus und der Deutsche Bauernkrieg" erschien in „Sinn und Form" Nr. 4, 1952.

Reviers der Inspektion Charlottenburg durch einen Taxifahrer ein Betrunkener zugeführt worden, „der angeblich seine Fahrt nicht bezahlen wollte. Der Fahrer bat um die Feststellung des Betreffenden, damit er seine Ansprüche geltend machen könne. Ein Wachtmeister, der den Betrunkenen aus dem Taxi holen wollte, betrat nach kurzer Zeit wieder den Wachtraum mit der Meldung, es sei unmöglich allein den Betrunkenen aus dem Wagen zu bekommen, da er vollkommen blau sei. Also mußten zwei Wachtmeister den Betrunkenen aus dem Taxi in den Wachtraum tragen." Der Betrunkene habe erklärt, kein Geld mehr bei sich zu haben und darum gebeten, es von seiner Wirtschafterin zu holen. Als dies abgelehnt wurde, einigte er sich mit dem Fahrer, seine Uhr als Pfand zurückzulassen und die drei Westmark Fahrgeld später zu bezahlen. Der Taxifahrer verlangte sodann die Personalien des zahlungsunfähigen Fahrgastes, die Buchwald ihm mit der Begründung verweigerte, er habe ja die Uhr als Pfand. Buchwald hatte „inzwischen nämlich festgestellt, daß es sich um Johannes Eisler bei dem Betrunkenen handelte und wollte größeres Aufsehen vermeiden". Er habe dann, nachdem der Taxifahrer das Revier verlassen hatte, Eisler entlassen wollen. „Jedoch war dies nicht möglich, da Eisler nicht stehen konnte. Er mußte also bis zu seiner Ausnüchterung auf dem Revier bleiben." Eisler wurde in eine Zelle gebracht, die aber nicht verschlossen wurde. Er schlief dort sofort ein. Seinen Papieren war zu entnehmen, daß er „für den demokratischen Sektor von Berlin [...] eine Aufenthaltsgenehmigung bis zum 20.7.53" hatte und dort in der Pfeilstraße 5 wohnte.

Eisler sei nach knapp einer Stunde im Wachtraum erschienen und habe seine Entlassung verlangt. Er sei dann sehr laut geworden und habe geschrien, „was bilden sie sich ein, ich bin Österreicher, ich werde sie zur Verantwortung ziehen". Durch den Lärm seien der Reviervorsteher und sein Stellvertreter aufmerksam geworden und in den Wachtraum gekommen. Auf die Frage, was los sei, antwortete Buchwald, „nur eine zivilrechtliche Sache. Ein Betrunkener konnte ein Taxi nicht bezahlen. Es ist aber schon alles geklärt und der Betreffende wird jetzt entlassen. In diesem Augenblick hatte Eisler auch Geld aus seiner Tasche hervorgeholt. Es waren 10 Westmark." Nun verlangte der Reviervorsteher die Personalien. Er sah sich den Paß Eislers an und verschwand damit wortlos in seinem Zimmer. In diesem Moment habe auch ein Journalist angerufen und gefragt, ob Hanns Eisler festgenommen worden sei. Da auch der Revierchef der Presse keine Auskunft gab, sei unklar, woher sie die Information hatten. Eisler wurde dann von zwei Kripobeamten der politischen Abteilung zum Polizeipräsidium nach Tempelhof gebracht und bald entlassen, nachdem er dem geprellten Taxifahrer mit drei Mark bezahlt hatte. Er habe zuvor auf Befragung den Beamten der politischen Abteilung erklärt, „er wollte hier in Westberlin in Freiheit ausgehen, da im Ostsektor die Freiheit sehr beschnitten ist". Wie

„Rose“ einige Zeit später der Ost-Berliner Staatssicherheit mitteilte, wurde er bald nach dem Zwischenfall von einem amerikanischen Geheimdienstoffizier namens Kirschbaum angesprochen und gefragt, ob er nicht für ihn arbeiten wolle. Unter Bezugnahme auf den Fall Eisler erklärte Kirschbaum, er hätte den prominenten Kommunisten mit dem Taxi gleich zur amerikanischen Dienststelle weiterleiten sollen. Zur Charakterisierung des amerikanischen Geheimdienstmannes merkte „Rose“ an, Kirschbaum spreche Wiener Dialekt „und ist nach meiner Vermutung Jude“.

Paul Buchwald alias „Rose“ stellte 1955 seine Berichterstattung an den DDR-Staatssicherheitsdienst ein. Er zahlte auch keine Mitgliedsbeiträge mehr für die SED.[5] Hanns Eisler entschuldigte sich im Oktober 1953 gegenüber der SED-Führung kleinlaut für seinen West-Berliner Fehltritt. Man ließ ihn fortan gewähren und bot ihm alle Möglichkeiten, die das kleine Deutschland seinen geschätzten Künstlern bieten konnte. Am 23. August 1961 verteidigte Hanns Eisler in einem Offenen Brief an Günter Grass den Mauerbau. Wenige Tage später brach er – quod licet jovi, non licet bovi – zur Erstaufführungen eigener Werke nach Paris und Lyon auf.

Ob er in der französischen Hauptstadt das Grab seiner wenige Monate zuvor, im März 1961 verstorbenen älteren Schwester Ruth auf dem Friedhof Montparnasse aufsuchte, ist nicht überliefert. Ruth Fischer (Ruth Elfriede Eisler) hatte es in den goldenen Zwanzigern zeitweise zur „Ersten Frau“ des deutschen Kommunismus gebracht. In den beiden deutschen Nachkriegsstaaten fiel ihre ungewöhnliche Biographie durch den Erinnerungsrost der Geschichtskulturen. In der DDR fand sie – wenn überhaupt – lediglich als Schandfleck in der Geschichtsschreibung zur deutschen Arbeiterbewegung Erwähnung, in Westdeutschland war sie weder als Feind noch Freund von traditionsbegründendem Gebrauchswert.[6] Nur der damals noch unbedeutende Sozialistische Deutsche

---

5 MfS, BV Groß-Berlin; Abt. VII/3: Bericht über Festnahme von Johannes Eisler vom 24 Juli 1953. BStU, ZA, AIM, 14929/62.

6 In der unter der Schriftleitung Walter Ulbrichts von einem Autorenkollektiv verfaßten achtbändigen Geschichte der Deutschen Arbeiterbewegung wurden Ruth Fischer, Arkadi Maslow und Ernst Reuter, der spätere Regierende Bürgermeister von Berlin, als Ultralinke „kleinbürgerliche Intellektuelle“ charakterisiert, die in der KPD „persönliche, karrieristische Ziele verfolgten. Sie standen den Massen überheblich gegenüber und verachteten den disziplinierten, organisierten Kampf des Proletariats und seiner Partei.“ Siehe Band 3 der Geschichte der Deutschen Arbeiterbewegung. Berlin 1966, S. 321. Auch im vierten Band, der u.a. den Parteiausschluß von Fischer und Maslow behandelt, ließ Ulbrichts Autorenkollektiv kein gutes Haar an Ruth Fischer. Sie wird nun zu den „parteifremden Kräften“ gerechnet, „zur Hauptgefahr in der KPD. Vgl.: Arbeiterbewegung, S. 27. Bis heute arbeiten sich Postkommunisten aus der deutschen Linkspartei an Ruth Fischer ab. So der Potsdamer ZZF-Mitarbeiter Mario Keßler, Mitglied der Histori-

Studentenbund (SDS) setzte sich in einigen seiner Schulungszirkel mit Texten der verfemten Anti-Stalinistin auseinander und lud sie zu Diskussionen im kleinen Kreis ein. Die zweiten Ausgabe der theoretischen Zeitschrift des SDS, *Neue Kritik*, die der Bundesvorstand des Verbandes ab Mai 1960 nach der Zuspitzung des Konfliktes mit der Mutterpartei SPD zur Selbstvergewisserung der Neuen Linken herausgab, brachte einen Grundsatzbeitrag von Ruth Fischer unter dem programmatischen Titel: „Zur Diskussion über das Problem der unterentwikkelten Länder“ und behandelte das Verhältnis zwischen der Dritten Welt und den entwickelten Industriestaaten.[7] Wohl nicht zu Unrecht mag die Altkommunistin in den Jungradikalen der Neuen Linken Wiedergänger ihrer eigenen Sturm- und Drangzeit der frühen zwanziger Jahre gesehen haben. Sie registrierte, daß sich etwas tat und die zu Stalins Zeiten erzwungene Totenruhe im kommunistischen Lagerdenken aus der Zeit gefallen war. Ihr Dialog mit der Neuen Linken blieb fruchtbar noch bis zu ihrem Tod. Der letzte Besucher, mit dem sie in Paris am Tag vor ihrem plötzlichen Ableben diskutierte, war Klaus Meschkat, ein führendes SDS-Mitglied aus West-Berlin.

In den Anfangsjahren des großen Weltbürgerkriegs war Ruth Fischer ihren beiden jüngeren Brüdern „auf der Hauptstraße der Weltgeschichte“ weit voraus. Während Hanns und Gerhart noch im Ersten Weltkrieg für die Habsburger Krone fochten, konspirierte Schwester Ruth als linke Wiener Studentin bereits mit Lenins Abgesandten über den Sturz der Donaumonarchie. Diese avantgardistischen Verdienste brachten ihr bei der Gründung der Kommunistischen Partei Österreichs, die zunächst Kommunistische Partei Deutsch-Österreichs hieß, am 4. November 1918 die Mitgliedsnummer 1 ein. Da aber in Wien die Revolution wegen der Dominanz des demokratisch-sozialistischen Austromarxismus nicht voran kam, trieb es die junge Wilde 1919 nach Deutschland, wo sie im Unterschied zu Österreich der Revolution größere Chancen einräumte. Auch die Orientierung der russischen Revolutionsführer um Lenin und Trotzki auf Deutschland als Hauptschauplatz der nächsten weltrevolutionären Entscheidungsschlacht mag dabei eine Rolle gespielt haben. Trotz verlorener Wahlen

---

schen Kommission der „Linken“, der die Anti-Stalinistin noch in jüngsten Publikationen zur „Antikommunistin“ erklärt, was sie nie war. Vgl. Keßler, Mario: Ruth Fischer: Communist and Anti-Communist Between Europe and America, http://logosjournal.-com/2012/spring-summer_kessler/. Zur Historischen Kommission der deutschen Linkspartei gehört neben Keßler auch Günter Benser, ehedem unter Walter Ulbricht Mitglied des Autorenkollektivs der oben zitierten Geschichte der Deutschen Arbeiterbewegung. So schließen sich die Kreise.

7 Vgl. Fichter, Tilman/Lönnendonker, Siegward: Kleine Geschichte des SDS. Der Sozialistische Deutsche Studentenbund von der Gründung 1946 bis zur Selbstauflösung. Essen 2007, S. 86.

verfolgte die radikale Linke in Deutschland hoffnungsfroh ihr Vorhaben einer revolutionären Zerschlagung der Weimarer Republik. Allen voran Ruth Fischer, die in der KPD eine rasende Parteikarriere machte: 1921 Vorsitzende der mächtigen Berliner KPD-Parteiorganisation, 1924–1926 Mitglied des Präsidiums der Kommunistischen Internationale (KI), und seit der Verhaftung ihres Partners, Arkadi Maslow, war sie faktisch KPD-Chefin und damit die erste Frau, die eine Reichstagspartei führte.[8] Reichstagsabgeordnete der KPD wurde sie 1924 unter dem Namen Elfriede Golke. Um ihre Abschiebung als unerwünschte Ausländerin zu vermeiden, war die Perle des deutschen Kommunismus kurz zuvor dem Bruder des Parteischatzmeisters der KPD Gustav Golke anvertraut worden. Tisch, Bett, Leidenschaft und Liebe teilte Ruth Fischer mit dem Bruder des Kassenwarts allerdings nicht.

Ruth Fischer mit Heinz Neumann und Hugo Urbahns 1922 anläßlich des IV. Weltkongresses der Komintern in Moskau.

Foto BArch, Bild Y 10 36346

Wegen ihres emanzipierten Lebensstiles war sie dogmatischen Anstandswauwaus wie der zum rechten Parteiflügel zählenden Clara Zetkin von Anfang an ein Dorn im Auge. Zetkin argwöhnte, die junge Kontrahentin aus der linken Fraktion mache „politische Haltung von den wechselnden sexuellen Beziehungen abhängig". Im Zuge der Stalinisierung wurde Ruth Fischer 1926 aus der KPD ausgeschlossen. Die Kommunistin aus jüdischem Hause floh 1933 nach Paris und 1940 in die USA. Ihr Lebensgefährte Arkadi Maslow, der in Kuba zurückgeblieben war, weil er keine Einreisegenehmigung in die USA erhalten hatte, starb dort im November 1941 auf offener Straße angeblich nach einem Herz-

8 Vgl. Rohrwasser, Michael: Der Stalinismus und die Renegaten. Die Literatur der Exkommunisten. Stuttgart 1991, S. 217 ff. Hier finden sich Angaben zu den von Ruth Fischer in der innerparteilichen Auseinandersetzung befürworteten Methoden der Einschüchterung ihrer Gegenspieler bis hin zur Gewaltausübung durch Angehörige des internen T-Apparats der KPD, wobei T für Terror stand. Siehe auch Schroeder, Klaus/Staadt, Jochen: Kommunismus in Deutschland. In: Courtoise, Stéphane (Hg.): Das Handbuch des Kommunismus. Geschichte, Ideen, Köpfe. München 2010, S. 101 f.

infarkt. Ruth Fischer war überzeugt, ihr Gefährte sei einem Anschlag der sowjetischen Geheimpolizei zum Opfer gefallen.[9] In den Vereinigten Staaten eröffnete sie kurz darauf einen erbitterten Revanchefeldzug gegen alle moskautreuen Kommunisten, darunter auch gegen ihren Bruder Gerhart Eisler, den sie für einen Agenten der sowjetischen Geheimpolizei hielt.[10] Vor dem McCarthy-Ausschuß belastete sie ihn erheblich. Zu dieser Zeit kam Ruth Fischers Buch über die Unterwerfung der KPD unter den Sowjetkommunismus heraus. In den Vereinigten Staaten erschienen ihre 805 unerbittlichen Seiten im Orwell-Jahr 1948 unter dem Titel „Stalin and German Communism: A Study in the Origins of the State Party". Drei Jahre vor Hannah Arendts „Elemente und Ursprünge totaler Herrschaft" schrieb Ruth Fischer dort, sie „habe den deutschen Nationalsozialismus immer als Spezialfall einer allgemeinen Tendenz zur totalitären Gesellschaft gesehen, zu einer Gesellschaft, deren totale Organisation konspirativ von einer terroristischen Minderheit durchgeführt wird und deren Expansionsstreben nach totaler zentralistischer Weltorganisation desto stärker hervortritt, je vollständiger ihr dies im nationalen Rahmen gelingt". Sie selbst habe „die Umwandlung der bolschewistischen Partei in eine solche terroristische Herrschaftsorganisation miterlebt, habe eine ganze Generation russischer Revolutionäre im Kampf gegen diese Entwicklung zerbrechen sehen."[11] Hinter den „ideologischen Schleiern des Hitlerschen Antibolschewismus und des Stalinschen Antifaschismus glichen sich die beiden totalitären Gesellschaften in ihren strukturellen Grundzügen aneinander an".[12] Kein Wunder, daß angesichts solcher Häresie ihre feindlichen Brüder Gerhart und Hanns Eisler die Schwester in der DDR verleugnen mußten und jeglichen Kontakt zu ihr mieden.

Die meisten Österreicher, die in der DDR lebten, behielten wie Hanns Eisler ihre österreichische Staatsbürgerschaft und den dazu gehörigen Paß, darunter so unterschiedliche Persönlichkeiten wie Walter Felsenstein, Intendant der Komischen Oper in Ost-Berlin, oder Otto Prokop, ein weltweit geachteter Pathologe. Mit der Liebe zum Vaterland hatte das standhafte Verbleiben in der anderen Staatsbürgerschaft weniger zu tun. Vielmehr war der amtliche Österreicher-

---

9 Vgl. Hering, Sabine/Schilde, Kurt: Kampfname Ruth Fischer. Wandlungen einer deutschen Kommunistin. Frankfurt am Main 1995, S. 68. Demnach verdächtigte sie ihre beiden Brüder und ihre Schwägerin Lou Eisler, Informationen über Maslows Aufenthaltsort weitergegeben zu haben.

10 Nach neueren Forschungen Bernd Rainer Barths war Gerhart Eisler ab 1941 Leiter der GRU-Residentur (sowjetische Militärspionage) in New York. Vgl. Barths biographische Angaben zu Gerhart Eisler in „Wer war wer in der DDR". Berlin 2010, S. 282.

11 Fischer, Ruth: Stalin und der Deutsche Kommunismus. Der Übergang zur Konterrevolution. Frankfurt am Main 1950 (2. Auflage), S. XXII.

12 Ebd., S. 796.

Nachweis eine Rückversicherung, gleichsam ein Schlüssel für den etwaigen Notausstieg aus dem kleinen Deutschland, falls etwas schiefgehen würde. Sogar der Nicht-Österreicher Bertolt Brecht mochte seinen österreichischen Paß nicht aufgeben. Die Wertschätzung des österreichischen Identitätsausweises sollte sich in der DDR nach dem 13. August 1961 sogar noch steigern. Fortan fungierte das gute Stück als Freifahrschein auf die andere Seite der Welt. Das galt eine kurze Zeitlang nicht nur für tatsächliche Österreicher. In den ersten Monaten nach dem Mauerbau schmuggelten studentische Fluchthelfer der Freien Universität Berlin österreichische Pässe mit ausgetauschten Paßbildern nach Ost-Berlin. Im Schnellkurs brachten einige bayrische West-Studenten den fluchtwilligen Ost-Berlinern einen südlichen Zungenschlag bei, damit diese dann als vermeintliche Österreicher mit gefälschtem Paß über den Checkpoint Charlie in die Freiheit entwischen konnten.[13]

Für fingierte Papiertransporte ganz anderer Art nutzte die in Ost-Berlin ansässige Führung der in Westdeutschland verbotenen KPD ihre besonderen Beziehungen zur österreichischen Bruderpartei. Das Bundesamt für Verfassungsschutz registrierte das getreulich in seinen Lageberichten an das Bundeskanzleramt. So meldeten die wachsamen Verfassungsschützer noch im Februar 1968, die KPD habe in Österreich 50 000 Exemplare ihres neuen Programmentwurfes drucken lassen und durch Kuriere heimlich ins Bundesgebiet eingeführt. Der Polizei gelang es, 15 000 Exemplare zu beschlagnahmen.[14] Fünf Monate später wurde die KPD als DKP wieder legal, und Österreich hatte als Hinterland für die „kommunistische Infiltration“ in Westdeutschland seine Funktion verloren. Für die in Ost-Berlin regierenden Kommunisten jedoch wuchs die Bedeutung des Alpenlandes in den siebziger und achtziger Jahren beständig. Österreich war ein sicherer Hafen für parteieigene Kapitalrücklagen – dazu Malte Fischer weiter unten – und zuverlässiger Handelsraum in schweren Zeiten.

---

13 Dies berichteten ehemalige Studenten der Freien Universität Berlin dem Autor in Zeitzeugenbefragungen. Vgl. hierzu auch Veigel, Burkhart: Wege durch die Mauer. Fluchthilfe und Stasi zwischen Ost und West. Berlin 2011, S. 71.f.

14 Bundesamt für Verfassungsschutz: Lageberichte des Bundesamtes für Verfassungsschutz Bd. 19. Februar 1968–Juli 1968. BArch Koblenz, B 443 / 545.

Die Diplomaten kommen

Bis in die späten sechziger Jahre wahrte Österreich mit Rücksicht auf das außenpolitische Interesse der Bundesrepublik Deutschland die gebotene Distanz zur DDR.[15] Die SED-Führung setzte in dieser Zeit indes schon auf eine Aufweichung der österreichischen Zurückhaltung. Darüber informierten die gewöhnlich gutunterrichteten Kreise zuständigkeitshalber das Bonner Bundeskanzleramt. „Im Gegensatz zur der Schweiz und Schweden", berichtete der Bundesnachrichtendienst (BND) im Februar 1969, sei „nach Ansicht der SBZ-Führung in Österreich die Chance vorhanden, den Stil der österreichischen Neutralitätspolitik noch mitprägen und mit beeinflussen zu können." Man stütze sich dabei auf die Tatsache, daß die Sowjetunion einer der Signatarstaaten des Staatsvertrages sei. Bislang habe die Bundesrepublik ein starkes Übergewicht in Österreich. Freilich sei die Bereitschaft der Sowjetunion in der Anerkennungsfrage, Druck auf Österreich auszuüben, bislang gering. Den stärksten Ansatzpunkt für Kontakte der „Zonenregierung" in Österreich hätten bislang Wirtschaftsbeziehungen geboten. Die „SBZ-Regierung" dränge darauf, daß Österreich in Ost-Berlin eine eigene Einrichtung schaffe, die für konsularische Angelegenheiten der 15 000 in der „SBZ" lebenden österreichischen Staatsbürger zuständig sei. Österreich habe bisher an der Betreuung vom Konsulat in West-Berlin aus festgehalten.[16]

Das änderte sich, wie Enrico Seewald in seinem Beitrag erläutert, mit der Aufnahme der diplomatischen Beziehungen und dem Inkrafttreten des Konsularvertrages im Juni 1975. Für die DDR-Sicherheitsorgane brachte die lange angestrebte internationale Anerkennung durch zahlreiche Staaten des „kapitalistischen Auslandes" eine Unzahl von Problemen mit sich, die vor allem das Ministerium für Staatssicherheit (MfS) zu bewältigen hatte. Dessen Minister erließ zur Überwachung der neu ins Land kommenden Diplomaten und Korrespondenten westlicher Medien eine ganze Reihe von Befehlen, in denen die verschiedenen Diensteinheiten des MfS auf ihre neue Verantwortung bei der Kontrolle „bevorrechteter Personen" hingewiesen wurden.[17] Neben dem Schutz der Botschaften und Residenzen sollte sich der DDR-Staatssicherheitsdienst vor allem darum kümmern, daß es nicht zu unkontrollierten Verbindungen zwischen Diplomaten und DDR-Bürgern käme. In der Sprache des MfS hieß das: „Aufdeckung und

15 Vgl. hierzu die in Kürze erscheinende Dissertation von Graf, Maximilian: „Österreich und die DDR 1949 – 1989/90, Beziehungen – Kontakte – Wahrnehmungen".

16 BND-Bericht vom 17. Februar 1969 über die Beziehungen zwischen Österreich und der SBZ. BArch, B 206/429; BND Archiv 13399.

17 Vgl. zur Überwachung westlicher Journalisten in der DDR Staadt, Jochen/Voigt, Tobias: Operation Fernsehen. Die Stasi und die Medien in Ost und West. Göttingen 2008, S. 182 ff.

Bekämpfung staatsfeindlicher bzw. anderer krimineller Handlungen, die durch Bürger der DDR oder Bürger anderer Staaten unter Nutzung bzw. in Verbindung mit Vertretungen oder bevorrechteten Personen begangen werden." Außerdem ging es dem MfS um die „Gewinnung politischer und operativer Informationen aus den Vertretungen nichtsozialistischer sowie politisch-operativ interessierender Staaten in der DDR."[18] Neben allen möglichen technischen Abhör- und Beobachtungsinstrumenten – das MfS sprach vom „Eindringen in das Verbindungswesen der Vertretungen" – organisierte der Staatssicherheitsdienst „den allseitigen Einsatz der IM zur Gewinnung von derartigen Informationen und zur Verhinderung rechtswidriger Handlungen". Konkret bedeutete das, die DDR-Geheimpolizei versuchte mit ihren Spitzeln den Diplomaten und dem Botschaftspersonal auf den Leib zu rücken. Weiteres hierzu findet sich in den Beiträgen von Enrico Seewald und Angela Schmole.

Eine für die Botschaften wichtige Institution, die der DDR-Staatssicherheitsdienst mit seinen „Offizieren im besonderen Einsatz" und Inoffiziellen Mitarbeitern (IM) durchsetzte, um die angestrebte „Persönlichkeitsaufklärung" des diplomatischen Personals „vor allem im Wohn- und Freizeitbereich" zu gewährleisten, war das Dienstleistungsamt für Ausländische Vertretungen (DAV). Das DAV war eine nachgeordnete Einrichtung des Ministeriums für Auswärtige Angelegenheiten der DDR (MfAA). Es war auch für die Betreuung der beim Internationalen Handelszentrum (IHZ) in Ost-Berlin akkreditierten Firmenvertretungen zuständig. Die „Arbeitsordnung" des DAV beschrieb dessen Aufgabe folgendermaßen: „Das Dienstleistungsamt unterstützt die in der Deutschen Demokratischen Republik akkreditierten diplomatischen Missionen und andere Vertretungen in der materiell technischen Versorgung sowie kulturellen und sozialen Betreuung und stellt ihnen Bürger der Deutschen Demokratischen Republik als Arbeitskräfte zur Verfügung."[19] Um die Vermittlung von dem MfS verpflichteten Haushälterinnen, Fahrern, Hausmeistern, Sekretärinnen, Köchinnen usw. an Diplomatische Vertretungen zu gewährleisten, sorgte der Staatssicherheitsdienst 1973 dafür, daß die Stelle des Direktors für Kader und Arbeitskräfte im Dienstleistungsamt mit dem Offizier im besonderen Einsatz (OibE) Oberstleutnant Werner Neumann besetzt wurde. Weitere zehn MfS-OibE

---

18 Befehl Nr. 16/74 zur politisch-operativen Sicherung der Vertretungen anderer Staaten, internationaler zwischenstaatlicher Organisationen und bevorrechteter Personen in der Deutschen Demokratischen Republik. BStU, Dokumentenstelle, Dok. Nr. 100802.

19 Präambel der Arbeitsordnung des Dienstleistungsamtes für Ausländische Vertretungen in der Deutschen Demokratischen Republik. BStU, ZA, MfS – HA II Nr. 1441. Vgl. ausführlicher zum Dienstleistungsamt für Ausländische Vertretungen in der DDR Staadt, Jochen: Dienst am Diplomaten. Zeitschrift des Forschungsverbundes SED-Staat Nr. 32/2012.

kamen in anderen „Schlüsselpositionen" des DAV zum Einsatz. Darunter ein Sektorenleiter, der die Beschaffung von Mobiliar und technischen Einrichtungen für Botschaften und Residenzen zu gewährleisten hatte, aber auch der Leiter und Reitlehrer des von Diplomaten und ihren Gattinnen genutzten Reithofes Neu-Köthen.[20] Neben zehn MfS-Offizieren im besonderen Einsatz kontrollierten im „Direktionsbereich Gebäudewirtschaft" und im Direktionsbereich „Versorgung und Betreuung" im Jahr 1985 insgesamt 55 Inoffizielle MfS-Mitarbeiter der MfS-Hauptabteilung II/14, die Dienstleistungen für ausländische Vertretungen.[21] Weitere Diensteinheiten des Staatssicherheitsdienstes hatten ebenfalls ihre getarnten Informanten im Dienstleistungsamt plaziert, darunter die Auslandsspionage (HV A), die Telefonüberwachung (Abteilung 26) und die Postkontrolle (Abteilung M).

Außer den fest beschäftigten Inoffiziellen MfS-Mitarbeitern im Dienstleistungsamt, nutzte der Staatssicherheitsdienst seinen dortigen Einfluß, um bei jeder sich bietenden Gelegenheit seine eigenen technischen Experten in Botschaften und Residenzen zu dirigieren und dort anfallende Reparaturen ausführen zu lassen. Zu diesem Zweck stattete OibE Neumann diese MfS-Techniker zur „Abdeckung eines Scheinarbeitsverhältnisses" mit Dienstausweisen des DAV aus.[22] In Enrico Seewalds Beitrag wird ein Handwerkereinsatz von derart „legendierten" MfS-Leuten bei Mercedes Bauer, der Gattin des österreichischen Botschafters geschildert, der für die MfS-Leute im Blaumann allerdings nicht zum gewünschten Erfolg führte.

Handel, Wandel und Waffen

Als der österreichische Bundeskanzler Franz Vranitzky am 15. Juni 1988 in Ost-Berlin mit Erich Honecker zusammentraf, zogen die beiden Politiker eine zufriedene Bilanz der beiderseitigen Wirtschaftsbeziehungen. Honecker: „Wir haben immerhin eine industrielle Warenproduktion von über 500 Mrd. Mark jährlich, ein produziertes Nationaleinkommen von über 260 Mrd. Mark. 70 % unseres Außenhandels gehen auf den sozialistischen Weltmarkt, einschließlich der Volksrepublik China, und 38 % davon gehen in die Sowjetunion. Wir haben einen jährlichen Umsatz von 15 Mrd. Rubeln mit der Sowjetunion und einen jähr-

---

20 Vgl. Liste OibE der Hauptabteilung II/10 vom 23.11.1984. BStU, ZA. MfS – HA II Nr. 23607.

21 Dienstleistungsamt für Ausländische Vertretungen, Stand 25.3.1985. BStU, ZA, MfS – HA II Nr. 39324.

22 Zur Tarnung von einigen hundert MfS-Leuten durch „Scheinarbeitsverhältnisse" beim DAV findet sich eine beeindruckende Dokumentation solcher Vorgänge unter BStU, ZA, MfS – HA II Nr. 39324.

lichen Umsatz von etwa 15 Mrd. Mark mit der Bundesrepublik Deutschland. Wieviel hatten wir mit Österreich, Genosse Beil?“ Gerhard Beil: „Im vergangenen Jahr 13 Mrd. österreichische Schilling, auch mit Drittländern, und das ist eine Steigerung gegenüber dem Vorjahr von 26 %.“[23] Entsprechend der zwischen Günter Mittag und Bundeskanzler Vranitzky abgeschlossenen Vereinbarung seien zwischen den Delegationen des DDR-Außenhandelsministeriums und des österreichischen Bundesministeriums für wirtschaftliche Angelegenheiten ab dem 1. Januar 1990 Zollreduzierungen für den industriell-gewerblichen Sektor um 50 % der Differenz zwischen dem EG-Außenzolltarif und dem jeweiligen österreichischen Zollsatz vereinbart worden. Dadurch könne die DDR einen Mehrerlös von 4,5 Millionen Valutamark (VM) erzielen. Weiterhin sei für die nächsten fünf Jahre ein Warenaustausch von 15 Milliarden Österreichischer Schilling je Seite vorgesehen. Die Gespräche seien mit dem Bundesminister für Wirtschaft und Verkehr Dr. Streicher, dem Präsidenten der Bundeskammer Sallinger und Handelsminister Dr. Staribacher geführt worden.[24]

Für die Deutsche Außenhandelsbank der DDR wurden die österreichischen Banken in den siebziger und achtziger Jahren zu einem der größten Kreditgeber nach der Bundesrepublik Deutschland. Insbesondere im „Sonderobjekt Finanzierung des Plandefizits“ setzten die DDR Finanzjongleure auf Österreichische Schilling. Der Chef-Devisenbeschaffer der DDR, Alexander Schalck, informierte im April 1982 die SED-Spitze über den Stand der Kreditaufnahmen durch seinen Arbeitsbereich Kommerzielle Koordinierung (Koko). Demnach hatten die Girozentrale, die Zentralsparkasse, die Creditanstalt sowie die Credit und-Wechselanstalt Österreichs der DDR Mittel in Höhe von insgesamt 1 164,8 Millionen Valutamark (VM) zur Verfügung gestellt, die zwischen 1982 und 1984 zu begleichen waren. Bei der Schweizer Außenhandelsbank belief sich das Kreditvolumen der DDR auf 441,6 Millionen VM, die ebenfalls zwischen 1982 und 1984 fällig wurden. Weitere Geldgeber waren die Union Banque Arabic et Francaise mit 228,4 Millionen VM, fällig 1982 und 1983, die britische Barclays Bank hatte nur 12 Millionen VM ausgereicht und die Deutsche Handelsbank 472,8 Millionen VM. Insgesamt waren das 2 319,6 Millionen

---

23 Stenographische Niederschrift der offiziellen Gespräche des Generalsekretärs des Zentralkomitees der Sozialistischen Einheitspartei Deutschlands und Vorsitzenden des Staatsrates der DDR, Erich Honecker, mit dem Bundeskanzler der Republik Österreich, Dr. Franz Vranitzky, in Berlin. SAPMO-BArch, IPA, Signatur: J IV /927 u. 928, Bestand Erich Honecker.

24 Beil, Gerhard: Information vom 16. Dezember 1988 über Zollsenkung im Handel mit Österreich. SAPMO-BArch, ZPA, vorl. SED, Signatur: 41788/1, Bestand Büro Mittag.

Valtuamark, die von der DDR 1983 und 1984 zu begleichen waren.[25] Dazu wäre der SED-Staat kaum in der Lage gewesen, wenn nicht im Juni 1983 die Bundesrepublik mit ihrem Milliardenkredit in harten DM erste Hilfe geleistet hätte.

Danach konnte auch der DDR-Österreich-Handel munter weitergehen. Günter Mittag, oberster Wirtschaftslenker des SED-Staates, brachte 1984 von seinem Österreich-Besuch eine reiche Ernte mit nach Hause. Seine „Vereinbarungen in Realisierung der zwischen Erich Honecker und Bundespräsident Rudolf Kirchschläger während des Staatsbesuches im Oktober 1983 getroffenen Vereinbarungen" enthielten unter anderem Verpflichtungen der DDR, für eine Milliarde ÖS Textilien und Erzeugnisse der Nahrungs- und Genußmittelindustrie, für 1,5 Millionen ÖS Erdöl, für 1,5 bis 2,1 Milliarden ÖS Metallerzeugnisse und 50 000 Hektoliter Tank- und Flaschenweine zu kaufen. Mit der VÖEST-Alpine AG, Linz, wurde vereinbart, daß die DDR bis zum Jahre 1988 Aufträge für die Errichtung von Industrieanlagen, Ausrüstungen und Rationalisierungsmittel im Gesamtwert von 1,5 Milliarden DM (umgerechnet elf Milliarden ÖS) erteilen wird und die VÖEST-Alpine AG für die gleiche Summe Verträge mit Außenhandelsbetrieben der DDR abschließt.[26]

Auch Bayerns Ministerpräsident Franz Josef Strauß, der mit Alexander Schalck den Milliardenkredit eingefädelt hatte, nutzte seinen neu gewonnenen Einfluß auf die SED-Führung, damit künftige Dreiecksgeschäfte auch für seinen Freistaat zu Buche schlügen. Am 17. August 1984 setzte sich Strauß in einem Schreiben an Schalck dafür ein, daß die bayerische Linde AG in die Ausschreibung zur Modernisierung der Ethylenanlage im VEB „Otto Grotewohl" Böhlen/DDR einbezogen werden möge. Er versprach „modernste Technik von ausgezeichneter Qualität". Es ging bei diesem Vorhaben um die Verwirklichung eines SED-Politbürobeschlusses „Vorschläge zur Durchführung weiterer Vorhaben zur höheren Veredelung von Erdöl". Alexander Schalck befürwortete gegenüber der SED-Führung den Zuschlag für ein Konsortium aus VÖEST-Alpine Österreich und Linde. Ein Mitbewerber war die Salzgitter AG. Am 4. September 1984 erhielt Franz Josef Strauß telefonisch eine mündliche Mitteilung Schalcks, die ihn über die nun durch höchste Entscheidung erwünschte Beteiligung der Firma Linde AG als Verfahrensgeber, Ingenieurpartner und Lieferant von Ausrüstung im Rahmen eines Konsortiums mit der VÖEST-Alpine AG in Kenntnis setzte. Die Verhandlungen sollten auf der Leipziger Herbstmesse mit dem DDR-Außenhandelsbetrieb Industrie-Anlagen-Import aufgenommen

25 Schalck, Alexander: Aufstellung vom April 1982 über Fälligkeiten aus Kreditnahmen des Bereichs. BArch, DL 2 / KoKo 1236.

26 Protokoll Nr. 34 der Sitzung des Politbüros des Zentralkomitees der SED vom 28. August 1984, TOP 5. Gespräche G. Mittag in Österreich. SAPMO-BArch J IV 2/2 – 2073, Bestand Politbüro des ZK.

werden. Sie zogen sich ein knappes Jahr hin. Am 27. August 1985 bedankte sich der Vorstandsvorsitzende der Linde AG Dr. Hans Meinhardt beim leitenden Ministerialrat Dr. Wolfgang Piller in der bayerischen Staatskanzlei für die Hilfe von Franz Josef Strauß. Am 4. September 1985 um 12.25 Uhr wandte sich Schalck mit einer telefonischen „Mitteilung an Gesprächspartner" Strauß. Schalck bestätigte den abschließenden Vollzug und erklärte laut seines Sprechzettels, „ohne unser Eingreifen" wäre „sicherlich nicht zugunsten von Linde entschieden worden, weil sie, soweit man mich informiert hat, gegenüber der Konkurrenz die schlechteren Öfen hat. Der Anteil an dem Gesamtprojekt wird für Linde ca. 25–30 % betragen."[27] Der „Wandel durch Annäherung" kam, wie dieses Beispiel zeigt, zum dreiseitigen Nutzen rasch voran.

Ging es hier noch mit einigermaßen rechten Dingen zu, so unterliefen der DDR-Außenhandel und einige österreichische Handelspartner mit trickreichen Umgehungsmanövern das westliche Ausfuhrverbot für Militärgüter. Hierzu nur eines von vielen Musterstücken aus dem Bereich Kommerzielle Koordinierung des DDR-Außenhandelsministeriums. Alexander Schalck erhielt am 21. April 1988 die Zustimmung des zuständigen SED-Politbüromitglieds Günter Mittag zu „speziellen Verhandlungen" mit der österreichischen Hirtenberger AG. Zuvor waren „intensive Verhandlungen mit den Firmen Nobel-Chemadur / Schweden und Kemyra Oy / Finnland geführt" worden. Ein „Vertragsabschluß scheiterte an der Tatsache, daß beide Firmen von ihren Regierungen keine Exportgenehmigung erhalten", teilte Schalck mit. Die Verfahren zur Herstellung von Raketentreibmitteln stünden unter Embargo. „Genosse Guido Quaas ist heute an mich herangetreten mit der Bitte, zur Sicherung der Aufgabenstellung den Import über bestehende Linien des Bereiches durchzuführen. Ich schätze ein, daß Möglichkeiten zur Realisierung eines solchen Auftrages mit einem vertretbaren Risiko bestehen". Er bitte zur Abwägung des Risikos um Verhandlungsvollmacht mit der Firma Hirtenberger Patronenfabrik, Zündhütchen- und Metallwarenfabrik in Österreich, um „mit der Firma Hirtenberger Varianten für eine Umgehung von Embargo-Bestimmungen bzw. von Ausfuhrverboten der Republik Österreich auszuarbeiten". Wie aus der anliegenden Information hervorgeht, sollte über Pulvertypen für die MPi Kalaschnikow verhandelt werden sowie für das Schützenwaffensystem AK 74, für Jagd- und Sportmunition und Marsch- und Starttriebwerke der Panzerabwehrrakete „Konkurs".

Das Geschäft kam wegen des Konkurses der DDR nicht mehr zustande. Seine Anbahnung aber ist in den Unterlagen des Bereichs Kommerzielle Koordinie-

---

27 Diese und andere Wünsche von Franz Josef Strauß, die über Alexander Schalck an die entsprechenden Stellen der DDR weitergeleitet wurden, finden sich unter BArch, DL 2/KoKo/1048.

rung ausgesprochen gut und informativ überliefert. Demnach beruhte das Kaufinteresse des „speziellen“ DDR-Außenhandels auf einem Beschluß des Nationalen Verteidigungsrates vom Dezember 1980, wonach bis Mitte 1986 „eine Produktionsanlage für Schützenwaffenpulver und reaktive Treibmittel für Panzerabwehrgeschosse zu errichten“ war. Alle Bemühungen, mit der ČSSR und anderen RGW-Ländern ins Geschäft zu kommen, blieben jedoch erfolglos, auch Jugoslawien war nicht bereit oder in der Lage der DDR eine entsprechende Fabrik zu liefern. Das Projekt lief unter dem Codenamen „Vorhaben ‚T‘ Gnaschwitz“. Damit war der VEB Sprengstoffwerk Gnaschwitz gemeint, dessen Ursprünge auf die 1874 gegründete Königlich-Sächsische Pulverfabrik zurück gingen. Dort sollte die neue Pulverfabrikation aus Österreich und Westdeutschland ihren Platz finden. In einer Zusammenfassung der „Ergebnisse der weiteren Vorbereitung des Imports spezieller Produktionsausrüstungen“ hielten die DDR-Verhandlungsführer fest:

„Es wurde durchgesetzt, daß der Verhandlungspartner

- die Hauptausrüstungen einschließlich Ausführungsprojekte unter direkter gedeckter Einbeziehung von leistungsstarken und für diese Erzeugnisspezifik fachlich versierten Ausrüstungslieferanten aus NATO-Staaten komplett liefert,
- die Chefmontage sowie die Schulung des DDR-Anlagepersonals an der zu errichtenden Anlage übernimmt und
- die Kapazität, das technologische Verfahren und die Funktionstüchtigkeit der Produktionsanlage sowie Sortiment und Qualität der Fertigungserzeugnisse garantiert.
- Zur Durchführung der Lieferungen und Leistungen forderte der Verhandlungspartner unter Berücksichtigung der unter Hochembargo der NATO stehenden Ausrüstungs- und know-how-Lieferungen sowie den in Österreich geltenden gesetzlichen Bestimmungen und völkerrechtlichen Verträgen
- die strikteste Sicherung der Geheimhaltung der dazu zu schaffenden Geschäftsverbindungen sowie die Einhaltung der Regeln der konspirativen Zusammenarbeit im beiderseitigen Interesse einer reibungslosen und störungsfreien Vertragsabwicklung,
- die kurzfristige Durchführung aller Bauleistungen durch den Auftraggeber als einer wesentlichen Voraussetzung zu Wahrung der Geheimhaltung sowie
- die Barbezahlung von 30 Prozent des Lieferpreises mit Vertragsabschluß und 70 Prozent gestaffelt nach Eingang der Ausrüstungslieferungen bei einem Gesamtwertumfang von 117 Millionen DM (ohne Valutakreditzinsen).“

In der Risikoeinschätzung hieß es, daß der Ausrüstungslieferant, „eine Firma aus einem NATO-Staat", der DDR nicht benannt wurde. Hier könne ein staatlicher Eingriff erfolgen, wenn etwas bekannt werde und die NATO-Kontrolle auf Referenzanlagen wirksam würde. „Gegenüber der Lieferfirma können in Österreich aus gesetzlichen und völkerrechtlichen Gründen keine Garantieansprüche durchgesetzt werden." Der Verhandlungspartner sei bislang nicht bereit, Abnahmegarantien zu geben. „Er begründet seine Position mit Unsicherheiten bezüglich der Weltmarktbedarfsentwicklung und längerfristig nicht abschätzbaren Auswirkungen der gegenwärtigen weltpolitischen Entwicklung auf den Handel mit Pulver und Munition."[28]

Zwischen dem 18. und 21. Dezember 1988 trafen sich laut Aufzeichnungen der DDR-Teilnehmer im Parkhotel Baden bei Wien als Vertreter der Firma Hirtenberger AG deren leitende Herren aus dem Technischen Vorstand Träder und Kößler, seitens des Ingenieurbüros Friedl/Rinderer aus Graz Diplomingenieur Friedl, seitens der Firma Bowas aus Salzburg Diplomkaufmann Pratschke (Verfahrenstechniker) mit den DDR-Verhandlungsführern Dieter Uhlig (Kommerzielle Koordinierung, mit Spezialgebiet Waffenhandel), Werner Weber (Firma Camet), Karl-Heinz Muster (Politischer Mitarbeiter des Ministeriums für chemische Industrie) und Christian Heinze (Betriebsdirektor VEB Sprengstoffwerk Gnaschwitz). Bereits in Vorgesprächen habe der Vorstandsvorsitzende der Hirtenberger AG, Träder, die Bemerkungen gemacht: „Gemäß Geheimhaltungsabkommen sollte in der DDR nur von dem Anbieter ‚Anstalt Cavendia' gesprochen werden. Als Partner sind wir uns bewußt, daß wir uns voll im Embargo mit NATO-Wissenschafts-Know-how befinden." Die Anstalt Cavendia mit Sitz in Vaduz, Liechtenstein, war eine Tarnfirma der von Ost-Berlin aus agierenden Firma Camet, die ebenfalls zum Verantwortungsbereich der KoKo gehörte. Die Anstalt Cavendia und die Hirtenberger AG hatten bezüglich der Pulverfabrik für die DDR ein besonderes Geheimhaltungsabkommen abgeschlossen, nach dem alle Angebote von Seiten der Hirtenberger AG über die Anstalt Cavendia an den „speziellen" DDR-Außenhandel gingen. Im Zuge der Verhandlungen erklärte sich die Hirtenberger AG bereit, das gesamte Projekt als Generallieferant samt der internationalen Koordinierung zu sichern. Man habe bereits mit westdeutschen Partnern, darunter mit der Bowasag (Marketinggesellschaft von Bohlen und Halbach), der Wasag AG (Westfälisch-Anhaltinische Sprengstoff Aktiengesellschaft) sowie mit einer französischen Firma Vorverhandlungen begonnen. Bereits am 21. Dezember 1988 ging bei der Anstalt Cavendia in Liechtenstein ein „revidiertes Angebot Anlagekomplex zur Herstellung von Einbasigen und

28 Vgl. Hirtenberger AG:Angebot für Produktionsanlage zur Fertigung von Ein- und Zweibasigen Pulvern. BArch, DL2/KoKo 23, Abteilung Handelspolitik.

Zweibasigen Treibmitteln“ ein.[29] Das Geschäft ist Österreich und der DDR durch deren Ende erspart geblieben. Das Sprengstoffwerk Gnaschwitz GmbH und die Firma Hirtenberger AG werben im Internet noch immer für ihre Produkte.[30] Der Weltmarkt verlangt danach, und ohne Österreich und Deutschland wäre er bei diesen Handelsgütern um einiges ärmer.

Ohne die Großzügigkeit Ungarns und Österreichs wäre freilich die deutsche Wiedervereinigung von unten nicht so ungestüm in Gang gekommen, wie das seit dem herrlichen Herbst von 1989 geschehen ist. Für den Anfang vom Ende des SED-Staates trägt Österreich eine keineswegs geringe Mitverantwortung. Nachdem Ungarn im Mai 1989 mit dem Abbau seiner Grenzbefestigungen begonnen hatte, durchtrennten der ungarische Außenminister Guyla Horn und sein österreichischer Amtskollege Alois Mock am 27. Juni 1989 symbolisch den Grenzzaun zwischen den Nachbarländern. Wenig später folgte das „Paneropäische Picknick“ am 19. August 1989, als unter der Schirmherrschaft des letzten österreichisch-ungarischen Kronprinzen Otto von Habsburg das Grenztor an der alten Pressburger Landstraße symbolisch für wenige Stunden geöffnet wurde. Über 700 DDR-Bürger nutzten die Gelegenheit zur Flucht ins Burgenland. Allein zwischen dem 11. und 13. September 1989 passierten mehr als 12 000 DDR-Bürger die ungarische Grenze nach Österreich. Als die Stunde der Wahrheit für die DDR geschlagen hatte, gewährte die Republik Österreich den Flüchtlingen aus Ostdeutschland Gastrecht und Hilfe. Die schwierige Dreierbeziehung zwischen Österreich und den beiden deutschen Staaten ging zu Ende. Zu ihrer historischen Bewertung mögen die Studien in diesem Band beitragen.

---

29 Die Unterlagen zum VEB Sprengstoffwerk Gnaschwitz, Objekt „T“ finden sich unter BArch, DL 2/KoKo/24.

30 So das Sprengstoffwerk Gnaschwitz unter http://www.bruecke-osteuropa.de/Katalog/de/sprengstoffwerk.htm. Dort wird als Kontaktpartner für die Geschäftsleitung auf einen Herrn namens Christian Heinze verwiesen. So die Hirtenberger AG unter: http://www.hirtenberger.at/hds/ mit reich bebilderter Schieß- und Mordwerkzeuganimation.

Editorischer Hinweis

Mehrere Beiträge dieses Buches enthalten Darstellungen, die sich zum Teil auf Überlieferungen des DDR-Staatsicherheitsdienstes stützen. Der Zugang zu diesem Archivgut ist im Stasi-Unterlagengesetz (StUG) der Bundesrepublik Deutschland geregelt. MfS-Überlieferungen werden nach Maßgaben des StUG vom Archiv des Bundesbeauftragten für die Stasiunterlagen (BStU) zur Verfügung gestellt. Das sagt freilich noch nichts über den tatsächlichen Quellenwert von SED- und MfS-Akten aus. Wie in vielen wissenschaftlichen Veröffentlichungen der vergangenen zwanzig Jahre gilt auch hier der Grundsatz, daß Aussagen dieses Herrschaftsschriftgutes quellenkritisch zu behandeln sind. Die Aussagen der Stasi-Akten bewegen sich im Spannungsfeld zwischen der geheimdienstlich gebotenen sachlichen Präzision und einer ideologisch geprägten Weltsicht, die oft jenseits der Realität liegt. Dieser Grundsatz hat auch eine juristische, genauer gesagt persönlichkeitsrechtliche Dimension. Eine aus den Akten übernommene Behauptung ist nicht per se eine Tatsachenbehauptung. Die Autoren haben versucht, diesen Unterschied stets deutlich zu machen. Auch im Einzelfall wird immer auf den Quellenbestand und dessen Signatur verwiesen. Es liegt jedoch auf der Hand, daß diese quellenkritischen Hinweise nicht vor oder nach jedem Satz und jedem Sachverhalt neuerlich erfolgen können.

Danksagung

Zur Entstehung dieses Bandes trugen maßgeblich Enrico Seewald (Mastermind), Ariane Mohl (Lektorat), Uta Schulz (Gestaltung und Index) bei. Die Autoren danken dem Bundesarchiv, insbesondere Dr. Peter Vier für Bildrecherchen, dem Bundesbeauftragten für die Unterlagen des Staatssicherheitsdienstes der ehemaligen DDR (BStU), insbesondere den dortigen Mitarbeiterinnen Gerlinde Schade und Angelika Weiss sowie den Archivaren der BStU-Außenstellen für Hinweise auf MfS-Unterlagen zu Österreich. In Österreich halfen Dr. Gottfried Loibl vom Bundesministerium für europäische und internationale Angelegenheiten in Wien Wien und Maria Steiner vom Bruno-Kreisky-Archiv. Ein besonderer Dank von Enrico Seewald gilt Friedrich und Mercedes Bauer für ihre Auskunftsbereitschaft und Gastfreundschaft.

Die DDR im „Ostblock“ 1949 – 1972. Berichte österreichischer Diplomaten

von Maximilian Graf

Einleitung

Die Beziehungen der DDR zu ihren sozialistischen „Bruderstaaten“ innerhalb der sowjetischen Sphäre Europas, dem sogenannten „Ostblock“, sind mittlerweile in zahlreichen Monographien dargestellt worden. Das Verhältnis der DDR zur Sowjetunion sowie zu ihren Nachbarstaaten Polen und Tschechoslowakei kann als gut erforscht gelten. In den letzten Jahren haben auch die Beziehungen der DDR zu Jugoslawien verstärkte Aufmerksamkeit erfahren. Arbeiten zu anderen Staaten wie Ungarn, Rumänien und Bulgarien stellen nach wie vor ein Desiderat in der zeitgeschichtlichen Forschung dar. Für eine konzentrierte Analyse hat Hermann Wentker in seiner Gesamtdarstellung zur Außenpolitik der DDR gesorgt.[1]

Wenig beachtet wurde allerdings die Außenwahrnehmung dieser „Zwangsfreundschaften“, die nach den Belastungen durch die Ereignisse des Zweiten Weltkriegs zunächst von Moskau aufoktroyiert wurden, im Laufe der Zeit aber durchaus auch Eigendynamiken entwickelten. Im Folgenden soll ein Beitrag zur Perzeptionsforschung geleistet werden. Jedoch geht es nicht nur um die Wahrnehmung dieser Beziehungen von außen, sondern auch um die Frage, wie es um die tatsächlichen Befindlichkeiten innerhalb dieser Beziehungen beschaffen war. Es scheint, daß trotz aller aufgezeigter Konflikt- und Ablehnungspotentiale, sei es in der Überlieferung der Parteien oder der Außenministerien, die tatsächli-

---

1 Wentker, Hermann: Außenpolitik in engen Grenzen. Die DDR im internationalen System 1949–1989. München 2007; für einen weiteren Überblick vgl. Scholtysek, Joachim: Die Außenpolitik der DDR. München 2003; zur Außenpolitik der DDR im Beobachtungszeitraum vgl. zudem Muth, Ingrid: Die DDR-Außenpolitik 1949–1972. Inhalte, Strukturen, Mechanismen, Berlin 2001; Lemke, Michael: Prinzipien und Grundlagen der Außenbeziehungen der DDR in der Konstituierungsphase des DDR-Außenministeriums 1949–1951. In: Ders. (Hrsg.), Sowjetisierung und Eigenständigkeit in der SBZ/DDR (1945–1953). Köln/Weimar/Wien 1999, S. 233–274; für den Folgezeitraum siehe: Siebs, Benno-Eide: Die Außenpolitik der DDR 1976–1989. Strategien und Grenzen. Paderborn/München/Wien/Zürich 1999.

chen Wahrnehmungen und Haltungen gegenüber der DDR nicht immer in schonungsloser Offenheit zum Ausdruck gebracht wurden.

Für eine Darstellung hierzu dürften sich die Quellen des Außenministeriums eines neutralen Staates geradezu optimal anbieten. Dieser Versuch soll anhand der Berichte und Analysen der österreichischen Diplomatie erfolgen. Bereits kurz nach dem Ende des Zweiten Weltkriegs bemühte sich die wiedererrichtete Republik Österreich um eine rasche Wiederbelebung ihrer Beziehungen zu den unmittelbaren Nachbarstaaten. Dies gestaltete sich freilich aufgrund der Umstände der Zeit schwierig. Zunächst erschwerten die jüngste Kriegsvergangenheit und die Vertreibungen der deutschsprachigen Bevölkerung den Neustart in den Beziehungen. Mit der einsetzenden Sowjetisierung und der baldigen Errichtung des „Eisernen Vorhangs" wurde dies nicht einfacher.[2] Auch wenn es bereits während des ersten „Tauwetters" nach Stalins Tod erste Entspannungstendenzen gab, sollte ein Durchbruch in den Beziehungen zu den östlichen Nachbarn erst nach dem Abschluß des Österreichischen Staatsvertrages im Mai 1955 möglich werden. Nach Stalins Tod hatte der neue sowjetische Parteichef Nikita Sergejewitsch Chruschtschow begonnen, das Konzept der „friedlichen Koexistenz" wieder zu beleben. Österreich sollte nun zum Vorzeigemodell der Anwendung dieser Politik werden.[3]

Daraus erklärt sich, warum Österreich in den Jahren nach dem Abschluß des Staatsvertrags sukzessive erfolgreich eine Entspannung mit den sozialistischen Staaten Europas herbeiführen konnte. Die Niederschlagung des ungarischen Volksaufstandes 1956 markierte zunächst einen erheblichen Rückschlag in den Entspannungsbemühungen. Insbesondere ab den 1960er Jahren konnte sich aber die als „Nachbarschaftspolitik" bezeichnete österreichische Form der „Ostpolitik" entfalten. Grundlage hierfür waren stets gut funktionierende Beziehungen zur Sowjetunion. Die Entwicklung der Beziehungen zu den sozialistischen Staaten manifestierte sich in zahlreichen Besuchen auf höchster Ebene und einer Intensivierung der Wirtschaftsbeziehungen. Eine signifikante Verbesserung des Verhältnisses gelang zunächst zu Polen und spätestens ab Mitte der 1960er Jahre auch zu Ungarn. Das Verhältnis zur Tschechoslowakei blieb schwierig, da Verhandlungen über einen Vermögensvertrag nicht vorankamen. Ein solcher wurde

---

2 Fiesinger, Klaus: Ballhausplatzdiplomatie 1945–1949. Die Reetablierung der Nachbarschaftsbeziehungen und die Reorganisation des Auswärtigen Dienstes als Formen außenpolitischer Reemanzipation Österreichs. München 1993; zur Außenpolitik Österreichs nach 1945 vgl. die zweibändige Monographie von Gehler, Michael: Österreichs Außenpolitik der Zweiten Republik. Von der alliierten Besatzung bis zum Europa des 21. Jahrhunderts. Innsbruck/Wien/Bozen 2005.

3 Mueller, Wolfgang: A Good Example of Peaceful Coexistence? The Soviet Union, Austria and Neutrality 1955–1991. Wien 2011.

von österreichischer Seite aber als eine Grundvoraussetzung für eine fundamentale Verbesserung der bilateralen Beziehungen zu den sozialistischen Staaten gesehen.[4] Die DDR sollte aus dieser Entwicklung ausgeklammert bleiben. Österreich folgte trotz Neutralität als klar westlich ausgerichtetes Land den Grundsätzen der „Hallstein-Doktrin". Dies lag an der großen, vor allem wirtschaftspolitischen Bedeutung der Beziehungen zur Bundesrepublik Deutschland.[5] Erst am Tag der Unterzeichnung des deutsch-deutschen Grundlagenvertrags, dem 21. Dezember 1972, wurden diplomatische Beziehungen zwischen Österreich und der DDR aufgenommen.[6] Der erste österreichische Botschafter in Ost-Berlin, Friedrich Bauer, schreibt in seinen Erinnerungen, daß die DDR für die österreichische Diplomatie eine „Terra incognita und eine Tabula rasa" war und vor der Anerkennung „nur mit westdeutschen Augen betrachtet" wurde.[7] Hinsichtlich der Berichterstattung über die innere Entwicklung der DDR – abgesehen von hin und wieder ausgezeichneten Einschätzungen der Österreichischen Delegation in West-Berlin – ist dieser bereits zeitgenössisch getroffenen Feststellung zuzustimmen.[8] Anders verhielt es sich aber mit der Außenpolitik der DDR und ihren Beziehungen zu den Staaten des sozialistischen Lagers. Diese wurde durch die Ballhausplatz-Diplomatie stets aufmerksam verfolgt. Ihre Berichte sind die Grundlage dieser Darstellung. Freilich orientierte sich die Berichterstattung an tagespolitisch relevanten Ereignissen, weshalb nur ein lückenhaftes Bild entstehen kann. Anlaß zur Berichterstattung boten beispielsweise

4 Siehe hierzu als den aktuell besten Überblick in Form eines Sammelbands: Suppan, Arnold/Mueller, Wolfgang (Hrsg.): Peaceful Coexistence or Iron Curtain? Austria, Neutrality, and Eastern Europe in the Cold War and Détente (Europa Orientalis 7), 1955–1989. Wien 2009; zu den Problemen mit der Tschechoslowakei vgl. Ullmann, Paul: Eine schwierige Nachbarschaft. Die Geschichte der diplomatischen Beziehungen zwischen Österreich und der Tschechoslowakei von 1945–1968. Wien 2006.

5 Graf, Maximilian: Austria and the German Democratic Republic 1949–1972. Diplomatic and Political Contacts in the period of Non-recognition. In: Suppan, Arnold/Graf, Maximilian (Hrsg.): From the Austrian Empire to Communist East Central Europe. Wien 2010, S. 151–177.

6 Zur Anerkennung vgl. Seewald, Enrico: Im Windschatten der Ostpolitik. Die Aufnahme diplomatischer Beziehungen zwischen der DDR und Österreich. In: Zeitschrift des Forschungsverbundes SED-Staat 23/2008, S. 17–24.

7 Bauer, Friedrich: Botschafter in zwei deutschen Staaten. Die DDR zwischen Anerkennung und Auflösung (1973–1990). Die aktive Neutralitätspolitik Österreichs. Wien 2006, S. 16.

8 Botschafter Friedrich Bauer an Außenminister Erich Bielka, Berlin, 1. Oktober 1974, Österreichisches Staatsarchiv, Wien (ÖStA), Archiv der Republik (AdR), Bundesministerium für Auswärtige Angelegenheiten (BMfAA), Sektion II-Pol (II-Pol) 1974, DDR, GZ. 43.16.01/1-6/74, Karton Pol-74/16.

Staatsbesuche, Vertragsabschlüsse oder zufällige Gespräche mit für berichtenswert befundenen Inhalten. Der Beobachtungszeitraum beschränkt sich weitestgehend auf die Zeit der Nichtanerkennung der DDR durch Österreich von 1949 bis 1972.

Eine bevorzugte Entwicklung der Beziehungen der sozialistischen Staaten zum neutralen Österreich war im Sinne der sowjetischen „Koexistenzpolitik". So kam es, daß österreichische Diplomaten in den Hauptstädten der sozialistischen Länder zu durchaus geschätzten Gesprächspartnern wurden. Auch der historischen Nähe durch die unmittelbare Nachbarschaft wurde in diesem Zusammenhang immer wieder Bedeutung beigemessen. Jedenfalls sollten diese Grundlagen osteuropäische Diplomaten immer wieder dazu verleiten, gegenüber den Diplomaten des befreundeten neutralen, wenn auch kapitalistischen Österreich, sehr offen ihre Einschätzungen mitzuteilen. Nicht selten ging es in diesen auch um die DDR. Des Weiteren geben die oft pointierten Ausführungen der österreichischen Diplomaten auch einen tiefen Einblick in deren Bild von den „Deutschen" aber auch in ihr allgemeineres Weltbild. Nationale Denkkategorien und Stereotypenbilder treten offen hervor.

Frühe Kontakte und erste Eindrücke 1949–1955

Am 27. April 1945 hatte sich in Wien die erste Regierung der Zweiten Republik Österreich konstituiert und die Unabhängigkeit Österreichs proklamiert. Die zunächst nur von der sowjetischen Besatzungsmacht anerkannte Provisorische Regierung wurde von Staatskanzler Karl Renner geleitet.[9] Der Regierungschef leitete bis zur Bildung der ersten frei gewählten Regierung am 20. Dezember 1945 auch die auswärtigen Angelegenheiten, die in einer Sektion des Kanzleramtes am Ballhausplatz organisiert wurden. Nachfolger Renners als Leiter der Sektion war Karl Gruber, der ab dem 20. Dezember 1945 die Amtsbezeichnung Bundesminister für die Auswärtigen Angelegenheiten führte und bis zum 26. November 1953 amtierte.[10] Danach war Leopold Figl bis zum 9. Juni 1959 Außenminister. Bruno Kreisky fungierte vom 2. April 1953 bis zum 15. Juli 1959

9 Mueller, Wolfgang: Stalin, Renner und die Wiedergeburt Österreichs nach dem Zweiten Weltkrieg. In: Vierteljahrshefte für Zeitgeschichte 53 (2006) 1, S. 125–154; Zur Person Karl Renner vgl. Rauscher, Walter: Karl Renner. Ein österreichischer Mythos. Wien 1995.

10 Zu den ersten Schritten im Jahre 1945 vgl. Bundesministerium für europäische und internationale Angelegenheiten (Hrsg.): Das Wiedererstehen des österreichischen auswärtigen Dienstes 1945. Wien 2009. Bundesministerium für europäische und internationale Angelegenheiten (Hrsg.): „Ich bestelle Sie hiermit zur Leitung des Außenamtes […]". Das Tagebuch von Heinrich Wildner 1945. Wien 2010.

als Staatssekretär für die Auswärtigen Angelegenheiten und wurde am 16. Juli 1959 zum Außenminister ernannt. Auf seine Initiative wurde die Sektion für Auswärtige Angelegenheiten des Bundeskanzleramtes am 31. Juli 1959 als eigenständiges Ministerium organisiert. Kreisky amtierte bis zum 19. April 1966 als Außenminister. Sein Nachfolger war Lujo Tončić-Sorinj, der am 19. Januar 1968 durch Kurt Waldheim abgelöst wurde. Rudolf Kirchschläger war Außenminister vom 21. April 1970 bis zum 7. Juli 1974 und Erich Bielka vom 8. Juli 1974 bis zum 30. September 1976.

Das Gros der Ballhausplatz-Diplomaten die an der Wiedererrichtung des Auswärtigen Dienstes mitwirkten, setzte sich aus Gegnern und Opfern des Nationalsozialismus zusammen. Von Anbeginn kam es zu einer gezielten Instrumentalisierung des von der Moskauer Deklaration vom 1. November 1943 abgeleiteten „Opferstatus" Österreichs. Damit einher ging das Bestreben einer Emanzipation und Abgrenzung von Deutschland.[11] Das Hauptziel österreichischer Außenpolitik war zunächst die Wiedererlangung der Souveränität. Dieses Ziel wurde erst mehr als zehn Jahre nach dem Ende des Zweiten Weltkriegs mit dem Inkrafttreten des Österreichischen Staatsvertrages am 27. Juli 1955 erreicht. Am 26. Oktober 1955 beschloß der österreichische Nationalrat die immerwährende Neutralität Österreichs.[12] Eine Festlegung die den Rahmen der Außenpolitik der Zweiten Republik bestimmen sollte. Daraufhin konnte man sich anderen Brennpunkten zuwenden, die ebenfalls bereits in der Besatzungszeit eine bedeutende Rolle gespielt hatten. Ein besonderer Fokus der Außenpolitik von 1945 bis zum Ende der 1960er Jahre lag auf der Südtirol-Problematik.[13] Anders als die Bundesrepublik Deutschland hatte Österreich bis 1955 zwar eine Politik der West-

11 Zur Instrumentalisierung der Moskauer Deklaration vgl. Bischof, Günter: Die Instrumentalisierung der Moskauer Erklärung nach dem 2. Weltkrieg. In: Zeitgeschichte 20 (1993) 6, S. 345–366; vgl. auch Rathkolb, Oliver: Die Wiedererrichtung des Auswärtigen Dienstes nach 1945, unveröffentlichter Projektbericht für das Bundesministerium für Wissenschaft und Forschung 1988.

12 Zum Österreichischen Staatsvertrag vgl. Stourzh, Gerald: Um Einheit und Freiheit. Staatsvertrag, Neutralität und das Ende der Ost-West-Besetzung Österreichs 1945–1955, 5. Auflage. Wien 2005; Suppan, Arnold/Stourzh, Gerald/Mueller, Wolfgang (Hrsg.): Der Österreichische Staatsvertrag. Internationale Strategie, rechtliche Relevanz, nationale Identität. Wien/Köln/Weimar 2005; Steiniger, Rolf: Der Staatvertrag. Österreich im Schatten von deutscher Frage und Kaltem Krieg 1938–1955. Innsbruck/Wien/Bozen 2005.

13 Steiniger, Rolf: Südtirol zwischen Diplomatie und Terror. 1947–1969, 3 Bde., Bozen 1999; derzeit wird an einer Aktenedition zur Thematik gearbeitet. Bereits erschienen: Gehler, Michael: Gescheiterte Selbstbestimmung. Die Südtirolfrage, das Gruber-De-Gasperi-Abkommen und seine Aufnahme in den italienischen Friedensvertrag 1945–1947 (Akten zur Südtirol-Politik 1945–1958, Bd. 1). Innsbruck/Wien/Bozen 2011.

orientierung nicht jedoch der Westintegration verfolgt. Dies änderte aber nichts an dem politischen Ziel und der wirtschaftlichen Notwendigkeit, an der westeuropäischen Integration teilzuhaben. Österreich strebte seit Anfang der 1960er Jahre eine Assoziierung mit der Europäischen Wirtschaftsgemeinschaft (EWG) an. Dieses Ansinnen wurde aber sowohl von der Sowjetunion als auch durch einige westliche Staaten, als mit der Neutralität unvereinbar abgelehnt. 1972 konnte ein Freihandelsabkommen mit der EWG geschlossen werden. Eine Mitgliedschaft sollte bis zum Ende des Kalten Kriegs nicht möglich sein.[14] Zu diesen beiden Schwerpunktfeldern der Post-Staatsvertrags-Außenpolitik Österreichs gesellte sich verstärkt ab den 1960er Jahren die österreichische „Ostpolitik", die eine Entspannung des Verhältnisses und verstärkte wirtschaftliche Beziehungen zu den sozialistischen Staaten Europas anstrebte.[15] Die am 7. Oktober 1949 gegründete DDR war zunächst nur von der Sowjetunion und deren Satellitenstaaten sowie China völkerrechtlich anerkannt worden und hatte Auslandsmissionen in Moskau, Sofia, Warschau, Bukarest, Prag, Budapest und Peking errichtet.

Obwohl der Fokus ausdrücklich auf den Wahrnehmungen der österreichischen Diplomatie liegen soll, sei in diesem Abschnitt kurz auf die ersten Aufeinandertreffen zwischen Vertretern Österreichs und der DDR eingegangen. Kontakte zwischen Diplomaten Österreichs und der DDR sollten sich zunächst primär an zwei Orten entwickeln: Moskau und Ost-Berlin. Kurz nach Kriegsende hatte sich im amerikanischen Sektor Berlins eine österreichische Repatriierungsstelle etabliert. Zahlreiche weitere solcher Stellen existierten über ganz Deutschland verstreut. 1947 wurden diese Repatriierungsbüros dem Innenministerium unterstellt. Auch in der Sowjetischen Besatzungszone Deutschlands (SBZ) dürfte es einige Stellen gegeben haben, die aber keinen fortdauernden Bestand hatten.[16] Während in den westlichen Besatzungszonen 1948 Konsulate

14 Als Überblicksdarstellungen hierzu vgl. Gehler, Michael: Der lange Weg nach Europa. Österreich vom Ende der Monarchie bis zur EU, 2 Bde. Innsbruck/Wien/Bozen 2002; Gehler, Michael: Vom Marshall-Plan zur EU. Österreich und die europäische Integration von 1945 bis zur Gegenwart. Innsbruck/Wien/Bozen 2006; Gehler, Michael: Österreichs Weg in die Europäische Union. Innsbruck/Bozen/Wien 2009.

15 Rathkolb, Oliver Rathkolb: Austria's ‚Ostpolitik' in the 1950s and 1960s: Honest Broker or Double Agent?. In: Austrian History Yearbook, Vol. XXVI (1995), S. 129–149.

16 Offenbar gab es zumindest bis Ende 1946, aber vermutlich kaum darüber hinaus, auch in der SBZ österreichische Repatriierungsstellen, die autonom operierten, oder von verschiedensten österreichischen Stellen einen Auftrag erhalten hatten. Eine Erwähnung dieser Stellen erfolgte noch im November 1946 in einer Sitzung des österreichischen Ministerrates. Vgl. hierzu Ministerratsprotokoll Nr. 47, Sitzung v. 26. November 1946. In: Enderle-Burcel, Gertrude/Jeřábek, Rudolf (Hrsg.): Protokolle des Ministerrates der Zweiten Republik. Kabinett Leopold Figl I, 20. Dezember 1945 bis 8. November 1949,

errichtet werden konnten, verhielt sich die sowjetische Besatzungsmacht diesem Ansinnen gegenüber für ihre Besatzungszone ablehnend. Daher wurde die in West-Berlin ansässige Österreichische Delegation zur primären Anlaufstelle für die zahlreichen auf dem Gebiet der SBZ/DDR lebenden Österreicher. Nach der Gründung der DDR setzten die Mitarbeiter der Delegation ihre Kontakte zu den sowjetischen Stellen fort und etablierten auch inoffizielle Kontakte zum neu gegründeten Ministerium für Auswärtige Angelegenheiten der DDR (MfAA).[17] Dies war eine Notwendigkeit, um den in der DDR lebenden österreichischen Staatsbürgern ein Mindestmaß an Vertretung gewährleisten zu können. 1952 wurde die Delegation formal der außenpolitischen Sektion des Bundeskanzleramtes unterstellt. Bereits zuvor hatte diese die politische Berichterstattung über die Entwicklungen in der SBZ/DDR mitgetragen. Hinsichtlich der inneren Entwicklung der DDR tappte man oft im Dunkeln, zumeist war man bei der Berichterstattung auf westliche Informationen angewiesen; so auch über die Gründung der DDR selbst.[18] Die Delegation berichtete kommentarlos über die Ernennung Rudolf Appelts zum DDR-„Botschafter“ in Moskau,[19] die Zusammensetzung des SED-Politbüros,[20] die Zusammensetzung der Provisorischen Volkskammer der DDR mit angeschlossenen Lebensläufen und Bildern der Mitglieder,[21] die Zusammensetzung der Provisorischen Länderkammer der DDR[22] und

Bd. 4, 21. November 1946 bis 11. Februar 1946. Wien 2005, S. 31–76, hier S. 51–52, 66; Dem Leiter einer österreichischen Repatriierungsstelle in Dresden wurde im April 1946 die Rückreise in die SBZ verweigert. Amtsvermerk, Gegenstand: Erich Lessner; Rückreise nach Dresden, Wien, 29. April 1946, ÖStA, AdR, BKA, AA, II-Pol 1946, Deutschland 49, GZ. 111.093-pol/46, Karton 12.

17 Aufzeichnung über ein Gespräch mit Kanzleileiter Gustav J. Seewald am 30. November 1949, gezeichnet Hauptabteilungsleiter Gerhard Kegel, Staatssekretär Anton Ackermann vorgelegt am 1. Dezember 1949. Politisches Archiv des Auswärtigen Amts (PA, AA), Ministerium für auswärtige Angelegenheiten (MfAA), A 16.542, Bl. 171–173; Kurze Zusammenfassung des MfAA über die Arbeit der Österreichischen Delegation, Oktober 1950, PA, AA, MfAA, A 15.154, Bl. 1–2; Hauptabteilungsleiterin Greta Kuckhoff an den stellvertretenden SED-Vorsitzenden Walter Ulbricht (Persönlich!), Berlin, 4. Oktober 1950. Bundesarchiv, Berlin (BArch), Abteilung DDR DC/20/3875, Bl. 8–18, Bl. 8 und 16–17 betreffen die Aktivitäten der Österreichischen Delegation.

18 Kanzleileiter Seewald an Generalssekretär Heinrich Wildner, Berlin, 10. Oktober 1949, ÖStA, AdR, Bundeskanzleramt, Auswärtige Angelegenheiten (BKA, AA), II-pol 1949, Deutschland 3, Gr.Zl. 80.120-Pol/49, GZ. 88.220-pol/49, Karton 100.

19 Kanzleileiter Seewald an BKA, AA, Berlin, 18. Oktober 1949, ÖStA, AdR, BKA, AA, II-pol 1949, Deutschland 2, GZ. 88.384-pol/49, Karton 99.

20 Kanzleileiter Seewald an BKA, AA, Berlin, 18. Oktober 1949, ÖStA, AdR, BKA, AA, II-pol 1949, Deutschland 3, GZ. 88.385-pol/49, Karton 100.

21 Kanzleileiter Seewald an BKA, AA, Berlin, 18. Oktober 1949, ÖStA, AdR, BKA, AA, II-pol 1949, Deutschland 3, GZ. 88.387-pol/49/Blg. Konvolut, Karton 100.

die Provisorische Regierung der DDR[23] sowie wenig später auch über die Verfassung der DDR.[24]

In Moskau kam es kurz nach der Gründung der DDR zu ersten Kontakten mit dem Chef ihrer diplomatischen Mission. Von Ende 1946 bis 1960 vertrat Norbert Bischoff Österreich in der Sowjetunion diplomatisch. Zunächst war er als Politischer Vertreter, ab 1953 als Botschafter in Moskau akkreditiert. Bischoff gilt weithin als äußerst sowjetfreundlich eingestellt, was am Ballhausplatz stets auf wenig Gegenliebe stieß. Seine politischen Berichte unterschieden sich oft sehr stark von jenen seiner Kollegen in westlichen Ländern, und er trat offen gegen eine einseitige Westorientierung Österreichs auf. Er hatte aber ein persönliches Vertrauensverhältnis zum österreichischen Bundeskanzler Julius Raab (1953–1961) und gilt auch als eine jener Personen, die 1955 die Gunst der Stunde für den Österreichischen Staatsvertrag erkannten. Nichtsdestotrotz dürfte ihn die mangelnde Akzeptanz auf dem Ballhausplatz gegenüber seiner bis 1960 dauernden Vertretungstätigkeit zunehmend frustriert haben. So wurde zum Beispiel behauptet, daß Bischoff fallweise zu einem Opfer der sowjetischen Propaganda geworden wäre. Natürlich beeinflußte die Haltung Bischoffs auch seine Kontakte zu ostdeutschen Repräsentanten in Moskau, die sich bereits im Dezember 1949 zu entwickeln begannen.[25]

Da Österreich die DDR nach ihrer Gründung nicht anerkannt hatte, stattete Appelt der österreichischen Vertretung weder einen Besuch ab, noch schickte er ein Antrittsschreiben. So kam es auf einem Empfang des sowjetischen Außenministers Andrei Januarjewitsch Wyschinski Ende 1949 zu einem ersten Aufeinandertreffen der beiden Diplomaten. Politische Dinge wurden nicht besprochen,

---

22 Kanzleileiter Seewald an BKA, AA, Berlin, 18. Oktober 1949, ÖStA, AdR, BKA, AA, II-pol 1949, Deutschland 3, GZ. 88.388-pol/49/Blg. Konvolut, Karton 100.

23 Kanzleileiter Seewald an BKA, AA, Berlin, 18. Oktober 1949, ÖStA, AdR, BKA, AA, II-pol 1949, Deutschland 3, GZ. 88.389-pol/49/Blg. Konvolut, Karton 100.

24 Kanzleileiter Seewald an BKA, AA, Berlin, 31. Oktober 1949, ÖStA, AdR, BKA, AA, II-pol 1949, Deutschland 3, GZ. 88.398-pol/49/Blg. 1, Karton 100.

25 Für die durchaus ambivalenten Bewertungen zur Person Bischoff siehe zuletzt Mueller: Coexistence, S. 84 ff. sowie des Weiteren Agstner, Rudolf/Enderle-Burcel, Gertrude/Follner, Michaela (Hrsg.): Österreichs Spitzendiplomaten zwischen Kaiser und Kreisky. Biographisches Handbuch der Diplomaten des Höheren Auswärtigen Dienstes 1918 bis 1959, S. 133 ff.; Matejka, Viktor: Anregung ist Alles. Das Buch Nr. 2. Wien 1991,S. 85, 142; Rathkolb, Oliver: Die paradoxe Republik. Österreich 1945–2005. Wien 2005, S. 177; Bischof, Günter: Austria in the First Cold War, 1945–1955. The Leverage of the Weak. Basingstoke 1999, S. 72, 134, 143, 155. Für eine persönliche positive Erinnerung an Bischoff siehe die Memoiren seines Botschaftsrates in Moskau, Otto Eiselsberg: Erlebte Geschichte 1917–1997. Wien/Köln/Weimar 1997, S. 200–257.

dennoch wusste Bischoff nach Wien zu berichten: „Die nunmehr hergestellte rein persönliche Bekanntschaft mit dem deutschen Botschafter, der ein gutaussehender Mann von mittleren Jahren ist und aus dem Journalismus kommen soll, kann natürlich notfalls zu inoffiziellen Kontakten mit der Regierung Ostdeutschlands ausgenützt werden, wenn solche einmal erwünscht sein sollten.“[26] Zahlreiche weitere Gespräche mit Appelt sollten folgen. Bereits im März 1950 trafen sie sich erneut. Im Verlauf des Gespräches hob Appelt die wirtschaftlichen und kulturellen Entwicklungen sowie den Erfolg der Jugendbewegung in der DDR – natürlich im Vergleich mit der Bundesrepublik Deutschland – hervor.[27] In einem Bericht über ein sehr ähnliches Gespräch im Mai 1950 kommentierte Bischoff Appelts glorifizierende Ausführungen über die Entwicklung der DDR durchaus sarkastisch mit den Worten: „Der Herr Botschafter ist also ganz offensichtlich mit sich und der Welt zufrieden.“[28] Was Bischoff in seinem Bericht an den Ballhausplatz verschwieg, war, daß er sich mit Appelt über die Kriegsgefangenenfrage ausgetauscht hatte. Zudem hatte er in aller Offenheit seine Einschätzungen über die zukünftige Entwicklung Österreichs dargelegt.[29] Wenngleich ein derartiges Vorgehen in Wien vermutlich nicht gutgeheißen worden wäre und Bischoff über diesen Gesprächsabschnitt auch nicht schriftlich berichtete, so erachtete man aber auch am Ballhausplatz Moskau für das richtige Parkett, um mit der DDR ins Gespräch zu kommen. Im Februar 1954 erfolgte eine Anfrage an die DDR-Botschaft, in der um Entlassung und Repatriierung von in der DDR inhaftierten ehemaligen österreichischen Wehrmachtssoldaten nachgesucht wurde.[30] Die DDR versuchte dies natürlich zu nutzen, um in ihren Anerkennungsbestrebungen voranzukommen, was man in Wien aber klar ablehnte.[31]

Während Bischoff die Ausführungen von Appelt über die Entwicklungen der DDR zu Recht als Propaganda entlarvte, so zeugen seine Berichte über die

26 Politischer Vertreter Norbert Bischoff an Außenminister Karl Gruber, Moskau, 28. Dezember 1949, Zl. 75/Pol, ÖStA, AdR, BKA, AA, II-Pol 1950, Deutschland 2, GZ. 120.333-Pol/50, Karton 134.

27 Bischoff an Gruber, Moskau, 27. März 1950, Zl. 36/Pol, ÖStA, AdR, BKA, AA, II-Pol 1950, Deutschland 2, GZ. 123.148-Pol/50, Karton 134.

28 Bischoff an Gruber, Moskau, 12. Mai 1950, Zl. 51/Pol, ÖStA, AdR, BKA, AA, II-Pol 1950, Deutschland 2, GZ. 124.550-Pol/50, Karton 134.

29 Handschriftlicher Aktenvermerk von Appelt über eine Unterredung mit Bischoff in Moskau am 11. Mai 1950, PA, AA, MfAA, A 12885, Bl. 1–3.

30 Aktenvermerk über einen Besuch des Geschäftsträgers der Österreichischen Botschaft in Moskau, Attaché Gerhard Gmoser in der Botschaft der DDR, gezeichnet Seitz, Moskau, 11. Februar 1954, PA, AA, MfAA, A 205, Bl. 7–8.

31 Amtsvermerk, Gegenstand: Fühlungnahme des Botschafters der DDR in Moskau, Wien, 4. Mai 1954, ÖStA, AdR, BKA, AA, II-Pol 1954, Deutschland 2, GZ. 143.435-Pol/54, Karton 271.

Entwicklung der DDR eher davon, daß er in dieser Hinsicht ein Opfer der sowjetischen Propaganda wurde. Über das Ergebnis der „Wahlen" zur Volkskammer im Oktober 1950 berichtete er in einem offenbarenden Ton. Trotz marginaler Erwähnung in den sowjetischen Medien meinte er, es könne „natürlich kein Zweifel daran bestehen, daß diese Wahlen eines der allerbedeutendsten und vom russischen Standpunkt aus erfreulichsten Ereignisse der europäischen Nachkriegsgeschichte darstellen." Über das „Wahlergebnis" selbst urteilte er in vollkommener Verkennung der Lage und unter Außerachtlassung der Möglichkeit, eine Wahl zu fälschen, folgendermaßen:

„Denn für jeden der nicht sich selbst und seine Umwelt krampfhaft verblenden will, indem er sich und den anderen einredet, dass man 99 und mehr Prozent einer zivilisierten Bevölkerung durch Zwang und Terror zu ‚Ja' sagen bringen kann, bilden diese Wahlen den nunmehr unumstösslichen Beweis, dass ein sehr beträchtlicher Teil des deutschen Volkes, eben das Volk, den Weg, auf den die Russen es nach der katastrophalen Niederlage gewiesen haben, tatsächlich als einen ‚Weg ins Freie' betrachtet, dass es das Regime nicht als ein russisches sondern als sein eigenes deutsches ansieht, dass es also heute irgendwo in Deutschland eine Regierung gibt, hinter der einmütig und einsatzbereit beträchtliche Massen des deutschen Volkes stehen und dass dies eine Regierung ist, die dem Volk verspricht, es in friedlicher Arbeit zum Sozialismus und in weiterer Folge zum Kommunismus zu führen."

Als ausschlaggebend sah er zahlreiche Parallelen (unter anderem im Hinblick auf die Jugendpolitik) zur nationalsozialistischen Politik, die es für viele leicht machen würde, sich mit dem neuen Regime anzufreunden. Zur weltpolitischen Bedeutung der DDR als sozialistischer Staat meinte er: „Denn was sich bisher an Völkern westlich Russlands aufgemacht hat auf den Weg zum Kommunismus, war Pheripherisch-Unverbindliches. Nunmehr aber sind es an die zwanzig Millionen Deutsche."[32] Derartige Berichte konnten freilich wenig zu

32 Zum Zustandekommen des Wahlergebnisses führte er weiter aus: „Der Erfolg des ostdeutschen Regimes ist umso beträchtlicher, als in der Woche vor den Wahlen geradezu ein Trommelfeuer von Antipropaganda durch die westdeutschen und zahlreiche sonstige westliche Sender auf den ostdeutschen Wähler losgelassen wurde. Es hat offenbar nur wenige Menschen abgehalten, den Kandidaten der Nationalen Front ihre Stimme zu geben; vermutlich deshalb, weil der grösste Teil der Gegner schon vorher über die Zonengrenze nach Westen emigriert ist. Möglicherweise aber auch deshalb, weil die Zustände in jenem um das Wohl des Ostens so besorgten Westen, seine Zukunftsperspektiven und Gegenwartsrezepte durchaus nicht derart sind, dass sie den Ratschlägen jener ratlos Ratenden besonderes Gewicht verleihen würden." Bischoff an Gruber, Moskau, 21. Oktober 1950, Zl. 90/Pol, ÖStA, AdR, BKA, AA, II-Pol 1950, Deutschland 3, GZ. 129.318-Pol/50, Karton 135.

Bischoffs Renommee in Wien beitragen. Mit Außenminister Gruber soll er spätestens seit seinem Bericht über die blutige Niederschlagung des Aufstands vom 17. Juni 1953 „über Kreuz“ gewesen sein, als er diese „als Reaktion auf westliche antisowjetische Propaganda zu erklären“ versucht hatte.[33] Aufgrund dieser Ausgangslage erscheint es wenig zielführend, der Entwicklung der Beziehungen zwischen der DDR und der Sowjetunion auf Basis von Bischoffs Berichten nachzugehen. Der Fokus wird daher auf den Beziehungen der DDR zu den sowjetischen Satellitenstaaten liegen, wobei den Nachbarstaaten Polen und Tschechoslowakei sowie dem deutschlandpolitisch umkämpften Jugoslawien die größte Aufmerksamkeit gewidmet wird.

Kontakte in den Hauptstädten anderer sozialistischer Staaten sollten sich mit zunehmendem Anerkennungsstreben der DDR ausweiten. In der ersten Phase blieb den österreichischen Diplomaten zumeist nur die Rolle des Beobachters. Nach der Gründung der DDR nahmen alle sozialistischen Staaten diplomatische Beziehungen mit Ost-Berlin auf. Neben der Sowjetunion waren zweifellos die Beziehungen zu Polen und zur Tschechoslowakei am bedeutendsten. Klar war aber auch, daß diese aufgrund der Vorbelastungen und offenen Probleme (Minderheiten- und vor allem Grenzfragen) am schwierigsten zu gestalten sein würden. Unter sowjetischer Regie sollten diese aber auf Schiene gebracht werden.[34]

Nachdem sich der österreichische Politische Vertreter in Warschau, Walter Conrad-Eybesfeld, in seiner Berichterstattung über die entstehenden Beziehungen zwischen der DDR und Polen zunächst jeglichen Kommentars enthalten hatte, kommentierte er schließlich im März 1950 die Stimmung anläßlich der „in besonders feierlicher Form“ erfolgten Überreichung des Beglaubigungsschreibens des DDR-Botschafters Friedrich Wolf in Polen. Klar brachte er in seinem Bericht zum Ausdruck, daß die „neueste polnisch-deutsche Freundschaft auf kommunistischer Basis“ in der Bevölkerung „durchaus unpopulär“ ist. Als Gründe führte er die Millionen Weltkriegstoten in Polen an und urteilte eindeutig: „Die im Lande von den Deutschen begangenen Grausamkeiten sind noch unvergessen und jeder Gang durch die mehr oder weniger zerstörten Städte hält die Erinnerung an die böse deutsche Herrschaft wach.“[35] Das dringendste Problem in den Beziehungen zwischen Polen und der DDR war aber die Regelung der Grenzfrage. Trotz entgegengesetzter Überzeugungen hatte die SED-Führung

33 Pape, Matthias: Ungleiche Brüder. Österreich und Deutschland 1945–1965. Köln/Weimar/Wien 2000, S. 257.

34 Wentker, Hermann: Außenpolitik in engen Grenzen. Die DDR im internationalen System 1949–1989. München 2007; S. 99–109.

35 Politischer Vertreter Walter Conrad-Eybesfeld an Gruber, Warschau, 2. März 1950, ÖStA, AdR, BKA, AA, II-Pol 1950, Deutschland 2, Gr.Zl. 120.333-Pol/50, GZ. 121.948-Pol/50, Karton 134.

die polnische Westverschiebung und somit die Oder-Neiße-Grenze akzeptieren müssen. Die Sowjets hatten für eine eindeutige Position gesorgt. Die völkerrechtliche Absicherung erfolgte durch den „Görlitzer-Vertrag". Auf die Vertragsgestaltung dürfte die DDR kaum Einfluß gehabt haben. Die polnischen Bedürfnisse wurden dadurch befriedigt.[36]

Bevor der Vertrag am 6. Juli 1950 im polnischen Teil von Görlitz unterzeichnet wurde, hatten Anfang Juni in Warschau bilaterale Verhandlungen stattgefunden, in denen festgelegt wurde, daß binnen eines Monats die Markierung der Grenze zu regeln sei. Da die DDR in dieser Hinsicht wenig Mitspracherecht hatte, dürfte der Hauptinhalt der Gespräche wirtschaftliche Fragen betroffen haben. Der österreichische Politische Vertreter konnte über diese Verhandlungen nur anhand des veröffentlichten Materials berichten. In seiner Schlußansprache hatte Walter Ulbricht das neue Niveau der „deutsch-polnischen Beziehungen" betont und von einer „Periode der engsten freundschaftlichen Zusammenarbeit", die hiermit ihren Anfang genommen hat, gesprochen. In seiner Antwort auf das Dankschreiben des Präsidenten der DDR, Wilhelm Pieck, daß dieser im Anschluß an den Besuch versandt hatte, pries der polnische Staatspräsident Bolesław Bierut „die Zusammenarbeit beider Völker für den Frieden unter Führung des grossen Stalin."[37] Ein nicht gerade undeutlicher Hinweis darauf, wem die Polen diese neue Freundschaft zu verdanken hatten. Über die pompös aufgemachte Unterzeichnung des Grenzabkommens berichtete Conrad-Eybesfeld ebenfalls anhand der offiziellen Darstellung der beiden Vertragsparteien. Eines Kommentars zu den überschwenglichen Betonungen über die „neue ‚ewige' Freundschaft zwischen den beiden Völkern" enthielt er sich.[38] Ausdruck einer solchen Freundschaft war die neue Grenze freilich die längste Zeit nicht, sie wurde militärisch gesichert, wies in den 1950er Jahren nur drei Grenzübergänge auf und von Reisefreiheit für Privatpersonen konnte ohnehin noch lange keine Rede sein.[39]

Die Sowjetunion hatte nicht nur für die Sanktionierung der für die DDR „schmerzhaften" Verträge mit Polen gesorgt, gleichzeitig sorgte sie auch für eine förmliche Akzeptanz der DDR bei ihren sozialistischen Nachbarstaaten. Die ersten Besuchsreisen aus der DDR mußten durch Gegenbesuche erwidert werden. Diese sollen nur auf erheblichen Druck aus Moskau realisiert worden sein.

36 Wentker, Hermann: Außenpolitik in engen Grenzen. Die DDR im internationalen System 1949–1989. München 2007; S. 102 –103..

37 Conrad-Eybesfeld an Gruber, Warschau, 10. Juni 1950, ÖStA, AdR, BKA, AA, II-Pol 1950, Deutschland 2, Gr.Zl. 120.333-Pol/50, GZ. 125.354-Pol/50, Karton 134.

38 Conrad-Eybesfeld an Gruber, Warschau, 8. Juli 1950, ÖStA, AdR, BKA, AA, II-Pol 1950, Deutschland 2, Gr.Zl. 120.333-Pol/50, GZ. 125.971-Pol/50, Karton 134.

39 Hierzu und zum Folgenden: Wentker: Außenpolitik, S. 103.

Anläßlich der Besuche von Präsident Pieck in Polen 1950[40] und in der Tschechoslowakei 1951 wurde von der österreichischen Diplomatie bereits über militärische Beistandspakte mit der DDR spekuliert. Bezeichnenderweise war der Besuch Piecks in der Tschechoslowakei „streng geheim gehalten“ worden und „somit für die tschechische Oeffentlichkeit überraschend“ erfolgt. Zudem überschritten die Überwachungsmaßnahmen „wesentlich das Ausmass, was man auch in Volksdemokratien bei derartigen Anlässen gewohnt ist.“ Über die Wirkung des Besuches urteilte der österreichische Gesandte in Prag Meinrad Falser: „Von der Bevölkerung wurde der Staatsbesuch begreiflicherweise mit gemischten Gefühlen aufgenommen und hat teilweise auch zu sehr deutlichen Missfallskundgebungen geführt, da man unwillkürliche Vergleiche mit den Ereignissen von 1939 zieht und es nicht verstehen kann, dass sich die Tschechoslowakei heute mit dem Erbfeind solidarisiert.“[41]Als Ergebnis des Besuches wurde vor allem eine engere wirtschaftliche Kooperation erwartet, jedoch war über konkrete Abmachungen zunächst noch nichts bekannt. Sonst wären sie wohl auch mit dem üblichen „Applomb“ verkündet worden. Mit einer Intensivierung der Beziehungen zwischen der DDR und der Tschechoslowakei wurde auf alle Fälle, nicht zuletzt wegen der nunmehrigen RGW-Mitgliedschaft der DDR, gerechnet.[42] Erschwerend kam hinzu, daß die Tschechoslowakei im Handel mit der DDR einen erheblichen Clearing-Saldo zu begleichen hatte. Nichtsdestotrotz bestätigte auch eine Unterredung mit dem rumänischen Botschafter in Prag, Stefan Cleja, den Eindruck, wonach die Tatsache, daß kein offizielles Kommuniqué über den Besuch veröffentlicht wurde, darauf hindeute, daß die in diesen gesetz ten Erwartungen nicht erfüllt wurden. Vielmehr meinte Cleja, daß der Besuch „in erster Linie“ „eine politische Manifestation“ darstellen würde. Hierbei war es von Bedeutung, daß Pieck „die Oder-Neisse-Grenze als feststehend anerkannt und die seinerzeitige Ausweisung der Sudetendeutschen als gerechtfertigt bezeichnet“ hatte.[43] Nachdem sich der tschechoslowakische Staatspräsident Kle-

40 Conrad-Eybesfeld an Gruber, Warschau, 27. Dezember 1950, Zl. 134-Pol/50, ÖStA, AdR, BKA, AA, II-Pol 1951, Deutschland 2, GZ. 131.088-Pol/51, Karton 160.

41 Gesandter Meinrad Falser an Gruber, Prag, 26. Oktober 1951, Zl. 168-Pol/51, ÖStA, AdR, BKA, AA, II-Pol 1951, Deutschland 2, GZ. 140.214-Pol/51, Karton 160.

42 Falser an Gruber, Prag, 30. Oktober 1951, Zl. 170-Pol/51, ÖStA, AdR, BKA, AA, II-Pol 1951, Deutschland 2, GZ. 140.515-Pol/51, Karton 160.

43 Falser an Gruber, Prag, 5. November 1951, Zl. 172-Pol/51, ÖStA, AdR, BKA, AA, II-Pol 1951, Deutschland 2, GZ. 140.809-Pol/51, Karton 160. Das Fehlen eines Kommuniqués wurde in einem Dokument, das sich mit der slowakischen Aufnahme des Besuches befaßte, bemerkt. Bericht über die Stimmung in der Slowakei nach dem Besuch des Präsidenten Pieck in der ČSR, [o. O.], [o. D.], Zl. 74-Pol/51, eingelangt in Wien am 14. November 1951, ÖStA, AdR, BKA, AA, II-Pol 1951, Deutschland 2, GZ. 140.790-Pol/51, Karton 160.

ment Gottwald bei der Übernahme des Einführungsschreibens des DDR-Botschafters Bernard Koenen Anfang 1953 gemäßigterer Redewendungen gegen die „westlichen Mächte“ bedient hatte, berichtete Falser: „Man glaubt diesen Mangel an ‚kämpferischer Begeisterung‘ dahin deuten zu können, das es der Präsident vermeiden wollte, die in der ČSR nicht sehr populäre Freundschaft zur ostdeutschen Nachbarrepublik, welche der Prager Regierung überdies sehr schwere wirtschaftliche Lasten aufbürdet, allzusehr hervorzukehren.“[44]

Das Verhältnis zur Tschechoslowakei gilt für diese frühe Periode gemeinhin als besser entwickelt als jenes zu Polen.[45] Trotz aller Vorbehalte scheint es, als ob sich die Stimmung innerhalb der polnischen Bevölkerung zumindest kurzfristig ein wenig gewandelt hätte. Dies lag aber nicht an den propagandistischen Freundschaftsbekundungen, sondern am ostdeutschen Widerstand gegen die Diktatur der SED, der sich im Volksaufstand 1953 entlud. Nach dem 17. Juni 1953 konnte Conrad-Eybesfeld auf Basis „unverdächtiger Quellen“ von durchaus vorhandener Sympathie und Bewunderung in der polnischen Bevölkerung für die ostdeutschen und tschechoslowakischen Arbeiter berichten. Diese war nämlich laut der österreichischen Vertretung trotz aller gegenteiligen Bestrebungen der Regierung vor allem wegen des Abhörens ausländischer Radiosendungen stets gut informiert, während die „staatlich gelenkte Presse in der üblichen Weise ihr nicht in das Konzept passende Ereignisse mit Stillschweigen zu übergehen, die Unruhen in der Tschechoslowakei überhaupt totgeschwiegen“ hatte. Hinsichtlich der „Unruhen“ war ein Artikel aus dem *Neuen Deutschland* reproduziert worden. „Wohl in Kenntnis der wahren Gefühle des polnischen Volkes und zu seiner Warnung“, so Conrad-Eybesfeld weiter „hebt, die P[V]AP[46] in einem weiteren Bericht aus Berlin hervor, dass die Unruhen dortselbst (für die P[V]AP gab es nur in Berlin Unruhen) völlig niedergeworfen wurden und das die Regierung der Deutschen Demokratischen Republik, entsprechend den an sie gerichteten Wünschen der loyalen deutschen Bevölkerung, die Schuldigen an den Zwischenfällen strengsten bestrafen werde.“[47]

Im Gefolge der Sowjetunion erklärten Polen und die Tschechoslowakei im Februar 1955 den Kriegszustand mit Deutschland für beendet. Am 14. Mai 1955 wurde die DDR als formal gleichberechtigtes Mitglied in den Warschauer Pakt aufgenommen. Dies markierte einen bedeutenden Schritt auf dem Weg zur

44 Falser an Gruber, Prag, 27. Januar 1953, Zl. 18-P/53, ÖStA, AdR, BKA, AA, II-Pol 1953, Deutschland 2, GZ. 316.779-Pol/53, Karton 231.

45 Wentker, Hermann: Außenpolitik in engen Grenzen. Die DDR im internationalen System 1949–1989. München 2007; S. 105.

46 Polnische Vereinigte Arbeiterpartei

47 Conrad-Eybesfeld an Gruber, Warschau, 19. Juni 1953, Zl. 65-Pol/53, ÖStA, AdR, BKA, AA, II-Pol 1953, Deutschland 3, GZ. 322.271-Pol/53, Karton 232.

Gleichberechtigung im Ostblock.[48] Die Sowjetunion sorgte dafür, daß die zwischenstaatlichen Beziehungen zwischen ihren Satelliten weitestgehend konfliktfrei abliefen. Während dies zu gelingen schien, tat sich 1955 ein weiteres Problemfeld auf. Die Bundesrepublik Deutschland und die Sowjetunion hatten beim Besuch des Bundeskanzlers Konrad Adenauer in Moskau im September 1955 diplomatische Beziehungen aufgenommen.[49] Fortan sollten ein ost- und ein westdeutscher Botschafter in Moskau ihren Dienst versehen. Die Bundesregierung betonte den Ausnahmecharakter dieses Falles und verkündete die Hallstein-Doktrin. Diese verhinderte zwar weitestgehend die Anerkennung der DDR durch dritte Staaten, versperrte aber auch für mehr als ein Jahrzehnt die Möglichkeit diplomatischer Beziehungen zwischen der Bundesrepublik Deutschland und den sozialistischen Staaten Europas, die allesamt die DDR anerkannt hatten.[50] Gesandter Falser nutze die Feierlichkeiten, die anläßlich Piecks 80. Geburtstag in Prag Anfang 1956 stattfanden, um auf die sich aus der neuen Lage ergebenden Probleme hinzuweisen: „Symptomatisch an der Sache ist nur, daß trotz aller Elogen an die Adresse des ost-deutschen Staatspräsidenten sich in der Tschechoslowakei in den letzten Monaten ein immer steigendes Interesse für die west-deutsche Bundesrepublik geltend macht. Dies tritt nicht nur in den Bemühungen der Prager Regierung um Herstellung diplomatischer Beziehungen zu Bonn in Erscheinung, sondern äußert sich auch in einem verstärkten Wechselverkehr wirtschaftlicher, kultureller und wissenschaftlicher Art mit dem westdeutschen Nachbarn. Daß auch [...] die tschechoslowakische Regierung die Absicht hegt, mit West-Deutschland in Vermögensverhandlungen einzutreten, dies aber mit der Deutschen Demokratischen Republik nicht zu tun gedenkt, beweist, daß sie sich trotz ihrer pflichtmäßigen Loyalität gegenüber ihrem ost-deutschen Satellitenfreund immerhin bewußt wird, daß sich aus dem von ihr in früheren Jahren immer nur als Marionettenregierung verhöhnten Bonner Regime mit der Zeit ein wichtiger politischer und wirtschaftlicher Faktor entwickelt hat, den sie auf die Dauer nicht mehr unterschätzen darf.“[51] Trotz klarer Aussagen hinsichtlich der Möglichkeiten und vor allem der Grenzen bei der Gestaltung der

48 Wentker: Außenpolitik, S. 109.

49 Kilian, Werner: Adenauers Reise nach Moskau. Freiburg im Breisgau 2005; Altrichter, Helmut (Hrsg.): Adenauers Moskaubesuch 1955. Eine Reise im internationalen Kontext (Rhöndorfer Gespräche 22). Bonn 2007.

50 Zur Hallstein-Doktrin vgl. William Glenn Gray, Germany's Cold War. The Global Campaign to Isolate East Germany, 1949–1969. Chapel Hill/London 2003; Kilian, Werner: Die Hallstein-Doktrin. Der diplomatische Krieg zwischen der BRD und der DDR 1955–1973. Aus den Akten der beiden deutschen Außenministerien. Berlin 2001.

51 Falser an Außenminister Leopold Figl, Prag, 17. Januar 1956, Zl. 3-Pol/56, ÖStA, AdR, BKA, AA, II-Pol 1956, Deutschland-Ost 1, GZ. 511.477-Pol/56, Karton 377.

zwischenstaatlichen Beziehungen unter den gegenwärtigen Bedingungen dürfte man in Prager „Regierungs- und politischen Kreisen“ weiterhin auf eine Verbesserung des Verhältnisses zur Bundesrepublik Deutschland gehofft haben. Auf Basis von Informationen, die Falser „erst kürzlich von maßgebender Stelle des hiesigen Außenamtes erhalten“ hatte, berichtete er erneut nach Wien: „Dabei ist es auffallend, daß der Wunsch nach Normalisierung der Beziehungen zu Bonn heute bereits die unter sowjetischer Patronanz zur Schau getragene Verbundenheit mit Ost-Deutschland übersteigt. Wie mir erst kürzlich ein Funktionär der deutschen Abteilung im hiesigen Außenamt vertraulich erklärte, sei die Lage in Ost-Deutschland heute noch so unklar, daß man mit diesem ‚Gebilde‘ derzeit keine weitergehenden Abmachungen treffen könne und sich daher darauf beschränken müsse, nur die notwendigsten Unterlagen für die reibungslose Gestaltung des Wirtschaftsverkehrs und einen gewissen kulturellen Austausch zu schaffen. Demgegenüber dürfe jedoch die hiesige Regierung in ihren Bestrebungen, mit West-Deutschland zu dem von ihr angestrebten Ziel zu gelangen, nicht erlahmen.“ Als Belege hierfür nannte er ein steigendes Interesse „an einer kulturellen Verbundenheit mit West-Deutschland“, die sich „anläßlich der Feiern des 100. Todestages des Dichters Heinrich Heine in Prag und Pressburg“ manifestiert haben soll. Zudem sprach er von einer sprunghaften Zunahme des Reiseverkehrs. All dies verfolgte in seinen Augen den Zweck „in absehbarer Zeit doch den Abschluß zwischenstaatlicher Verträge zur Normalisierung der Beziehungen mit der Bundesrepublik vorzubereiten.“[52]

Auch die Beziehungen der DDR zu Ungarn hatten sich noch keineswegs rege entwickelt. Der österreichische Gesandte in Budapest, Karl Braunias, machte folgende Umstände hierfür verantwortlich. Als ersten Punkt vermerkte er, daß in Ungarn nach wie vor Ressentiments gegen „alles Deutsche“ und zwar „gerade in den führenden Kreisen“ vorhanden seien. Diese bestünden „nicht nur wegen des starken jüdischen Anteils an der kommunistischen Führungsschicht, sondern auch deswegen, weil diese bestrebt ist, einen Deutschenhass wach zu halten, um damit die Abneigung der Volksmassen, die heute nicht gegen die Deutschen, sondern gegen die Russen gerichtet ist, etwas auszubalancieren. Wenn nun das Regime den Deutschenhass lebendig erhalten will, so muss es ein besonderes Kunststück sein, es zustande zu bringen, dass die Ostdeutschen von diesem Ressentiment ausgenommen bleiben.“ Hiermit war auch bereits ein Faktum angesprochen, daß im Spätherbst des Jahres 1956 während des ungarischen Volksaufstandes offen ausbrechen sollte. Aber auch Braunias hielt den Faktor Bundesrepublik Deutschland für bedeutend, da diese der „wichtigste westliche Han-

52 Falser an Figl, Prag, 12. März 1956, Zl. 15-Pol/56, ÖStA, AdR, BKA, AA, II-Pol 1956, Deutschland-West 2, GZ. 512.761-Pol/56, Karton 375.

delspartner Ungarns“ war. „Schon mit Rücksicht auf diese“, so führte der Gesandte weiter aus, „glaubt sich die ungarische Regierung bei der Pflege ihrer Beziehungen zur DDR auf das unerlässliche beschränken zu müssen.“ Auf dem Konsultativtreffen des Warschauer Pakts in Prag Anfang 1956 soll „der ungarische Redner – zum Unterschied von anderen [sic!] seiner Kollegen – nicht ausdrücklich für die Einbeziehung der DDR in die Organisation eine Lanze gebrochen“ haben, „wenn auch bei der Abstimmung natürlich auch Ungarn dafür stimmte“. Einen weiteren Beleg für seine Einschätzung sah er darin, daß der Botschafter der DDR in Ungarn, Sepp Schwab, „obwohl er Doyen des diplomatischen Korps ist, nicht besonders hervortritt“ und ihm gegenüber von ungarischer Seite nicht das größte „Empressement an den Tag gelegt“ würde.[53]

Eine ernsthafte Verbesserung der Beziehungen der sozialistischen Staaten zur Bundesrepublik Deutschland stand aber noch nicht auf der Tagesordnung. Nachdem sich das Verhältnis der Sowjetunion zur Bundesrepublik auch nach Adenauers Moskau-Reise und dem Austausch von Botschaftern kaum gebessert und die Sowjetunion ihren ersten Botschafter Valerian Zorin bereits Mitte 1956 wieder abberufen hatte, urteilte der österreichische Botschafter in Bonn, Adrian Rotter, über das vermutliche Befinden Ulbrichts: „Je schlechter das Verhältnis zwischen Bonn und Moskau ist, und je weniger mit einer Wiedervereinigung Deutschlands zu rechnen ist, um so sicherer kann er sich auf seinem Platze fühlen.“[54]

Der Aufstieg des ungeliebten Bruders 1956–1961

Die Geheimrede Chruschtschows auf dem XX. Parteitag der KPdSU 1956 sowie die Aufstände in Polen und Ungarn und deren Niederschlagung veränderten das Bedeutungsgefälle im sozialistischen Lager. Trotz großer Sorgen vor einem Aufstand in der DDR, die, so war die österreichische Diplomatie überzeugt, 1956 im Kreml kursierten, sah man in der DDR zunehmend den Musterschüler im Ostblock und den verläßlichsten Partner der Sowjetunion, dessen Förderung vor allem in wirtschaftlicher Hinsicht Moskau sich einiges kosten ließ. Das wirtschaftliche Potential der DDR wurde zunehmend höher eingeschätzt.[55] In der

---

53 Gesandter Karl Braunias an Figl, Budapest, 7. Februar 1956, Zl. 38-Pol/56, ÖStA, AdR, BKA, AA, II-Pol 1956, Deutschland-Ost 2, GZ. 511.717-Pol/56, Karton 377.

54 Botschafter Adrian Rotter an Figl, Bonn, 16. Juli 1956, Zl. 65-Pol/56, ÖStA, AdR, BKA, AA, II-Pol 1956, Deutschland-West 3, [o. GZ.], Karton 376.

55 Botschafter Bischoff an Figl, Moskau 9. Januar 1957, Zl. 2-POL/57, ÖStA, AdR, BKA, AA, II-Pol 1957, Deutschland-Ost 2, GZ. 215.772-Pol/57, Karton 427; Generalkonsul Ernst Luegmayer an Rotter, Berlin 9. Januar 1957, Zl. 1-Pol/57, ÖStA, AdR, BKA, AA, II-Pol 1957, Deutschland-Ost 2, Karton 427; Rotter an BKA, AA, Bonn, 23. Janu-

Folge ging die österreichische Diplomatie nahezu einhellig von einer „rasch wachsende Bedeutung der DDR im Rahmen des sowjetisch-volksdemokratischen Gesamtsystems“ aus.[56] Ein Urteil, das zeitgenössisch weltweit geteilt wurde. So hatte der langjährige Korrespondent der *Neuen Zürcher Zeitung* in Berlin, Otto Frei, „der wahrlich kein Freund der DDR“ war, gegenüber dem österreichischen Generalkonsul in West-Berlin, Hans Thalberg, bemerkt, „daß die DDR vom Katzentisch des Ostblocks auf einen Ehrenplatz an der Haupttafel avanciert ist“.[57]

Die DDR und die Tschechoslowakei lehnten eine Entstalinisierung weitestgehend ab und sahen sich durch die Aufstände in ihren Nachbarstaaten bedroht. Ost-Berlin und Prag fanden während des internationalen Krisenjahrs 1956 zumindest auf politischer Ebene zueinander.[58] Eine Wandlung in den Beziehungen innerhalb des „Ostblocks“ bemerkte auch die österreichische Diplomatie. So urteilte der österreichische Gesandte in Prag, Paul Wilhelm-Heininger, im September 1957: „Was Ost-Deutschland betrifft, ergibt es sich förmlich von selbst, daß die Herren des Hradschins als unwandelbar treue Diener des Kremls namentlich seit den Ereignissen in Ungarn und Polen auf engste Bindungen mit dem gleich ergebenen Regime in Pankow bedacht sind.“ Diesem Umstand wurde durch eine intensivierte Zusammenarbeit auf wirtschaftlichem, politischem und militärischem Gebiet Rechnung getragen. Zu letzterem war allerdings festzuhalten: „[E]in eigentümliches Gefühl mag es für die Tschechen sein, wenn sie demnach in ihrer Hauptstadt ostdeutsche Soldaten umherwandern sehen, deren Uniformen jenen der Okkupationsarmee Hitlers täuschend ähnlich sind.“ Nichtsdestotrotz sah man sich in Prag dadurch nicht daran gehindert, der propagandistisch zumeist schwer angegriffenen Bundesrepublik Deutschland, „sei es zum eigenen wirtschaftlichen Vorteil oder zu Infiltrationszwecken“ die Aufnahme

ar 1957, Zl. 2521-A/57, ÖStA, AdR, BKA, AA, II-Pol 1957, Deutschland-Ost 2, Karton 427; Luegmayer an Figl, Berlin 3. Dezember 1957, Zl. 30-Pol/57, ÖStA, AdR, BKA, AA, II-Pol 1957, Deutschland-Ost 2, GZ. 227.421-Pol/57, Karton 427.

56 Vgl. stellvertretend für diese Einschätzung Bischoff an Figl, Moskau, 15. Oktober 1957, Zl. 56-POL/57, ÖStA, AdR, BKA, AA, II-Pol 1957, Deutschland-Ost 2, GZ. 226.233-Pol/57, Karton 427.

57 Generalkonsul Hans Thalberg an Figl, Berlin, 31. Oktober 1958, Zl. 25-Pol/58, ÖStA, AdR, BKA, AA, II-Pol 1958, Politische Berichte Berlin.

58 Ihme-Tuchel, Beate: Das „nördliche Dreieck“, Die beziehungen zwischen der DDR, der Tschechoslowakei und Polen in den Jahren 1945 bis 1962, Köln 1994, S. 124–170; Zum internationalen Krisenjahr 1956 vgl. Heinemann, Winfried/Wiggershaus, Norbert (Hrsg.): Das internationale Krisenjahr 1956. Polen, Ungarn, Suez, München 1999.

normaler Beziehungen anzubieten.[59] Die Grundstimmung der Bevölkerung der Tschechoslowakei erachtete man aber auch in weiterer Folge für unverändert, da für diese „Deutsche nun einmal Deutsche bleiben egal ob in Ost oder West und [sie] ihnen gegenüber eine gewisse Reserve behalten."[60]

Die Beziehungen zwischen der DDR und Polen waren hingegen im Jahr nach dem Aufstand auf einem neuen Tiefpunkt angelangt. Zwar sollte Polen im sozialistischen Lager verbleiben, über den weiteren Kurs jenseits von Oder und Neiße war man sich in Ost-Berlin jedoch nicht im Klaren. Daher wurde zunächst auf Abgrenzung gesetzt.[61] Dem DDR-Botschafter in Warschau, Stefan Heymann, wurde von der SED eine zu positive Berichterstattung über Polen vorgeworfen. Im Oktober 1957 war er für eine „offene Diskussion mit der polnischen Führung und die Aufhebung aller Restriktionen des Reiseverkehrs" eingetreten. Er wurde schließlich aufgrund eines Politbüro-Beschlusses von 1. Dezember 1956 im Februar 1957 abberufen.[62] Der österreichische Gesandte in Warschau, Stephan Verosta, hatte Heymann bereits während seiner Dienstzeit in Budapest kennengelernt. Nun hatte er ihn im April 1956 auf „einem der volksdemokratischen Empfänge" als „‚alten Bekannten'" begrüßt und seither „bei ähnlichen Anlässen immer wieder geraume Zeit mit ihm gesprochen". Über den nunmehr erfolgten „‚persönlichen' Abschiedsbesuch" berichtete er eingehend an den Ballhausplatz. „Der bisherige Botschafter der DDR in Polen Stefan Heymann ist Berliner, Jude, Journalist, altes KPD-Mitglied und war jahrelang im deutschen Vernichtungslager Auschwitz. [...] Auch Heymann hält die Lage der Sowjetunion und des sog. sozialistischen Lagers nicht eben für sehr rosig, weder innenpolitisch, noch wirtschaftlich. Als alter Kommunist tröstet er sich freilich mit dem Gedanken, die Sowjetunion habe schon ärgere Krisen überstanden. [...] Mit der Entwicklung in Polen ist Herr Heymann begreiflicherweise nicht ganz einverstanden, obwohl ich ihn nur für einen gemässigten ‚Stalinisten' halte. Er betonte mehrfach, die Polen seien noch nicht ‚über den Berg' und wirtschaftlich lasse die Lage sehr viel zu wünschen übrig. Die DDR werde aber dazu beitragen, das Handwerk (!) in Polen wieder anzukurbeln." Laut Verosta soll Hey-

59 Gesandter Karl Wilhelm-Heininger an Figl, Prag, 5. September 1957, Zl. 30-Pol/57, ÖStA, AdR, BKA, AA, II-Pol 1957, Deutschland West 2, GZ. 224.171-Pol/57, Karton 424.

60 Gesandter Rudolf Ender an Figl, Prag, 8. Oktober 1958, Zl. 45-Pol/58, ÖStA, AdR, BKA, AA, II-Pol 1958, Deutschland-West 2, GZ. 555.413-Pol/58, Karton 482.

61 Zum Verhältnis DDR-Polen 1956 vgl. Wolle, Stefan: Polen und die DDR im Jahre 1956. In: Hahn, Hans Henning/Olschowsky, Heinrich: Das Jahr 1956 in Ostmitteleuropa. Berlin 1996, S. 46–57; Borodziej, Włodzimierz: Die Beziehungen Polen-DDR im Spiegel der Akten des polnischen Außenministeriums. In: ebd., S. 58–66.

62 Ihme-Tuchel: Das „nördliche Dreieck", S. 158 f.; Wentker: Außenpolitik, S. 152.

mann enge Beziehungen zu Sowjetbotschafter Panteleimon K. Ponomarenko unterhalten haben. Von polnischer Seite war man der Meinung, „dass die unvollständige Berichterstattung Heymanns über die Entwicklung in Polen, die er allzu sehr durch die Natolin-Brille [die Sicht des stalinistischen Teils der Parteiführung, M. G.] gesehen habe, zu seiner Rückberufung geführt hat“. Gegenüber Verosta „zeigte sich Heymann über den in Polen entfachten Antisemitismus aufrichtig empört und gab zu, dass dies auf die Ratschläge gewisser Sowjetführer zurückzuführen sei (!!).“ Die „antisemitische Kampagne der Natolin-Gruppe“ sollte zur Entlastung der Partei dienen. Abschließend hielt er fest, daß der „Exodus der Juden aus Polen“ anhält und „auf 2 500 Personen pro Monat gesteigert werden“ soll. Verosta nahm einen Zusammenhang der antisemitischen Kampagne mit dem Abgang an: „Pankow will – angesichts der Förderung des Antisemitismus durch gewisse sowjetische Kreise in Polen – nicht mehr durch einen Juden vertreten sein.“[63] Heymanns Nachfolger wurde der sudetendeutsche „Hardliner“[64] Josef Hegen. Dieser war sehr bemüht, die persönlichen Kontakte zu Verosta aufrechtzuerhalten. Auf einem Treffen der Bruderparteien in Moskau im Mai 1958 war eines der Hauptthemen die Unterstützung der DDR. Diese war nach dem Herbst 1956 stark zurückgegangen. „Ulbricht und Co“, so hatte Verosta erfahren, hätten nun „so exorbitante Forderungen gestellt, daß selbst die Russen darüber erschrocken gewesen sei[n] sollen“. Das „Hauptmotiv“ der Forderungen der DDR war der „Hinweis darauf, daß sie das Lebensniveau im Hinblick auf das der Bundesrepublik Deutschland so hoch halten muß, als das eben nur geht. Nur so kann die DDR als ‚Auslagefenster der Volksdemokratie[n]‘ gegenüber dem Lebensniveau in Westberlin auch nur einigermaßen bestehen.“ Als Konsequenz dieses Treffens schätzte Verosta ein, daß die „Volksdemokratien“ die DDR nun „wieder mitfinanzieren“ müßten. Lediglich Polen – so stellte man es zumindest gegenüber dem österreichischen Gesprächspartner dar – hatte „unter Hinweis auf die eigene wirtschaftliche Notlage – die auch von der DDR

63 Gesandter Stephan Verosta an Figl, Warschau, 1. Februar 1957, Zl. 15-Pol/57, ÖStA, AdR, BKA, AA, II-Pol 1957, Deutschland-Ost 2, GZ. 216.545-Pol/57, Karton 427. Verostas Wunsch, auf eine Weitergabe des Berichts an andere Vertretungsbehörden zu verzichten, wurde am Ballhausplatz nicht entsprochen. Amtsvermerk, Gegenstand: Abgang des Botschafters der DDR Stefan Heymann aus Warschau (Verschluß), Wien, 15. Februar 1957, ÖStA, AdR, BKA, AA, II-Pol 1957, Deutschland-Ost 2, GZ. 216.545-Pol/57, Karton 427.

64 Wentker, Hermann: Außenpolitik in engen Grenzen. Die DDR im internationalen System 1949–1989. München 2007, S. 152.

nicht bestritten werden konnte – jede Hilfeleistung an die DDR glatt abgelehnt."[65]

Obwohl der Besuch einer DDR-Delegation unter der Leitung Ulbrichts im Dezember 1958 in Polen von „zahlreichen Beteuerungen der ostdeutsch-polnischen Freundschaft" geprägt war, konnten diese „nicht über die Stimmung hinwegtäuschen, von der der einfache Mann im Hinblick auf seine Erfahrungen während des zweiten Weltkrieges gegenüber Deutschland erfüllt ist, wozu noch die Abneigung selbst vieler Parteifunktionäre speziell gegenüber dem Regime in der DDR hinzukommt, das seine feindliche Haltung gegenüber den Kräften des polnischen Oktoberumschwunges deutlich genug zum Ausdruck gebracht hat."[66] In dieses Bild reihen sich die Beobachtungen des Botschaftsmitarbeiters Helmut Liedermann ein, die er anläßlich der Ankunft Ulbrichts machte: „Bevor Ulbricht den Bahnhof verliess, begrüsste er die Umstehenden mit ‚Freundschaft', worauf ihm jedoch nur eine Stimme geantwortet hat. Kurz nachdem sich der Kraftwagen, in dem Ulbricht fuhr, in Bewegung gesetzt hat, warf trotz der für alle Fälle getroffenen besonders umfangreichen Sicherheitsmassnahmen ein Student einen Stein nach dem Kraftwagen Ulbrichts, während ein anderer ausrief: ‚Es gibt keine Freundschaft zwischen Polen und Deutschen'. Das dünne Menschenspalier, das den Weg Ulbrichts säumte, bestand fast ausschliesslich aus Schülern höherer Schulklassen und verharrte, bis auf wenige beifallklatschende Gruppen, schweigend. All dies führt deutlich vor Augen, dass die während dieses Besuches so oft beschworene Freundschaft zwischen der DDR und Polen eine im Hinblick auf die gegenwärtige politische Konstellation Mitteleuropas von Partei- und Regierungsstellen künstlich geschaffene ist, die sich nicht auf das Volk als solches erstreckt. [...] Auf unkontrollierte Zusammentreffen der ostdeutschen Delegation mit der polnischen Bevölkerung hat man verzichtet, offenbar, um ähnliche Vorfälle, wie sie sich bei der Ankunft der Delegation ereignet haben zu vermeiden."[67]

1960 war Botschafter Verosta überzeugt, daß es der DDR-Führung nach den Erfahrungen des Jahres 1956 „ratsam" erschienen war, „in den vergangenen drei Jahren die ostdeutschen Bauern nicht allzusehr zu behelligen". Angesichts der erneuten überstürzten Kollektivierungswelle in der DDR notierte er, daß diese in Polen „von Führung und Bauernschaft mit grosser Spannung beobachtet" werde.

65 Verosta an Figl, Warschau, 13. Juli 1958, Zl. 43-Pol/58, ÖStA, AdR, BKA, AA, II-Pol 1958, Deutschland (Ost) 2, GZ. 551.709-Pol/58, Karton 484.

66 Legationssekretär Helmut Liedermann an Figl, Warschau, 23. Dezember 1958, Zl. 98-Pol/58, ÖStA, AdR, BKA, AA, II-Pol 1959/Deutschland Ost, GZ. 236.572-Pol/59, Karton 539.

67 Liedermann an Figl, Warschau, 23. Dezember 1958, Zl. 97-Pol/58, ÖStA, AdR, BKA, AA, II-Pol 1959, Deutschland Ost, GZ. 236573-Pol/59, Karton 539.

„Einerseits wird sie dahin ausgelegt, dass Ulbricht hierzu von gewissen sowjetischen Führern ermuntert wurde; denn ganz ohne politische Abdeckung geht der ‚Spitzbart' nicht vor – so ‚souverän' ist er wieder nicht. Dabei wird in Polen anerkannt, dass Ulbricht auch im Verkehr mit sowjetischen Führern sich kein Blatt vor den Mund nimmt; er sei eben in seiner stalinistischen Art ein arroganter lehrhafter Piefke, der wisse, dass er und Seinesgleichen für die Sowjetpolitik und auch für Chruschtschow derzeit unentbehrlich und persönlich nahezu unersetzlich ist. […] Andererseits fürchten die Polen, bei einem Gelingen der neuen ostdeutschen Kollektivierungswelle vor dem Forum des ‚sozialistischen Lagers' in eine sehr unangenehme ‚rückständige' Position hinsichtlich der Sozialisierung des Landes zu geraten. Das könnte dazu führen, dass der Missmut gegen die derzeitigen Besitzverhältnisse auf dem polnischen Land, der bis jetzt auf die ČSR, DDR – und Albanien […] beschränkt ist, allgemein wird, Chruschtschow sich ihm anschliessen muss und Polen bei der nächsten Agrarkonferenz des Ostblocks sehr nachdrücklich empfohlen wird, die Sozialisierung der polnischen Landwirtschaft durchzuführen – und zwar schleunig [sic!]. Wie das in Polen ohne einen neuerlichen Zusammenbruch der landwirtschaftlichen Produktion wie in den Jahren 1952–1955 und ohne ein weiteres Absinken der Stimmung im Lande – bis zu ernsten Unruhen – zu bewerkstelligen ist, weiss hier niemand. So kann man die Behauptung wagen, die polnische Führung hoffe, die DDR werde mit der Kollektivierung – trotz der Schützenhilfe einzelner protestantischer Geistlicher – nicht durchkommen. Tatsächlich scheinen die ostdeutschen Bauern dem massiven Druck des Ulbrichtschen Regimes beträchtliche Gegenwehr entgegenzusetzen. Zuviel halten die Polen freilich von der Zivilcourage der Deutschen nicht – es ist ein der Obrigkeit gehorsames Volk, seit Jahrhunderten gedrillt, Befehle von Oben ordentlich und fleissig auszuführen – bis zur Selbstzerstörung. So haben die Vorgänge in der Landwirtschaft der DDR unmittelbare Wirkungen auf die polnische Landwirtschaftspolitik."[68]

Das Verhältnis zwischen der DDR und Polen war also offenbar in vielerlei Hinsicht vor dem Mauerbau weiterhin von deutlicher Dissonanz getragen. Während im Zuge der Berlin-Krise (1958–1961) nach Außen hin Chruschtschows Forderungen und die Drohung nach einem Separatfrieden mit der DDR unterstützt wurde, dürfte das tatsächliche Interesse der Bruderstaaten an einer Lösung erheblich geringer gewesen sein. Diplomatische Quellen deuten zumindest in diese Richtung. Der österreichische Gesandte in Prag, Meinrad Falser, konnte in einem Gespräch mit dem Protokollchef des Außenministeriums und dem polni-

68 Botschafter Verosta an Außenminister Kreisky, Warschau, 21. März 1960, Zl. 29-Pol/60, ÖStA, AdR, BMfaA, II-Pol 1960, Deutschland-Ost 3, GZ. 75.968-6(Pol)/60, Karton 612.

schen Botschafter vor Ort ein gewisses Maß an Gleichgültigkeit gegenüber einer Friedenskonferenz und eine durchaus realistische Einschätzung der Chancen der sowjetischen Vorschläge feststellen. So hatte der Protokollchef, als er auf etwaige Sorgen betreffend einer „deutsche[n] Friedenskonferenz“ angesprochen wurde, bemerkt, „der Gedanke, wo er seinen Skiurlaub verbringen werde, beschäftige ihn mehr“.[69]

Das Verhältnis der DDR zu Jugoslawien war ein Sonderfall. Während die Staaten des sozialistischen Lagers bereits vor dem Bruch zwischen Tito und Stalin 1948 diplomatische Beziehungen zu Jugoslawien unterhielten, nahm die DDR nach ihrer Gründung keine solchen auf. Dagegen hatte die Bundesrepublik Deutschland seit 1951 offizielle Beziehungen zu Jugoslawien. Eine Annäherung zwischen Ost-Berlin und Belgrad vollzog sich erst im Gefolge der sowjetisch-jugoslawischen Entspannung nach Stalins Tod. Am jugoslawischen Beispiel sollte schließlich ein Durchbruch gegen die „Hallstein-Doktrin“ versucht werden. Als sich Jugoslawien 1957 nach langem Zögern zur Anerkennung der DDR entschloß, blieb jedoch eine internationale Anerkennungswelle aus. Dies lag vor allem daran, daß die Bundesrepublik ernstgemacht und ihre diplomatischen Beziehungen zu Belgrad abgebrochen hatte. Die ostdeutsch-jugoslawischen Beziehungen verschlechterten sich nach der Anerkennung zunächst sogar, ein klares Zeichen hierfür ist, daß sich die Akkreditierung der ersten DDR-Gesandten bis zum Februar 1958 hinauszögerte.[70] Frisch in Belgrad eingetroffen, stattete Eleonore Staimer auch dem österreichischen Botschafter Walter Wodak einen „Privatbesuch“ ab.[71] Auf seine Rückfrage in Wien, ob er den Besuch erwidern sollte, stellte der Ballhausplatz klar, daß bereits die Annahme des Besuches „unter den gegebenen Verhältnissen als ausreichende protokollarische Konzession betrachtet werden“ kann und einer Erwiderung „nicht für opportun“ gehalten würde, „umsomehr, als es sich bei Frau Staimer um die Tochter des ostdeutschen Staatspräsidenten handelt“.[72] Botschafter Wodak entging in weiterer Folge nicht, daß das jugoslawisch-ostdeutsche Verhältnis keineswegs intensiv und herzlich

---

69 Falser an Figl, Prag, 17. Januar 1959, Zl. 4-Pol/59, ÖStA, AdR, BKA, AA, II-Pol 1959, Deutschland West 2, GZ. 236.555-Pol/59, Karton 541.

70 Baer, Friederike: Zwischen Anlehnung und Abgrenzung. Die Jugoslawienpolitik der DDR 1946-1968, Köln 2009, S. 147-161; Kilian: Hallstein-Doktrin, S. 52-65; Wentker: Außenpolitik, S. 161-165.

71 Botschafter Walter Wodak an BKA, AA, Belgrad, 28. März 1958, Zl. 345-Res/58, ÖStA, AdR, BKA, AA, II-Pol 1958, Deutschland (Ost) 2, Gr.Zl. 546.044-Pol/58, GZ. 547.268-Pol/58, Karton 484.

72 Amtsvermerk, Gegenstand: A. o. Gesandter und bev. Minister der DDR in Belgrad. Courtoisiebesuch, Wien, 10. April 1958, ÖStA, AdR, BKA, AA, II-Pol 1958, Deutschland (Ost) 2, Gr.Zl. 546.044-Pol/58, GZ. 547.268-Pol/58, Karton 484.

war. Vielmehr hielten sich die Sympathien für die DDR und insbesondere für Ulbricht in engen Grenzen.[73]

In einer Unterredung mit einem österreichischen Diplomaten in Belgrad Anfang 1962 hatte der stellvertretende Außenminister Veljko Mićunović nach überwundener Berlin-Krise das Thema eines sowjetischen Friedensvertrags mit der DDR angesprochen. Auf die Frage, wie sich Jugoslawien zu einem solchen Vertrag stellen würde, antwortete er, daß man dies „rein opportunistisch betrachten“ würde. Offen bekannte er, daß es „zwischen ihnen und der DDR eine ganze Zahl ungelöster Fragen“ gäbe, „die aus dem seinerzeitigen Kriegsverhältnis zwischen Deutschland und Jugoslawien resultieren“. Ob Jugoslawien einem solchen Vertrag beitreten würde, wäre von dem Gesichtspunkt aus zu betrachten, ob dies „bei der Lösung der noch offenen Fragen helfen könnte“. Für den Ballhausplatz war klar, daß hierbei die Tatsache, daß Jugoslawien von der Bundesrepublik Deutschland „sehr beträchtliche Reparationszahlungen“ erhalten hatte, während „von der DDR hingegen bisher nichts“ geleistet wurde, in diesem Zusammenhang eine Rolle spielte.[74] Auch wenn sich nach dem Jugoslawien-Besuch des sowjetischen Staatsoberhauptes und in der KPdSU nach Macht strebenden Leonid Iljitsch Breschnew im Herbst 1962 die Berichterstattung über die DDR ausweitete, eine positivere Note bekam[75] und sich die Gesamtbeziehungen zwischen Jugoslawien und der DDR nicht zuletzt auf sowjetisches Zutun ab 1964 erheblich verbesserten,[76] waren jugoslawische Ressentiments vor allem gegenüber Walter Ulbricht kaum zu übersehen. 1965 kam Josip Broz Tito zu Besuch nach Ost-Berlin. Man erwartete von dem Besuch, daß er das Verhältnis Jugoslawiens zur Bundesrepublik Deutschland weiter belasten würde. Stellte dieser doch einen „Bruch“ der sogenannten „Wohlverhaltensklausel“ dar.[77] Alleine die Beschreibung der berühmt gewordenen Abwehrhaltung Titos bei der Begrüßung durch Ulbricht spricht Bände über die Befindlichkeiten im, wenn auch stark ver-

73 Wodak an Figl, Belgrad, 3. April 1959, Zl. 10-Pol/59, ÖStA, AdR, BMfaA, II-Pol 1959, Deutschland West 2, GZ. 240.249-Pol/59, Karton 541.

74 Amtsvermerk, Gegenstand: Jugoslawische Haltung zum evtl. Abschluss eines Friedensvertrages zwischen der Sowjetunion und der DDR, Wien, 5. Januar 1962, ÖStA, AdR, BMAA, II-Pol 1962, Deutschland-Ost 2, GZ. 60.294-4/62, Karton 762.

75 Botschafter Wilhelm Goertz an Kreisky, Belgrad, 16. Januar 1963, Zl. 1-Pol/63, ÖStA, AdR, BMAA, II-Pol 1963, Deutschland-Ost 2, Gr.Zl. 20.615-6/63, GZ. 21.270-4/63, Karton 837.

76 Baer, Anlehnung, 256-295; unter stärkerer Berücksichtigung des Verhältnisses der Bundesrepublik Deutschland zu Jugoslawien Theurer, Marc-Christian: Bonn – Belgrad – Ost-Berlin. Die Beziehungen der beiden deutschen Staaten zu Jugoslawien im Vergleich 1957-1968, Berlin 2008, S. 173-231.

77 Zur „Wohlverhaltensklausel“ und deren Bruch vgl. Theurer, Bonn – Belgrad – Ost-Berlin, S. 179 f., 194, 230.

besserten, ostdeutsch-jugoslawischen Verhältnis. Generalkonsul Müller drückte dies folgendermaßen aus: „Im Ost-Berliner Fernsehen, das die Begrüßungszeremonien vom Schönefelder Flugplatz übertrug, konnte ich eine gewisse Zurückhaltung Tito's gegenüber dem (unappetitlichen) bärtigen Ulbricht feststellen. Als sich nämlich der Pankower ‚Staatsrats-Vorsitzende‘ Tito näherte, um ihn in gewohnter Ostblock-Prominenten Manier zu umarmen und zu küssen, duldete der jugoslawische Staatschef die Umarmung, ‚drückte‘ sich aber erfolgreich vor dem Kuß, indem er Ulbricht von sich fernhielt.“[78]

Als Ulbricht 1966 seinen langersehnten Besuch in Jugoslawien verwirklichen konnte, der Ausdruck der auf offizieller Ebene tatsächlich stark intensivierten Beziehungen war, hatte sich in der Wahrnehmung wenig geändert. Der österreichische Botschafter Karl Hartl vermochte seine Beobachtungen überaus pointiert zusammenzufassen, so daß diese an dieser Stelle ausführlicher wiedergegeben werden sollen: „Herr Ulbricht hat seinen, von ihm so heiss gewünschten Besuch in Jugoslawien hinter sich. […] So sehr auch Herr Ulbricht strahlte, so kommt mir doch vor, dass die Jugoslawen schon mehr gelacht haben und dauernd bemüht waren, den sich anschmeissenden Sachsen in Grenzen zu halten.

Es muss als Kuriosum gewertet werden, dass sich zum ersten Mal die Verwaltung des staatsbesuchgewohnten – bis zum Überdruss gewohnten [–] Belgrad genötigt glaubte, sich mit einem Manifest an die Bevölkerung zu wenden und zu ersuchen Freund Ulbricht freundlich zu empfangen. Als Ulbricht Belgrad verlassen hatte, verschwand der Flaggenschmuck blitzartig, entgegen der gewöhnlichen Übung, die mehr der h. o. Mentalität entsprich und die Fahnen erst nach geräumerer [sic!] Frist einziehen lässt. […] Ulbrichts Besuch hat in der Bevölkerung weder stillen Widerstand noch Begeisterung ausgelöst und der Mann selbst wurde, so weit es mir zukommt, eher als komische Figur gesehen. Ich verfolgte Ulbrichts Wallen durch Jugoslawien teilweise durch das Fernsehen und ich muss zugeben, dass an Ulbricht komische Effekte sind – George Grosz im Walt Disney-Stil – aber manchmal wirkt er unheimlich und auf einmal wusste ich es – so hat Professor Unrat ausgesehen! Ich las nach: – es stimmt.“[79]

Ulbricht hatte im Zuge seines Besuchs beinahe alles erhalten, was er wollte: die Aufwertung durch den Staatsbesuch, die Erhebung der DDR-Gesandtschaft zur Botschaft, einen Besuch auf Brioni und ein entsprechendes (wenngleich auch deutschlandpolitisch nicht sonderlich gewagtes) Kommuniqué, „aber wenn

78 Generalkonsul Peter Müller an Kreisky, Berlin, 10. Juni 1965, Zl. 13-Pol/65, ÖStA, AdR, BMAA, II-Pol 1965, Politische Berichte Berlin.

79 Botschafter Karl Hartl an Außenminister Lujo Tončić-Sorinj, Belgrad, 5. Oktober 1966, Zl. 70-Pol/66, ÖStA, AdR, BMAA, II-Pol 1966, DDR 1, Gr.Zl. 44.664-6/66, GZ. 45.858-6/63, Karton 1037.

er meinte, er hätte irgendwie Respekt und Zuneigung für sich und seine Zone erworben, so täuschte er sich gründlich". Botschafter Hartl meinte, daß Tito beim Besuch freundlicher sein mußte, als er wollte, um die über die Entwicklung in Jugoslawien beunruhigte Sowjetunion zufriedenzustellen und „den letzten halbwegs sicheren Befehlsempfänger Russlands wunschgemäss auf[zu]werten". Hinsichtlich der Beziehungen zur Bundesrepublik Deutschland verließ er sich offenbar auf die tatsächlichen wirtschaftlichen Interessen Bonns, man hielt aber auch für möglich, daß er sich gegen mögliche Sanktionen seitens der Bundesrepublik durch entsprechende Zusagen der DDR oder der Sowjetunion abgesichert hatte. Abschließend urteilte der Botschafter mit Bezug auf die Entwicklung der Deutschlandfrage, „über eine Achse Belgrad-Pankow wird die Welt nicht stolpern".[80]

Trotz steigender Bedeutung im Schatten der Bundesrepublik Deutschland 1961–1968

Nach dem Mauerbau am 13. August 1961 sollte sich die DDR – wie es sich bereits zuvor abgezeichnet hatte – zunehmend sichtbar vom „Leichtgewicht zum Schwergewicht"[81] im „Ostblock" entwickeln. Die Beziehungen zu den Nachbarstaaten entwickelten sich aber höchst unterschiedlich. Gemeinsam war diesen, daß sie sich in einem geringeren Maße zur wirtschaftlichen Unterstützung der DDR bereit zeigten. Während sich das politische Verhältnis zu Polen in den 1960er Jahren entspannte, kam es mit der Tschechoslowakei zu einer erheblichen Verschlechterung, die während des „Prager Frühlings" eskalierte. Der Ursprung dieser Entwicklung lag darin begründet, daß Prag die zweite Entstalinisierungswelle Chruschtschows ab 1962 doch etwas stärker umzusetzen bereit war. Die Beziehungen der DDR sowohl zu Polen als auch zur Tschechoslowakei waren aber zu keinem Zeitpunkt unbelastet.

Im Oktober 1962 machte die polnische Staats- und Parteiführung der DDR ihre Aufwartung. Die österreichische Vertretung in West-Berlin hatte aufgrund vorangegangener medialer Äußerungen polnischer Politiker der Verdacht beschlichen, „daß Gomułka über Anordnung Chruschtschows die Rolle eines Großverteidigers Walter Ulbrichts übernommen hat". Generalkonsul Peter Müller sah die Ursache dafür, daß Polen auserwählt wurde, die DDR nach dem Mauerbau wieder salonfähiger zu machen, darin, daß man im Westen Polen noch am ehesten eine Eigenständigkeit innerhalb des Warschauer Pakts zuzutrauen schien. „Es hat den Anschein", so meinte Müller, „daß Polen als lautstar-

80 Ebd.

81 Als Überblick vgl. Wentker, S. 248–271, insbesondere S. 254–261.

kes Sprachrohr gegen die Alliierten und die Deutsche Bundesrepublik ausgewählt wurde, weil die Sowjets und die übrigen kommunistischen Länder wissen, daß ein Mann wie Gomułka im Westen weit mehr Glaubwürdigkeit erzielen könnte, als der vom Westen so verabscheute Ulbricht.“ Neben der antiwestlichen Rhetorik waren in polnischen Zeitungen aber offenbar bewußt „Leserbriefe“, die gegen „den Deutschen“ – unabhängig von seiner politischen Ausrichtung – gerichtet waren, abgedruckt worden. Dies bestärkte den Verdacht, wonach der Besuch auf Anordnung Moskaus zustandegekommen war. Den üblichen Propagandaaufwand für Parteichef Władysław Gomułka und Außenminister Józef Cyrankiewicz erwähnte der Generalkonsul mit dem Bemerken, daß dies die Gäste nicht stören werde: „Es entbehrt übrigens nicht einer makabren Ironie, daß zur selben Zeit polnische Truppen gemeinsam mit solchen der ČSSR und den ständig in der DDR stationierten sowjetischen Divisionen an Manövern in der DDR teilnehmen. Die polnischen Gäste werden also das Vergnügen haben, bei der DDR-Volksarmee genau die gleichen Uniformen, die ihnen vom letzten Krieg her in unvergeßlich widerlicher Erinnerung sein dürften, als kommunistisch-brüderliches Kriegsgewand wiederzusehen.“[82]

Zentrale Bedeutung hatte für die DDR eine möglichst geschlossene Unterstützung ihrer Deutschlandpolitik, was sich mit Fortdauer der 1960er Jahre als zunehmend schwerer zu erreichen erweisen sollte. Dies lag nicht zuletzt an dem großen Interesse ihrer „Bruderstaaten“ an der Entwicklung der wirtschaftlichen Beziehungen zur Bundesrepublik Deutschland. Wenig überraschend war auch Bonn in dieser Hinsicht aktiv. Die Errichtung von Handelsmissionen waren der erste Schritt.[83] Die österreichische Diplomatie hatte die Annäherung der Bundesrepublik Deutschland an den Ostblock aufmerksam verfolgt. Mit Spannung wurde den möglichen Auswirkungen auf die „Hallstein-Doktrin“ entgegengesehen. 1958 hatte man aus Gesprächen mit Ost-Diplomaten in West-Berlin erfahren, daß man kaum mit einer raschen Veränderung der Lage rechnete.[84]

Von den Verhandlungen über die Errichtung der ersten bundesdeutschen Handelsmissionen Anfang der 1960er Jahre in Polen, Ungarn und Rumänien erwartete man im österreichischen Außenministerium in dieser Hinsicht eben-

82 Müller an Kreisky, 16. Oktober 1962, Zl. 60-Pol/62, ÖStA, AdR, BMAA, II-Pol 1962, Politische Berichte Berlin.

83 Lindemann, Mechthild: Anfänge einer neuen Ostpolitik? Handelsvertragsverhandlungen und die Errichtung von Handelsvertretungen in den Ostblock-Staaten. In: Blasius, Rainer A. (Hrsg.): Von Adenauer zu Erhard. Studien zur Auswärtigen Politik der Bundesrepublik Deutschland 1963 (Schriftenreihe der Vierteljahrshefte für Zeitgeschichte 68). München 1994, S. 45–96.

84 Thalberg an Figl, Berlin, 10. Oktober 1958, Zl. 20-Pol/58, ÖStA, AdR, BMfAA, II-Pol 1963, Politische Berichte Berlin.

falls noch nicht viel.[85] Klar war aber, daß sich die Verhandlungen mit der Tschechoslowakei am schwierigsten gestalten würden.[86] Während die Verhandlungen mit Rumänien relativ problemfrei abgeschlossen wurden, hatte die Frage der „West-Berlin-Klausel" bei den Gesprächen mit Ungarn für Verzögerungen gesorgt. Letztendlich konnten aber auch diese bis Jahresende 1963 erfolgreich abgeschlossen werden. Einhergehend mit der Errichtung von Handelsvertretungen sorgten sich die österreichischen Diplomaten wegen der nun verstärkten Konkurrenz für die österreichischen Wirtschaftstreibenden.[87]

Auch wenn die österreichische Diplomatie gewisse Ähnlichkeiten zwischen Staats- und Parteichef Gheorghe Gheorghiu-Dej und Walter Ulbricht hinsichtlich ihres Entstalinisierungswillens erkennen wollte, so war ihr klar, daß sich die politischen Konzepte der DDR und Rumäniens erheblich unterschieden. Von Rumänien war man nach dem 13. August 1961 überzeugt, daß es der erste Staat gewesen sei, „der es strikt abgelehnt hat, der ‚befreundeten sozialistischen Regierung der Deutschen Demokratischen Republik' weiterhin Waren und Rohstoffe zu liefern, ohne Gegenleistungen zu erhalten".[88]

---

85 Österreichische Gesandtschaft an Kreisky, Budapest, 19. Dezember 1962, Zl. 29-Pol/62, ÖStA, AdR, BMfAA, II-Pol 1963, Deutschland West 2, Gr.Zl. 20.036-4/63, GZ. 20.161-6/63, Karton 837; Österreichische Gesandtschaft an Kreisky, Budapest, 22. Dezember 1962, Zl. 457-Res/62, ÖStA, AdR, BMAA, II-Pol 1963, Deutschland West 2, Gr.Zl. 20.036-6/63, GZ. 20.036-6/63, Karton 837.

86 Österreichische Botschaft an Kreisky, Bonn, 29. Juni 1963, Zl. 28-Pol/63, ÖStA, AdR, BMAA, II-Pol 1963, Deutschland West 2, Gr.Zl. 20.036-6/63, GZ. 30.667-6/63, Karton 837.

87 Österreichische Gesandtschaft an Kreisky, Budapest, 29. August 1963, Zl. 34-Pol/63, ÖStA, AdR, BMAA, II-Pol 1963, Deutschland West 2, Gr.Zl. 20.036-6/63, GZ. 33.445-6/63, Karton 837. Österreichische Botschaft an Kreisky, Bonn, 28. Oktober 1963, Zl. 40-Pol/63, ÖStA, AdR, BMAA, II-Pol 1963, Deutschland West 2, Gr.Zl. 20.036-6/63, GZ. 37.180-6/63, Karton 837; Fernschreiben Botschafter Josef Schöner an BMfAA, Bonn, 8. November 1963, ÖStA, AdR, BMAA, II-Pol 1963, Deutschland West 2, Gr.Zl. 20.036-6/63, GZ. 37.100-6/63, Karton 837; Gesandter Simon Koller an Kreisky, Budapest, 20. November 1963, Zl. 44-Pol/63, ÖStA, AdR, BMAA, II-Pol 1963, Deutschland West 2, Gr.Zl. 20.036-6/63, GZ. 38.010-6/63, Karton 837; Schöner an Kreisky, Bonn, 20. November 1963, Zl. 46-Pol/63, ÖStA, AdR, BMAA, II-Pol 1963, Deutschland West 2, Gr.Zl. 20.036-6/63, GZ. 38.098-6/63, Karton 837. Zum österreichischen Osthandel siehe als zusammenfassenden Überblick Resch, Andreas: Der österreichische Osthandel im Spannungsfeld der Blöcke. In: Rauchensteiner, Manfried (Hrsg.): Zwischen den Blöcken. NATO, Warschauer Pakt und Österreich, Wien/Köln/Weimar 2010, S. 497–556.

88 Müller an Kreisky, Berlin, 21. September 1962, Zl. 56-Pol/62, ÖStA, AdR, BMAA, II-Pol 1962, Deutschland-Ost 2, Gr.Zl. 72.869-4/62, GZ. 73.771-4/62, Karton 762.

Auch Ungarn wehrte sich gegen eine weitere wirtschaftliche Unterstützung der DDR.[89] Im Mai 1964 weilte Ulbricht zu einem Besuch in Ungarn, an dessen Zustandekommen man von Seiten Ungarns „nicht sonderlich interessiert“ gewesen sein dürfte. Dementsprechend wenige Ergebnisse erwartete man im Vorfeld des Besuchs.[90] Der österreichische Gesandte Koller urteilte, daß das faktische Ergebnis des Besuches trotz des ganzen Pomps „für Ulbricht und das DDR-Regime eher enttäuschend gewesen sein“ dürfte, „da es ihm nicht gelungen ist, die Ungarn zu einer, über die Moskauer Deutschlandpolitik hinausgehenden Stellungnahme, geschweige denn zu einer Haltungsänderung gegenüber der Bundesrepublik Deutschland, zu bewegen“. Koller bezeichnete dies als „zweifelsohne eine bittere Pille“ und als einen Beweis dafür, „dass die cleveren Ungarn nicht bereit waren, ihren Genossen in der DDR zuliebe auf die Vorteile zu verzichten, welche sich aus guten Beziehungen mit der Bundesrepublik ergeben und mit deren Normalisierung im zunehmendem Ausmass sich ergeben werden“. Der wirtschaftlichen Misere der DDR stand man in Budapest mit Unverständnis gegenüber.[91]

Die „katastrophale Wirtschaftslage“ war bereits auf dem VI. Parteitag der SED im Januar 1963 von Chruschtschow offen angesprochen worden. Der österreichische Generalkonsul in West-Berlin faßte das Geschehene entsprechend seiner Informationen folgendermaßen zusammen: „Wie peinlich mußte es die Ost-Berliner Parteiprominenz empfinden, daß ausgerechnet Chruschtschow während seines stundenlangen Referates die katastrophale Wirtschaftslage in der DDR aufdeckte und seinen Genossen in absoluter Offenheit entgegenhielt, daß sie nur ja nicht etwa ‚auf die Hilfe vom großen Bruder rechnen sollten‘. Er habe seine eigenen Sorgen, und wer sich selbst nicht helfen könne, der sei verloren. In

89 Koller an Kreisky, Budapest, 16. August 1962, Zl. 18-Pol/62, ÖStA, AdR, BMAA, II-Pol 1962, Deutschland-Ost 2, GZ. 71.866-6/62, Karton 762.

90 Koller an Kreisky, Budapest, 4. Mai 1964, Zl. 22-Pol/64, ÖStA, AdR, BMAA, II-Pol 1964, DDR 2, GZ. 71.566-6/64, Karton 902. „In Ungarn ist man sich nämlich trotz vieler Gemeinsamkeiten der beiderseitigen Staatsführungen offensichtlich darüber im Klaren, dass die DDR bald ein Staat ohne Staatsvolk sein würde, wenn das Regime nicht durch die Berliner Mauer und hermetisch abgeschlossene Grenzen die Abwanderung verhindern würde. Während man nun ungarischerseits für die Grenzsperre zwar Verständnis aufbringt, weil man selbst durch längere Zeit hindurch genötigt war, mit gleichen Mitteln die Flucht des Volkes vor dem Kommunismus und seiner Gesellschaftsordnung zu verhindern, zeigt man sich allerdings weniger verständnisvoll über die Unfähigkeit des Regimes, den Lebensstandard entscheidend zu heben und auf diese Weise die Ausstrahlung der Bundesrepublik Deutschland in den Satellitenraum zu neutralisieren.“

91 Koller an Kreisky, Budapest, 21. Mai 1964, Zl. 25-Pol/64, ÖStA, AdR, BMAA, II-Pol 1964, DDR 1, Gr.Zl. 71.751-4/64, GZ. 72.261-4/64, Karton 902.

seinem nun schon sprichwörtlich gewordenen Vergleich zwischen ‚Gustav' (dem ostdeutschen Arbeiter) und ‚Fritz' (dem westdeutschen Arbeiter) wies er, ohne Zweifel darüber zu lassen, darauf hin, daß es den Menschen in Westdeutschland deshalb viel, viel besser gehe als jenen in Ostdeutschland, weil sie mehr arbeiten. Die Ostdeutschen hätten immer nur Hilfe verlangt und dann alles aufgegessen. ‚Ist das klar?' mußte Chruschtschow zweimal fragen, weil es ihm auffiel, daß niemand Beifall klatschte."[92]

Daher verwundert es wenig, daß Botschafter Kurt Enderl in seinem Bericht über die Besprechung, die während eines Besuchs Ulbrichts in Polen im Oktober 1963 stattfand und sich mit wirtschaftlichen Fragen befaßte, urteilte: „Bei der derzeitigen, notorischen ‚Verschnorrtheit' der beiden Länder dürfte dabei aber nicht viel herausgeschaut haben." Obwohl Ulbricht, wie von der polnischen Führung gewünscht, für eindeutige Aussagen hinsichtlich der Unveränderbarkeit der deutsch-polnischen Grenze sorgte, zweifelte der österreichische Diplomat an der zur Schau gestellten Begeisterung der Bevölkerung: „Die Aufmachung des Besuches, die mit ihren hunderttausenden zum Heil-Schreien ausgerückten, Fähnchen schwingenden Schulkindern und Jugendlichen sowie Betriebsangehörigen und den tausend von Fahnen und markigen Spruchbändern unliebsamst an ähnliche Anlässe der Vor- und Nachkriegszeit erinnerte, soll beim breiten Publikum die den politischen Vorstellungen der obersten Führung entgegengesetzte Reaktion hervorgerufen haben. Die teilweise recht gekünstelt wirkende Begeisterung für die ‚deutschen Brüder' hinterliess beim selbst allgemeinen desinteressierten Publikum einen schlechten Nachgeschmack."[93]

Mit der Umsetzung der wirtschaftlichen Reformen im Rahmen des „Neuen Ökonomischen Systems der Planung und Leitung" (NÖSPL) wurde 1964 begonnen. Wenig später machte sich aber bereits Ernüchterung über den tatsächlich Reformspielraum und die mäßigen Ergebnisse breit. Die Wirtschaftsleistung und der Lebensstandard hatten sich in der ersten Hälfte der 1960er Jahre aber merklich erhöht.[94] Daher tauchten Mitte der 1960er Jahre weltweit Meldungen über „sichtbare" Erfolge des NÖSPL auf.[95] Dies bestätigten auch nichtkommunistische Diplomaten, die sich auf Durchreise in der DDR aufhielten. Der österreichische Botschafter in Polen bemerkte hierzu: „Ähnliches hörte ich auch von polnischen Informanten, die häufig die in Ostdeutschland eingetretene Besse-

92 Müller an Kreisky, Berlin, 26. Januar 1963, Zl. 5-Pol/63, ÖStA, AdR, BMAA, II-Pol 1963, Deutschland-Ost 3, Gr.Zl. 21.656-4/63, GZ. 21.936-4/63, Karton 837.

93 Botschafter Kurt Enderl an Kreisky, Warschau, 7. Oktober 1963, Zl. 34-Pol/63, ÖStA, AdR, BMAA, II-Pol 1963, Deutschland-Ost 1, GZ. 35.593-6(Pol)/63, Karton 837.

94 Als Überblick hierzu Steiner, André: Von Plan zu Plan. Eine Wirtschaftsgeschichte der DDR. München 2004, S. 129–159.

95 Newsweek, 14. März 1966, S. 30 f.

rung der Verhältnisse mit scheelen Augen betrachten." Der polnische Außenhandelsminister hatte ihm gegenüber erklärt, daß in Polen vorläufig nur über mit der Tschechoslowakei und der DDR vergleichbare Wirtschaftsreformen geredet würde, dem aber hinzugesetzt: „Aber passen Sie auf, was in Ostdeutschland geschieht, wo die Leute mit echt deutscher Gründlichkeit ihr neu konzipiertes wirtschaftspolitisches und industrielles System entwickeln." Enderl attestierte den DDR-Vertretern jedenfalls ein deutlich gewachsenes Selbstbewußtsein im „Ostblock".[96]

Hinsichtlich der Haltung der Bruderstaaten in ihren Beziehungen zur Bundesrepublik Deutschland half dies jedoch wenig. Erschwerend kam hinzu, daß auch die Sowjetunion nach dem Sturz Chruschtschows weniger offensiv für einen (freilich nach ihren Vorstellungen zu gestaltenden) Friedensvertrag mit der DDR eintrat. Auch der österreichischen Diplomatie war bereits im Oktober 1965 nicht entgangen, „daß die bislang vorgebrachte Forderung nach Abschluß eines Friedensvertrages mit den beiden deutschen Staaten vor dem Postulat eines europäischen Sicherheitssystems in den Hintergrund" trat.[97] Diese Status-quo-Politik sollte der DDR letztendlich aber zugute kommen. In Polen hatte man – wie Botschafter Enderl auf Basis von Gesprächen vor Ort berichtete – aber zunächst noch wenig Hoffnung auf eine Änderung der „Politik Bonns, selbst im Falle eines Wahlsieges der SPD" gesetzt. Klar war, daß die Sowjetunion genauso an der DDR festhalten würde wie der Westen an seiner Deutschlandpolitik. Enderl berichtete weiter: „Hier hörte man immer wieder aus Gesprächen mit östlichen und westlichen Beobachtern, dass <u>auch im Westen kein wirkliches und allgemeines Interesse an einer baldigen Wiedervereinigung Deutschlands</u> bestehe und ein geteiltes Deutschland vielen derzeit lieber sei als ein geeintes. [...] Manche in letzter Zeit Platz greifende Dinge wie z. B. die von Seiten Frankreichs aber auch anderen Westmächten bewusste Entwicklung ihrer wirtschaftlichen Beziehungen zur DDR könnten als in dieser Richtung liegende Symptome bezeichnet werden. <u>Von Warschau aus gesehen ist es auf alle Fälle nur schwer vorstellbar, dass man in den westlichen Metropolen Illusionen haben könnte, mit dem Osten zu einer europäischen Regelung zu kommen, der die DDR zum Opfer fallen würde.</u>"[98]

---

96 Enderl an Kreisky, Warschau, 18. März 1965, Zl. 15-Pol/63, ÖStA, AdR, BMAA, II-Pol 1965, DDR 3, GZ. 134.239-6/65, Karton 973.

97 Botschaftsrat Karl Wolf an Kreisky, Moskau, 6. Oktober 1965, Zl. 74-Pol/64, ÖStA, AdR, BMAA, II-Pol 1965, DDR 1, Gr.Zl. 143.545-6/65, GZ. 143.545, Karton 973.

98 Enderl an Kreisky, Warschau, 5. Januar 1965, Zl. 1-Pol/65, ÖStA, AdR, BMAA, II-Pol 1965, BRD 2, GZ. 130-430-6/65, GZ. 137.652-6/65, Karton 974 (Hervorhebungen im Original).

Rumänien und Jugoslawien hatten in den Planungen der DDR zur Überwindung der Hallstein-Doktrin eine spezielle Rolle gespielt. Die Anerkennung durch Jugoslawien 1957 hatte man als Schlag gegen die Bundesrepublik Deutschland gesehen, deren feste Haltung aber um so deutlicher zum Ausdruck kam. Die Annäherung sozialistischer Staaten an die Bundesrepublik Deutschland wurde von der SED aber dennoch mit Skepsis verfolgt. Als sich nach der Bildung der großen Koalition in Bonn 1966 eine veränderte Außenpolitik ankündigte und diplomatische Beziehungen trotz bestehender Anerkennung der DDR möglich wurden, konterkarierte dies die Politik der DDR. Ost-Berlin strebte nun nach einer verpflichtenden deutschlandpolitischen Richtlinie im sozialistischen Lager, wonach mit der Bundesrepublik Deutschland erst offizielle Beziehungen aufgenommen werden dürften, wenn diese wiederum die DDR anerkannt hätte. Dies gelang ihr erst, nachdem Rumänien aus der bisherigen Praxis ausgeschert war und am 31. Januar 1967 mit der Bundesrepublik Deutschland diplomatische Beziehungen aufgenommen hatte.[99]

In der Veranstaltung der rumänischen Handelsvertretung in Frankfurt am Main anläßlich des rumänischen Nationalfeiertags am 23. August 1966 sah man bereits „eine Art Präludium für die bevorstehende Aufnahme diplomatischer Beziehungen". Auch von Staatssekretär Karl Carstens vom Auswärtigen Amt hatte man erfahren, daß es „nicht mehr eine Frage des Ob, sondern des Wann" sei. Eine Durchlöcherung der Hallstein-Doktrin sollte vorläufig aber noch verhindert werden.[100] Ende 1966 gewann Botschafter Wodak in Moskau den Eindruck, wonach auch Ungarn die Aufnahme diplomatischer Beziehungen zur Bundesrepublik Deutschland begrüßen würde und im Vergleich zu Polen und der Tschechoslowakei „nicht die gleichen Vorbehalte betreffend die DDR zu haben" schien.[101] Medial wurde in Österreich kolportiert, Ungarn würde als erster Staat den Schritt wagen. Dennoch wußte die österreichische Diplomatie Anfang 1967, als die Aufnahme diplomatischer Beziehungen zwischen der Bundesrepublik Deutschland und Rumänien unmittelbar bevorstand, daß Bukarest voranschreiten würde. Man ging zunächst davon aus, daß Ungarn, Bulgarien und

---

99 Lemke, Michael: Jugoslawien und Rumänien im Konzept der völkerrechtlichen Anerkennung der DDR 1949–1967. In: Timmermann, Heiner (Hrsg.): Die DDR in Deutschland. Ein Rückblick auf 50 Jahre (Dokumente und Schriften der Europäischen Akademie Otzenhausen 93). Berlin 2001, S. 67–90.

100 Geschäftsträger Gmoser an Tončić-Sorinj, Bonn, 23. August 1966, Zl. 21-Pol/66 (Streng Vertraulich!), ÖStA, AdR, BMAA, II-Pol 1966, BRD 2, GZ. 42.939-4/66, Karton 1030.

101 Botschafter Wodak an Tončić-Sorinj, Moskau, 28. Dezember 1966, Zl. 84-Pol/66, ÖStA, AdR, BMfAA, II-Pol 1967, BRD 3, Gr.Zl. 13.760-4/67, GZ. 13.118-4/67, Karton 1140.

Jugoslawien folgen würden. Mit der Tschechoslowakei und Polen erwartete man die größten Schwierigkeiten.[102]

Mitte Januar 1967 konstatierte Botschaftsrat Ferdinand Stolberg in Warschau anläßlich eines überraschenden Besuchs von Außenminister Otto Winzer, daß die DDR dem Vernehmen nach „ziemlich beunruhigt“ über die Kontakte der Bundesrepublik Deutschland mit den sozialistischen Staaten sei, „da sie eine Entwicklung fürchtet, die zu einer politischen Isolierung der DDR innerhalb des Ostblockes führen könnte“. Daher pflichtete er der vor Ort vertretenen Meinung bei, „dass sich die DDR von Warschau, dem zwar nicht dem Herzen aber in der Deutschlandfrage interessenmässig nächst-stehenden Bundesgenossen entsprechende Versicherungen geben liess, dass keine Änderung in der Aussenpolitik hinsichtlich Westdeutschland beabsichtigt sei.“[103] Die österreichische Diplomatie hatte die Aufnahme der Beziehungen am 31. Januar 1967 genau verfolgt, und die möglichen Eventualitäten wurden analysiert. Es wurde für möglich gehalten, da es nicht gelungen war, Rumänien zu einer einheitlichen Deutschlandpolitik zu verpflichten, daß weitere Staaten diesem Beispiel folgen könnten. Für ebenso plausibel hielt man es, daß dieser Schritt nur in einem kurzen Zeitfenster möglich war.[104] Der rumänische Botschafter in Warschau hatte jedenfalls gegenüber dem österreichischen Botschafter Enderl betont, daß die Überraschung in den anderen kommunistischen Hauptstädten so groß nicht gewesen sein könne, da man „diese nicht im unklaren gelassen habe“, lediglich der Zeitpunkt sei nicht angekündigt gewesen. Zudem betonte er, daß hierdurch die Hallstein-Doktrin „abermals durchbrochen“ wurde und nun weitere Staaten die DDR anerkennen könnten. Weiter ging er davon aus, daß andere sozialistische Staaten dem rumänischen Beispiel folgen würden. Daß die DDR dies anders sah, war für Enderl kaum zu übersehen, aufmerksam notierte er: Der ostdeutsche Botschafter Karl Mewis „konnte sichtlich eine gewisse ‚erregte Fassung‘ kaum verbergen. Auch wenn er die oberwähnten ‚theoretischen‘ Positiva“ zugab, „fürchtete [er] aber, dass sich das ‚etwas naive‘ Bukarest auf seiner Extratour von Bonn leicht missbrauchen lassen könnte“ und dem „Bonner Alleinvertretungsanspruch“ nicht

102 Botschafter Koller an Tončić-Sorinj, Budapest, 22. Januar 1967, Zl. 3-Pol/67, ÖStA, AdR, BMfAA, II-Pol 1967, BRD 2, GZ. 14.479-6/67, Karton 1142.

103 Botschaftsrat Ferdinand Stolberg an BMfAA, Warschau, 18. Januar 1967, ÖStA, AdR, BMfAA, II-Pol 1967, DDR 2, GZ. 14.220-6/67, Karton 1156.

104 Botschafter Johann Manz an Tončić-Sorinj, Bukarest, 26. Januar 1967, Zl. 2-Pol/67, ÖStA, AdR, BMfAA, II-Pol 1967, BRD 2, Gr.Zl. 14.433-6/67, GZ. 15.124-6/67, Karton 1143; Botschafter Ender an Tončić-Sorinj, Bonn, 2. Februar 1967, Zl. 4-Pol/67, ÖStA, AdR, BMfAA, II-Pol 1967, BRD 2, Gr.Zl. 14.433-6/67, GZ. 15.342-6/67, Karton 1143; Ender an Tončić-Sorinj, Bonn, 3. Februar 1967, Zl. 5-Pol/67, ÖStA, AdR, BMfAA, II-Pol 1967, BRD 2, Gr.Zl. 14.433-4/67, GZ. 15.343-4/67, Karton 1143.

deutlich genug entgegengetreten würde. Daher maß er einer baldigen Durchbrechung der Hallstein-Doktrin in der arabischen Welt große Bedeutung bei.

Der jugoslawische Botschafter hatte im Gespräch mit dem österreichischen Vertreter „eine eher positive Reaktion durchblicken“ lassen. Enderl ging davon aus, daß dies im Zusammenhang mit der Möglichkeit „einer Neuaufnahme diplomatischer Beziehungen seitens Belgrads mit Bonn“ stehe. Seinen polnischen Gesprächspartnern attestierte er eine zurückhaltende Reaktion.[105] In den Folgetagen war in Warschau das „diplomatische Rätselraten, inwieweit Moskau und die anderen kommunistischen Hauptstädte über den bevorstehenden Schritt Bukarests unterrichtet waren“, weitergegangen. Zur polnischen Reaktion konnte Enderl nun festhalten: „In Warschau verbergen offizielle Persönlichkeiten kaum ihren Unmut. Erklärlicherweise ist man hinsichtlich eines unkoordinierten Vorgehens in der Deutschlandfrage hier besonders sensitiv. Diplomatische Gesprächspartner meinen, dass man wohl auf eine Nachahmung des rumänischen Schrittes seitens weiterer kommunistischer Staaten gefasst sein müsse. Man scheint an Belgrad, Sofia und vielleicht auch an Budapest zu denken. Hierzu darf jedoch bemerkt werden, dass besondere Kenner der Situation Budapest und Sofia so sehr im sowjetischen Fahrwasser verankert sehen, dass sie ohne volle Zustimmung Moskaus seitens derselben beschlossene Extratouren so gut wie ausschliessen.“[106]

Auf die besondere Bedeutung der Deutschlandfrage als „zentrale Schicksalsfrage“ der Polen wies Botschafter Enderl in weiterer Folge erneut hin. Der entscheidende Punkt war, daß man eine definitive Anerkennung der Grenzen wollte. Diese gewährte zunächst nur die Existenz der DDR.[107] Die DDR-Presse verurteilte das rumänische Vorgehen, worauf sich ein durchaus heftiger medialer Schlagabtausch zwischen den Parteiorganen beider Länder entwickelte. Österreichs Botschafter Manz war der Ansicht: „Besonders hart dürfte es seitens der ostdeutschen Kommunisten empfunden werden, dass ihre Stellungnahme mit der ihrer ärgsten Feinde gleichgesetzt wird. Der Satz: ‚Die reaktionären Kreise, die Einpeitscher des kalten Krieges sind es, die sich dieser Politik nach wie vor entgegenstellen, die die Beziehungen zwischen den Ländern vergiften und die zwischenstaatliche Zusammenarbeit zu vereiteln trachten‘, kann doch implicite nur bedeuten, dass sich die ostdeutschen Kommunisten durch die Kritik an Rumänien mit den ‚kalten Kriegern‘ in eine Front stellen.“ Der jugoslawische Bot-

105 Enderl an Tončić-Sorinj, Warschau, 2. Februar 1967, Zl. 2-Pol/67, ÖStA, AdR, BMfAA, II-Pol 1967, BRD 2, Gr.Zl. 14.433-4/67, GZ. 15.353-4/67, Karton 1143.

106 Enderl an Tončić-Sorinj, Warschau, 3. Februar 1967, Zl. 3-Pol/67, ÖStA, AdR, BMfAA, II-Pol 1967, BRD 2, Gr.Zl. 14.433-4/67, GZ. 15.354-4/67, Karton 1143.

107 Enderl an Tončić-Sorinj, Warschau, 17. April 1967, Zl. 14-Pol/67, ÖStA, AdR, BMfAA, II-Pol 1967, BRD 2, Gr.Zl. 13.938-4/67, GZ. 20.055-4/67, Karton 1143.

schafter in Bukarest war sogar der Meinung, „dass eine derartige Sprache zwischen einzelnen kommunistischen Ländern in Europa seit dem sowjetisch-jugoslawischen Bruch 1948 nicht mehr verwendet worden sei“. Manzs Vermutung, daß diese Eskalation der Grund dafür war, daß Rumänien sich weigerte, an einer Außenministerkonferenz der Warschauer-Pakt-Staaten in Ost-Berlin Anfang Februar, die die jüngsten Entwicklungen behandeln sollte, teilzunehmen, sollte sich als richtig erweisen.[108]

Eine derartige Konferenz mußte daher verschoben und nach Warschau verlegt werden, um die Teilnahme Rumäniens zu sichern. Diese dauerte vom 8. bis 10. Februar 1967 und führte mit Ausnahme Rumäniens zu einer Übereinkunft über die künftige Haltung der sozialistischen Staaten in der Frage diplomatischer Beziehungen zur Bundesrepublik Deutschland. Fortan wurde häufig von einer sogenannten „Ulbricht-Doktrin“ gesprochen. Polen hatte sich nicht zuletzt aufgrund seiner eigenen Interessen (an einer einheitlichen Haltung des sozialistischen Lagers in den Beziehungen zur Bundesrepublik Deutschland) als „*honest broker*“ hervorgetan. Das Ergebnis kann aber eher als Kompromiß gewertet werden, dessen Umsetzung erst abgewartet werden mußte.[109]

Nach außen hin sollte zunächst alles nach den Wünschen der DDR verlaufen. Bereits im März konnten neue Freundschaftsverträge mit Polen (15. März) und mit der Tschechoslowakei (17. März) abgeschlossen werden. Der österreichische Botschafter in Warschau berichtete über das ostdeutsche Befinden Anfang April: „Der DDR-Botschafter Mewis erklärte auf eine diesbezügliche Bemerkung, dass man Bonn eigentlich für sein Unternehmen Bukarest recht dankbar sein müsste, da dieses zu einer grösseren Klarheit im Denkkonzept der sozialistischen Staaten hinsichtlich der Gestaltung ihres Verhältnisses zur Bundesrepublik beigetragen habe. Botschafter Mewis war der festen Überzeugung, dass die neuen bilateralen Beistandspakte nicht so präzise und konkret ausgefallen wären, hätte es das Manöver Bonns mit Bukarest nicht gegeben. Er bemerkte, dass einige der besonders klaren und scharfen Formulierungen im kürzlich zwischen der DDR und Polen geschlossenen Vertrag ‚nicht von uns, sondern von unseren polnischen Freunden stammen‘. Eine diesbezügliche Frage beantwortend, erklärte Botschafter Mewis, dass die Deutsche Demokratische Republik

108 Manz an Tončić-Sorinj, Bukarest, 14. Februar 1967, Zl. 3-Pol/67, ÖStA, AdR, BMfAA, II-Pol 1967, BRD 2, Gr.Zl. 14.433-6/67, GZ. 16.078-6/67, Karton 1143.

109 Selvage, Douglas: Poland, the GDR, and the „Ulbricht Doctrine“ In: Biskupski, Mieczysław B. (Hrsg.): Ideology, Politics and Diplomacy in East Central Europe. Rochester / N.Y. 2003, S. 227–241. In den österreichischen Außenministeriumsakten taucht die Formulierung „Ulbricht-Doktrin“ erstmals im Januar 1967 auf. Gesandter Heinrich Calice an Tončić-Sorinj, Prag, 19. Januar 1967, Zl. 2-Pol, ÖStA, AdR, BMfAA, II-Pol 1967, BRD 2, GZ. 14.611-6/67, Karton 1142.

auch mit den anderen Oststaaten derartige Pakte abschliessen werde. Bukarest ‚läge wohl auch drinnen' aber es könnte sein, dass man davon Abstand nehmen werde, da auf diese Art die anderen bilateralen Verträge etwas ‚entwertet werden könnten'. Der Botschafter meinte, dass das Pressekommuniqué nach der jüngsten Warschauer Aussenministerkonferenz aus besonderen Rücksichten auf Rumänien, das durch seinen stellvertretenden Aussenminister vertreten war, eher farblos ausgefallen sei. Das bedeute aber eben nicht, dass es nicht zu einer vollen Einigung hinsichtlich eines koordinierten Zukunftsverhältnisses in dieser Frage gekommen wäre."[110] Anders sollten sich diese Vertragsabschlüsse mit den weiteren Bruderstaaten gestalten. Zwar hatte sich auch für die westliche Diplomatie spätestens im März/April 1967 gezeigt, daß weder Ungarn noch Bulgarien dem rumänischen Beispiel folgen würden. Der Standpunkt der sozialistischen Staaten war vielmehr formalisiert worden. Die Freundschaftsverträge sollten aber ein wenig auf sich warten lassen.[111]

Am 29. und 30. März 1967 besuchten DDR-Außenminister Otto Winzer und sein Vizeminister Oskar Fischer Ungarn. Aufgrund des inhaltsarmen Kommuniqués, daß lediglich von einem Meinungsaustausch sprach, vermutete der österreichisches Botschafter Koller, „daß es Winzer diesmal noch nicht gelungen ist, die Ungarn zum Abschluß eines zweiseitigen Vertrages nach dem Muster jener Pakte zu gewinnen, wie sie zwischen Polen, der ČSSR und der DDR einerseits, sowie zwischen Polen, der ČSSR und Bulgarien andererseits bereits perfektioniert werden konnten". Hinsichtlich der Ergebnisse der Besprechungen sprach er „von einem besonders dichten Schleier des Geheimnisses"; resigniert mußte er einräumen: „alle meine Versuche, ihn ein wenig zu heben, endeten im Nichts." Auch seine „wenigen, meist gut informierten Kollegen" waren, „was das Resultat dieses Besuches betrifft, lediglich auf Vermutungen angewiesen. Einzig und allein der hiesige amerikanische Geschäftsträger wußte zu erzählen, er habe aus Berlin die Mitteilung erhalten, Winzer sei von der Haltung der Ungarn enttäuscht gewesen." Auch wenn Koller davon ausging, daß die Ungarn dem Druck, gewisse Bedingungen für die Herstellung von Beziehungen zur Bundesrepublik Deutschland zu stellen, „Widerstand entgegengesetzt" hätten, war er der Ansicht, daß es „keineswegs sicher" sei, „ob dieser auch bis zum erfolgreichen Ende durchgehalten werden kann". In diesem Zusammenhang meinte er,

---

110 Enderl an Tončić-Sorinj, Warschau, 7. April 1967, ÖStA, AdR, BMfAA, II-Pol 1967, BRD 2, Gr.Zl. 13.938-6/67, GZ. 19.795-6/67, Karton 1143.

111 Gesandter Rudolf Kirchschläger an Tončić-Sorinj, Prag, 31. März 1967, ÖStA, AdR, BMfAA, II-Pol 1967, BRD 2, Gr.Zl. 14.479-6/67, GZ. 19.327-6/67, Karton 1142; Botschafter Wilhelm Alexander Nezbeda an Tončić-Sorinj, Sofia, 17. April 1967, Zl. 13-Pol/67, ÖStA, AdR, BMfAA, II-Pol 1967, BRD 2, Gr.Zl. 14.479-4/67, GZ. 20.159-4/67, Karton 1142.

man könne mit Spannung der weiteren Entwicklung, „vor allem aber den Ergebnissen der Karlsbader Konferenz entgegensehen“.[112] Die Konferenz, die am 24. April 1967 stattfand und an der 24 kommunistische und Arbeiterparteien Europas teilnahmen, behandelte dann auch vor allem die Frage der europäischen Sicherheit in Verbindung mit der völkerrechtlichen Anerkennung der DDR.

Der Freundschaftsvertrag der DDR mit Ungarn konnte schließlich am 18. Mai 1967 unterzeichnet werden. Zu diesem Anlaß waren eigens Staats- und Parteichef Walter Ulbricht und Ministerpräsident Willi Stoph nach Budapest gereist. Der Botschaftsmitarbeiter Emil Staffelmayr urteilte: „Mit seiner Unterzeichnung hat Ungarn der Einheit des sozialistischen Lagers seine Reverenz erwiesen, ohne Gefahr zu laufen, es sich mit der Bundesrepublik verscherzt zu haben.“ Er war der Meinung, daß der Text nicht über das bisher durch Ungarn zum „Deutschlandproblem“ Gesagte hinausgehen würde und rechnete mit baldigen Kreditverhandlungen mit der Bundesrepublik Deutschland sowie Verhandlungen über die Herstellung diplomatischer Beziehungen.[113] Eine Einschätzung, die sich als überzogen herausstellen sollte. Anläßlich der Ratifizierung des Freundschaftsvertrags bezeichnete Botschafter Enderl das Dokument Anfang Oktober 1967 als in der Öffentlichkeit „unpopulär.“[114] Der Freundschaftsvertrag mit Bulgarien wurde am 7. September 1967 unterzeichnet.

Das größte Interesse hatten aber die jugoslawischen Reaktionen auf die Aufnahme diplomatischer Beziehungen zwischen Rumänien und der Bundesrepublik Deutschland erweckt. Titos Besuch in der DDR 1965 war von Bonn vehement kritisiert worden. Der österreichische Botschafter in Belgrad, Karl Hartl, attestierte eine schwere Krise, zeigte aber wenig Verständnis für die Haltung Bonns, da er Tito eine äußerst vorsichtige Vorgehensweise bescheinigte. Dennoch war er der Überzeugung, daß die Jugoslawen damit rechnen würden, „dass die Disziplin der [west]deutschen Wirtschaft einem rigiden Verhalten der Politik nicht folgen“ würde und schloß seine Ausführungen mit „Who is afraid of Hallstein?“ Zudem war er überzeugt, daß Tito mögliche wirtschaftliche Folgen „bereits in Prag, Berlin und Moskau monetär eskomptiert“ hätte.[115]

---

112 Koller an Tončić-Sorinj, Budapest, 10. April 1967, ÖStA, AdR, BMfaA, II-Pol 1967, DDR 2, Gr.Zl. 14.220-6/67, GZ.19.663-6/67, Karton 1156 (Hervorhebung im Original in gesperrten Lettern).

113 Emil Staffelmayr an Tončić-Sorinj, Budapest, 5. Juni 1967, Zl. 21-Pol/67, ÖStA, AdR, BMfAA, II-Pol 1967, BRD 2, Gr.Zl. 13.938-6/67, GZ. 23.585-6/67, Karton 1143.

114 Botschafter Enderl an BMfAA, Budapest, 2. Oktober 1967, ÖStA, AdR, BMfaA, II-Pol 1967, DDR 1, GZ. 31.912-6/67, Zl. 4809-A/1967, Karton 1156.

115 Hartl an Kreisky, Belgrad, 28. Juni 1965, Zl. 24-Pol/65, ÖStA, AdR, BMAA, II-Pol 1965, BRD 2, GZ. 139.103-6/65, Karton 974.

Als sich die „neue Ostpolitik" der deutschen Bundesregierung nach der Aufnahme der diplomatischen Beziehungen zu Rumänien und der Warschauer-Außenministerkonferenz etwas festgefahren zu haben schien, ging man in den Berichten aus Bonn von einer „Atempause", nicht aber von einem „Rückschlag" aus. Daher erwartete man, daß die Bundesrepublik Deutschland mit Jugoslawien den nächsten Schritt wagen würde. Die wirtschaftlichen Interessen Belgrads im Verhältnis zur Bundesrepublik Deutschland waren ja ein offenes Geheimnis.[116] Die Erklärungen von Bundeskanzler Kurt Georg Kiesinger nach der Aufnahme der Beziehungen zu Rumänien hätten in Belgrad „hoffnungsvolle Erwartungen ausgelöst, wobei man zwar betonte, daß Bonn den ersten Schritt unternehmen müsse, jugoslawischerseits aber keinerlei Bedingungen gestellt würden". Zudem konstatierte man eine gewisse Ernüchterung und Verärgerung „der Jugoslawen, die sich bei den bisherigen Aktionen der Bundesrepublik in Richtung Osteuropa übergangen fühlen".[117]

In weiterer Folge stellte sich das Szenario für die österreichische Diplomatie so dar, daß sowohl Bonn als auch Belgrad an der Wiederaufnahme der Beziehungen interessiert waren. Jugoslawien bestand aber auf der Fortsetzung seiner Beziehungen zur DDR, und die Bundesrepublik wollte zunächst sicherstellen, daß eine solche Aktion keine Anerkennungswelle der DDR auslösen würde. Die DDR wiederum reagierte darauf mit „Ablehnung und Warnung": „Besonders Ulbricht soll sich, dabei von Rußland unterstützt, gegen die von Jugoslawien gewünschten Engagements spreizen." Hingegen vertrat Belgrad im Osten die Ansicht, dies würde der DDR bei der Überwindung der Hallstein-Doktrin helfen. Für Botschafter Hartl schien klar: „zurecht!"[118] Es sollte aber bis zum 31. Januar 1968 dauern, bis Jugoslawien und die Bundesrepublik Deutschland die diplomatischen Beziehungen wiederherstellten. Aus Warschau meldete Botschafter Proksch, daß dies „nicht mit Freude gesehen" würde und man den Akt

---

116 Österreichische Botschaft an Tončić-Sorinj, Bonn, 29. März 1967, Zl. 15-Pol/67, ÖStA, AdR, BMfAA, II-Pol 1967, BRD 2, Gr.Zl. 14.479-4/67, GZ. 18.860-4/67, Karton 1142.

117 Geschäftsträger a. i. Johannes Pasch an BMfAA, Belgrad, 8. Februar 1967, Zl. 114-Res/67, ÖStA, AdR, BMfAA, II-Pol 1967, BRD 2, Gr.Zl. 14.433-6/67, GZ. 15.462-6/67, Karton 1143.

118 Amtsvermerk, Gegenstand: Zur Frage der Wiederaufnahme der diplomatischen Beziehungen zwischen der BRD und Jugoslawien; Gespräch des bundesdeutschen Botschafters Josef Löns mit Heinrich Haymerle, dem Leiter der Politischen Sektion des BMfAA, Wien, 10. Mai 1967, ÖStA, AdR, BMfAA, II-Pol 1967, BRD 2, Gr.Zl. 14.479-4/67, GZ. 21.415-4(Pol)/67, Karton 1142; Hartl an Tončić-Sorinj, Belgrad, 11. Mai 1967, Zl. 25-Pol/67, ÖStA, AdR, BMfAA, II-Pol 1967, BRD 2, Gr.Zl. 14.479-6/67, GZ. 21.669-6/67, Karton 1142; Hartl an Tončić-Sorinj, Belgrad, 28. September 1967, Zl. 41-Pol/67, ÖStA, AdR, BMfAA, II-Pol 1967, BRD 2, GZ. 31.738-6/67, Karton 1142 (Hieraus auch die wörtlichen Zitate.).

als formellen Schritt bagatellisierte, da die Beziehungen faktisch ohnehin nie zu Bestehen aufgehört hätten. Sogar von „ironisch abschätzigen“ Bewertungen in den polnischen Medien war die Rede.[119] Aus Bonn fragte Botschafter Ender angesichts der Entwicklung: „was bleibt von der Hallstein-Doktrin?“[120]

Zwischen „Prager Frühling“ und Entspannung 1968 – 1972

Das Verhältnis zwischen der DDR und der Tschechoslowakei hatte sich im Verlauf der 1960er Jahre immer weiter eingetrübt. Die ablehnende Haltung Ulbrichts gegenüber der Entwicklung im Nachbarstaat sollte in dessen offenem Eintreten für eine Intervention im Zuge der Konsultationen der „Bruderstaaten“ während des „Prager Frühlings“ kulminieren. Als Ulbricht im Mai 1962 die Tschechoslowakei besuchte, urteilte Gesandter Heinrich Calice, der Besuch „hat, wie nicht anders zu erwarten war, keinerlei Sensationen gebracht“. Das einzig Auffällige war in seinen Augen, „daß die deutschen Reden fast durchwegs ein Lob der Sowjetunion in so überschwänglichen Worten enthielten, wie sie hier bei solchen Gelegenheiten nicht üblich sind“.[121] Zur Anerkennung der (de facto inexistenten) politischen Bedeutung der Slowakei hatte Ulbricht neben der Hauptstadt Prag auch Bratislava besucht. Der dortige – ob seiner Berichterstattung am Ballhausplatz keineswegs unumstrittene – österreichische Generalkonsul Ernst Krumhaar sah als Grund für den Besuch vor allem das Ziel „wirtschaftliche Unterstützung seitens der ČSSR“ zu erreichen. Hinsichtlich der nicht vorhandenen diplomatischen Beziehungen zwischen Österreich und der DDR berichtete er nach seinen Unterredungen im diplomatischen Corps: „Dieser ostdeutsche Besuch in der slowakischen Landeshauptstadt, von deren Hausbergen man weit nach Niederösterreich und dem Burgenland hinüberblicken kann, soll das heisse Wünschen und Sehnen Herrn Ulbrichts nach einer diplomatischen Anerkennung der Ostzone (DDR) durch das deutschsprechende Österreich, wie ich von Seiten eines Kollegen erfahren konnte, vergrössert haben.“[122]

119 Botschafter Johannes Proksch an BMfAA, Warschau, 7. Februar 1968, Zl. 474-A/68, ÖStA, AdR, BMfAA, II-Pol 1968, BRD 2, Gr.Zl. 112.436-6/68, GZ. 112.472-6/68, Karton 1345.

120 Ender an BMfAA, Bonn, 13. Februar 1968, Zl. 7-Pol/68, ÖStA, AdR, BMfAA, II-Pol 1968, BRD 2, Gr.Zl. 112.436-6/68, GZ. 112.803-6/68, Karton 1345.

121 Calice an Kreisky, Prag, 22. Mai 1962, Zl. 12-Pol/62, ÖStA, AdR, BMAA, II-Pol 1962, Deutschland-Ost 1, GZ. 68.341-4/62, Karton 762.

122 Generalkonsul Ernst Krumhaar an Kreisky, Pressburg, 18. Mai 1962, Zl. 5-Pol/62, ÖStA, AdR, BMAA, II-Pol 1962, Deutschland-Ost 2, GZ. 67.847-4/62, Karton 762. Krumhaar war während des Ulbricht-Besuches in Wien.

Trotz beständig wiederkehrender Konflikte, die eher selten öffentlich ausgetragen wurden,[123] hatte die österreichische Diplomatie den Beziehungen DDR-Tschechoslowakei weit weniger Aufmerksamkeit geschenkt als dem Verhältnis Bonn-Prag. Dies sollte sich im Frühjahr 1968 ändern. Bereits nach den ersten öffentlichen Attacken auf die Lage in der Tschechoslowakei konstatierte man „Nervosität in Ost-Berlin".[124] Generalkonsul Liedermann, der eine Vielzahl von Berichten verfaßt hatte, lieferte im Mai eine vorläufige Gesamteinschätzung, die er wie folgt einleitete: „Wenn es noch eines Beweises der dogmatisch-konservativen Haltung des Regimes in Ost-Berlin bedurft hätte, wäre er mit der Einstellung Pankows gegenüber den Vorgängen in Polen und der ČSSR erbracht worden." Zu Polen, daß ebenfalls ein unruhiges Frühjahr erlebte, bemerkte er weiter: „Um die politische Unterstützung der DDR durch Warschau zu honorieren, die heute im Zeichen von desintegrierenden Tendenzen im Ostblock für Ulbricht von grösster Bedeutung ist, hat die SED-Presse vorbehaltlos alle polnischen Veröffentlichungen übernommen, welche den wahren Zusammenhang der kürzlichen Vorgänge in Polen völlig entstellt haben. Die polnischen Studenten wurden von der SED-Presse als konterrevolutionäre, vom Westen gekaufte Rowdies bezeichnet und die antizionistischen Parolen, mit denen die Bevölkerung gegen unliebsame Funktionäre und studentische Demonstranten aufgewiegelt werden sollte, sind im DDR-Blätterwald bereitwillig kolportiert worden." Zur Berichterstattung über die ČSSR berichtete Liedermann, daß diese vom „gleichen Mangel an Objektivität" jedoch mit „ganz anderer Tendenz" getragen war: „Die SED-Presse vermied in ihrer Berichterstattung alles, was den Charakter der Ereignisse in der ČSSR als inneren Demokratisierungsprozess bzw. den Umfang desselben hätte erkennen lassen." Lediglich warnende Positionen wurden im Originalwortlaut wiedergegeben. Mit Fortdauer des Jahres war man dann zu immer offenerer Kritik, im Mai dann wieder zu einer „indirekten Form" übergegangen.

Der österreichische Generalkonsul stellte in seinem Bericht fest: „Naturgemäß war es in den letzten Monaten vorrangiges Ziel der SED, den Einfluss der Vorgänge in der ČSSR auf die eigene Bevölkerung so gering wie möglich zu halten und ihren Untertanen einen Demokratisierungsprozess auch in der DDR vorzugaukeln." Als Beispiele führte er den „mit grossem Propagandaaufwand"

123 Für eine Zusammenfassung siehe Graf, Maximilian: Die Entwicklungen in der Tschechoslowakei in den 1960er Jahren aus Sicht der DDR. In: Kastner, Florentine/Veselá, Barbora/Jaroš, Jakub/Knoche, Christian Knoche (Hrsg.), „Prager Frühling" und „Ära Kreisky". Zwischen Reformwillen und Reformverwirklichung. Untersuchungen zu den europäischen Nachbarn Tschechoslowakei und Österreich (Iuvenilia Territorialia II.). Praha 2009, S. 19–40.

124 Generalkonsul Liedermann an Außenminister Kurt Waldheim, Berlin, 23. März 1968, Zl. 7.Pol/68, ÖStA, AdR, BMfAA, II-Pol 1968, Politische Berichte Berlin.

inszenierten „Volksentscheid“ über die neue Verfassung und die mit großer Publizität in Angriff genommene Hochschulreform an. Die möglichen Rückwirkungen des „Prager Frühlings“ auf die DDR schätzte Liedermann nüchtern ein: „Dennoch ist die DDR-Bevölkerung über die politische Entwicklung in der ČSSR durch den westdeutschen Rundfunk, Fernsehen und sogar durch tschechische Radiosendungen in deutscher Sprache genau unterrichtet, obwohl letztere in der DDR gestört werden. Wenn es trotzdem zu keiner Kettenreaktion gekommen ist und voraussichtlich in absehbarerer Zeit nicht kommen wird, ist es sicher nicht nur die Mentalität des Deutschen, der grundsätzlich kein Revolutionär ist; vielmehr haben die in einem perfekten Polizeistaat lebenden Menschen jenseits der Mauer und Stacheldraht ihre Lehren aus den Ereignissen in Berlin im Juni 1953 und aus der Volkserhebung in Ungarn im Jahre 1956 gezogen. Auch der langsam, aber stetig steigende Lebensstandard tut ein übriges, um die Bevölkerung von gefährlichen Experimenten fernzuhalten.“ Trotz dieser Einschätzung merkte er an, daß auch die DDR „sehr vorsichtig sein muss“; als Beispiele führte er die harte Haltung gegenüber „unbotmässigen Intellektuellen“ nach dem 11. Plenum des ZK der SED 1965 an. Diese wären allesamt dem Kommunismus nahegestanden, hatten aber auf eine Verbesserung des Systems gedrängt. Als Beispiel erwähnte er den anläßlich der Entwicklungen in der Tschechoslowakei erneut „mit seinem Gedankengut hervorgetretenen“ Robert Havemann. Dennoch blieb Liedermann der Überzeugung: „Auch der völlig isolierte Havemann ist für das Regime heute keine echte Gefahr, wie überhaupt Schwierigkeiten für Pankow auf innerpolitischem Gebiet gegenwärtig kaum zu befürchten sind.“ Größere Gefahren sah er im Feld der Außenpolitik: „Das noch vor Jahresfrist vielgerühmte ‚Eiserne Dreieck‘ zwischen Warschau, Prag und Ost-Berlin, das als verlässlichste Basis des osteuropäischen Bündnissystems der Sowjetunion galt, ist auf seiner tschechischen Seite angeschlagen und lässt Ulbricht befürchten, dass Prag die Funktion, welche der ČSSR insbesonders in Bezug auf die Bundesrepublik zugedacht war, eines Tages nicht mehr in seinem Sinne erfüllen wird; und nichts wäre für Pankow gefährlicher, als eine fortschreitende Isolierung der DDR im Ostblock.“[125]

Ulbrichts Haltung hatte die Solidarität der DDR mit Moskau einmal mehr bekräftigt. Nach der Intervention vom 20/21. August 1968 beschäftigte sich die 9. ZK-Tagung der SED vom 22. bis 25. Oktober 1968 mit den Folgen des heißen Sommers. Für den österreichischen Generalkonsul trat in Ulbrichts Referat, in dem er die Position der SED erneut bekräftigte, bereits jener Zug seiner zunehmend selbstbewußten Politik zu Tage, der später maßgeblich zu seiner Ablö-

125 Liedermann an Waldheim, Berlin, 25. Mai 1968, Zl. 12.Pol/68, ÖStA, AdR, BMfAA, II-Pol 1968, Politische Berichte Berlin.

sung beitragen sollte. „Das Referat Ulbrichts – der allein zu wissen glaubt, was wirklich Kommunismus ist – stand somit ganz im Zeichen des Kampfes gegen den Revisionismus, wobei die Interpretation der Verhältnisse in der ČSSR den Angelpunkt gebildet hat. Angesichts des Alptraumes der SED, dass der Bazillus abweichlerischer Ideen eines Tages auch in ihrem Machtbereich gefährlich werden könnte, ist wohl nicht daran zu zweifeln, dass Ulbricht alles tun wird, um dies zu verhindern [...].“ Die Aussagen Ulbrichts und der weiteren Referenten machten klar, „dass die SED ihren kompromisslosen und dogmatischen Kurs weitergehen wird.“[126]

In die streng geheimen und auf höchster Ebene koordinierten Entscheidungen und Planungen für den Einmarsch in der Tschechoslowakei und den Einfluß der DDR auf diese, hatte natürlich auch die österreichische Diplomatie keinen Einblick. Wichtiger für das Verhältnis der DDR zu ihren sozialistischen „Brüdern“ erscheint aber das vor Ort registrierte Unbehagen angesichts der angenommenen Teilnahme der Nationalen Volksarmee der DDR an der Besetzung der ČSSR. Der österreichische Botschaftssekretär Stolberg in Warschau bezeichnete die Intervention für die Polen selbst als Überraschung mit unabschätzbaren Folgen für den „Sozialismus“. Er attestierte seinen polnischen Gesprächspartnern eine besondere Betroffenheit darüber, daß 30 Jahre nach der deutschen Okkupation der Tschechoslowakei wieder deutsche Soldaten und an ihrer Seite diesmal polnische Soldaten einmarschiert seien.[127] Die polnische Führung sah man hingegen nach den Märzereignissen in Polen und dem Einmarsch in der Tschechoslowakei „ganz auf die sowjetische Linie eingeschwenkt“. Auf jede eigene außenpolitische Aktivität wurde verzichtet. Geschäftsträger Stolberg war der Meinung, daß „man so gut wie von einer Gleichschaltung sprechen“ könne. Als Hauptverantwortlichen „für diese Entwicklung“ sah er Gomułka, „der sich immer mehr als versteinerter engstirniger Doktrinär herausstellt, der gewillt ist, jede bescheidene Äusserung von unabhängigem Denken, und das gilt auf allen Gebieten, zu unterdrücken“.[128]

Die nächste Herausforderung für die ostdeutsch-polnischen Beziehungen sollte die forcierte „neue Ostpolitik“ der sozialliberalen Koalition unter Bundeskanzler Willy Brandt ab 1969 darstellen. Auch wenn man nach außen hin einheitliche Forderungen vertrat, waren unterschiedliche Haltungen unübersehbar.

126 Liedermann an Waldheim, Berlin, 31. Oktober 1968, Zl. 16.Pol/68, ÖStA, AdR, BMfAA, II-Pol 1968, Politische Berichte Berlin.

127 Botschaftssekretär Stolberg an BMfAA, Warschau, 22. August 1968, ÖStA, AdR, BMfAA, II Pol 1968, ČSSR, GZ. 131.841-4/68, Karton 1354.

128 Geschäftsträger a. i. Stolberg an BMfAA, Warschau, 23. Oktober 1968, Zl. 138-Res/68 (Vertraulich), ÖStA, AdR, BMfaA, II-Pol, BRD 2, Gr.Zl. 113.939-6/68, GZ. 130.012-6/68, Karton 1345.

bar.[129] Auch die Wirtschaftsbeziehungen hatten sich keineswegs im beiderseitigen Interesse entwickelt. Die polnische Verstimmung darüber war anläßlich des Besuchs von DDR-Außenminister Winzer in Warschau vom 27. bis 29. April 1970 offensichtlich geworden. Der österreichische Botschafter Proksch nutzte diese Gelegenheit zu einer breiteren Einschätzung des polnisch-ostdeutschen Verhältnisses: „Die polnisch-ostdeutschen Beziehungen sind durch Frustration gekennzeichnet. Wenn Winzer sagt, dass die beiden Völker für immer unzertrennlich verbunden sind, so ist etwas Wahres daran. Als Barriere des sozialistischen Lagers gegenüber der BRD und dem Westen bleibt ihnen keine andere Wahl als zusammen zu arbeiten. Dieses Zusammengespanntsein trägt den Charakter reizbarer Spannung und misstrauischer Wachsamkeit in sich. Aber die Gegensätze liegen tiefer. Polen ist ein historischer und souveräner Staat mit stark ausgeprägtem, sicher nicht deutschfreundlichem Nationalgefühl, der seinen Gebietsstand im Westen nur noch von Bonn anerkannt sehen möchte, also die Normalisierung wünschen muss. Zur Erhaltung seiner abendländischen, dem Osten gegenüber exponierten Eigenpersönlichkeit braucht es engen Kontakt mit dem Westen und will die Unabhängigkeit vom großen Bruder unbedingt behaupten und ausweiten.

Ganz anders liegen die Dinge für die DDR, die allen Grund hat, die Normalisierung zu fürchten. Ihre Existenz steht im Widerspruch zum Zusammengehörigkeitsgefühl, versperrt den Zutritt zu westlicher Freiheit und Lebensstandard. Während die übrigen Ostblockstaaten vom Abbau der Spannung auch das Lokkern der Moskauer Disziplin erhoffen, scheint die DDR die Spannung zu brauchen. Nur engste Anlehnung an die Sowjets bleibt übrig, bringt aber das Regime Herrn Ulbrichts in noch grösseren Gegensatz zu den anderen kommunistischen Staaten. Sowohl zu ihren heimlichen Unabhängigkeitsgelüsten als auch zum Bemühen um die Gunst des Kreml. Polen hat sich eifrig um eine special relationship mit der Sowjetunion bemüht und sieht mit Ingrimm, wie ihm die Deutschen den Rang streitig machen.“[130]

Anläßlich des „privaten“ Besuchs von Ministerpräsident Stoph in Warschau vom 25. bis 27. September 1970 verfaßte auch Botschaftssekretär Stolberg eine Studie zu den ostdeutsch-polnischen Beziehungen. Er vertrat die Ansicht, daß die „fortschreitende Verschlechterung der gegenseitigen Beziehungen [...] weit-

129 Für einen Überblick vgl. Bender, Peter: Die „Neue Ostpolitik“ und ihre Folgen. Vom Mauerbau bis zur Vereinigung, 3. Auflage. München 1995; zur Haltung der DDR vgl. Sarotte, Mary Elise: Dealing with the Devil. East Germany, Détente, and Ostpolitik 1969–1973. Chapel Hill 2001; vgl. hierzu jüngst Stokłosa, Katarzyna: Polen und die deutsche Ostpolitik 1945–1990. Göttingen 2011.

130 Botschafter Proksch an Außenminister Kirchschläger, Warschau, 9. Mai 1970, Zl. 16-Pol/70, ÖStA, AdR, BMfAA, II-Pol 1970, DDR 2, GZ. 87.023-6/70, Karton Pol-70/10.

gehend durch die Ereignisse des Jahres 1968 überschattet" war. „Allerdings konnte man bereits gegen Ende des Jahres 1968 feststellen, daß kein Pole, hochgestellte Persönlichkeiten nicht ausgeschlossen, mit sarkastischen und negativen Äußerungen über die DDR geizte. Damals konnte man mehr als einmal den teilweise geringschätzigen, teilweise neiderfüllten Ausdruck, wenn über die DDR gesprochen wurde, ‚das 7. EWG-Land' hören." Die Wirtschaftsbeziehungen mit der DDR hatten sich trotz polnischer Bemühungen nicht nach der Vorstellungen Warschaus entwickelt. Auch beim polnischen Transitgüterverkehr in die Bundesrepublik Deutschland, für den „in harten Devisen gezahlt" werden mußte, „zeigte die DDR ein taubes Ohr". Stolberg sprach daher von einer „zwischen eisig und feindselig" schwankenden Gesprächsatmosphäre im Jahre 1969. Bereits im April 1969, als Gomułka die DDR besuchte, „war wohl der Tiefpunkt der deutsch-polnischen Beziehungen erreicht". In dem nunmehr erfolgten Besuch von Stoph sah er das ehrliche Bemühen eine Verbesserung des Klimas.[131]

Im April 1970 hatte Außenminister Otto Winzer Jugoslawien besucht. Der österreichische Botschafter Walther Peinsipp gab sich ob des Verlaufs des Besuchs überrascht. „Sah es kurz vor dem Besuch noch so aus", als ob dieser in einer „frostigen Atmosphäre" verlaufen würde, so vollzog sich „fast plötzlich ein völliger Wetterwechsel". Sein Zustandekommen sei dennoch „eine politische Schwergeburt gewesen". Die Ursachen dafür lagen laut Peinsipp im Jahr 1968: „Die Jugoslawen haben Ulbrichts Verhalten nach der Invasion der ČSSR ihnen gegenüber, das sie nolens-volens an 1948 erinnerte, bis heute nicht verwunden." Während „die durch die ČSSR-Krise stark strapazierten Beziehungen zu den übrigen Warschau-Pakt-Staaten" wieder verbessert wurden, war „die DDR von dieser Normalisierung bewusst ausgeschlossen" geblieben. Um im Gefolge von Brandts „neuer Ostpolitik" nicht vollkommen in Isolation zu geraten, hatte Ulbricht mehrfach versucht einen Besuch Winzers zu erreichen. Bis zuletzt hatten ihm „die Jugoslawen die kalte Schulter" gezeigt. Als Gründe für den Kurswechsel Titos sah Peinsipp das Ziel der Realisierung einer europäischen Sicherheitskonferenz sowie Winzers zurückhaltendes Auftreten in Belgrad selbst. Hinsichtlich der Beziehungen Jugoslawiens zu beiden deutschen Staaten bemerkte der Botschafter, daß Belgrad die „alte Schaukel- und Rösselsprung-Politik, die man hier ja sehr gut beherrscht", weiter betreiben würde.[132] In der Folge konnte die österreichische Diplomatie eine Intensivierung des ost-

131 Verfaßt von Botschaftssekretär Stolberg, übersandt von Botschafter Proksch an Kirchschläger, Warschau, 10. Oktober 1970, Zl. 139-Res/70, ÖStA, AdR, BMfaA, II-Pol 1970, DDR 2, GZ. 94.061-6/70, Karton Pol-70/10.

132 Peinsipp an Kirchschläger, Belgrad, 29. April 1970, Zl. 15-Pol/70, ÖStA, AdR, BMfaA, II-Pol 1970, DDR 2, GZ. 86.013-6/70, Karton Pol-70/10.

deutsch-jugoslawischen Besuchsverkehrs beobachten.[133] 1973 war das Verhältnis zwischen der DDR und Jugoslawien in offizieller Lesart wieder normalisiert. Anläßlich des Besuches von Ministerpräsident Džemal Bijedić hatte sich der jugoslawische Botschafter in der DDR, Miloš Milovski, gegenüber dem österreichischen Botschafter Bauer dahingehend vernehmen lassen.[134]

Als Ende April 1971 ein Besuch Ulbrichts in Rumänien erneut abgesagt wurde, führte man dies noch auf seinen Gesundheitszustand zurück. Nunmehr schien gesichert, daß die Reise nicht mehr vor dem Besuch des westdeutschen Bundespräsidenten Gustav Heinemann erfolgen würde und sich auch der Abschluß eines Freundschaftsvertrages zwischen der DDR und Rumänien verzögern würde. „Über diesen letzten Aspekt der Absage dürften die Rumänen jedoch kaum besonders verstimmt sein.“[135] Nach dem erzwungenen Rücktritt Ulbrichts als Erster Sekretär der SED am 3. Mai 1971 kommentierte der österreichische Generalkonsul in West-Berlin, Friedrich Hoess, das Ereignis lapidar mit den Worten: „Von Ulbricht zu Honecker – im Osten nichts Neues“. Politisch, vor allem in Bezug auf die Beziehungen zur Bundesrepublik, erwartete man davon keine Neuerungen.[136] In der Berichterstattung anläßlich des VIII. Parteitags der SED im Juni 1971 brachte Hoess deutlich zum Ausdruck, daß Moskau künftig wieder für eine deutlichere Unterordnung der SED unter die Vorherrschaft der KPdSU sorgen würde.[137] Pointiert faßte er zusammen: „Neu-Preussen an Moskaus kurzem Zügel“. Zudem hatte ihm ein „sowjetischer Kollege“ im Gespräch bestätigt, daß Moskau die Ablösung Ulbrichts „zwar nicht erzwungen, aber wesentlich zu ihrem Zeitpunkt beigetragen hat“.[138]

---

133 Geschäftsträger a. i. Erwin Matsch an BMfAA, Belgrad, 23. Februar 1972, Zl. 12-Pol/72, ÖStA, AdR, BMfaA, II-Pol 1972, DDR 2, GZ. 153.016-6/72.

134 Botschafter Bauer an BMfAA, Berlin, 24. Mai 1973, ÖStA, AdR, BMfaA, II-Pol 1973, DDR 2, GZ. 39.074-6/73, Zl. 2-Res/73.

135 Österreichische Delegation an BMfAA, Berlin, 30. April 1971, Zl. 2710-A/71, ÖStA, AdR, BMfaA, II-Pol 1971, DDR 1, Gr.Zl. 110.973-6/71, GZ. 111.308-6/71; Generalkonsul Hoess an BMfAA, Berlin, 19. April 1971, Zl. 2.587-A/71, ÖStA, AdR, BMfaA, II-Pol 1971, DDR 1, GZ.110.973-6/71.

136 Hoess an Kirchschläger, 6. Mai 1971, Zl. 11-Pol/71, ÖStA, AdR, BMfAA, II-Pol 1971, DDR 3, Gr.Zl. 111.054-6/71, GZ.111.890-6/71.

137 Hoess an BMfAA, Berlin, 18. Juni 1971, Zl. 200-Res/71, ÖStA, AdR, BMfAA, II-Pol 1971, DDR 3, Gr.Zl. 111.054-6/71, GZ.113.881-6/71; Amtsvermerk, Gegenstand: VIII. Parteitag der Sozialistischen Einheitspartei Deutschlands; Analyse, Wien 2. Juli 1971, ÖStA, AdR, BMfAA, II-Pol 1971, DDR 3, Gr.Zl. 111.054-6/71, GZ.114.398-6/71.

138 Hoess an Kirchschläger, Berlin, 25. Juni 1971, Zl. 14-Pol, ÖStA, AdR, BMfAA, II-Pol 1971, DDR 3, Gr.Zl. 111.054-6/71, GZ.114.368-6/71.

Der Freundschaftsvertrag der DDR mit Rumänien wurde erst im Mai 1972 unterzeichnet. Die österreichische Botschaft in Bukarest berichtete: „Mit der Unterzeichnung dieses schon vor zwei Jahren paraphierten Vertrages ist nun die Kette der neuen Freundschafts- und Beistandspakte zwischen Rumänien und den anderen Ostblockstaaten lückenlos geschlossen. [...] Die ‚spontane Begeisterung' der Bukarester Bevölkerung blieb diesmal verglichen mit früheren ähnlichen Ereignissen stark zurück. Auch im Fernsehen konnte die Zurückhaltung der offiziellen Persönlichkeiten eindeutig bemerkt werden. [...] Hiesige politische Beobachter neigen der Ansicht zu, dass es für Rumänien nach zahlreichen Aufschüben nun nicht länger zu vermeiden war, den in Rede stehenden Vertrag mit der DDR zu unterzeichnen. [Nicolae] Ceauşescu ist jedoch offensichtlich viel mehr an einer Intensivierung des Verhältnisses zur BRD gelegen."[139]

Trotz der geringen Erwartungen ergaben sich nicht nur auf der deutschlandpolitischen und europäischen Entspannungsebene Neuerungen nach dem Machtantritt Erich Honeckers. Gemeinsam mit dem ebenfalls erst kurz im Amt befindlichen polnischen Parteichef Edward Gierek wurde im September 1971 vereinbart, an der Grenze zwischen der DDR und Polen mit 1. Januar 1972 paß- und visafreien Reiseverkehr einzuführen. Diese Entscheidung stand nicht nur mit der europäischen Entspannungspolitik, sondern auch mit den persönlichen Ambitionen der beiden neuen politischen Führer in Zusammenhang. Die neue Regelung sorgte für eine mannigfaltige Belebung der grenzüberschreitenden Kontakte, dominant war aber der Einkaufstourismus. Bald sollten erste Probleme auftauchen.[140] Mit der Tschechoslowakei war selbige Regel am 15. Januar 1972 in Kraft getreten.

Der ursprüngliche Plan eines trilateralen Abkommens war vermutlich aufgrund der Unsicherheit der tschechoslowakischen Führung nicht zustande gekommen. Geschäftsträger a. i. Ferdinand Mayrhofer-Grünbühel nahm für die österreichische Botschaft in Warschau im April 1972 „eine vorläufige Beurteilung" vor. Bei der Einführung war die Neuregelung des Grenzverkehrs als Durchbruch in der Geschichte der sozialistischen Gemeinschaft und ihrer Integrationsfortschritte gefeiert worden. Der diesbezügliche Vertrag war auf höchster Ebene zwischen den Parteichefs Honecker und Gierek akkordiert worden und soll „denen, die den Beschluß durchführen sollten, einiges Kopfzerbrechen be-

139 Botschafter Eduard Tschöp an Kirchschläger, Bukarest, 15. Mai 1972, Zl. 7-Pol/72, ÖStA, AdR, BMfAA, II-Pol 1972, DDR 2, GZ. 157.299-6/72.

140 Osękowski, Czesław: Der pass- und visafreie Personenverkehr zwischen der DDR und Polen in den Siebziger Jahren. Politische, wirtschaftliche und gesellschaftliche Auswirkungen, in: Kerski, Basil/Kotula, Andrzej/Wóycicki, Kazimierz (Hrsg.): Zwangsverordnete Freundschaft? Die Beziehungen zwischen der DDR und Polen 1949–1990. Osnabrück 2003, S. 123–133.

reitet“ haben. „Als unmittelbares Hauptziel“ sah die österreichische Botschaft „die Befreiung der DDR-Bürger von dem Gefühl, eingesperrt zu sein […]. Ein Gefühl, das im Hinblick auf die zu erwartende Regelung über einen innerdeutschen Reiseverkehr umso drückender sein mußte.“ Nach offiziellen Angaben hatten bis Ende März 1972 bereits 1,2 Millionen DDR-Bürger von der neuen Reisefreiheit Gebrauch gemacht. Über die Zahl der in die DDR gereisten Polen wurden zwar keine Angaben gemacht, jedoch wurde von einem „Gleichgewicht“ gesprochen. „Tatsächlich“, so war die Botschaft überzeugt, „dürfte die Zahl der polnischen Reisen in die DDR um etwa 20 % niedriger liegen, was sich ohne weiteres mit dem unterschiedlichen Lebensstandard, wie der Zahl zur Verfügung stehender Transportmittel, erklären lässt“. Die Erkundigungen der Botschaft hatten ergeben, daß ein positives Bild über die Auswirkungen und das Funktionieren der neuen Regelung gezeichnet wurde. Einige Probleme wurden aber detektiert: „In der ersten Zeit scheint es in den polnischen Grenzgebieten teilweise zu empfindlichen Versorgungsschwierigkeiten gekommen zu sein, ist doch Polen für DDR-Bürger ‚billiges‘ Ausland. Der praktisch völlige Wegfall von Zollkontrollen ermöglichte den Besuchern umfangreiche Hamsterkäufe, insbesondere in bezug auf Nahrungsmittel und Benzin. Welche Rolle dieses Moment spielt, demonstriert die Tatsache, daß lediglich 12 % der Besucher aus der DDR länger als einen Tag in Polen blieben. Fraglos wirkt das Einkaufsmotiv auch in umgekehrter Richtung, in der DDR sind technische Artikel, Haushaltsgeräte etc. erhältlich, die hier nicht oder nur in minderer Qualität zu finden sind.“

„Gewisse Versorgungsengpässe“ waren sogar offiziell zugegeben, jedoch als „Kinderkrankheiten“ bezeichnet worden, die mittlerweile behoben seien. Der wirtschaftliche Aufschwung der „unterentwickelten Grenzgebiete“ wurde hervorgehoben. Die „eigentliche Bedeutung des Vertrages“ sah die Botschaft aber weniger in seinen Auswirkungen als in dem Zustandekommen dieses „in mancher Hinsicht mutigen und bewundernswerten“ Schrittes, der „für hiesige Verhältnisse sensationellen Charakter hat“ und in anderen sozialistischen Staaten noch „völlig ausgeschlossen“ scheint. Hierzu führte man weiter aus: „Noch vor wenigen Jahren wäre rein aus dem Verhältnis zur DDR gesehen, dieser Entschluß auch hier unvorstellbar gewesen. Die damals noch stärker lebendigen Ressentiments und das Verhältnis der beiden Staatsführungen zueinander hätten ihn – so ein prominenter polnischer Journalist – verhindert. Das bestehende Ressentiments durch die eröffneten Kontaktmöglichkeiten weiter abgebaut werden, wird offiziell gehofft und ist wohl zu erwarten.“[141]

141 Geschäftsträger a. i. Ferdinand Mayrhofer-Grünbühel an BMfAA, Warschau, 10. April 1972, Zl. 17-Pol/72, ÖStA, AdR, BMfAA, II-Pol 1972, DDR 2, GZ. 155.448-6/72.

Die aus den Reiseerleichterungen resultierenden Probleme, allen voran die Ausnutzung des Preisgefälles zwischen den einzelnen Staaten, war bald zum Gesprächsgegenstand in bilateralen Besuchen zwischen der DDR und Polen beziehungsweise der Tschechoslowakei geworden. Ganz andere Beobachtungen wurden freilich in Ost-Berlin gemacht: „In diesem Zusammenhang ist die zunehmende Fremdenfeindlichkeit in Ostberlin beachtenswert. Vor allem die Invasion durch polnische Besucher und deren Lust, langlebige Konsumgüter zu erstehen, scheinen die ostdeutsche Bevölkerung etwas aufgebracht zu haben. Am besten wird diese Einstellung durch folgende, derzeit in Ostberlin kolportierte Story geschildert: Welch' ein Glück, dass der Alexander-Platz nicht als Rasenanlage erstellt, sondern asphaltiert wurde, denn sonst würden die Polen auch noch ihre Kühe zur Weide mitbringen."[142] In der ersten Jahreshälfte hatten die polnischen Reisenden eine Milliarde Złoty in „Ostmark" umgetauscht, während die „Touristen" aus der DDR nur 71 Millionen „Ostmark" in Złoty getauscht hatten. Daran, so war die Delegation Berlin überzeugt, „kann man die Kauflust der polnischen Bevölkerung ermessen". Generalkonsul Hoess attestierte der DDR-Führung das Bemühen, „der eigenen Bevölkerung die Notwendigkeit einer offenen und gastfreundlichen Haltung vor Augen zu führen". Gleichzeitig war er sich aber auch darüber im Klaren, daß dies nur möglich sein wird, „wenn es der DDR gelingt, das Konsumangebot in einem Ausmaß zu halten, das der DDR-Bevölkerung die Gewißheit vermittelt, durch die polnischen Gäste nicht der für sie notwendigen Konsumgüter beraubt zu werden".[143]

Bereits im Dezember 1972 berichtete die Botschaft Warschau über die ersten Rückzieher bei der Reiseregelung. Von 27. November 1972 bis 31. Januar 1973 wurden Ankauf und Ausfuhr von DDR-Mark auf 200 Mark pro Person beschränkt. Gerechtfertigt wurde diese Maßnahme mit der „übermäßigen Belastung" der polnischen Zahlungsbilanz. Ab dem 1. Januar 1973 trat zudem eine neue Devisennorm in der Höhe von 7000 Złoty pro Person und Jahr in Kraft, zu deren Überprüfung Valutenbücher eingeführt wurden. Für Berichterstatter Mayrhofer-Grünbühel stellten diese neuen Bestimmungen „eine wesentliche Reduzierung der Bedeutung des Vertrages" dar, da die Einhaltung der neuen Bestimmungen im Rahmen von Grenzkontrollen überwacht würde, „womit vor allem die große psychologische Wirkung der Entscheidung für die Freizügigkeit wegfällt".

142 Hoess an BMfAA, Berlin, 18. Mai 1972, ÖStA, AdR, BMfAA, II-Pol 1972, DDR 2, Gr.Zl. 155.448-6/72, GZ. 157.413-6/72, Zl. 207-Res/72.

143 Hoess an BMfAA, Berlin, 29. Juni 1972, Zl. 243-Res/72, ÖStA, AdR, BMfAA, II-Pol 1972, DDR 2, Gr.Zl. 155.448-6/72, GZ. 159.697-6/72.

Die Analyse der Ursachen erbrachte folgende Sicht der Dinge: Noch vor Jahresende hatten neun Millionen Polen die DDR und mehr als sechs Millionen Ostdeutsche Polen besucht. „Diese Reisen kann man wohl kaum als Tourismus im herkömmlichen Sinne betrachten, ging es doch vor allem darum, eine bisher unbekannte Freiheit auszunützen und das tägliche Leben in einem anderen sozialistischen Staat kennenzulernen und es mit ihrem eigenen zu vergleichen. Für die Polen war es vor allem eine Möglichkeit, technische Geräte sowie Kleider zu erstehen, die es hier nicht oder nur schlecht und teuer gibt. Der Ansturm auf die Kaufhäuser in Berlin, Dresden und Leipzig wird durch einen Witz illustriert, wonach beschlossen wurde, über die Lautsprecher der Kaufhäuser in Hinkunft alle halben Stunden die polnische Nationalhymne zu spielen. Während die Polen dann ‚habt acht‘ stehen, würden die Einheimischen, wenigstens für kurze Zeit, auch Zutritt zu den Waren bekommen. Das Einkaufsmotiv wirkte natürlich auch in die andere Richtung, beschränkte sich jedoch auf gewisse Nahrungsmittel und Benzin. Hatte man anfangs ein Einpendeln dieser Situation erhofft, so sah man sich nun plötzlich einer stark unausgeglichenen Zahlungsbilanz und erheblichen Belastungen der DDR-Wirtschaft gegenüber, dem das wenig flexible und schablonenhafte Wirtschafts- und Verteilungssystem einfach nicht gewachsen war. Vielleicht hätte man sich hier noch darüber hinwegsetzen können, doch scheint vor allem aus der DDR ein starker Druck für die vorliegende Maßnahme erfolgt zu sein.“[144]

Daß trotz solcher Entspannungserscheinungen nach wie vor erhebliche Vorbehalte unter den sozialistischen Staaten gegenüber der DDR bestanden, wird aus einem Bericht des österreichischen Botschafters Wilfried Gredler in Bonn klar. Dieser hatte zahlreiche Unterhaltungen mit osteuropäischen Diplomaten und Handelsdelegierten geführt. Hieraus ergab sich ein Bild, wonach die DDR, mit einer gewissen Ausnahme durch die Sowjetunion, „in den östlichen Staaten nicht gerade beliebt ist“. Vielfach wurde ihre „wirtschaftliche Rücksichtslosigkeit“ und eine „unverhältnismässige Berücksichtigung durch die UdSSR zu Lasten anderer Ostländer“ unterstellt. „Besonders vergrämt scheinen sich nach meinen Beobachtungen einige Oststaaten, mit Polen an der Spitze, über die Sonderstellung, die der Grundvertrag der DDR auf dem deutschen Markt und darüber hinaus in der Europäischen Gemeinschaft einräumt zu zeigen.“ Dies lag daran, daß alle „Oststaaten“ in der Entwicklung ihrer Wirtschaft große Hoffnungen auf den deutschen Markt setzten und nicht einsahen, „weshalb sie auch dort gegenüber der DDR benachteiligt sein sollten“. Die Polen hätten zudem Bedenken gegen eine größere „Verflechtung und Abhängigkeit“, die „zur Grundlage

144 Mayrhofer-Grünbühel an BMfAA, Warschau, 4. Dezember 1972, Zl. 289-Res/72, ÖStA, AdR, BMfAA, II-Pol 1972, DDR 2, Gr.Zl. 155.448-6/72, GZ. 167.626-6/72.

einer von den Polen abgelehnten deutschen Wiedervereinigung – auch wenn sie unter roter Fahne erfolgt – werden könnte“. Zudem bemerkte Gredler, daß auch die Beziehungen der anderen sozialistischen Staaten untereinander im Gefolge des Jahres 1968 reichlich Spannungspotential beinhalten würden.[145]

Zwei abschließende Beispiele vermögen zwei der Grundlinien des Konfliktpotentials in den Beziehungen der DDR zu ihren sozialistischen „Bruderstaaten“ aufzuzeigen. Ungarn hatte mit der DDR eine passive Handelsbilanz, die auch durch die ostdeutschen Touristen nicht ausgeglichen wurde. Von ungarischer Seite wurde „in vertraulichen Gesprächen immer wieder der Verdacht ausgesprochen, die Bereitschaft der DDR zur Aufnahme weiterer Industriewaren werde von der kritischen Haltung Ost-Berlins zur ungarischen Wirtschaftspolitik (‚Neuer wirtschaftlicher Mechanismus‘) bestimmt“.[146] Ein klares Indiz für die Reformfeindlichkeit der DDR. Das zweite Beispiel scheint selbsterklärend. Zwischen der DDR und Rumänien waren bei einem Festakt in Ost-Berlin anläßlich des 30. Jahrestags der Befreiung Rumäniens deutliche Interpretationsunterschiede zum Vorschein gekommen. Die DDR hob ausschließlich den Verdienst der Sowjetunion hervor, worüber man rumänischerseits keineswegs glücklich war. Nach außen hin wurden diese Unstimmigkeiten freilich nicht dramatisiert.[147]

Schlußbetrachtung

Die Berichterstattung der österreichischen Diplomatie entwirft über den gesamten Beobachtungszeitraum das Bild einer von ihren „Bruderstaaten“ mit deutlichen Vorbehalten betrachteten DDR. Ein besonderes Augenmerk lag auf den Beziehungen zu den Nachbarstaaten Polen und Tschechoslowakei. Die Beziehungen in den ersten Jahren nach der Anerkennung erschienen ihr zu Recht als „zwangsverordnete Freundschaften“. Jedoch wurde bald klar, daß die Bedeutung der DDR innerhalb des „Ostblocks“ seit 1956 kontinuierlich anstieg. Nach außen hin verbesserten sich die Beziehungen zu ihren sozialistischen „Bruderstaaten“ zunehmend. Unter der Hand wurde aber der Aufstieg Ost-Berlins mit großer Skepsis und oftmals auch mit Mißgunst gesehen. Wenig Verständnis wurde für eine wirtschaftliche Unterstützung der DDR aufgebracht. Das gestiegene Gewicht und Selbstbewußtsein der SED-Führung brachte, durch ihr oftmals be-

145 Botschafter Wilfried Gredler an BMfAA, Bonn, 9. April 1973, Zl. 230-Res/73, ÖStA, AdR, BMfaA, II-Pol 1973, DDR 2, GZ. 136.440-6/73.

146 Botschafter Friedrich Fröhlichsthal an BMfAA, Budapest, 6. Februar 1974, Zl. 34-Res/74, ÖStA, AdR, BMfaA, II-Pol 1974, DDR 1, GZ. 43.18.01/1-6/74.

147 Botschafter Bauer an Außenminister Bielka, Berlin, 6. September 1974, Zl. 8-Pol/74, ÖStA, AdR, BMfaA, II-Pol 1974, Poltische Bericht Berlin.

lehrendes Auftreten, im sozialistischen Lager erneut Konfliktstoff. Trotz der größeren Bedeutung der DDR sollte die Bundesrepublik Deutschland eine Herausforderung bleiben, da alle RGW-Staaten großes Interesse an der Entwicklung ihrer Wirtschaftsbeziehungen zu Bonn hatten. Mit Fortdauer der 1960er Jahre sollte es Ost-Berlin zunehmend schwer fallen, seine deutschlandpolitischen Vorstellungen im eigenen Lager durchzusetzen. Eine Entwicklung, die durch die österreichische Diplomatie mit besonderer Aufmerksamkeit verfolgt wurde, da man die möglichen Auswirkungen auf den Fortbestand der Hallstein-Doktrin im Auge behalten wollte. Zudem sah man in der verstärkten wirtschaftlichen Aktivität der Bundesrepublik Deutschland eine Konkurrenz für den österreichischen „Osthandel“. Einen Sonderfall stellte hier das Verhältnis zu Jugoslawien dar, das besonders stark im Spannungsfeld der deutsch-deutschen Konkurrenz stand. Soweit reihen sich die Beobachtungen der österreichischen Diplomaten sehr gut in die Ergebnisse der bisherigen Erforschung der Beziehungen der DDR im Ostblock ein. Oftmals gelang ihnen eine überaus pointierte Darstellung in ihren Berichten. Die einzelnen überlieferten Aussagen osteuropäischer Diplomaten gehen teilweise sogar über das bisher angenommene Ausmaß an Heterogenität des sozialistischen Blocks hinaus. Einige der aus Gesprächen gewonnenen Einschätzungen stellen aber natürlich auch Fehleinschätzungen dar.

Neben diesen Berichten über die offiziellen Beziehungen liefern die Berichte der österreichischen Auslandsvertretungen zumeist anlaßbezogene Einschätzungen zur Reaktion der Bevölkerung auf die Entwicklung der Beziehungen des jeweiligen Staats zur DDR sowie zur Wahrnehmung der SED-Führung. Konsequent wird von einer starken Ablehnung gegenüber „allen Deutschen“ aufgrund der Erfahrungen des Zweiten Weltkriegs ausgegangen. Teilweise werden diese Einschätzungen durch Anekdoten belegt. Auch den jeweiligen Regimes vor Ort wird eine gewisse Rücksichtnahme auf die Befindlichkeiten der Bevölkerung nachgesagt. Auf der anderen Seite blieben der österreichischen Diplomatie auch die in der DDR-Bevölkerung vorhandenen Vorbehalte gegenüber „den Polen“ nicht verborgen.

Diesen Einschätzungen liegt aber freilich auch ein starkes – der Staatsraison entsprechendes – Abgrenzungsbedürfnis der österreichischen Diplomatie gegenüber „allem deutschen“ zugrunde. Oftmals wird in der Bewertung der Entwicklungen über das Ziel hinausgeschossen. Die zahlreichen pointierten Zitate bleiben neben der zeitgenössischen Auffassungsgabe Produkt des Weltbilds ihrer Autoren. Somit bleibt eine jenseits der „westdeutschen“ Wahrnehmungsebene bisher kaum geleistete Darstellung der kenntnisreichen Außenwahrnehmung der erweiterten Nachbarschaftsbeziehungen der DDR, bei der die „Brille“, durch welche diese erfolgte, nicht außer acht gelassen werden darf.

Die Bundesrepublik Deutschland hielt bis zum Abschluß des Grundlagenvertrages zwischen beiden deutschen Staaten an ihrem Alleinvertretungsanspruch für alle Deutschen fest und sanktionierte gemäß der Hallstein-Doktrin die Aufnahme von diplomatischen Beziehungen dritter Staaten zur Deutschen Demokratischen Republik durch Entzug der Wirtschaftshilfe oder den Abbruch der diplomatischen Beziehungen ihrerseits zu dem Drittstaat. Hingegen versuchte die Führung der Sozialistischen Einheitspartei Deutschlands (SED) die fehlende demokratische Legitimation der DDR durch die völkerrechtliche Anerkennung zu kompensieren. DDR-Funktionäre warben auch in Österreich über zwei Jahrzehnte lang mit verschiedenen Mitteln und Methoden um Sympathie und Akzeptanz für ihren Staat. Bis zum Abschluß des Grundlagenvertrages blieben sie dabei auf der staatlichen Ebene erfolglos. Österreich war zwar militärisch, aber nicht weltanschaulich neutral. Politisch, wirtschaftlich und kulturell gehörte das Land zum Westen. Daran haben die österreichischen Regierungen keinen Zweifel gelassen.

Die Aufnahme der diplomatischen Beziehungen zwischen der DDR und Österreich

von Enrico Seewald

Die Bundesrepublik Deutschland hielt bis zum Abschluß des Grundlagenvertrages zwischen beiden deutschen Staaten an ihrem Alleinvertretungsanspruch für alle Deutschen fest und sanktionierte gemäß der Hallstein-Doktrin die Aufnahme von diplomatischen Beziehungen dritter Staaten zur Deutschen Demokratischen Republik durch Entzug der Wirtschaftshilfe oder den Abbruch der diplomatischen Beziehungen ihrerseits zu dem Drittstaat. Hingegen versuchte die Führung der Sozialistischen Einheitspartei Deutschlands (SED) die fehlende demokratische Legitimation der DDR durch die völkerrechtliche Anerkennung zu kompensieren. DDR-Funktionäre warben auch in Österreich über zwei Jahrzehnte lang mit verschiedenen Mitteln und Methoden um Sympathie und Akzeptanz für ihren Staat. Bis zum Abschluß des Grundlagenvertrages blieben sie dabei auf der staatlichen Ebene erfolglos. Österreich war zwar militärisch, aber nicht weltanschaulich neutral. Politisch, wirtschaftlich und kulturell gehörte das Land zum Westen. Daran haben die österreichischen Regierungen keinen Zweifel gelassen.

Die bundesdeutschen Interessen in Wien vertrat seit 1953 eine Wirtschaftsdelegation unter der Leitung des Gesandten Carl-Hermann Mueller-Graaf, der nach der Aufnahme der diplomatischen Beziehungen zwischen der Bundesrepublik Deutschland und der Republik Österreich 1955 erster Botschafter im Alpenland wurde. Seit Sommer 1945 bestand im amerikanischen Sektor von Berlin eine Vertretung Österreichs, die ab 1947 die Bezeichnung „Österreichische Delegation Berlin“ führte.

In den ersten sieben Jahren ihrer Existenz erfolgte die völkerrechtliche Anerkennung der DDR nur durch die Sowjetunion, deren Satellitenstaaten und die Volksrepublik China. Die Regierung der Sowjetunion gewährte der DDR formell Ende März 1954 gewisse Freiräume bei der Gestaltung diplomatischer Beziehungen zu anderen Staaten. Darauf reagierte die Regierung Adenauer in Bonn mit einem Maßnahmenkatalog zur Verhinderung einer völkerrechtlichen Anerkennung der DDR durch dritte Staaten. Im Protokoll der Sitzung des Bundeskabinetts vom 31. März 1954 wurde dazu festgehalten: „Dem Bundeskanzler liegt [...] daran, mit rechtlich begründeten Ausführungen die Weltöffentlichkeit vor einer Aufnahme diplomatischer Beziehungen zu der Pankow-Regierung zu warnen."[1] Bundeskanzler Konrad Adenauer sagte in seiner Regierungserklärung vor dem Deutschen Bundestag am 7. April 1954: „Keine Nation, die die freie politische Selbstbestimmung jedes Volkes über seine Regierungsform achtet und die gewaltsame Gleichschaltung, Unterwerfung und Beherrschung politisch mündiger Völker und Volksteile ablehnt, wird dieses kommunistische Regime der deutschen Sowjetzone als Regierung eines souveränen Staates anerkennen können. Die sogenannte Souveränität des Sowjetzonenregimes wird – dessen sind wir gewiß – ebenso vergehen wie die sowjetische Fremdherrschaft und der kommunistische Terror. Bestehen bleiben wird die unzerstörbare Souveränität des freien deutschen Volkes."[2]

Die Leitung des Auswärtigen Amtes wies die Auslandsmissionen an, von ihren Gastregierungen schriftliche Versicherungen der Ablehnung einer völkerrechtlichen Anerkennung der DDR einzuholen. Die Haltung der Republik Österreich war dabei von großer Bedeutung. In einem Brief Mueller-Graafs aus Wien vom 21. April 1954 an Gustav Strohm, den Leiter der Unterabteilung „Politische Beziehungen zu fremden Staaten" im Auswärtigen Amt, hieß es: „In [...] Gesprächen mit einigen sehr maßgeblichen Herren hier habe ich eine einhellige und eiserne Ablehnung gegenüber dem Gedanken einer Anerkennung der DDR durch Österreich konstatieren können."[3] Referent Hardo Brückner von der Politischen Abteilung des Auswärtigen Amtes schrieb Mueller-Graaf dazu am 19. Mai 1954: „Der Stellungnahme Österreichs in dieser Frage wird hier besonderer Wert beigemessen. Eine Ablehnung der Aufnahme direkter diplomatischer oder konsularischer Beziehungen zu der Sowjetzonenrepublik durch Österreich dürfte der Bundesregierung ein vorzügliches Argument gegenüber den Staaten bieten, mit denen die Bundesrepublik volle diplomatische Beziehungen unterhält, die aber eine Neigung zeigen sollten, einen modus vivendi in der Frage der Beziehungen zur Sowjetzonenrepublik zu suchen."[4] Der bundesdeutsche Vertreter brachte diesen Wunsch am Ballhausplatz in Wien zur Sprache. Eine schriftliche Fixierung ihrer Haltung lehnten die österreichischen Politiker in der Schlußphase der Verhandlungen zum Staatsvertrag mit der Begründung ab, „daß ihnen im gegenwärtigen Augenblick eine Notifizierung ihres Standpunktes nicht glücklich erscheinen würde. Es muß immer damit gerechnet werden, daß derartige Papiere hier dem sowjetischen Element auf dem einen oder anderen Wege zur Kenntnis kommen und alsdann entsprechend als neuer feindlicher Akt gegen

1 Die Kabinettsprotokolle der Bundesregierung, Bd. 7, Boppard am Rhein 1993, S. 132.

2 Verhandlungen des Deutschen Bundestages, Stenographische Berichte, Bd. 19, S. 795.

3 PAAA, B 11, Nr. 478, Politische Beziehungen zwischen der Sowjetzone und dritten Staaten, Bd. 1, Bl. 72.

4 PAAA, B 11, Nr. 479, Politische Beziehungen zwischen der Sowjetzone und dritten Staaten, Bd. 2, Bl. 3–6.

die Sowjetunion ausgewertet werden." Nach Rücksprache mit dem österreichischen Bundeskanzler Julius Raab gab Außenminister Leopold Figl am 28. Mai 1954 Mueller-Graaf aber die feierliche Versicherung, daß die österreichische Bundesregierung nicht beabsichtige, mit der sogenannten DDR diplomatische oder konsularische Beziehungen aufzunehmen. Sie werde diesen Standpunkt aufrechterhalten, solange die Bundesrepublik Deutschland darauf Wert lege. Ohne ausdrückliche vorherige Konsultation mit der deutschen Bundesregierung würde die österreichische Regierung auch bei auftauchenden Schwierigkeiten ihrer Standpunkt nicht ändern. Mueller-Graaf könne das seiner Regierung schriftlich mitteilen. Das tat er auch mit Schreiben vom 29. Mai 1954 an das Auswärtige Amt.[5]

Die österreichische Politik hat sich an das Versprechen gehalten. Die völkerrechtliche Anerkennung der DDR durch Österreich erfolgte in enger Abstimmung mit der deutschen Bundesregierung. Bis dahin wurden alle Annäherungsversuche der DDR auf politischer Ebene von den österreichischen Behörden konsequent abgewiesen. In einer „Information über den Stand der Beziehungen zwischen der Deutschen Demokratischen Republik und der Republik Österreich" von Heinz Haupt vom Länderreferat Österreich des Ministeriums für Auswärtige Angelegenheiten der DDR (MfAA) vom 12. März 1958 steht: „Politische Beziehungen auf staatlicher Ebene existieren nicht. Die von der Deutschen Demokratischen Republik unternommenen Schritte, die Beziehungen auf Teilgebieten auf staatliche bzw. ministerielle Ebene zu heben, blieben ohne aktive Reaktion." Diese Information erhielt auf Wunsch auch das Zentralkomitee (ZK) der SED.[6]

Kontakte sozialistischer Staaten zum „Nichtsozialistischen Wirtschaftsgebiet" (NSW) wurden oft über den Außenhandel angebahnt. Dafür war die 1952 gegründete Kammer für Außenhandel der DDR zuständig, die dem Ministerium für Außenhandel unterstand. Am 18. Dezember 1953 wurde das erste Abkommen über den gegenseitigen Warenaustausch zwischen der Kammer für Außenhandel der DDR und der Bundeskammer der gewerblichen Wirtschaft Österreichs abgeschlossen.[7] Eine Vertretung der Kammer für Außenhandel der DDR in der Hauptstadt Österreichs nahm 1954 ihre Tätigkeit auf. Diese Institution wurde für die Herstellung von Kontakten verschiedenster Art genutzt. Ihre Chefs waren keine Diplomaten, sondern Angehörige des Ministeriums für Außenhandel der DDR. Im September 1969 übernahm Günter Kämmler die Lei-

5 Ebd., Bl. 123 f.

6 BArch Berlin, DY 30/IV 2/20/266, Zentralkomitee der SED, Abteilung Internationale Verbindungen, Beziehungen der DDR zu Gesellschaften, Institutionen und einzelnen Bürgern Österreichs 1957–1962, Bl. 7.

7 Dokumente zur Außenpolitik der Regierung der DDR, Bd. I, Berlin 1954, S. 504.

tung der Kammervertretung. Er wurde am 21.Dezember 1972 nach der Aufnahme der diplomatischen Beziehungen als Geschäftsträger ad interim erster Leiter der neu errichteten Botschaft in Wien.

Einige im MfAA angefertigte Sachstandsanalysen verdeutlichen die Entwicklung der Beziehungen zwischen der DDR und Österreich in den sechziger Jahren. In einer solchen Ausarbeitung vom 12. April 1966 ist zu lesen: „Zwischen der DDR und Österreich bestehen keinerlei staatliche Vereinbarungen. Österreich lehnt jegliche Schritte ab, die den Eindruck einer Normalisierung der zwischenstaatlichen Beziehungen hervorrufen könnten. Durch die systematische Hetze in der österreichischen Presse gegen die DDR ist das Bild über die DDR im Allgemeinen sehr entstellt. Die Handelsbeziehungen zwischen der DDR und Österreich entwickeln sich kontinuierlich. [...] Im Zusammenhang mit der kontinuierlichen Entwicklung der Handelsbeziehungen gelang es, die Kontakte zu den wichtigsten Ministerien zu entwickeln, einschließlich der Verbindungen auf der mittleren Ebene zum österreichischen Außenministerium." In einem zwei Jahre später am 17. Juli 1968 erstellten Papier hieß es: „Österreich vermeidet Beziehungen mit staatlichem Charakter. Es bestehen somit keine Direktbeziehungen und keine staatlichen Abkommen." Das Dokument enthält unter dem Stichpunkt „Erfordernisse der nächsten Zeit" folgende in typischer Funktionärssprache formulierte Aufgabenstellung: „Zur Durchsetzung der Zielsetzung, systematisch die Voraussetzungen für die Herstellung diplomatischer Beziehungen zu schaffen, ist die Schaffung einer breiten und dauerhaften Massenbasis von besonderer Bedeutung. Das erfordert eine bessere Koordinierung der Tätigkeit aller nach Österreich wirkenden Organe und Institutionen und die stärkere Orientierung in der politischen und ökonomischen Aufgabenstellung auf die Bundesländer und großen Städte. Es ist festzulegen, daß Österreich von allen Ministerien und gesellschaftlichen Institutionen als Schwerpunktland zu betrachten ist. Dementsprechend ist die künftige Planung von Aktionen und der Einsatz der Mittel festzulegen."[8]

Im Sommer 1970 schlug Staats- und Parteichef Walter Ulbricht in inhaltsgleichen Schreiben an die Staatsoberhäupter mehrerer westlicher Länder die Aufnahme diplomatischer Beziehungen mit der DDR vor. Ingo Oeser, der Leiter der Westeuropa-Abteilung des MfAA, brachte das für Österreich bestimmte Dokument am 6. August 1970 nach Wien. Er hatte sich sein Einreisevisum unter dem Vorwand einer Inspektion der Handelsvertretung der DDR erschlichen. Den eigentlichen Zweck seiner Reise hatte er verschwiegen. „Nach seiner An-

8 PAAA, MfAA, C 1496/74, Abteilung Westeuropa, Sektor Österreich, Schweiz, Einschätzungen zur innen- und außenpolitischen Entwicklung Österreichs, Bl. 54–70 und 23–28.

kunft in Wien [...] ließ er sich telefonisch direkt in der Präsidentschaftskanzlei anmelden mit dem Hinweis, daß er einen Brief des Staatsratsvorsitzenden Ulbricht an den Herrn Bundespräsidenten abzugeben habe. Kabinettsvizedirektor Wilhelm Korab lehnte die Annahme ab und verwies den Antragsteller an das Außenministerium. Nach fernmündlicher Anfrage empfing der für Osteuropa einschließlich der DDR zuständige Abteilungsleiter Georg Schlumberger den Sonderbotschafter und nahm das Schreiben in Empfang."[9] Oeser reiste anschließend nach Bern weiter und übergab im dortigen Außenministerium ein ähnliches Schreiben Ulbrichts.

Der Ministerrat Österreichs befaßte sich in seiner Sitzung am 18. August 1970 mit der Angelegenheit und kam zu dem Entschluß, den Brief nicht zu beantworten. Ähnlich verfuhren die Regierungen anderer neutraler Staaten, wie die der Schweiz und Schwedens.[10] Der österreichische Außenminister Rudolf Kirchschläger machte in einem Gespräch mit dem Journalisten Adalbert Krims von der Zeitschrift *Neues Forum* am 7. Oktober 1970 in Wien die österreichische Position deutlich. Der Minister wies zunächst darauf hin, daß die Anerkennung oder Nichtanerkennung von Staaten und die Aufnahme oder Nichtaufnahme diplomatischer Beziehungen nichts mit der Neutralitätspolitik Österreichs zu tun habe, sondern Thema allgemeiner staatlicher Überlegungen sei. Die diplomatischen Beziehungen zwischen Österreich und der Bundesrepublik Deutschland seien wegen deren Bedeutung als Handelspartner aufgenommen und intensiviert worden. Außerdem habe sich Österreich zur westlichen Gesellschaftsordnung bekannt und stehe daher der Bundesrepublik näher als der DDR. Österreich sei nicht von Bonn abhängig, sondern bekenne sich zur Solidarität innerhalb der westeuropäischen Staaten. „Wir werden sicher nicht warten, welche Entscheidung einmal in Bonn gefällt wird, aber wir werden uns sicher sehr genau mit der Schweiz abstimmen." Außerdem gebe es ja schon Gespräche zwischen den beiden deutschen Regierungschefs. „Diese Entwicklung soll man nicht durch irgendwelche einseitigen Initiativen von außen her stören und dadurch die gegenwärtige Gleichgewichtsposition beeinträchtigen", betonte Kirchschläger. Man werde abwarten, was zwischen Bonn und Pankow geschieht. Am Schluß des Gesprächs verwies der österreichische Außenminister auf das Problem der in der DDR lebenden Österreicher, denen die Ausreise von den dortigen Behörden verweigert werde. „Es ist daher hier ein echtes Interesse vorhan-

9 Fernschreiben des bundesdeutschen Botschafters Hans Schirmer an das Auswärtige Amt vom 11. August 1970: PAAA, B 38-IIA1, Nr. 293, Bl. 145 f.

10 Archiv der Gegenwart, 40. Jg. 1970, S. 15666.

den, daß sich die Beziehungen doch zu normalisieren beginnen, um auch diesen Österreichern helfen zu können."[11]

Die Rahmenbedingungen für die Beziehungen zwischen Österreich und der DDR hatten sich bereits durch die Regierungsübernahme der Sozialdemokraten Willy Brandt 1969 in der Bundesrepublik Deutschland und Bruno Kreisky 1970 in Österreich geändert. Brandt sprach bei einem offiziellen Besuch in Wien Ende Mai 1972 mit Kreisky auch über die Anerkennung der DDR durch Österreich.[12] Weitere wichtige Schritte zur Aufnahme der diplomatischen Beziehungen zwischen der DDR und Österreich waren die Gespräche von DDR-Außenminister Otto Winzer mit UNO-Generalsekretär Kurt Waldheim am 1. Juli 1972 in Genf und am 7. Juli 1972 mit Außenminister Kirchschläger in Wien. Waldheim war Kirchschlägers Amtsvorgänger als Außenminister. Das Treffen zwischen Winzer und Kirchschläger fand auf Einladung des polnischen Botschafters Leslaw Wojtyga in dessen Botschaft statt und dauerte drei Stunden und zehn Minuten. Winzer fertigte darüber ein zehnseitiges Gedächtnisprotokoll an, wonach Kirchschläger das Interesse Österreichs an der Normalisierung der Beziehungen zur DDR hervorgehoben und seinen persönlichen Einsatz dafür zugesagt habe.[13]

Für die Aufnahme der diplomatischen Beziehungen zwischen der DDR und Österreich waren die Paraphierung des Grundlagenvertrages zwischen den beiden deutschen Staaten am 8. November 1972 sowie die Erklärung der Vier Mächte vom 9. November 1972 von besonderer Bedeutung. Die Regierungen Frankreichs, Großbritanniens, der Sowjetunion und der Vereinigten Staaten von Amerika waren übereingekommen, die Anträge der DDR und der Bundesrepublik Deutschland auf Aufnahme in die Vereinten Nationen zu unterstützen. Darauf bezog sich Winzer in seinem Schreiben an Kirchschläger vom 14. November 1972 und schlug „ein neuerliches Gespräch" vor, „um die staatlichen Beziehungen zwischen der DDR und der Republik Österreich zu erörtern. Selbstverständlich können wir dafür auch Beauftragte der beiden Außenministerien vorsehen. In dem einen wie in dem anderen Falle könnten die erforderlichen Begegnungen an jedem beliebigen Ort in Österreich oder in der Deutschen Demokratischen Republik stattfinden und zunächst auch vertraulichen Charakter haben." Günter Kämmler übergab diesen Brief am 20. November 1972 Kirchschläger, der die Bereitschaft seines Ministeriums zu Gesprächen am 6. und 7. Dezember 1972 auf der Ebene des Leiters der Politischen Sektion des Außen-

11 Neues Forum, XVII. Jg., S. 1027 f.

12 Archiv der Gegenwart, 42. Jg. 1972, S. 17110 f.

13 PAAA, MfAA, C 795/75, Ministerbüro Winzer, Aufenthalt des Ministers für Auswärtige Angelegenheiten der DDR, Otto Winzer, im Juli 1972 und April 1973 in Österreich, Bl. 2–11.

ministeriums, Ludwig Steiner, und eines aus Berlin entsandten Vizeministers in Wien auf vertraulicher Basis zusagte. Rudolf Kirchschläger ließ zur Vorbereitung Generalkonsul Friedrich Hoess aus West-Berlin nach Wien kommen.[14] Otto Winzer beauftragte den stellvertretenden Außenminister Ernst Scholz mit der Führung dieser Verhandlungen für die DDR. Er sollte im Gespräch mit den Österreichern darauf dringen, „die Aufnahme diplomatischer Beziehungen zwischen der DDR und Österreich zum frühestmöglichen Zeitpunkt vorzubereiten und wenn möglich schriftlich zu vereinbaren." Die Verhandlungen erfolgten vom 5. bis zum 7. Dezember 1972 im Außenministerium in Wien.[15]

Am Abend des 6. Dezember 1972 wurden die Abgesandten aus der DDR von Kirchschläger empfangen. Er übergab ihnen bei diesem Anlaß auch eine Liste mit Namen von Personen, die von österreichischer Seite als Härtefälle in der DDR bezeichnet wurden. Am 7. Dezember 1972 unterzeichneten Scholz und Steiner das Gemeinsame Kommuniqué, wonach die diplomatischen Beziehungen auf Botschafterebene zwischen der DDR und Österreich mit Wirkung vom 21. Dezember 1972 aufgenommen werden sollten. An jenem Tag wurde der Grundlagenvertrag zwischen den beiden deutschen Staaten unterzeichnet. In einem „Runderlaß an sämtliche effektiven österreichischen Vertretungsbehörden im Ausland" steht als Begründung für die Terminierung: „Hinsichtlich der Wahl des Zeitpunkts der Anerkennung der DDR hat sich die österreichische Bundesregierung von der Überlegung leiten lassen, daß ein derartiger Schritt während der Verhandlungen zwischen den beiden deutschen Staaten nicht gesetzt werden sollte. Die österreichische Bundesregierung hat bei der Festlegung des geeigneten Zeitpunkts auch immer die Auffassung vertreten, daß die Aufnahme beider deutscher Staaten in die Vereinten Nationen gesichert erscheinen sollte."[16]

Mit Begleitschreiben vom 14. Dezember 1972 schickte Ernst Scholz folgenden „Entwurf eines Beschlusses über die Aufnahme diplomatischer Beziehungen zwischen der Deutschen Demokratischen Republik und der Republik Österreich" an das Büro des Ministerrates und bat „um Veranlassung der notwendigen Schritte": „Die Herstellung diplomatischer Beziehungen zwischen der DDR und der Republik Österreich auf Botschafterebene mit Wirkung vom

14 Das Schreiben Winzers vom 14. November 1972 und der Dienstzettel Kirchschlägers an Steiner vom 27. November 1972 befinden sich im Bestand ÖStA/AdR, BMfAA II-POL 1972/Liasse DDR 2.

15 Direktive vom 27. November 1972 und Bericht von Scholz über die Verhandlungen in Wien in: PAAA, MfAA, C 1507/75, Abteilung Westeuropa, Sektor Österreich, Schweiz, Vorbereitung der Aufnahme diplomatischer Beziehungen zwischen der DDR und Österreich, November, Dezember 1972, Bl. 1 ff. und 18–23.

16 ÖStA/AdR, BMfAA II-POL 1972/Liasse DDR 2.

21. Dezember 1972 wird bestätigt. Der Minister für Auswärtige Angelegenheiten wird beauftragt, alle sich daraus ergebenden Maßnahmen zu veranlassen." Der Vorlage wurde am 20. Dezember 1972 vom Präsidium des Ministerrates zugestimmt[17] und die Handelsvertretung der DDR in Wien am nächsten Tag in eine Botschaft umgewandelt, unter der Leitung Kämmlers als Geschäftsträger ad interim. In einer Dienstbesprechung am 11. Januar 1973 äußerte er sich zur Situation der Mission: „Qualifizierte und mit notwendigen Erfahrungen versehene Kader sind vorhanden, die wesentlichsten Arbeitsmittel und die wesentlichste Technik ist vorhanden, die Räumlichkeiten sind für die nächsten Jahre ausreichend."[18] Am 26. Januar 1973 ersuchte Kirchschläger seine Regierung um die Erteilung des Agréments für Werner Fleck als Botschafter der DDR in Wien. Fleck war vorher Leiter der Abteilung für Bildung und Kultur beim Ministerrat der DDR. Am 15. Februar 1973 überreichte er dem österreichischen Bundespräsidenten Franz Jonas sein Beglaubigungsschreiben.

Außenminister Kirchschläger legte persönlich die Bezeichnungen der beiden Missionen seines Landes in der geteilten Hauptstadt Deutschlands fest: Die Vertretung in West-Berlin firmierte weiterhin als „Österreichische Delegation Berlin" und die Vertretung in Ost-Berlin wurde „Österreichische Botschaft Berlin" genannt.[19] Das Hauptproblem bei der Errichtung der Vertretung in der DDR war die Standortfrage. Österreich besaß im Ostteil Berlins keine Grundstücke oder Immobilien. Am Tag nach der Aufnahme der diplomatischen Beziehungen berichtete Generalkonsul Friedrich Hoess seinem Außenministerium, „daß eine erste Kontaktnahme mit offiziellen und inoffiziellen Stellen in der DDR bezüglich der Beschaffung von Amts- und Wohnräumen für eine zu errichtende österreichische Vertretungsbehörde folgendes Bild ergibt: Die DDR-Behörden sind echt überfordert. Das zuständige Dienstleistungsamt beschränkt sich auf die Verwaltung des äußerst knappen Angebotes. Es läßt jegliche Initiative vermissen. [...] Man scheint der Ansicht zu sein, die westlichen Staaten würden es nicht erwarten können, Missionen zu eröffnen, und sich daher mit Provisorien abspeisen lassen. [...] Unter den anerkennenden Staaten scheint sich der Wille zu einer gewissen Solidarität durchzusetzen, um die allzu starre, nicht durchaus bösartige, sondern auf mangelnde Erfahrung fußende Ost-Berliner Bürokratie in gewissen Fragen zum Einlenken zu bringen. [...] Es besteht der Eindruck, daß

---

17 BArch Berlin, DC 20/I/4/2782, Bl. 146 ff.

18 PAAA, MfAA, C 1506/75, Abteilung Westeuropa, Sektor Österreich, Schweiz, Protokolle über Dienstbesprechungen in der Botschaft der DDR in Wien, Januar und November 1973, Bl. 1.

19 Vermerk Kirchschlägers auf einem Bericht von Hoess vom 5. Februar 1973 und Schreiben des BMfAA an die Delegation Berlin vom 16. März 1973: SBKA, Länderboxen DDR 2.

die DDR an der möglichst raschen Niederlassung der ausländischen Missionen interessiert ist. Bei dieser Sachlage scheint es ratsam, die DDR wissen zu lassen, daß die Niederlassung eines Missionschefs erst nach definitiver Lösung der Unterbringungsfrage ins Auge gefaßt werden könne. Hierbei könnte durchaus ein Provisorium akzeptiert werden, wenn über das Definitivum eine unwiderrufliche Vereinbarung besteht."[20]

Die Errichtung der Botschaft Österreichs in Ost-Berlin

Am 22. Februar 1973 teilte Hoess seinem Außenministerium mit: „Amtsräume nunmehr endgültig im Hause Otto-Grotewohl-Strasse 5 einvernehmlich mit Dienstleistungsamt im 3. Stock fixiert. Die in sich geschlossene Etage konnte sicherheitstechnisch und funktionell optimal in einen externen und internen Bürobereich sowie eine adäquate Portierwohnung unterteilt werden. […] Das Dienstleistungsamt der DDR hat sämtliche Änderungs- und Adaptierungswünsche akzeptiert und zugesagt, diese in Eigenregie zu realisieren. Die Amtsräume sollen bis 1. Mai schlüsselfertig sein."[21]

Das Vorauskommando zur Errichtung der Botschaft leitete Ministerialrat Heinz Baar von der Verwaltungssektion des Bundesministeriums für auswärtige Angelegenheiten (BMfAA), der am 13. März 1973 die Mietverträge für die Kanzlei und die Residenz unterzeichnete. Die Kanzlei bestand aus vierzehn Gebrauchsräumen, fünf Toiletten, einem Duschraum, einer Teeküche und einer Eineinhalb-Zimmer-Wohnung. Die Miete betrug 15 681 Mark im Quartal.[22] Ein dienstlicher Vermerk der Politischen Sektion des BMfAA vom 24. April 1973 an die unter anderem für den Ankauf und die Verwaltung der Amtsgebäude, Residenzen und Amtswohnungen im Ausland und deren Ausstattung zuständige Abteilung wirft ein bezeichnendes Licht auf die große Sensibilität der DDR-Behörden im Umgang mit den westlichen Vertretungen: „Der Sektion II sind Mitteilungen zur Kenntnis gelangt, wonach im Zusammenhang mit der Einrichtung von Residenz und Büroräumen der österreichischen Botschaft Berlin an eine Einschaltung und Beiziehung Westberliner Berater bzw. solcher des deutschen Auswärtigen Amtes [...] gedacht ist. Mit Rücksicht auf die große Empfindlichkeit der DDR-Stellen und im Hinblick darauf, daß jeglicher Eindruck eines Zusammenwirkens der österreichischen Seite mit der westdeutschen bzw. Westberliner Seite beim delikaten Aufbau einer Botschaft in Berlin von

20 Kopie des Schreibens vom 22. Dezember 1972 im Besitz von Dr. Friedrich Bauer in Wien.

21 SBKA, Länderboxen DDR 2.

22 Die österreichischen Originale der Mietverträge befinden sich im BMEIA.

vornherein vermieden werden sollte, ersucht die Sektion II aus politischen Erwägungen von der Beiziehung derartiger Berater Abstand zu nehmen.“ Generalsekretär Walter Wodak erteilte allerdings am 26. April 1973 die schriftliche Weisung, Einrichtungsgegenstände für die Ost-Berliner Botschaft in West-Berlin einzukaufen statt in Wien, wenn es preislich günstiger wäre.[23] Die Residenz des österreichischen Botschafters in der DDR war eines von 25 in Plattenbauweise des Typs „Pankow II“ neu errichteten kleinen Wohngebäuden an der Esplanade in Pankow. Ein „Aufklärungsbericht über die Objekte an der Esplanade“ des Wachkommandos Missionsschutz vom 29. Januar 1973 enthielt auf 24 Seiten alles Wissenswerte über die Lage der Häuser sowie namentlich aufgelistet: die in der Nachbarschaft wohnenden Angehörigen der bewaffneten Organe und MfS-Informanten sowie 31 Kriminelle, elf ehemalige Grenzgänger und vierzehn Personen mit häufigem Westkontakt.[24] Im Ministerium für Staatssicherheit der DDR wurden gleichzeitig genaue Lagepläne und Grundrißzeichnungen von Kanzlei und Residenz angefertigt und deren Lage exakt beschrieben.[25]

Mit Schreiben vom 6. April 1973 teilte Winzer dem Ministerratsvorsitzenden Willi Stoph mit, daß die Regierung der Republik Österreich um die Erteilung des Agréments für Friedrich Bauer als Botschafter in der DDR gebeten habe. Winzer empfahl Zustimmung. Stoph paraphierte das Dokument mit „einverstanden 9.4.73“.[26] Am 11. April 1973 faßte der Ministerrat der DDR folgenden Beschluß: „Herrn Dr. Friedrich Bauer wird das Agrément als Außerordentlicher und Bevollmächtigter Botschafter der Republik Österreich in der Deutschen Demokratischen Republik erteilt. Der Minister für Auswärtige Angelegenheiten wird beauftragt, die Regierung der Republik Österreich von diesem Beschluß in Kenntnis zu setzen.“[27] In einem im MfAA gefertigten Personendossier wurde der erwartete Diplomat folgendermaßen charakterisiert: „Botschafter Bauer gehört zu den relativ jungen höheren Beamten des österreichischen Außenministeriums, die unmittelbar zum Freundeskreis von Außenminister Kirchschläger zählen. Er gilt als versierter, kontaktfreudiger und flexibler Diplomat. Geschätzt sind vor allem seine juristischen Kenntnisse. [...] Botschafter Bauer absolvierte eine für österreichische Verhältnisse steile diplomatische

23 SBKA, Länderboxen DDR 2.
24 BStU, MfS, HA II, Nr. 33764.
25 BStU, MfS, HA VIII, Nr. 6904.
26 BArch Berlin, DC 20/I/4/2484, Bl. 122.
27 Ebd., Bl. 124.

Karriere. Es gilt als sicher, daß er zukünftig zu dem engeren Kreis der führenden Beamten des MfAA zählen wird."[28]

Der erste Botschafter Österreichs in der DDR war vor seiner Ernennung Leiter des Büros für Internationale Konferenzen und Organisationen im BMfAA. Ostdeutschland kannte er nicht aus eigener Anschauung, hatte aber familiäre Beziehungen in einige osteuropäische Staaten. Sein Vater war Slavist. Den jugoslawischen Weg zum Sozialismus lernte der junge Diplomat in den Jahren von 1958 bis 1960 als III. Sekretär an der Botschaft in Belgrad kennen, fand die Realität aber eher ernüchternd. Seine Einstellung zum Kommunismus war von Neugier und prinzipieller Ablehnung geprägt. Für ihn war die Ernennung zum Botschafter in der DDR „ein gewaltiger Karrieresprung. Mit nicht ganz 43 Jahren wurde ich auf einen Posten entsandt, der Flexibilität und Härte, Fingerspitzengefühl und Einfühlungsvermögen in hohem Maße erforderte."[29] In seinen Erinnerungen schreibt Bauer über die österreichischen Intentionen bei der Aufnahme der diplomatischen Beziehungen mit der DDR folgendes: „Die DDR war für uns bis dahin ein weißer Fleck auf der diplomatischen Landkarte. [...] Wir hatten die DDR nur mit westdeutschen Augen betrachtet. Das erfaßte natürlich nicht die gesamte Realität. [...] Wir mußten unser eigenes Bild des Landes zwischen Böhmerwald und Ostsee entwickeln. Es war nahe bei seriösen westdeutschen Beurteilungen. Aber doch nicht ganz. Für die österreichische Wirtschaft war die DDR zunächst kein sonderlich bedeutender Partner. Noch 1972 wurden nicht mehr als vier Prozent des österreichischen Außenhandels mit der DDR abgewickelt. Das war aber nur die offizielle Zahl, in Wirklichkeit gab es wesentlich mehr DDR-Produkte auf dem österreichischen Markt, nur wurden diese von westdeutschen Versandhäusern vertrieben, die daran natürlich auch verdienten. Deshalb war es unser Ziel, einen größeren Teil des Handels zwischen unseren Ländern auf direktem Weg abzuwickeln. Besonders großes Interesse hatte die verstaatlichte Industrie, insbesondere die Vereinigten Österreichischen Eisen- und Stahlwerke (VÖEST) als Erbauer von Industrieanlagen, und die Chemie Linz als Bezieher von ostdeutschem Kali."[30] Bauer führte deshalb vor seiner Abreise viele Gespräche mit österreichischen Industriellen. Er fuhr dann mit seinem eigenen Auto durch die Tschechoslowakei in die DDR und traf am 14. Mai 1973 in Ost-Berlin ein, wo er im Hotel Berolina Quartier nahm. Dort waren auch andere westliche Diplomaten untergebracht, die auf die Fertigstellung ihrer Residenzen warteten.

28 PAAA, MfAA, C 134/78, Westeuropa, Sektor Österreich, Schweiz, Akkreditierung des österreichischen Botschafters in der DDR, Dr. Friedrich Bauer, Bl. 3.

29 Mitteilung von Dr. Friedrich Bauer an den Autor.

30 Bauer, Friedrich, Botschafter in zwei deutschen Staaten, Wien 2006, S. 16.

Botschafter Friedrich Bauer schreitet anläßlich seiner Akkreditierung am 16. Mai 1973 mit dem stellvertretenden DDR-Protokollchef Alexander Martin die Ehrenkompanie des Wachregiments „Feliks Dzierzynski" vor dem Staatsratsgebäude ab.

Foto: Schneider, ADN/Zentralbild, heute Bundesarchiv

Am 16. Mai 1973 besuchte Bauer den stellvertretenden Protokollchef Alexander Martin und wurde mit dem Zeremoniell der Akkreditierung vertraut gemacht. Bauer überreichte Stoph, der ihn in Vertretung des erkrankten Staatsratsvorsitzenden Ulbricht empfing, anschließend im Staatsratsgebäude das Beglaubigungsschreiben. In seiner Ansprache sagte er folgendes: „Die günstige Entwicklung in Europa [...] hat es ermöglicht, daß ich heute als erster österreichischer Botschafter in der Deutschen Demokratischen Republik vor Ihnen zu stehen die Auszeichnung habe. Die Republik Österreich ist aufrichtig daran interessiert, gute Beziehungen mit allen Staaten, unbeschadet ihrer gesellschaftlichen Ordnung, zu unterhalten. Ich darf es daher als wichtigstes Ziel meiner Tätigkeit in Ihrem Lande betrachten, mit besten Kräften einen Beitrag zur Gestaltung des Verhältnisses zwischen der Republik Österreich und der Deutschen Demokratischen Republik in der Weise zu leisten, daß es auf der Grundlage gegenseitigen Vertrauens und gegenseitigen Verständnisses in die glückliche Entwick–lung Europas hineinpaßt." Der Botschafter übermittelte dann die Wünsche des österreichischen Bundespräsidenten „für eine glückliche und friedvolle Zukunft der Deutschen Demokratischen Republik und aller in ihr lebenden Menschen". In seiner Antwort dankte Stoph „für die dem Volk der DDR [...] übermittelten freundlichen Grüße und Wünsche des Bundespräsidenten der Republik Österreich und erwidere sie auf das herzlichste." Ein Volk der DDR hatte Bauer in seiner Ansprache aber gar nicht erwähnt.[31]

Botschafter Friedrich Bauer überreicht Ministerpräsident Willi Stoph das Beglaubigungsschreiben.

Foto: Schneider, ADN/Zentralbild, heute Bundesarchiv

Die Meldung über die Zeremonie im *Neuen Deutschland* lautet so: „Beim Vorsitzenden des Staatsrates der Deutschen Demokratischen Republik, Walter Ulbricht, wurde am Mittwoch der Außerordentliche und Bevollmächtigte Botschafter der Republik Österreich in der DDR, Dr. Friedrich Bauer, akkreditiert. Der Stellvertreter des Vorsitzenden des Staatsrates, Willi Stoph, Vorsitzender des Ministerrates der DDR, empfing am Mittwoch den Botschafter im Amtssitz des Staatsrates zur Entgegennahme seines Beglaubigungsschreibens. Botschafter Dr. Bauer überbrachte dem Vorsitzenden des Staatsrates freundliche Grüße und Wünsche des Bundespräsidenten der Republik Österreich, Dr. Franz Jonas. Weiterhin bekräftigte er den Wunsch seiner Regierung, die Beziehungen zwi-

31 PAAA, MfAA, C 134/78, Bl. 10 und 4–7.

schen der Republik Österreich und der DDR zu entwickeln und zu vertiefen. Der Stellvertreter des Vorsitzenden des Staatsrates Willi Stoph dankte in seiner Erwiderungsrede herzlich für die übermittelten Grüße des österreichischen Bundespräsidenten und hob hervor, daß die Herstellung diplomatischer Beziehungen zwischen beiden Staaten die Entspannung in Europa fördert. Er betonte das gemeinsame Interesse der DDR und der Republik Österreich an Frieden und Sicherheit in Europa. Willi Stoph versicherte Botschafter Dr. Bauer allseitige Unterstützung für seine verantwortungsvolle Arbeit und wünschte ihm dabei Erfolg, Gesundheit und Schaffenskraft. An der Akkreditierung nahmen seitens der DDR teil: der Sekretär des Staatsrates, Heinz Eichler, der Stellvertreter des Ministers für Auswärtige Angelegenheiten Dr. Klaus Willerding, der Leiter der Abteilung Westeuropa im Ministerium für Auswärtige Angelegenheiten, Botschafter Dr. Ingo Oeser, und der Stellvertreter des Chefs des Protokolls, Alexander Martin."[32]

In einem auf den 4. Juni 1973 datierten Schreiben an sein Ministerium brachte Bauer das Problem der Bestellung eines Vertrauensanwalts für die Botschaft zur Sprache. Er erwähnte dabei, daß sich die Österreichische Delegation der Anwälte Jürgen Stange in West-Berlin und Friedrich Karl Kaul, Wolfgang Vogel und Reinhard Preuss in Ost-Berlin bedient habe. Stange käme für die Botschaft nicht in Betracht und Kaul wäre nur sehr selten in Erscheinung getreten. „Rechtsanwalt Vogel ist ein junger, dynamischer und einsatzbereiter Anwalt, der für österreichische Belange mehrmals erfolgreich aufgetreten ist." Bauer empfahl, die Meinung der Delegation dazu einzuholen und bat „um vordringliche Behandlung [...], da von ihrer zufriedenstellenden Lösung das Wohl und Wehe tausender Österreicher, die durch 20 Jahre aus bekannten Gründen gar nicht, oder nur unzureichend betreut werden konnten, entscheidend abhängt." Hoess plädierte in einem Bericht vom 13. Juli 1973 an sein Außenministerium ebenfalls für die Bestellung eines Vertrauensanwalts und fügte hinzu: „In Angelegenheiten von Familienzusammenführungen hat die Delegation […] eng mit dem Westberliner Anwalt Stange zusammengearbeitet, der seinerseits wiederum Kontakte zu dem Ostberliner Anwalt Vogel unterhielt. Diese Zusammenarbeit hat sich mehrfach bestens bewährt, so daß nach hieramtlicher Auffassung ein Kontakt der Botschaft mit Rechtsanwalt Vogel aufrecht erhalten werden sollte. Der Genannte hat die Delegation insbesondere auch in Strafsachen österreichischer Staatsbürger bestens unterstützt und häufig erstaunlich rasch gewünschte Informationen beschafft". Das BMfAA ermächtigte die Botschaft mit Erlaß vom 20. August 1973 entsprechend zu verfahren. Die Bestellung Vogels als „Vertrauensanwalt der Österreichischen Botschaft Berlin" erfolgte mit

32 *Neues Deutschland* vom 17. Mai 1973, S. 2.

Schriftwechsel vom 8. bzw. 22. Januar 1974. Nach der Auszeichnung Vogels mit dem Vaterländischen Verdienstorden in Gold anläßlich des 26. Jahrestages der Staatsgründung in „Würdigung außerordentlicher Verdienste beim Aufbau und bei der Entwicklung der sozialistischen Gesellschaftsordnung und der Stärkung der Deutschen Demokratischen Republik“ übermittelte auch Bauer seine Glückwünsche. Aus Anlaß des fünften Jahrestages der Bestellung Vogels zum Vertrauensanwalt regte der Botschafter Österreichs eine Ehrung des Juristen an.[33] Später schrieb Bauer, die Wahl Vogels sei „ein guter Griff“ gewesen. Der Anwalt habe vielen in der DDR inhaftierten österreichischen Staatsangehörigen zu einer vorzeitigen Haftentlassung verhelfen können.[34]

Diplomatisches Leben in der „Hauptstadt der DDR“

Berlins sowjetischer Sektor gehörte nach den Vereinbarungen der Hauptsiegermächte des Zweiten Weltkrieges nicht zur sowjetischen Besatzungszone Deutschlands, wurde aber nach der Gründung der DDR deren „Hauptstadt“. Die SED nahm ehemalige Regierungs- und Verwaltungsgebäude in Besitz und ließ neue repräsentative Staatsbauten in der alten Stadtmitte errichten; darunter das Staatsratsgebäude, das Außenministerium und später den Palast der Republik. Rechtsgrundlage für die diplomatischen Vertretungen war die „Verordnung über den Status der diplomatischen Missionen und der ihnen gleichgestellten Vertretungen ausländischer Staaten in der Deutschen Demokratischen Republik“ des Ministerrates vom 2. Mai 1963. Darin steht in § 4 Absatz 1: „Das Ministerium für Auswärtige Angelegenheiten gewährt den Missionen bei der Erfüllung der ihnen nach dem allgemein anerkannten Völkerrecht obliegenden Aufgaben allseitige Unterstützung.“ Ebenfalls am 2. Mai 1963 erließ der Ministerrat die „Verordnung über den Verkehr mit diplomatischen Missionen und anderen Vertretungen ausländischer Staaten in der Deutschen Demokratischen Republik“. Danach durfte der Verkehr von Bürgern der DDR mit ausländischen Missionen nur über das MfAA erfolgen und Einladungen der Missionen durften die Bürger auch nur mit Genehmigung des Ministeriums annehmen. Eine Ausnahme waren „Einladungen zu gesellschaftlichen Veranstaltungen aus offiziellen Anlässen, wie z.B. Nationalfeiertagen“.[35] Die Zahl der diplomatischen Vertretungen in Ost-Berlin war zu dieser Zeit aber noch sehr klein. Bis Ende 1969 hatten erst zwanzig Staaten die DDR völkerrechtlich anerkannt. Vier Jahre später waren das schon einhundert.

33 Alle Unterlagen dazu im BMEIA.

34 Bauer, S. 23.

35 Gesetzblatt der DDR, Teil II, Jg. 1963, S. 269 ff.

Für die vielen in der ersten Hälfte der siebziger Jahre neu eintreffenden Diplomaten mußten Büroräume und Wohnungen zur Verfügung gestellt werden. Am 3. Januar 1971 faßte das Politbüro des ZK der SED dazu einen entsprechenden Beschluß und beauftragte den Ministerrat mit der Durchführung.[36] Bereits am 15. Juni 1961 hatte der stellvertretende Außenminister Otto Winzer die „Anordnung über das Dienstleistungsamt für ausländische Vertretungen in der DDR“ erlassen, dessen Obliegenheiten in § 2 Absatz 1 so beschrieben sind: „Das Dienstleistungsamt hat die Aufgabe, entsprechend den internationalen Gepflogenheiten die in der DDR akkreditierten ausländischen Vertretungen in der materiellen Versorgung, der kulturellen und sozialen Betreuung zu unterstützen sowie ihnen deutsche Arbeitskräfte und Dienstleistungen zu vermitteln.“[37]

MfS-Aufnahme des Kanzleigebäudes Foto: BStU-Kopie

In der von Außenminister Winzer am 1. Januar 1971 erlassen „Arbeitsordnung“ steht unter anderem: „Mitarbeiter des Dienstleistungsamtes, die zur Arbeit bei ausländischen Vertretungen abgeordnet werden, müssen in ihrer politischen und

36 BArch Berlin, SAPMO, DY 30/J IV 2/2 – 1429, Bl. 19–33.

37 Gesetzblatt der DDR, Teil II, Jg. 1961, S. 318.

fachlichen Qualifikation, dem Stand ihres Bewußtseins und ihrer Einstellung zur sozialistischen Ethik und Moral den für diese Tätigkeit hohen Anforderungen gerecht werden. [...] Direkte Kontakte zwischen Bürgern der DDR und ausländischen Vertretungen zum Zwecke der Aufnahme eines Arbeitsrechtsverhältnisses sind [...] nicht statthaft. [...] Der Einsatz zur Arbeit bei ausländischen Vertretungen ist eine hohe Ehre und Verpflichtung. Jeder Mitarbeiter, der zur Arbeit bei einer ausländischen Vertretung abgeordnet ist, hat durch die gewissenhafte Durchführung der ihm übertragenen Aufgaben, durch vorbildliches Verhalten sowie eine hohe Arbeitsdisziplin zur Förderung des Ansehens der Deutschen Demokratischen Republik beizutragen. Er hat seine Arbeit im Sinne der Freundschaft und Verständigung zwischen den Völkern durchzuführen." Ausdrücklich verboten waren den Mitarbeitern des Dienstleistungsamtes und ihren Familienangehörigen private Beziehungen ins nichtsozialistische Ausland. Auch die Annahme von Geschenken der Diplomaten war untersagt.[38]

Am 3. Mai 1971 übernahm Erich Honecker die Funktion des Ersten Sekretärs des Zentralkomitees der SED; der von ihm gestürzte bisherige Erste Sekretär Walter Ulbricht blieb aber Staatsoberhaupt der DDR. Nach Ulbrichts Tod am 1. August 1973 wurde zunächst der bisherige Ministerpräsident Willi Stoph Vorsitzender des Staatsrates und damit Staatschef, bis Honecker sich auch diesen Posten am 29. Oktober 1976 übertragen ließ. Stoph amtierte danach wieder als Regierungschef. Honecker zeigte großes Interesse an der Außenpolitik und führte sie selbst mit Hilfe des außenpolitischen Apparates der SED. Regierung und Außenministerium hatten nur ausführende Funktionen.

Friedrich Bauer war als letzter diplomatischer Vertreter eines neutralen Staates in Ost-Berlin akkreditiert worden. Seine Ehefrau Mercedes Bauer kam einige Zeit später nach. Erst im Herbst 1973 konnte die Residenz in Pankow bezogen werden.

Der Botschafter Österreichs pflegte zwar dienstliche Beziehungen zu den höheren Staatsfunktionären, verzichtete aber ganz bewußt auf Besuche bei der Staatspartei und den Blockparteien und ignorierte auch die Volkskammer. Hingegen suchte er den Kontakt zu den Religionsgemeinschaften. Innerhalb des Diplomatischen Corps hatte Bauer besonders gute Beziehungen zum sowjetischen Botschafter Michail Jefremow, dem wichtigsten Missionschef in Ost-Berlin. Am 25. Oktober 1973 gab das Ehepaar Bauer im Kronprinzenpalais Unter den Linden den ersten Empfang anläßlich des österreichischen Nationalfeiertags. Das *Neue Deutschland* berichtete darüber folgendes: „Der Außerordentliche und Bevollmächtigte Botschafter der Republik Österreich in der DDR,

38 BStU, MfS, HA II Nr. 33710.

Friedrich Bauer, gab am Donnerstag im Palais Unter den Linden in Berlin anläßlich des österreichischen Nationalfeiertages einen Empfang.

Residenz: 110 Berlin-Pankow, Esplanade 15

Konspirative Aufnahme der Residenz Foto: BStU-Kopie

Der Einladung waren gefolgt der Kandidat des Politbüros des ZK der SED Günther Kleiber, Stellvertreter des Vorsitzenden des Ministerrates der DDR, der Stellvertreter des Vorsitzenden des Staatsrates Prof. Dr. Heinrich Homann, weitere Mitglieder des Ministerrates und andere Persönlichkeiten des öffentlichen Lebens. Weiter waren Chefs der diplomatischen Vertretungen in der DDR erschienen."[39] Das Außenministerium der DDR schlug bei diesen Anlässen den Gastgebern mittels einer Liste vor, welche Persönlichkeiten aus der DDR eingeladen werden sollten. In den folgenden Jahren lud das Botschafterehepaar auch Vertreter der Religionsgemeinschaften und Intellektuelle zum Nationalfeiertagsempfang ein.

39 *Neues Deutschland* vom 26. Oktober 1973, S. 2.

Gelegentlich gab es Versuche, den Botschafter zu missionieren. Das war aber eher eine Last für den Diplomaten als ein Problem. Inge Lange vom Zentralkomitee der SED bemühte sich besonders aktiv darum, dem österreichischen Botschafter die Grauslichkeiten des Kapitalismus darzustellen und daneben die Segnungen des Kommunismus. Bauer äußerte deswegen schließlich die Bitte, „daß sie mich nicht anagitieren, gnädige Frau." Die Kommunistin hat nie wieder ein Wort mit dem Botschafter gewechselt. „Aber nicht so sehr, weil sie beleidigt war [...], sondern weil es einfach sonst nichts gab, worüber sie hätte reden können."[40]

Ost-Berlin war der beliebteste Posten für österreichische Diplomaten im kommunistischen Machtbereich. Die Gründe dafür lagen in West-Berlin. Die in der „Hauptstadt der DDR" akkreditierten Diplomaten konnten jederzeit dorthin fahren, sich in westlicher Umgebung bewegen, einkaufen und die erworbenen Güter ohne Einschränkung mit über die Grenze nehmen. Somit waren die für die DDR und andere Ostblockstaaten typischen Versorgungsprobleme für West-Diplomaten in Ost-Berlin kein Thema. Bauer fand am Kurfürstendamm sogar Kaffeehäuser, die dem Wiener Geschmack nahekamen. Tennis spielte der Botschafter im Britischen Offiziersclub. Auch zu den beiden anderen Westalliierten unterhielt er rege gesellschaftliche Beziehungen. Mit den Leitern der Österreichischen Delegation in West-Berlin tauschte er sich regelmäßig über ostdeutsche Probleme aus. Bauer hatte den Eindruck, „daß in der DDR der Kommunismus ernster und unversöhnlicher praktiziert wurde als in anderen sozialistischen Ländern. [...] Die DDR war auch in dieser Hinsicht sehr preußisch."[41] Ansonsten hielt sich der Botschafter auf seinem Posten in Pankow an das Motto: „Vergiß nie, daß die dort lebenden Menschen Deutsche sind, und vergiß nie, daß sie nicht das Privileg haben, beliebig oft durch die Mauer fahren zu können."[42] Das Botschafterehepaar nahm großen Anteil am Alltag der Bevölkerung in der DDR. Besonders in Erinnerung blieb Mercedes und Friedrich Bauer das blühende kulturelle Leben in beiden Teilen Berlins.

Die Tätigkeit der Botschaft umfaßte nicht nur bilaterale Thematiken, sondern auch die Beobachtung der Beziehungen der DDR zu anderen Staaten. Ein erheblicher Teil der Berichterstattung nach Wien widmete sich den Kursänderungen der Staatspartei und deren Auswirkungen auf das öffentliche Leben. Der Botschafter vermittelte die Stimmung in seinem Gastland dem Außenministerium einmal auch durch eine „Kollektion politischer Witze", weil er die in den Oststaaten kursierenden Scherze nicht nur unterhaltsam fand, sondern in ihnen

40 Bauer, S. 29

41 Ebd.

42 Bauer, S. 209.

auch gesellschaftliche Realitäten ebenso wie den Seelenzustand der Bevölkerung widergespiegelt sah. Einer dieser Witze lautet: „Im Intershop kann man für 10 DM ein Rednerpult mieten [...] und dann 5 Minuten sagen, was man denkt."[43]

Vertragsabschlüsse

Die ersten Abkommen zwischen Österreich und der DDR waren aus wirtschaftlichen Gründen geschlossen worden. Der ostdeutsche Außenhandelsexperte Gerhard Beil schreibt über die österreichische Haltung zu den beiden deutschen Staaten auf diesem Gebiet und die Auswirkung auf die Politik folgendes: „Österreich war seit Beginn der Existenz der DDR deren zuverlässiger Partner. Das traf nicht nur auf die Wirtschaft und ihre Vertreter zu, sondern auch auf Politiker, die konstruktive Lösungen unter schwierigen Bedingungen zu finden halfen, Bedingungen, für die sie nicht verantwortlich waren. Sie halfen, politische Einschränkungen nicht zu verschärfen, sondern mit ihren Erfahrungen und ihrem internationalen Ansehen diese abzubauen. Die Politik der österreichischen Regierung zielte darauf ab, mit keinem der beiden deutschen Staaten Abmachungen zu treffen, welche vom jeweils anderen als Belastung empfunden werden konnte. Andererseits war Wien souverän und machte sich nicht vom Willen und Wollen anderer abhängig."[44] Am 24. August 1970 wurde in Ost-Berlin eine Vertretung der Bundeskammer der gewerblichen Wirtschaft Österreichs eröffnet. Deren Präsident Rudolf Sallinger betonte anschließend bei einem Empfang im Kronprinzenpalais in seiner Ansprache, „daß die Eröffnung der [...] Vertretung den ernsten Willen und die verstärkten Absichten der österreichischen Wirtschaft zum Ausdruck bringt, die Kontakte zur DDR zu vertiefen und zur Entwicklung der beiderseitigen Wirtschaftsbeziehungen beizutragen." Außenwirtschaftsminister Horst Sölle sagte in seiner Erwiderung: „Wir werten die Eröffnung der österreichischen Handelsvertretung in der Deutschen Demokratischen Republik als einen Schritt der Republik Österreich in Richtung der Normalisierung der Beziehungen zwischen unseren beiden Staaten."[45]

In Österreich profitierte besonders die sogenannte Verstaatlichte Industrie vom DDR-Geschäft. Die dazu gehörenden Vereinigten Österreichischen Eisen- und Stahlwerke in Linz (VÖEST) waren schon vor der Aufnahme der diplomatischen Beziehungen an ostdeutschen Großprojekten beteiligt. Die Förderung der wirtschaftlichen Beziehungen wurde nach der Arbeitsaufnahme eine wichtige Aufgabe der Botschaft. Am 30. August 1973 unterzeichneten Handelsminister

43 Bericht vom 8. November 1977: BMEIA.

44 Beil, Gerhard: Außenhandel und Politik. Berlin 2010, S. 186 f.

45 *Neues Deutschland* vom 25. August 1970.

Josef Staribacher und Außenwirtschaftsminister Horst Sölle in Berlin ein langfristiges Handels- und Zahlungsabkommen.[46] Mit Staribacher war zum ersten Mal ein amtierender österreichischer Minister in die DDR gekommen. Im Jahre 1974 wurden Abkommen über den internationalen Straßenverkehr und über die wirtschaftliche, industrielle und technische Zusammenarbeit abgeschlossen.[47] Am 24. Januar 1975 unterzeichneten Botschafter Fleck und Außenminister Bielka in Wien einen Vertrag über die Zusammenarbeit auf dem Gebiet des Gesundheitswesens.[48]

Die umstrittenste Vereinbarung zwischen der DDR und Österreich in der Amtszeit von Botschafter Bauer war der Konsularvertrag. Die österreichische Regierung konnte auf dessen Grundlage offiziell die Interessen von Bewohnern der DDR mit österreichischer Staatsbürgerschaft wahrnehmen. Die österreichische Staatsbürgerschaft von deren Familienangehörigen war von den Behörden der DDR nicht anerkannt worden, und die österreichische Regierung hatte vor der Aufnahme der diplomatischen Beziehungen keine rechtliche Möglichkeit, sich für diese sogenannten Doppelstaatsbürger einzusetzen. Deren Reisemöglichkeiten waren nach der Grenzschließung 1961 genauso beschränkt wie die der anderen Bürger der DDR. Man schätzte die Zahl der österreichischen Staatsbürger in der DDR auf etwa 5 000, die der Doppelstaatsbürger auf etwa 15 000 bis 18 000 Personen. Die Führung der SED erreichte mit dem Konsularvertrag zum ersten Mal die formelle Anerkennung der Staatsbürgerschaft der DDR durch die Regierung eines westlich orientierten Staates. Allerdings wurde damit auch der Alleinvertretungsanspruch der Regierung der Bundesrepublik Deutschland für alle Deutschen tangiert.

Bereits im „Gemeinsamen Kommuniqué zum Abschluß der Verhandlungen über die Herstellung diplomatischer Beziehungen“ vom 7. Dezember 1972 steht, „daß nach der Aufnahme der diplomatischen Beziehungen Beratungen und Verhandlungen zwischen beiden Seiten [...] über konsularische Fragen, einschließlich Staatsbürgerschaftsangelegenheiten, [...] zum baldigen geeigneten Zeitpunkt aufgenommen werden.“[49] Im April 1973 besuchte DDR-Außenminister Winzer Wien und wurde offiziell von Bundespräsident Jonas, Bundeskanzler

46 Dokumente zur Außenpolitik der DDR 1973, Bd. XXI, 2. Halbbd., Berlin 1976, S. 873–877.

47 Dokumente zur Außenpolitik der DDR 1974, Bd. XXII, 2. Halbbd., Berlin 1978, S. 882–887 und 889 ff.

48 Dokumente zur Außenpolitik der DDR 1975, Bd. XXIII, 2. Halbbd., Berlin 1979, S. 889 ff.

49 Dokumente zur Außenpolitik der DDR 1972, Bd. XX, 2. Halbbd., Berlin 1975, S. 947 f.

Kreisky und Außenminister Kirchschläger empfangen.[50] Im Gespräch der beiden Außenminister schlug Winzer vor, Verhandlungen zum Abschluß eines Konsularvertrages aufzunehmen. Kirchschläger erklärte seine Bereitschaft dazu. Mit Verbalnote vom 24. August 1973 übermittelte die Botschaft der DDR dem BMfAA den Entwurf für einen solchen Vertrag.[51] Die Regierung der DDR war nicht der Konvention über konsularische Beziehungen vom 24. April 1963 beigetreten und mußte deshalb bilaterale Konsularverträge abschließen, in denen auch die Anerkennung einer eigenen Staatsangehörigkeit der DDR fixiert werden sollte. Die erste Verfassung der DDR vom 7. Oktober 1949 bestimmte in Artikel 1 Absatz 4: „Es gibt nur eine deutsche Staatsangehörigkeit." Im Widerspruch dazu wurde im „Gesetz über die Staatsbürgerschaft der Deutschen Demokratischen Republik" vom 20. Februar 1967 folgendes formuliert: „Mit der Gründung der Deutschen Demokratischen Republik entstand in Übereinstimmung mit dem Völkerrecht die Staatsbürgerschaft der Deutschen Demokratischen Republik. Sie ist Ausdruck der Souveränität der Deutschen Demokratischen Republik und trägt zur weiteren allseitigen Stärkung des sozialistischen Staates bei." In Teil I § 3 des Gesetzes steht der Satz: „Die Deutsche Demokratische Republik gewährt ihren Bürgern Schutz und unterstützt sie bei der Wahrnehmung ihrer Rechte außerhalb der Deutschen Demokratischen Republik."[52]

Die erste Verhandlungsrunde zum Konsularvertrag fand vom 19. bis zum 23. November 1973 in Wien statt. Die Anerkennung der Staatsbürgerschaft hatte dabei für die Delegation der DDR oberste Priorität, während Diskussionen über humanitäre Probleme vermieden werden sollten. In der im MfAA formulierten „Direktive für die Verhandlungen zum Abschluß eines Konsularvertrages zwischen der Deutschen Demokratischen Republik und der Republik Österreich" steht dazu unmißverständlich: „Die Frage der Staatsbürgerschaft [...] ist voll durchzusetzen. [...] Sollte die österreichische Seite in keiner Weise bereit sein, die Regelung der Staatsbürgerschaftsfrage in den Konsularvertrag oder in ein Zusatzprotokoll aufzunehmen, so kann der Konsularvertrag nicht abgeschlossen werden. Versuche österreichischerseits, sogenannte humanitäre Fragen mit den Verhandlungen über den Abschluß eines Konsularvertrages zu verknüpfen bzw. solche Fragen in den Vertrag aufzunehmen, sind zurückzuweisen."[53] Nach dem Bericht der DDR-Delegation vom 27. November 1973 über die erste Verhand-

50 Dokumente zur Außenpolitik der DDR 1973, Bd. XXI, 2. Halbbd., Berlin 1976, S. 1108 f.

51 BMEIA.

52 Gesetzblatt der DDR, Teil I, Jg. 1967, S. 3 ff.

53 PAAA, MfAA, C 5849, Abteilung Konsularische Interessenwahrnehmung, Vorbereitung und Abschluß des Konsularvertrages zwischen der DDR und Österreich 1973–1975, Bl. 2 ff.

lungsrunde habe die österreichische Delegation in der Frage der gegenseitigen Anerkennung der Staatsbürgerschaft betont, „daß ihr das Anliegen der DDR verständlich sei".[54] Dieser Passus findet sich so ähnlich auch im Amtsvermerk des Völkerrechtsbüros des BMfAA vom 30. November 1973.[55] Das aber stand in direktem Gegensatz zum Alleinvertretungsanspruch der deutschen Bundesregierung für alle Deutschen, der in Artikel 116 des Grundgesetzes für die Bundesrepublik Deutschland vom 23. Mai 1949 fixiert worden war. Bei der Paraphierung des Grundlagenvertrages zwischen den beiden deutschen Staaten am 8. November 1972 erklärte die westdeutsche Seite, daß durch den Vertrag Staatsangehörigkeitsfragen nicht geregelt worden seien, während die Vertreter der DDR formulierten: „Die Deutsche Demokratische Republik geht davon aus, daß der Vertrag eine Regelung der Staatsangehörigkeitsfragen erleichtern wird."[56]

Die Verhandlungen über den Konsularvertrag zwischen der DDR und Österreich wurden wegen der Staatsangehörigkeitsproblematik von der deutschen Bundesregierung sehr genau verfolgt. Der Staatssekretär im Auswärtigen Amt, Walter Gehlhoff, meinte, der Alleinvertretungsanspruch umfasse auch die „Zuständigkeit für konsularische Betreuung aller Deutschen, die dies wünschen".[57] Freiherr Friedrich Heinrich von Dungern, der stellvertretende Botschafter der Bundesrepublik Deutschland in Wien, plädierte bei der Vorbereitung des Besuches von Bundesaußenminister Walter Scheel beim Auswärtigen Amt für eine Darlegung des deutschen Rechtsstandpunktes bei der österreichischen Regierung noch rechtzeitig vor dem Besuch. Dungern meinte in einem Drahtbericht vom 29. Januar 1974, „daß Außenminister Kirchschläger auf die Verhandlungen über einen Konsularvertrag Österreichs mit der DDR nicht eingehen wird". Falls von deutscher Seite in den Ministergesprächen einschlägige Fragen zu dieser Sache nicht gebracht würden, „muß damit gerechnet werden, daß Außenminister

54 Ebd., Bl. 13

55 ÖStA/AdR, BMfAA II-POL 1972/Liasse DDR 2.

56 Sonderausgabe des Bulletins des Presse- und Informationsamtes der Bundesregierung Nr. 155 vom 8. November 1972, S. 1844.

57 Vermerk des Staatssekretärs zu einer Aufzeichnung des Leiters der Rechtsabteilung, Dedo von Schenck, vom 27. Juni 1974. Bundesaußenminister Hans-Dietrich Genscher notierte am 14. Juli 1974 dazu: „richtig". AAPD 1974, Bd. I, München 2005, S. 850, Fußnote 1. Schenck hatte geschrieben: „Wir bestreiten der DDR nicht, daß sie [...] alle Personen konsularisch betreuen kann, die sie als ihre Bürger ansieht und die sich zu dieser Staatsbürgerschaft bekennen. Wir müssen aber schon aus verfassungsrechtlichen Gründen an unserer [...] Zuständigkeit auch für alle in der DDR lebenden [...] Deutschen im Sinne des Artikels 116 Grundgesetz festhalten. Deshalb würden wir es nicht hinnehmen können, daß uns diese Zuständigkeit künftig von einem Empfangsstaat unter Berufung auf vertragliche Bindungen bestritten wird, die er der DDR gegenüber – gegebenenfalls sogar mit unserer Kenntnis – eingegangen sei." Ebd., S. 851.

Kirchschläger den Eindruck gewinnen könnte, die deutsche Seite sei nicht an den Vereinbarungen interessiert, welche zwischen der DDR und Österreich hinsichtlich der konsularischen Betreuung von Deutschen aus der DDR, die sich in Österreich aufhalten, getroffen werden könnten."[58] In seinem Drahtbericht vom 11. Februar 1974 ersuchte Dungern um Übersendung eines Aide-mémoires zur Darlegung des Rechtsstandpunktes der Bundesregierung gegenüber dem BMfAA. „Hierdurch würde die Angelegenheit gegenüber den anderen Themen, die eher Routinecharakter tragen, ihrer Bedeutung entsprechend gebührend unterstrichen."[59] In seinem Drahtbericht vom 13. Februar 1974 empfahl Dungern, mit der Einflußnahme auf die österreichische Seite nicht länger zu warten.[60] In einem mit Bezug auf den Drahtbericht vom 11. Februar 1974 am 14. Februar 1974 an die Botschaft in Wien geschickten Drahterlaß reagierte Wilhelm Lücking, der Leiter des Referats 210 „Außenpolitische Fragen, die Berlin und Deutschland als Ganzes betreffen", auf die Hinweise Dungerns so: „Die Botschaft wird gebeten, unverzüglich an möglichst hoher und kompetenter Stelle im österreichischen Außenministerium vorstellig zu werden und dort mündlich folgendes zu erklären: Das Auswärtige Amt habe mit Aufmerksamkeit die Aufnahme von Konsularverhandlungen zwischen Österreich und der DDR im November vorigen Jahres in Wien verfolgt, die demnächst in Ostberlin fortgesetzt werden sollen. Die Bundesregierung habe im Prinzip nach dem Inkrafttreten des Vertrages über die Grundlagen der Beziehungen zwischen der Bundesrepublik Deutschland und der DDR dafür Verständnis, daß Österreich auf diese Weise einen umfassenden Konsularschutz für seine Staatsbürger in der DDR erreichen wolle. Probleme könnten sich für die Bundesregierung jedoch daraus ergeben, daß es in den Verhandlungen über einen Konsularvertrag unvermeidlich sein werde, auch Fragen der Staatsangehörigkeit zu behandeln. Die Bundesregierung erlaube sich in diesem Zusammenhang, die österreichische Seite darauf hinzuweisen, daß die Staatsangehörigkeitsfragen im geteilten Deutschland durch den Grundlagenvertrag nicht geregelt worden sind. [...] Daraus folge, daß der Rechtsstandpunkt der Bundesrepublik, daß alle Deutschen im In- und Ausland, ungeachtet ihres Wohnsitzes in der Bundesrepublik oder der DDR, Deutsche im Sinne des Grundgesetzes seien und dementsprechend den Schutz der Auslandsvertretungen der Bundesrepublik Deutschland in Anspruch nehmen könnten, durch den Grundlagenvertrag nicht berührt worden sei. Mit Österreich habe es in dieser Beziehung in der Praxis bisher keine Schwierigkeiten gegeben. Die Bundesregierung gehe davon aus, daß sich daran auch in Zu-

58 PAAA, Zwischenarchiv 109210.
59 PAAA, Zwischenarchiv 111636.
60 Ebd.

kunft nichts ändern werde. Sie befürchte jedoch, daß die DDR in den Verhandlungen über den Abschluß eines Konsularvertrages den Versuch machen könnte, die österreichische Regierung auf den Rechtsstandpunkt der DDR in der Frage der Staatsangehörigkeit im geteilten Deutschland festzulegen. Wenn die österreichische Seite sich darauf einlassen würde, so würde sie damit zumindest faktisch den Deutschen aus der DDR die Optionsmöglichkeit, sich unter den Schutz des Grundgesetzes zu stellen, nehmen. Diese könnten sich dann nur an die Botschaft der DDR wenden. Die Bundesregierung bitte die österreichische Regierung daher darum, im Rahmen des Konsularvertrages mit der DDR keine Formulierungen anzunehmen, die faktisch auf die Hinnahme der Haltung der DDR in der Staatsangehörigkeitsfrage hinauslaufen und die den DDR-Bürgern in Österreich die Möglichkeit der Option zugunsten ihrer nach dem Grundgesetz bestehenden deutschen Staatsangehörigkeit nehmen würde. [...] Darüber hinaus wäre die Bundesregierung der österreichischen Regierung dankbar, wenn sie in geeigneter Weise sicherstellen könnte, daß die österreichischen Exekutivorgane Deutsche aus der DDR mit der zuständigen Vertretung der Bundesrepublik in Österreich in Kontakt bringen, wenn sie mit dieser in Verbindung treten wollten, damit diese Deutschen von ihrer Optionsmöglichkeit auch tatsächlich in freier Entscheidung Gebrauch machen können."[61]

Freiherr von Dungern führte diese Weisung am 19. Februar 1974 aus. Botschafter Hans Schirmer berichtete dem Auswärtigen Amt am 22. Februar 1974, daß der österreichische Außenminister Kirchschläger Verständnis für den Standpunkt der Bundesregierung gezeigt habe. Außerdem sei darauf hingewiesen worden, daß ein DDR-Bürger in Österreich die Betreuung durch den Konsul der Deutschen Demokratischen Republik verweigern und die Betreuung durch den Konsul der Bundesrepublik Deutschland fordern könne. Damit könnte dem westdeutschen „Wunsch nach einer Optionsmöglichkeit in der Praxis Rechnung getragen werden". Lücking schrieb Schirmer am 28. Februar 1974 zur Mitteilung an das BMfAA: „Die Bundesregierung ist [...] dankbar, daß die österreichische Regierung unserem Anliegen zur konsularischen Betreuung aller Deutschen, die dies wünschen, wie bisher in der Praxis Rechnung tragen wird."[62] Bundesaußenminister Scheel hatte schon im Gespräch mit Kirchschläger am 20. Februar 1974 darauf hingewiesen, „daß die Bundesregierung in Anbetracht des geplanten österreichischen Konsularvertrages mit der DDR Wert darauf legt, daß dadurch die bisherige Rechtsstellung der in Österreich befindlichen Bewohner der DDR gegenüber den Auslandsvertretungen der Bundesrepublik nicht beeinträchtigt werde. Uns komme es darauf an sicherzustellen, daß diesen DDR-

61 AAPD 1974, Bd. I, S. 194 f.
62 Ebd., S. 195, Fußnote 7.

Bewohnern auch weiterhin die Option erhalten bleibe, von unseren Vertretungen konsularischen Schutz in Anspruch zu nehmen. Außenminister Kirchschläger erwiderte, daß der konsularische Schutz dieser Personengruppe nicht beeinträchtigt werden solle, er müsse jedoch darauf hinweisen, daß die DDR ein Staat sei und eine ausdrückliche Sonderregelung daher schwierig wäre. [...] Im übrigen glaube er nicht, daß dieses Problem wirklich praktische Bedeutung erlangen werde."[63] Zwischen den verschiedenen mit dieser Problematik befaßten Referaten des Auswärtigen Amtes gab es sehr intensive Debatten um eine überzeugende Argumentation gegenüber der österreichischen Seite, und die westdeutschen Diplomaten in Wien verhandelten darüber mit den zuständigen Beamten des BMfAA.

Die Führung der DDR bestand weiter auf der Anerkennung der Staatsbürgerschaft durch Österreich. In der Direktive für die DDR-Delegation zur zweiten Verhandlungsrunde steht dazu: „Es ist unbedingt zu gewährleisten, daß die Staatsbürgerschaft der Deutschen Demokratischen Republik von der Republik Österreich anerkannt und eine entsprechende Regelung im Konsularvertrag aufgenommen wird." Humanitäre Fragen sollten wiederum nicht bei den Verhandlungen berührt werden.[64] In der zweiten vom 4. bis zum 9. März 1974 in Berlin stattfindenden Verhandlungsrunde konnte die Staatsbürgerschaftsproblematik nicht geklärt werden. Der entsprechende Vermerk im Bericht der DDR-Delegation vom 18. März 1974 lautet: „Zum Abschluß der sehr ausführlichen Diskussion über die Regelung der Staatsbürgerschaft im Konsularvertrag erklärten beide Delegationen ihre Bereitschaft, die Standpunkte erneut zu prüfen und weiter nach einer beide Seiten gerecht werdenden Lösung zu suchen."[65]

Die Direktive für die Delegation der DDR zur dritten Verhandlungsrunde enthielt ähnliche Festlegungen dazu und zu den humanitären Fragen wie die Direktive für die zweite Verhandlungsrunde.[66] Im Bericht der DDR-Delegation vom 10. Mai 1974 über die dritte Verhandlungsrunde, die vom 30. April bis zum 3. Mai 1974 in Wien stattgefunden hatte, hieß es über den nun erreichten Stand: „In der dritten Verhandlungsrunde wurde der Konsularvertrag mit Ausnahme der Regelung über die Staatsbürgerschaft paraphiert. [...] In der ausführlichen Diskussion über die Regelung der Staatsbürgerschaft konnte erreicht werden, daß die österreichische Delegation der prinzipiellen gegenseitigen Anerkennung der Staatsbürgerschaft voll zustimmte. [...] Damit wurde entsprechend den Vorgaben der Partei- und Staatsführung zur Problematik der Staatsbürgerschaft der

63 Aufzeichnung vom 27. Februar 1974: PAAA, Zwischenarchiv 109210.

64 PAAA, MfAA, C 5849, Bl. 16 ff.

65 Ebd., Bl. 28.

66 Ebd., Bl. 30 ff.

beiden deutschen Staaten ausgeschlossen, daß die Staatsbürgerschaftsregelung des Konsularvertrages so interpretiert werden kann, daß Staatsbürger der DDR zugleich als ‚deutsche' Staatsbürger im Sinne des Artikels 116 des Bonner Grundgesetzes betrachtet und behandelt werden könnten. [...] Die Verhandlungen verliefen in einer sachlichen und konstruktiven Atmosphäre. Die österreichische Delegation ließ durch ihre Haltung erkennen, daß sie sich um eine beiderseitig annehmbare Lösung der noch offenen Fragen bemühte und an der baldigen Unterzeichnung des Konsularvertrages interessiert ist."[67]

Der bevorstehende Abschluß der Verhandlungen veranlaßte die Leitung des Auswärtigen Amtes zu einer „formellen und nachdrücklichen Demarche", weil mit dem Konsularvertrag ein Präjudiz für weitere Verträge zwischen Österreich und der DDR geschaffen werden könne, „das die DDR auch für Verträge mit anderen Staaten verwerten könnte. Der österreichischen Regierung muß klargemacht werden, daß wir die Eröffnung einer solchen Entwicklung durch Österreich nicht hinnehmen können." Schirmer sollte deshalb am 24. Mai 1974 im BMfAA ein Aide-mémoire überreichen, in dem nochmals der Bonner Standpunkt wie folgt ausformuliert worden war: „Die Bundesregierung bestreitet nicht, daß die DDR auf Grund der Hoheitsgewalt, die sie auf ihrem Gebiet ausübt, auch entsprechende konsularische Zuständigkeiten im Ausland wahrnehmen kann. Dies ändert aber nichts daran, daß auch die Bundesrepublik Deutschland eine Zuständigkeit für die konsularische Betreuung aller Personen hat, die nach ihrer Rechtsordnung Deutsche im Sinne des Artikels 116 des Grundgesetzes sind. Angesichts dieser konkurrierenden Zuständigkeit der beiden Staaten und ihres besonderen Verhältnisses zueinander kommt dem persönlichen Willen des Betroffenen eine ausschlaggebende Bedeutung zu. Eine solche Berücksichtigung der individuellen Entscheidung erlangt im Völkerrecht wachsendes Gewicht. [...] Die Bundesrepublik Deutschland wird in jedem Fall darauf bestehen, daß sie ihre Zuständigkeit zur konsularischen Betreuung aller Deutschen in Österreich behält und weiterhin für alle Deutschen ausüben kann."[68] Der Botschafter übergab das Papier im BMfAA und wies darauf hin, „daß das Auswärtige Amt der Angelegenheit große Bedeutung zumesse."[69] Nach intensiven Gesprächen der bundesdeutschen Diplomaten im BMfAA plädierte Schirmer in einem langen Drahtbericht an das Auswärtige Amt vom 6. Juni 1974 für eine Mäßigung der Sprache gegenüber Österreich mit folgender Begründung: „Die österreichische Regierung hat sich bisher stets mit Nachdruck bemüht, das

67 Ebd., Bl. 33–40.

68 Drahterlaß vom 23. Mai 1974: PAAA, B 81, Nr. 1126. Das Original des Aide-mémoire befindet sich im BMEIA.

69 Drahtbericht vom 24. Mai 1974, PAAA, B 81, Nr. 1126.

Schicksal von Flüchtlingen zu erleichtern. […] Wir haben daher keine Veranlassung, daran zu zweifeln, daß sie Bürgern der DDR, die sich über Österreich in die Bundesrepublik Deutschland absetzen wollen, wie bisher helfen wird. Sie wird auch im Sinne dieser humanitären Politik dem Wunsch von Bürgern der DDR in Österreich, vom Konsul der Bundesrepublik Deutschland betreut zu werden, wie bisher stets nachkommen." In der Praxis würden sich Nachteile für diesen Personenkreis durch den Konsularvertrag nicht ergeben.[70] Die Leitung des Auswärtigen Amtes wollte dafür eine bestätigende Note des BMfAA erhalten und ließ viele Entwürfe dazu schreiben.[71]

Die abschließenden Verhandlungen zum Konsularvertrag fanden vom 29. bis zum 31. Juli 1974 in Wien statt. Am letzten Verhandlungstag wurde der Vertrag paraphiert, einschließlich der Anerkennung der eigenen Staatsangehörigkeit der DDR. Den Österreichern war schon bewußt, daß sie damit die Vertretungsregelung des Grundgesetzes für alle Deutschen verletzten. Sie argumentierten aber weiter damit, daß sich in der Praxis nichts ändern würde. In einer „Kurzinformation für den Herrn Bundesminister" des Völkerrechtsbüros des BMfAA vom 7. August 1974 steht zur Paraphierung folgendes: „Österreich hat damit zum ersten Mal vertraglich das autonome Recht der DDR, ihre Staatsangehörigkeit zu regeln, anerkannt und sich damit zunächst in einen gewissen Widerspruch zu Verträgen mit der BRD gesetzt, in denen die Staatsangehörigen der DDR von Österreich als Deutsche im Sinne des Artikels 116 des Bonner Grundgesetzes anerkannt werden. […] In der Praxis wird das Vertretungsrecht des Konsuls so gehandhabt werden, daß der betroffene Staatsangehörige der DDR sich für den konsularischen Schutz der DDR oder der BRD entscheiden wird können. Damit ist das Prinzip der freien Entscheidung eines Individuums dem Prinzip absoluter Personalhoheit vorgereiht."[72]

Nach einer „Information für den Herrn Bundeskanzler" vom 6. November 1974 wäre die Anerkennung der DDR-Staatsangehörigkeit durch Österreich bereits mit der Anerkennung der DDR erfolgt, „da nach Völkergewohnheitsrecht die Existenz eines Staatsvolkes zu den Wesensmerkmalen eines Staates gehört und sohin dieses Merkmal auch der DDR nicht abgesprochen werden kann. Seitens der BRD ist jedoch bereits wiederholt in dieser Frage interveniert worden, da diese befürchtet, sie würde nach dem Inkrafttreten des Konsularvertrages Österreich-DDR nicht mehr in der Lage sein, das von ihr im Sinne des Artikels 116 des Bonner Grundgesetzes für alle Deutschen in Anspruch genommene Vertretungs- und Schutzrecht auszuüben." Österreich habe den Artikel 116 in

70 Ebd.
71 Ebd.
72 BMEIA.

mehreren vertraglichen Regelungen mit der Bundesrepublik Deutschland ausdrücklich anerkannt. Diese Anerkennung gelte jedoch nach österreichischer Auffassung nicht generell, „sondern lediglich für den sachlichen Geltungsbereich des jeweiligen Vertrages. Die BRD verlangt nun von Österreich die Vornahme eines Briefwechsels oder die Abgabe einer Erklärung, wo ausdrücklich festgestellt wird, daß sich die Rechtslage in bezug auf die Wahrnehmung konsularischer Aufgaben für alle Deutschen durch die BRD – falls die Betroffenen dies wünschen – durch das Inkrafttreten des Konsularvertrages Österreich–DDR nicht ändern wird. Dieses Begehren ist von österreichischer Seite aus politischen wie völkerrechtlichen Erwägungen stets abgelehnt worden, doch wurde gleichzeitig betont, daß österreichischerseits keine Einwendungen erhoben würden, falls ein DDR-Bürger eine Kontaktierung eines konsularischen Vertreters der BRD wünsche. […] Grundsätzlich wäre festzuhalten, daß der Abschluß eines Konsularvertrages Österreich–DDR im Lichte und als Konsequenz der innerdeutschen Einigung zu sehen ist. […] Der Vertrag ist jedenfalls in keiner Weise als Eingriff in das Verhältnis der beiden deutschen Staaten zueinander aufzufassen.“[73]

Der neue österreichische Außenminister Erich Bielka bestätigte in einem Gespräch mit dem neuen westdeutschen Botschafter Horst Grabert am 21. November 1974 nach dessen Bericht an das Auswärtige Amt die Praxis, wonach „jedem Ausländer das Recht zugebilligt wird, auf Wunsch sich auch von einer anderen Konsularbehörde, als die für seinen Wohnort zuständigen, betreuen zu lassen, wenn er andere Staatsbürgerschaften glaubhaft machen kann. Diese Praxis würde in unserem Fall dazu führen, daß ein Staatsbürger der DDR immer von unseren Konsulaten betreut werden könnte, wenn der Betreffende es wünscht.“[74] Gehlhoff ließ Grabert daraufhin mit Drahterlaß vom 4. Dezember 1974 wissen, die österreichische Haltung sei „höchst unbefriedigend und negativ“. Man müsse darauf bestehen, daß die österreichische Regierung gegenüber der deutschen Bundesregierung „in unmittelbarem zeitlichen Zusammenhang mit der Unterzeichnung des Konsularvertrages“ eine schriftliche Erklärung abgibt mit der Bestätigung, daß die Botschaft und die konsularischen Vertretungen der Bundesrepublik Deutschland in Österreich zur Wahrnehmung konsularischer Aufgaben für alle Deutschen berechtigt seien, wenn dies von den Betroffenen gewünscht werde. Der Botschafter sagte in einem Gespräch mit dem österreichischen Bundeskanzler am 5. Dezember 1974, „es handelte sich im Kern um eine der wichtigsten Fragen, die das besondere Verhältnis der beiden deutschen Staaten beschreiben“. Grabert bat Kreisky nachdrücklich darum, „im Geiste unserer

73 SBKA, Länderboxen, USA 6.

74 Drahtbericht vom 22. November 1974: PAAA, B 81, Nr. 1126.

traditionell guten Zusammenarbeit das Problem noch einmal zu überdenken. Der Bundeskanzler bat seinerseits, die österreichische Handlungsweise zu verstehen, die darauf gerichtet sei, Erleichterungen für die Doppelstaatler in der DDR zu erreichen." Der Botschafter betonte das Verständnis und die Sympathie für diese Politik im Dienst der Menschen, gab aber zu bedenken, daß bei Aufgabe der Position der deutschen Bundesregierung „für sehr viele Menschen erhebliche Nachteile entstehen würden".[75]

Auch SED-Chef Honecker war bei einem Treffen mit dem ersten Ständigen Vertreter der Bundesrepublik Deutschland in Ost-Berlin, Günter Gaus, am 4. Dezember 1974 auf die Konsularabkommen zu sprechen gekommen, „die die DDR mit dritten Staaten abzuschließen wünsche. Nach Honeckers Ausführungen ist die DDR an solchen Abkommen weniger interessiert als es die Drittländer sind, die Konsulate zu errichten wünschten. Ihm sei klar, daß die Bundesregierung in der Staatsbürgerschaftsfrage nicht an der Verfassungsbestimmung vorbei könne; jedoch sollte die Bundesregierung keinen zu starken Einfluß auf ihre Verbündeten nehmen, um ihre Auffassung in der Staatsbürgerschaftsfrage im Hinblick auf die Konsularabkommen durchzusetzen." Es läge kein Sinn darin, „sich hier allzu massiv in die Beziehungen der DDR zu anderen Staaten von unserer Seite aus einzumischen".[76] In einer Erklärung des MfAA vom 18. Januar 1975 zu „den in jüngster Zeit von der Regierung der BRD gegenüber Österreich und einer Reihe anderer Staaten unternommenen Aktionen zur Störung der Beziehungen der DDR zu diesen Staaten im Zusammenhang mit dem vorgesehenen Abschluß von Konsularverträgen" steht folgendes: „Der Versuch Bonns, sich in die Beziehungen der DDR zu dritten Staaten einzumischen und diese am Abschluß von Konsularverträgen mit der DDR zu hindern, ist eine flagrante Verletzung des Völkerrechts, der Charta der Vereinten Nationen sowie der Wiener Konvention über diplomatische Beziehungen. Die für die Beziehungen zwischen allen Staaten verbindlichen Völkerrechtsgrundsätze gelten voll und ganz auch für die Beziehungen zwischen der DDR und der BRD. [...] Angesichts dieser eindeutigen Rechtslage können die Versuche der Regierung der BRD, die Entwicklung der konsularischen Beziehungen zwischen der DDR und anderen Staaten zu erschweren, nicht anders gewertet werden als eine bewußte vorsätzliche Störaktion gegen die weitere Normalisierung der Beziehungen zwischen der DDR und der BRD [...]. Das Ministerium für Auswärtige Angelegenheiten der Deutschen Demokratischen Republik fordert mit Nachdruck die sofortige Einstellung dieser Störaktionen der Regierung der BRD. Sie sind zugleich gegen die

75 Ebd.

76 Die Aufzeichnung von Günter Gaus ist abgedruckt in: Dokumente zur Deutschlandpolitik. VI. Reihe, Bd. 3, München 2005, S. 884.

europäische Sicherheit gerichtet und legen der Entspannung ernste Hindernisse in den Weg. Ein Beharren auf dieser Unrechtsposition kann nur zu Spannungen und zu einer Vergiftung der Atmosphäre führen und die weitere Normalisierung der Beziehungen zwischen der DDR und der BRD beeinträchtigen.“[77] In ähnlichem Ton ist auch eine Note der Regierung der Deutschen Demokratischen Republik an die Regierung der Bundesrepublik Deutschland vom 21. Januar 1975 gehalten.[78] Am selben Tag nahm Bundeskanzler Kreisky vor Journalisten in Wien zu der Angelegenheit Stellung und meinte, „Österreich habe wie fast alle anderen Staaten diplomatische Beziehungen mit der DDR aufgenommen und könne sich nicht zu der Erklärung durchringen, daß die DDR ein Staat ohne Staatsbürger sei. [...] Österreich könne sich nur an den allgemein gültigen Regeln des Völkerrechts orientieren. [...] Österreich sei auch ein Land, das jedem Flüchtling ein Maximum an Bewegungsfreiheit einräume, aber niemandem eine Staatsbürgerschaft aufzwinge.“[79]

Im Staatsangehörigkeitsdilemma stand Österreich also genau zwischen den Ansprüchen der beiden deutschen Staaten. Die Lösung bestand darin, daß die Staatsangehörigkeit der DDR zwar völkerrechtlich von Österreich anerkannt, aber die bisherige Praxis nicht geändert wurde. Jeder Bürger der DDR konnte sich auch nach Abschluß des Konsularvertrages in Österreich bei den Missionen der Bundesrepublik Deutschland neue Personalpapiere ausstellen lassen, die von den österreichischen Behörden auch anerkannt wurden. Damit konnte der bisherige Bürger der DDR als Bundesbürger die Republik Österreich in jede gewünschte Richtung verlassen. Diesen Sachverhalt fixierte Helmut Türk vom Völkerrechtsbüro des BMfAA in einer „Information für den Herrn Bundesminister betreffend die österreichische Praxis bei Inhabern von DDR-Pässen“ vom 6. Februar 1975 wie folgt: „Reist ein Inhaber eines DDR-Passes nach Österreich ein und beschafft er sich anschließend bei der Botschaft der BRD oder einer ih-

77 Dokumente zur Außenpolitik der DDR 1975, Bd. XXIII, 2. Halbbd., Berlin 1979, S. 801 f.

78 Ebd., S. 802 f. Die in der Note enthaltenen Unterstellungen wurden mit Note der Bundesregierung an die Regierung der DDR vom 20. Februar 1975 zurückgewiesen. Darin steht unter anderem: „Die Bundesregierung hat sich im Zusammenhang mit dem vorgesehenen Abschluß eines Konsularvertrages zwischen der Republik Österreich und der Deutschen Demokratischen Republik zu keinem Zeitpunkt in die auswärtigen Beziehungen der Deutschen Demokratischen Republik eingemischt. Sie wendet sich auch nicht dagegen, daß dritte Staaten mit der Deutschen Demokratischen Republik Konsularverträge abschließen.“ Die Bundesregierung halte aber daran fest, „alle Deutschen, die darum nachsuchen, so wie bisher im Rahmen ihrer konsularischen Beziehungen mit dritten Staaten konsularisch zu betreuen.“ Bulletin des Presse- und Informationsamtes der Bundesregierung Nr. 24 vom 25. Februar 1975, S. 233.

79 *Österreichische Zeitschrift für Außenpolitik*, 15. Jg. 1975, Heft 1, S. 43.

rer konsularischen Vertretungen einen Reisepaß der BRD, so wird er in der Folge von den österreichischen Behörden als Staatsbürger der BRD behandelt und kann daher mit seinem neuen Personaldokument unbehindert aus Österreich ausreisen. DDR-Bürger, die als Flüchtlinge nach Österreich gelangen, werden gleicherweise nicht daran gehindert, sich ein Personaldokument der BRD zu beschaffen und mit diesem aus Österreich auszureisen. Im Falle einer Untersuchungs- oder Strafhaft kann ein DDR-Bürger eine Verständigung des zuständigen Konsuls der BRD [...] verlangen und somit den konsularischen Schutz der BRD in Anspruch nehmen. Der DDR wird die Ausübung des konsularischen Schutzrechtes gegen den Willen des Betroffenen nicht gestattet. Die [...] aufgezeigte Praxis gilt im übrigen auch hinsichtlich aller anderen nach Österreich einreisenden oder hier befindlichen fremden Staatsangehörigen, wenngleich sich bei diesen derartige Fälle nicht allzu häufig ereignen dürften."[80]

Bei einem Gespräch zwischen den beiden Außenministern Hans-Dietrich Genscher und Erich Bielka am selben Tag in Wien war der Konsularvertrag das erste Thema. Laut österreichischem Aktenvermerk sagte der bundesdeutsche Außenminister dazu: „Die BRD habe nicht die Absicht, sich in die Beziehungen Österreichs mit anderen Staaten einzumischen, sondern sei nur bestrebt, wie auch in der Vergangenheit, ihre Interessen zu schützen. Die Erklärungen Bundeskanzler Kreiskys vor dem Fernsehen, daß sich in der Praxis nichts ändern werde, habe die BRD in der Sache sehr befriedigt." Der österreichische Außenminister wiederholte, „daß sich in der praktischen Handhabung hinsichtlich der konsularischen Betreuung von Bürgern der DDR in Österreich nichts gegenüber dem bisherigen Zustand ändern werde, weil in Österreich generell die Praxis bestehe, daß [...] Flüchtlinge nur von den Konsularbehörden jenes Staates betreut werden, dessen Schutz sie sich anvertrauen. Das gelte für DDR-Bürger ebenso wie für Bürger aus anderen Staaten. Der Vertrag Österreichs mit der DDR enthalte keine dieser bisherigen Praxis entgegenstehenden Bestimmungen." Den Wunsch Genschers nach einer schriftlichen Bestätigung dieses Sachverhalts lehnte Bielka jedoch ab. Nach erneutem Drängen des bundesdeutschen Außenministers meinte sein österreichischer Kollege, Österreich werde nicht „bei Vertragsabschluß mit einem Land darüber einem anderen Staat erläuternde schriftliche Mitteilungen [...] machen."[81]

Die Angelegenheit kam am 20. Februar 1975 im Deutschen Bundestag zur Sprache. Der CSU-Abgeordnete Fritz Wittmann stellte die Frage, ob die Anerkennung der Staatsbürgerschaft der DDR durch die Republik Österreich negati-

80 BMEIA.

81 Der Aktenvermerk befindet sich im BMEIA; die deutsche Aufzeichnung zu dem Gespräch ist abgedruckt in: AAPD 1975, Bd. I, München 2006, S. 112.

ve Auswirkungen haben könnte und was die Bundesregierung dagegen unternehmen würde. Der Staatsminister im Auswärtigen Amt Karl Moersch antwortete: „Herr Abgeordneter, wenn dritte Staaten zur Sicherung der Interessen ihrer Staatsangehörigen mit der DDR Konsularverträge schließen wollen, so ist dies eine Angelegenheit des bilateralen Verhältnisses dieser Staaten zur DDR, in die sich die Bundesregierung nicht einmischt. Im übrigen geht die Bundesregierung davon aus, daß sich auch nach Abschluß eines Konsularvertrages Österreich–DDR an der Praxis der konsularischen Betreuung von allen Deutschen, die dies wünschen, durch unsere Auslandsvertretungen in Österreich nichts ändern wird." Nach mehreren Zusatzfragen bemerkte Moersch: „Im übrigen war nie ein Zweifel bei uns vorhanden, daß die doch zweifellos hervorragenden österreichischen Diplomaten die Position der Bundesregierung in diesem Punkt und auch die entsprechenden Dokumente juristischer Art in diesem Lande sehr genau kennen, zumal sie auch die gleiche Sprache verwenden wie wir, so daß nicht einmal Übersetzungsschwierigkeiten auftreten."[82] Am nächsten Tag erschien die Zeitschrift *Quick* mit einem Interview Genschers. Auf das Verhältnis zwischen der Bundesrepublik Deutschland und Österreich angesprochen, sagte der Minister, es hätte nur scheinbar Differenzen gegeben. Bei seinem Besuch in Wien habe er keinen Streit zwischen den beiden Regierungen beilegen müssen. Seine Gespräche mit Kreisky und Bielka seien freundschaftlich gewesen, „wie es zwischen guten Nachbarn üblich ist".[83]

Der Abschluß des Konsularvertrages verzögerte sich allerdings durch eine Intervention des österreichischen Botschafters in Berlin. Bauer hatte Bielka in einem Fernschreiben vom 2. September 1974 mitgeteilt, daß er der Unterzeichnung des Konsularvertrages „nur mit größtem inneren Widerstreben" nachkommen könne und folgende Begründung hinzugefügt: „Mit diesem Vertrag verzichten wir de jure im Regelfall auf die Interventionsmöglichkeit zugunsten einiger Tausend Doppelbürger mit ständigem Wohnsitz in der DDR, die in Zeiten vor der Aufnahme diplomatischer Beziehungen zur DDR trotz Druck und diskriminierender Behandlung ihre Anhänglichkeit an Österreich standhaft bewahrten. Ich bin mir durchaus bewußt, daß sich am Zustand der Ohnmacht der Botschaft, diesen Doppelbürgern irgendwie wirksam helfen zu können, de facto nichts ändert. Viele dieser Doppelbürger haben nach DDR-Rechtsauffassung die DDR-Staatsbürgerschaft durch Hinnahme von DDR-Legitimationen erworben. Mit vorliegendem Vertrag erkennen wir in meiner Sicht diese zweifelhafte

82 Verhandlungen des Deutschen Bundestages, Stenographische Berichte, Bd. 91, S. 10333 f.

83 Das Interview ist ebenfalls abgedruckt im Bulletin des Presse- und Informationsamtes der Bundesregierung Nr. 23 vom 22. Februar 1975, S. 231 f.

DDR-Praxis unumschränkt an.“ Bauer betonte, daß er sich allein von menschlichen Aspekten leiten lasse. Eine Beurteilung des Faktums der Anerkennung stünde ihm nicht zu. „Wohl aber darf ich mir die Feststellung erlauben, daß dieser politischen Leistung Österreichs in meiner Sicht keine wie immer geartete Gegenleistung der DDR gegenübersteht. In manchen DDR-Kreisen werden solche Vorleistungen unausgesprochen als Akt stiller Wiedergutmachung für die langjährige Ignorierung der Existenz der DDR verbucht. Die einzige für uns interessante und meßbare Gegenleistung läge [...] in einer zügigen positiven Erledigung der vielen anhängigen humanitären Fälle. [...] Nach meiner Einschätzung besteht die Gefahr, daß Partei- und Staatsführung der DDR unsere weiteren Bemühungen um zügige positive Erledigung humanitärer Fälle und um wirksame Hilfestellung für die hier lebenden Doppelbürger nicht ernst genug nehmen, wenn nicht bei Unterzeichnung des Vertrages in maßvoller Festigkeit unsere Wünsche deponiert werden.“ Der Botschafter ersuchte dringend um die Ermächtigung, „ausdrücklich namens der österreichischen Bundesregierung nach Vertragsunterzeichnung eine entsprechende Erklärung abgeben zu dürfen, deren harter Kern allenfalls gleichzeitig mit der Genehmigung dieses Abkommens dem Ministerrat zur Zustimmung unterbreitet werden könnte.“[84] Der Botschafter hatte den Entwurf einer solchen Erklärung seinem Fernschreiben gleich beigefügt und erhielt von seinem Außenminister auch den entsprechenden Verhandlungsauftrag.

Friedrich Bauer übergab am 20. September 1974 im MfAA die Erklärung und bat um eine offizielle Stellungnahme und eine positive Gegenerklärung. Er wies darauf hin, daß die Unterzeichnung des Konsularvertrages sofort nach Verständigung über den Austausch der Erklärungen erfolgen könne. Dem Botschafter wurde eine offizielle Antwort zugesagt.[85] Eine auf Wunsch der DDR leicht abgeänderte österreichische Erklärung wurde am 10. Januar 1975 im MfAA übergeben.[86] Der stellvertretende Außenminister Ewald Moldt teilte Bauer bei einem Gespräch am 21. Januar 1975 das Einverständnis der DDR zu dieser Erklärung mit und übergab seinerseits einen Text, den Bauer akzeptierte. Moldt formulierte dann den Wunsch, „den Konsularvertrag so schnell als möglich zu unterzeichnen“ und bemerkte, „daß die Unterzeichnung des seit Monaten paraphierten Konsularvertrages die beste Antwort auf die völkerrechtswidrige Einmischung der BRD in die inneren Angelegenheiten beider Staaten sei.“ Der Stellvertreter des Außenministers der DDR dankte dem Botschafter Österreichs

84 BMEIA.

85 PAAA, MfAA, C 133/78, Abteilung Westeuropa, Sektor Österreich, Schweiz, Abschluß eines Konsularvertrages zwischen der DDR und Österreich 1973–1975, Bl. 51 ff.

86 Ebd., Bl. 61 f.

für die konstruktive Arbeit. Bauer bedankte sich seinerseits für die konstruktive Zusammenarbeit in dieser Angelegenheit und erklärte im „Zusammenhang mit den Einmischungsversuchen der BRD [...], daß die Republik Österreich sowohl zur Deutschen Demokratischen Republik als auch zur Bundesrepublik Deutschland gute Beziehungen erhalten wolle. Die Frage der Staatsbürgerschaft sei völlig klar. Die Republik Österreich habe die DDR als Staat anerkannt und damit auch die Staatsbürgerschaft. Diesen Standpunkt hat Österreich stets vertreten. Die Versuche der BRD würden einen gewissen Nationalstolz der Österreicher treffen und eine bestimmte Trotzwirkung hervorrufen."[87] Die österreichische Regierung stimmte am 11. März 1975 zu, und am 26. März 1975 unterzeichneten Botschafter Bauer und der neue DDR-Außenminister Oskar Fischer im Weißen Salon des Außenministeriums in Berlin den Vertrag. In seiner Erklärung sagte der Botschafter danach folgendes: „Die Österreichische Bundesregierung geht [...] von der Voraussetzung aus, daß der vorliegende Vertrag das Bemühen um die Erledigung der Anliegen der im Empfangsstaat befindlichen Staatsbürger des Entsendestaates, auch wenn diese die Staatsbürgerschaft beider Vertragspartner besitzen, nicht ausschließt und die zuständigen Staatsorgane des Empfangsstaates die Interessen des Entsendestaates zum Schutz von dessen Staatsbürgern berücksichtigen werden. Die Republik Österreich ist der Ansicht, daß der Stand der Beziehungen zwischen zwei Staaten nicht zuletzt an der Regelung humanitärer Einzelfälle zu messen ist. Die Österreichische Bundesregierung ist sich dessen bewußt, daß eine Anzahl derartiger im Verhältnis zur Deutschen Demokratischen Republik bestehender Fälle bereits in einem positiven Sinn erledigt worden ist und möchte nicht verfehlen, hierfür der Regierung der Deutschen Demokratischen Republik ihren Dank zum Ausdruck zu bringen. Die Österreichische Bundesregierung richtet gleichzeitig an die Regierung der Deutschen Demokratischen Republik die Bitte, die noch ungelösten humanitären Einzelfälle einer beschleunigten positiven Erledigung zuzuführen, ohne damit den Eindruck einer Einmischung in die inneren Angelegenheiten der Deutschen Demokratischen Republik erwecken zu wollen." Der Außenminister drückte in seiner Erklärung die Erwartung aus, „daß der vorliegende Vertrag das Bemühen um die Erledigung der Anliegen der im Empfangsstaat befindlichen Staatsbürger des Entsendestaates, auch wenn diese die Staatsbürgerschaft beider Vertragspartner besitzen, nicht ausschließt und die zuständigen Staatsorgane des Empfangsstaates die Interessen des Entsendestaates zum Schutz von dessen Staatsbürgern berücksichtigen werden."[88] Fischer kam bei einem von ihm im Anschluß an die Unterzeichnung im Kronprinzenpalais gegebenen Essen auch auf

87 Ebd., Bl. 74 ff.

88 Text beider Erklärungen: PAAA, MfAA, C 5849, Bl. 144–149.

die Reaktion der deutschen Bundesregierung auf den Konsularvertrag zu sprechen und konnte sich „aufgrund seiner Herkunft als Sudetendeutscher" die Bemerkung nicht versagen, daß Genscher „bei der Behandlung des österreichischen Volkes einen schweren psychologischen Fehler gemacht habe".[89]

Unterzeichnung des Konsularvertrags im Weißen Salon des DDR-Außenministeriums am 26. März 1975. Links Botschafter Friedrich Bauer, in der Mitte der stellvertretende DDR-Außenminister Ewald Moldt, rechts DDR-Außenminister Oskar Fischer.

Foto: Joachim Spremberg, ADN/Zentralbild, heute Bundesarchiv

Bei der Begründung zur Vorlage des Gesetzes über den Vertrag sagte Fischer am 19. Juni 1975 in der Volkskammer der DDR: „Der Abschluß des Konsularvertrages mit der Republik Österreich unterstreicht die seit der Aufnahme der diplomatischen Beziehungen zwischen der Deutschen Demokratischen Republik und Österreich für beide Seiten vollzogene vorteilhafte Entwicklung." Damit habe erstmals ein nichtsozialistischer Staat „in völkerrechtlich verbindlicher Form die Staatsbürgerschaft der Deutschen Demokratischen Republik bestätigt". Der entsprechende Gesetzentwurf wurde noch in derselben Sitzung einstimmig angenommen.[90] In der Debatte des österreichischen Nationalrats über den Ver-

---

89 Fernschreiben Bauers vom 27. März 1975: BMEIA.

90 Volkskammer der Deutschen Demokratischen Republik, 6. Wahlperiode, Protokolle, Bd. 21, S. 302 f.

trag am 4. Juli 1975 sagte der sozialdemokratische Abgeordnete Edgar Schranz, die Anerkennung der Staatsangehörigkeit der DDR „war bereits involviert in der Anerkennung dieses Staates überhaupt und in der Aufnahme der diplomatischen Beziehungen. Es hat also der Konsularvertrag hier gar keine Änderung bringen können.“ Der Abgeordnete verwies dann auf die völkerrechtliche Regelung, daß die Anerkennung eines Staates „die Anerkennung seiner Staatsangehörigen zwangsläufig zur Folge hat“. Schranz erwähnte auch die Haltung Kreiskys und fügte hinzu: „In Österreich kann eben jeder frei entscheiden, an wen er sich wenden will, und er wird auch in Zukunft zwischen den Vertretungen der beiden deutschen Staaten so wie bisher wählen können.“ Entsprechend argumentierten auch weitere Redner. Der Nationalrat nahm die Regierungsvorlage über den Konsularvertrag in derselben Sitzung einstimmig an.[91] Die Erläuterungen zur Vorlage enthielten den Hinweis, im Vertrag würde zu Grundsatzfragen der Staatsangehörigkeit nicht Stellung genommen und es ergäbe „sich auch kein Grund für eine Änderung der bisherigen Praxis“.[92] Im Bundesrat gab es in der Sitzung am 10. Juli 1975 zwar eine hitzige Debatte dazu, dennoch erhob die Länderkammer am Ende keinen Einspruch gegen den Beschluß des Nationalrates.[93] Die Botschaft der Bundesrepublik Deutschland ersuchte mit Verbalnote vom 15. Juli 1975 das BMfAA um die Bestätigung, „daß die konsularischen Vertretungen der Bundesrepublik Deutschland in Österreich auch nach Inkrafttreten des genannten Abkommens weiterhin die Befugnis haben, alle Deutschen im Sinne des in der Bundesrepublik Deutschland geltenden Staatsangehörigkeitsrechts, die dies wünschen, wie bisher konsularisch zu betreuen“. Eine solche formelle ausdrückliche Bestätigung erfolgte nicht. In der Antwortnote des BMfAA vom 18. Juli 1975 steht nur, daß auch in Zukunft von den österreichischen Behörden keiner Person verboten wird, „sich mit ihren Anliegen an eine beliebige konsularische Vertretung zu wenden“.[94]

Die Ratifikationsurkunden zum Vertrag wurden am 14. August 1975 in Wien zwischen Botschafter Fleck und Generalsekretär Heinrich Haymerle ausgetauscht.[95] Am 13. Oktober 1975 trat der Konsularvertrag in Kraft.[96] Botschafter Bauer erreichte in diesem Zusammenhang die Lösung von über tausend „humanitären Härtefällen“, womit Besuchsreisen oder Übersiedelungen von

---

91 Stenographische Protokolle über die Sitzungen des Nationalrates der Republik Österreich 1975, 10. Bd., S. 14767 f.

92 Beilagen zu den stenographischen Protokollen des Nationalrates der Republik Österreich 1975, 17. Bd., Beilage 1639.

93 Stenographisches Protokoll, S. 11090–11098.

94 Abschriften der Noten in: PAAA, B 81, Nr. 1111.

95 *Österreichische Zeitschrift für Außenpolitik*, 15. Jg. 1975, Heft 4, S. 223.

96 Gesetzblatt der DDR, Teil II, Jg. 1975, S. 125–133 und 266.

Bürgern der DDR nach Österreich gemeint war. Bauer hatte die Details mit Moldt direkt ausgehandelt und schrieb später zur Verläßlichkeit der DDR in dieser Hinsicht: „Vereinbarungen wurden genau eingehalten, man mußte weder nachfragen noch Druck ausüben. Wir haben diesen Deal nie an die große Glocke gehängt, er kam nie in die Öffentlichkeit." Der Botschafter half auch Bürgern der DDR, deren direkte Übersiedelung in die Bundesrepublik Deutschland nicht genehmigt wurde. „In diesen Fällen erteilte das österreichische Innenministerium Einwanderungsgenehmigungen mit Aufenthaltsbewilligung nach Österreich." Dort konnten sich diese Personen in der bundesdeutschen Botschaft in Wien einen Paß ausstellen lassen und so ihr eigentliches Ziel erreichen.[97]

Österreichische Staatsbürger in der DDR

Gemäß Artikel 27 des Konsularvertrags war der Konsul berechtigt, „die Rechte und Interessen des Entsendestaates und seiner Staatsbürger zu vertreten und zu schützen; zur Entwicklung der wirtschaftlichen, kulturellen und wissenschaftlichen Beziehungen zwischen dem Entsendestaat und dem Empfangsstaat beizutragen" sowie „die Entwicklung freundschaftlicher Beziehungen zwischen dem Entsendestaat und dem Empfangsstaat zu fördern".[98] Mit dem Inkrafttreten des Gesetzes über den Konsularvertrag am 19. Juni 1975 hatte die Betreuung der österreichischen Staatsbürger in der DDR durch ihre Botschaft eine feste Rechtsgrundlage.[99] Manche in der DDR lebenden Österreicher hatten schon vor dem Zweiten Weltkrieg ihre Heimat verlassen oder waren durch die Kriegsereignisse nach Ostdeutschland verschlagen worden. Einer der berühmtesten Österreicher in der DDR war der gebürtige Wiener Walter Felsenstein, der langjährige Intendant der Komischen Oper Berlin. Allerdings wollte er mit seinem Botschafter und seiner Botschaft gar nichts zu tun haben. Nur bei der Verlängerung des Reisepasses nahm er deren Dienste in Anspruch. Andere bekannte Österreicher in der DDR, mit denen Botschafter Bauer zu tun hatte, waren der Schauspieler Wolfgang Heinz und der Kabarettist Otto Stark. Heinz verkehrte jedoch mit Bauer nur auf zwischenmenschlicher Ebene, akzeptierte ihn aber nicht in Ausübung des Botschafteramtes. „Er kam nie zum Nationalfeiertag oder zu anderen Gelegenheiten in die Residenz." Stark war Direktor des Kabaretts „Die Distel" in Ost-Berlin und spielte dem Ehepaar Bauer sogar privat einige Szenen vor. „Wir haben selten so gut gelacht."[100]

---

97 Bauer, S. 55/56.

98 Gesetzblatt der DDR, Teil II, Jg. 1975, S. 130.

99 Ebd., S. 125.

100 Bauer, S. 50 ff.

Die Botschaft hatte aber auch weniger angenehme Pflichten bei der Betreuung ihrer Staatsangehörigen zu erfüllen. In Artikel 38 des Konsularvertrages war festgelegt, daß die Behörden des Empfangsstaates „den Konsul des Entsendestaates von jeder vorläufigen Festnahme, Verhaftung oder jedem sonstigen Entzug der persönlichen Freiheit eines Staatsbürgers des Entsendestaates unverzüglich [...] unterrichten, damit er die erforderlichen Maßnahmen zum Schutz der Rechte und Interessen des Betroffenen ergreifen und damit der Betroffene den Schutz des Konsuls in Anspruch nehmen kann. Sie haben die vom Betroffenen an den Konsul gerichteten Mitteilungen unverzüglich weiterzuleiten. Ein Konsul hat das Recht, mit einem Staatsbürger des Entsendestaates, der vorläufig festgenommen, verhaftet oder dem die persönliche Freiheit auf irgendeine andere Art entzogen worden ist, zu verkehren, insbesondere ihn zu besuchen und mit ihm zu sprechen; er hat auch das Recht, dem Betroffenen bei der Bestellung eines Rechtvertreters behilflich zu sein."[101]

Die Untersuchungshaftanstalt für Bürger westlicher Staaten in der DDR befand sich in Berlin-Lichtenberg, während sie ihre Strafhaft im Gefängnis Bautzen II verbüßten.[102] Seit 1963 war für diese Häftlinge die Hauptabteilung IX des Ministeriums für Staatssicherheit zuständig; ihr Verbindungsoffizier in Bautzen war Hans Kempe. Mit der Dienstanweisung Nr. 30/63 von Innenminister Karl Maron wurde die „Zusammenarbeit der Organe der Verwaltung Strafvollzug mit den Organen des Ministeriums für Staatssicherheit" geregelt. Darin war festgelegt: „Einlieferungen in die Strafvollzugsanstalt Bautzen II werden direkt durch das Ministerium für Staatssicherheit angewiesen."[103] Gemäß der „Vereinbarung zur Gewährleistung der politisch-operativen Aufgaben in der Strafvollzugseinrichtung Bautzen II" vom 18. November 1975 konzentrierte sich die Hauptabteilung IX dort auch auf die „operative Überwachung und Kontrolle der durch Mitarbeiter diplomatischer Vertretungen stattfindenden Konsularbesuche".[104] Die Besuchstermine wurden durch Notenwechsel zwischen den diplomatischen Vertretungen und der Konsularabteilung des MfAA vereinbart und dann von Peter Pfütze von der Hauptabteilung IX vorbereitet, überwacht und ausgewertet. Die Treffen zwischen den Diplomaten und den Häftlingen fanden zuerst in einer Baracke auf dem Gelände des Untersuchungsgefängnisses in Berlin-Lichtenberg und ab 1978 in Bautzen II statt.

Aufgrund des positiven Verlaufs der Verhandlungen über den Konsularvertrag erhielt die österreichische Botschaft als erste westliche diplomatische Ver-

---

101 Gesetzblatt der DDR, Teil II, Jg. 1975, S. 131.

102 Fricke, Karl Wilhelm/Klewin, Silke: Bautzen II, Leipzig 2001.

103 Abgedruckt in ebd., S. 214–217.

104 Abgedruckt in ebd., S. 254–258.

tretung die Erlaubnis zu Treffen mit ihren inhaftierten Staatsangehörigen. In der Amtszeit von Botschafter Bauer nahm meistens der I. Botschaftssekretär Wolfgang Loibl diese Termine wahr. Beim Treffen am 31. Juli 1974 brachten die Häftlinge übereinstimmend Beschwerden über die Verpflegung in Bautzen vor. Die „Erzieher" hätten dazu gesagt: „Sie bekommen hier soviel zu fressen, daß sie arbeiten können." Außerdem sei der Arbeitsraum schmutzig und kalt. Das Treffen wurde am 1. August 1974 intern von Hans Kempe mit dem Leiter der Strafvollzugsanstalt und dem Leiter Strafvollzug im Ministerium des Innern ausgewertet, der die Beschwerden im wesentlichen bestätigte. Er erwähnte auch einen Vorfall, wonach „ein verantwortlicher Mitarbeiter" in Bautzen II angesichts eines Häftlings, dem Angehörige bei einem Besuchstermin Bananen mitgebracht hatten, geäußert haben soll: „Soweit ist es schon, die Ganoven bekommen Bananen und die Kinder der Bevölkerung bekommen keine."[105]

In seinem Bericht vom 8. August 1974 an das BMfAA gab Botschafter Bauer die von den österreichischen Sträflingen gemachten Angaben zu den Haftbedingungen so wieder: „Der Tagesablauf in Bautzen fängt mit dem Wecken um 3.30 Uhr an. Um 4.45 Uhr beginnt die Arbeit, die um 15.30 Uhr endet." Dazwischen liege eine halbstündige Freistunde mit Spaziergang in einem dreieckigen Hof von ca. zehnmal fünfzehn Metern Ausdehnung und die Mittagspause. „Die Nachtruhe dauert von 20.00 Uhr bis 3.30 Uhr. An Samstagen und Sonntagen erfolgt das Wecken erst um 5.30 Uhr, die Freistunde beträgt 60 Minuten. Die wöchentliche Arbeitszeit liegt bei 48 Stunden. Die in Bautzen untergebrachten neun Ausländer sind in einem Arbeitskommando zusammengefaßt, das mit der Herstellung von Schaltern, Kontakten u.ä. für einen DDR-Elektrobetrieb beschäftigt ist. Der Arbeitsraum liegt im Keller und wird mit Neonlicht erhellt. An sich ist die Arbeit nicht hart, jedoch durch die Lage des Arbeitsraumes und den anfallenden Bakelitstaub erschwert. Bei 100%-iger Erfüllung der Arbeitsnorm erhalten die Häftlinge monatlich etwa 17 Mark zur freien Verfügung. [...] Ein Hauptbeschwerdepunkt der Österreicher betraf die Verpflegung, die übereinstimmend als praktisch ungenießbar bezeichnet wurde. Das Mittagessen besteht etwa 3x wöchentlich aus Eintopf (Kohl, Reis oder Erbsen mit Wasser und Fett) mit Fleischspuren, dazwischen Milchspeisen (Grießbrei, Pudding, Haferflocken, Milchreis), einmal pro Woche Fleisch. Kartoffeln sind schwarz und zerfallen zu einer klebrigen Masse. Als Abendessen gibt es zweimal wöchentlich je 45 Gramm Butter, sonst je 63,5 Gramm Margarine; dazu abwechselnd 50 Gramm Wurst, Streichwurst, Sülze oder 1 Löffel Mayonnaise, etwa alle 14 Tage ein Ei und zuweilen eine Fischkonserve. Brot wird in ausreichender Menge ausgefolgt. Die Portionen wurden – abgesehen von ihrer Ungenießbarkeit – als ausreichend

105 Bericht vom 6. August 1974: BStU, MfS HA IX, Nr. 14081, Bl. 141–146.

bezeichnet. Weitere Beschwerden galten der ärztlichen Betreuung." Hinsichtlich der allgemeinen Behandlung habe der Anstaltsleiter als „Begrüßung" mitgeteilt, „wer sich nicht füge, habe Prügelstrafen, Fesselungen, Arrest und Schußwaffe zu erwarten. Allerdings scheint eine solche Initialeinschüchterung für Haftanstalten nicht ungewöhnlich [...]. Hinsichtlich Prügelungen und Schußwaffengebrauch konnte nichts berichtet werden. [...] Das Gefängnispersonal ist teils verständnisvoll, teils gehässig eingestellt." Einige Gefangene seien als „österreichische Lahmärsche" angesprochen worden. „Nicht verschwiegen soll werden, daß für die Häftlinge Fernsehmöglichkeit nach Ermessen der Anstaltsleitung, einmal monatlich Filmvorführungen, zuweilen Tischtennis, Bibliotheksbenutzung etc. bestehen."[106]

Die Beschwerden wurden in einer Verbalnote der Botschaft vom 12. August 1974 an die Konsularabteilung des MfAA festgehalten.[107] Konsul Rudolf Geiblinger übergab das Dokument dort zwei Tage später deren Mitarbeiter Heynert und erklärte dazu, „daß die österreichische Botschaft auf keinen Fall damit eine Kritik am Strafvollzug der DDR üben möchte". Die Beschwerden der Häftlinge wären aber ähnlich gewesen, und so habe sich die Botschaft veranlaßt gefühlt, „um eine Überprüfung nachzusuchen. Außerdem möchte die Botschaft eine Verbesserung der Lage der österreichischen Häftlinge damit erreichen." Heynert meinte, „daß es im Strafvollzug der DDR keinen Unterschied zwischen DDR-Bürgern und Ausländern gibt, jedoch die Strafvollzugsart bei schweren Delikten anders ist als bei einfacheren strafbaren Handlungen." Der Konsul wünschte auch keine Bevorzugung der österreichischen Häftlinge, sondern wollte nur deren schlechtere Behandlung gegenüber Bürgern der DDR vermeiden.[108]

Hauptabteilungsleiter August Klobes schickte am folgenden Tag eine Kopie der Note an den Leiter der Abteilung Strafvollzug im Ministerium des Innern, Hans Tunnat, mit der Bitte um gründliche Überprüfung, die dann auch sehr schnell in Bautzen II erfolgte. Einer der befragten Wärter erklärte dazu, beim Aufnahmegespräch sei „niemals von einer Prügelstrafe im Strafvollzug gesprochen worden. Lediglich wurde darauf hingewiesen, daß bei Gewalttätigkeiten oder Widerstand durch Strafgefangene dieser durch körperliche Gewalt bzw. Anwendung des polizeilichen Knüppels bis zur Waffengewalt ausgeschaltet wird." Die österreichischen Gefangenen seien auch nicht als „Lahmärsche" bezeichnet worden. Eine ähnlich lautende Bemerkung sei beim Einrücken des Kommandos von der Arbeit gefallen etwa in der Form: „Etwas mehr Bewegung ihr lahmen Krieger." Eine besondere Erwähnung der Österreicher dabei wäre

106 BMEIA.
107 BStU, MfS HA IX, Nr. 16157, Bl. 471–475 [BStU-Zählung].
108 Gesprächsvermerk, ebd., Bl. 236 ff. [BStU-Zählung].

ihm nicht bekannt. In der „Niederschrift über das Ergebnis der Überprüfung der Beschwerde der Botschaft der Republik Österreich am 20. und 21. August 1974 in der Strafvollzugsanstalt Bautzen II“ steht als Schlußfolgerung, die Belehrungen der Strafgefangenen bei der Aufnahme müßten exakt schriftlich festgelegt werden. Die Angehörigen des Strafvollzugs seien „nochmals in der Schulung bzw. in einer Belehrung über ein ordnungsgemäßes, der Gesetzlichkeit entsprechendes Auftreten gegenüber den Strafgefangenen hinzuweisen“. Unter dem Punkt „Verpflegung“ steht in der Niederschrift: „Die Befragung verschiedener Strafgefangener“ habe ergeben, „daß keine Beanstandungen in Quantität und Qualität der Verpflegung vorgebracht wurden. Es wurde lediglich um die Ausgabe von mehr Frischobst bzw. Frischgemüse gebeten. Das ist jedoch auf Grund des Warenangebots zur Zeit nicht möglich. [...] Vorgetragene Beschwerden zur Verpflegung sind in der Regel von Ausländern darauf zurückzuführen, daß sich diese auf Grund ihrer vorherigen anderen Ernährungsweise erst an die verabfolgte Kost gewöhnen müssen.“ Tunnat schickte Klobes am 28. August 1974 die Stellungnahme der Verwaltung Strafvollzug vom 26. August 1974 zu den Beschwerden. Danach hätten Befragungen anderer Strafgefangener hinsichtlich Quantität, Qualität und Schmackhaftigkeit der Verpflegung keine Klagen ergeben. Die Österreicher hätten ein Problem bei der Umstellung auf die Eßgewohnheiten in der DDR, „was naturgemäß auch anderen ausländischen Strafgefangenen gewisse Anpassungsschwierigkeiten bereitet“. Die Leitung der Strafvollzugsanstalt sei in dieser Hinsicht um Flexibilität bemüht. Zur Kritik der Häftlinge an ihren Arbeitsverhältnissen steht in der Stellungnahme, „daß diese in einem völlig normalen zur ebenen Erde liegenden Produktionsraum tätig sind und unter Bedingungen wie freie Werktätige mit gleichartiger Tätigkeit arbeiten“. Gemäß telefonischem Hinweis Tunnats an Klobes durfte die Stellungnahme nicht an die Botschaft weitergeleitet werden. Sie diene nur der Information des MfAA und könne als Grundlage für die Erarbeitung der Antwortnote verwendet werden. Die Antwortnote der Konsularabteilung des Außenministeriums an die Botschaft vom 31. Oktober 1974 enthielt das Resümee: „In keinem Falle konnte bei der Überprüfung eine ungleiche Behandlung der österreichischen Strafgefangenen gegenüber anderen Häftlingen festgestellt werden.“ Heynert übergab Loibl das Dokument noch am Tag der Ausfertigung.[109] Beim nächsten Treffen mit dem Diplomaten am 26. November 1974 sprachen die Häftlinge von einer Verbesserung ihrer Situation.[110] In anderen Angelegenheiten der österreichischen Häftlinge intervenierte die Botschaft noch oft bei der Konsularabteilung des

109 BArch Berlin, DO 1/3555.

110 Bericht von Hauptmann Kliche von der Hauptabteilung IX vom 28. November 1974: BStU, MfS HA IX, Nr. 14081, Bl. 134–138 [BStU-Zählung].

MfAA.[111] Botschafter Friedrich Bauer plädierte bei einem Treffen mit Herbert Plaschke, dem Leiter der Westeuropa-Abteilung des DDR-Außenministeriums, am 21. März 1975 im Zusammenhang mit der bevorstehenden Unterzeichnung des Konsularvertrages für eine Begnadigung der österreichischen Gefangenen.[112] Daraufhin wurde dem Staatssicherheitsminister Erich Mielke von der Hauptabteilung IX am 17. April 1975 die Entlassung eines Häftlings mit gesundheitlichen Problemen vorgeschlagen und hinzugefügt: „Die Geste der DDR sollte der Botschaft der Republik Österreich durch das MfAA mitgeteilt und dabei erneut darauf hingewiesen werden, daß die DDR im Interesse der weiteren Entwicklung guter zwischenstaatlicher Beziehungen damit die Erwartung verbindet, daß die österreichischen Behörden wirksam gegen die auf ihrem Territorium tätigen Menschenhändlerbanden vorgehen und deren gegen die DDR gerichtete Tätigkeit unterbinden." Erich Mielke schrieb an den Rand des Vorschlags: „einverstanden 24.IV.75". Der Häftling wurde Loibl am 29. Mai 1975 im Gefängnis Berlin-Lichtenberg „durch Genossen Oberstleutnant Pfütze [...] ohne jegliche Vorkommnisse übergeben".[113]

Die nächste Entlassung eines österreichischen Häftlings genehmigte Mielke auf Vorschlag der Hauptabteilung IX am 10. August 1977 wegen des angestrebten Besuchs von Bundeskanzler Kreisky in der DDR. Die Entscheidung würde vom MfAA „gegenüber der österreichischen Seite [...] als Entgegenkommen der DDR zur weiteren Entwicklung der guten zwischenstaatlichen Beziehungen zwischen Österreich und der DDR gewertet. [...] Der konkrete Termin sollte unter Berücksichtigung der genannten außenpolitischen Gesichtspunkte mit dem MfAA abgestimmt werden." Der Häftling wurde einem Mitarbeiter der Botschaft im Gefängnis in Berlin-Lichtenberg am 23. Februar 1978 „zur sofortigen Ausreise aus der DDR übergeben."[114] Bei der Visite Kreiskys einen Monat später wurden die Außenkommandos des Zuchthauses Rüdersdorf rechtzeitig abgezogen, weil die österreichische Delegation keine Sträflinge beim Straßenbau in der DDR zu Gesicht bekommen sollte.[115]

111 Siehe dazu die Dokumente in BArch Berlin, DO 1/3555 und den folgenden Akten.
112 BStU, MfS HA IX, Nr. 14081, Bl. 121 [BStU-Zählung].
113 Ebd., Bl. 116–119 [BStU-Zählung].
114 Ebd., Bl. 70 f. und 80 ff. [BStU-Zählung].
115 LAB, C Rep. 303, Nr. 894.

Die Botschaft und die Kultur

Die in Ost-Berlin akkreditierten Diplomaten und Journalisten aus dem Westen veränderten das gesellschaftliche Leben in der DDR. Besonders westdeutsche Korrespondenten kamen oft mit dem totalitären Anspruch der SED auf dem Gebiet der Berichterstattung in Konflikt. Am 16. Dezember 1975 teilte das DDR-Außenministerium dem Korrespondenten des *Spiegel*, Jörg Mettke, den sofortigen Entzug seiner Akkreditierung mit. Das Hamburger Nachrichtenmagazin hatte am Vortag einen Beitrag über Zwangsadoptionen in der DDR gebracht, dessen Verfasser Mettke aber gar nicht war. Die Ausweisung des Journalisten war ein Verstoß gegen die Schlußakte von Helsinki. Bauer stellte am 9. Februar 1976 in seinem Bericht an das BMfAA fest, Mettke sei der erste aus der DDR ausgewiesene ausländische Korrespondent. „Offensichtlich wollte die DDR mit diesem Schritt ein Warnsignal für die übrigen hier akkreditierten westlichen Journalisten und deren Zeitungen setzen. [...] Die Ausweisung Mettkes ermöglicht es der DDR aber auch gleichzeitig, sich eines Korrespondenten zu entledigen, der über zu gute und intensive Kontakte zu DDR-Kreisen, besonders aus der Intelligenz, verfügte.“[116] Auch die Ausweisung des ARD-Korrespondenten Lothar Loewe am 22. Dezember 1976 wurde in den Berichten der Delegation vom 28. Dezember 1976 und der Botschaft vom 31. Januar 1977 ausführlich und kritisch kommentiert.[117]

In der zweiten Hälfte des Jahres 1976 wurde die DDR durch aufsehenerregende Zwischenfälle erschüttert. Am 18. August 1976 übergoß sich der Pfarrer Oskar Brüsewitz vor der Michaeliskirche in Zeitz mit Benzin und zündete sich an. Er starb am 22. August 1976 an den Folgen seiner Tat. Am 29. Oktober 1976 wurde der Schriftsteller Rainer Kunze aus dem Schriftstellerverband der DDR ausgeschlossen, nachdem sein Buch „Die wunderbaren Jahre“ in Westdeutschland erschienen war. Am 16. November 1976 wurde der in Ost-Berlin lebende Dichter und Sänger Wolf Biermann nach einem Konzert in Köln aus der DDR ausgebürgert. Diese Aktion rief besonderes Entsetzen hervor, weil Ausbürgerungen bis dahin nur für den Nationalsozialismus typisch waren. Bauer schrieb in seinem Bericht an das BMfAA vom 17. November 1976 zu diesen Vorfällen, „daß die SED sich bemüht, die aufgebrochene innenpolitische Situation wieder besser in den Griff zu bekommen; insofern ist eine Verhärtung gegenüber der Entwicklung der letzten drei Jahre zu erwarten.“ Nach Meinung des Botschafters hätten diese Maßnahmen die Signalwirkung: „Bis hierher und nicht weiter!“[118] In seinen Erinnerungen schrieb Bauer über diese Zeit: „In den siebziger

116 BMEIA.
117 BMEIA.
118 BMEIA.

Jahren war die DDR, wie alle kommunistischen Staaten, voll von Mißtrauen gegenüber ihren Geistesschaffenden. Doch kann man nicht behaupten, daß ein generell intellektuellenfeindliches Klima geherrscht hätte. Schriftsteller und Künstler wurden großzügig gefördert, sofern sie nicht gegen die Parteilinie aufmuckten. Sie wurden auf verschiedenartigste Weise überwacht, auch wenn sie in ihrer Grundhaltung durchaus links und nicht sozialismusfeindlich eingestellt waren. Nach der Biermann-Affäre hat sich die Haltung der SED gegenüber Kunst- und Kulturschaffenden merklich verhärtet."[119] Der Botschafter Österreichs interessierte sich als Repräsentant und Bürger einer klassischen Kulturnation ganz besonders für das kulturelle Leben in seinem Gastland und knüpfte viele Kontakte zu Künstlern und anderen Geistesschaffenden. Seine Berichte über Repressalien gegen Intellektuelle in der DDR lassen an Deutlichkeit nichts zu wünschen übrig. Manchmal wandte er sich deswegen auch direkt an seinen Regierungschef.

Die Ausbürgerung Biermanns hatte eine spontane Protesterklärung einiger Künstler und Schriftsteller zur Folge, die von westlichen Medien veröffentlicht wurde. Einer der Erstunterzeichner der Resolution war der Schriftsteller Rolf Schneider. Bauer informierte mit Fernschreiben vom 19. November 1976 Kreisky über eine Mitteilung Schneiders, „daß er zu den 13 Unterzeichnern des Biermann-Appells gehöre. [...] Der Appell sei notwendig gewesen, um der Schande und dem Vorwurf zu entgehen, die DDR-Schriftsteller seien vom Staat korrumpiert durch Auslandsreisen und andere Privilegien. Die deutsche Literatur habe während des 19. Jahrhunderts und auch unter der Nazi-Zeit stets gekuscht. Während der letzten 15 bis 20 Jahre konnte man das noch wegen der besonderen Aufbausituation der DDR hinnehmen, doch nun sei es genug. Nach Ansicht des Gesprächspartners hätte man schon bei [...] der Selbstverbrennung des Pastors Brüsewitz protestieren sollen, doch habe damals der Sommerurlaub eine gemeinsame Aktion verhindert. Der Appell sei zunächst dem *Neuen Deutschland* zur Veröffentlichung übergeben worden. Da diese nicht erfolgte, wurde er Reuters und AFP überlassen. Die BRD wurde bewußt ausgeklammert, weil man die Sache als interne Angelegenheit der DDR-Schriftsteller ansieht und der BRD kein Material gegen die SED liefern will. [...] Die Führung wurde offenbar von der raschen und spontanen Reaktion sowie der am nächsten Tag erfolgten Solidarisierung weiterer 20 Künstler [...] überrascht, um so mehr als die Unterzeichner eine beträchtliche, auch international bekannte geistige Potenz darstellen."[120]

---

119 Bauer, S. 49.

120 BMEIA. In dem Fernschreiben ist der Name Rolf Schneider nicht erwähnt. Kreisky wußte aber, wer gemeint war.

Bauers Bericht an seinen Außenminister Willibald Pahr vom 25. November 1976 über die „innenpolitische Lage nach der Biermann-Affäre“ enthält folgende Einschätzung: „Die negative westliche Reaktion zur Biermann-Affäre hatte die SED sicher einberechnet, nicht hingegen wohl die überraschend spontane und harte Gegenwehr von ursprünglich 13, jetzt nur noch 11 prominenten DDR-Künstlern, die sich am 17. November 1976 in einem Appell an die SED nicht für Biermann, aber gegen die Methode aussprachen […]. Erst nach zweitätiger Schreckpause erschien im *Neuen Deutschland* eine Flut von organisierten Solidaritätsbekundungen mit der SED, während zugleich der Staatssicherheitsdienst massiven Druck auf die Unterzeichner des Appells […] ausübte.“[121]

In einem weiteren Bericht an Pahr vom 17. August 1977 zur „Säuberung der Kulturszene mit geringfügig verfeinerten stalinistischen Methoden“ resümiert Bauer: „Die von vielen Beobachtern angenommene und auch von mir einberichtete Ruhigstellung der DDR-Kulturszene nach dem Wirbel um die Protestresolutionen gegen die Ausbürgerung Wolf Biermanns, ist nicht eingetreten. Im Gegenteil: Gegen die ursprünglichen Unterzeichner und spätere Mitpetenten hat eine stalinistische Hexenjagd mit ausgeklügeltem Psychoterror, der sich in gemeiner Weise auch gegen die Familien richtet, mit dem Ziel verschärft eingesetzt, die Rücknahme aller Unterschriften zu erzwingen, selbst um den Preis des Außerlandtreibens der Betroffenen. […] Der aufmüpfigen kommunistischen DDR-Intelligenz wird nun die leninistische Machtfrage gestellt. […] Es steht außer Frage, daß die DDR-Partei- und Staatsführung gewillt ist, jegliche Häresie schon im Entstehungsstadium auszumerzen, selbst um den Preis der geistigen Selbstkastration und völliger Austrocknung der Kulturszene. So muß ich es mir, wie schon seit Ende 1976, weiter versagen, die interessantesten und intelligentesten Menschen der DDR gemeinsam in mein Haus zu laden, um dem Staatssicherheitsdienst keine weitere Begründung seiner Komplott-Theorie (Vorwurf der Gruppenbildung) zu geben.“ Der Botschafter bezweifelte den Nutzen eines Kulturabkommens zum gegenwärtigen Zeitpunkt, weil die DDR dann Österreich vor allem Produkte und Typen einer „sozialistischen Nationalkultur“ anzubieten versuchen würde, „an deren Mittelmäßigkeit wir aus Eigenachtung kein Interesse haben sollten“.[122] Botschafter Bauer zeigte seine Solidarität mit den Bedrängten auf österreichische Art: Er ließ den Standhaften kleine Sachertorten mit persönlichen Wünschen zukommen, die vom Chauffeur der Botschaft mit Dienstwagen und Stander zugestellt wurden. Eigentlich darf der Stander nur gesetzt werden, wenn sich der Missionschef im Fahrzeug befindet. Das war Bauer in dieser Situation jedoch gleichgültig. Folgenreich war der von ihm vermittelte

121 BMEIA.
122 BMEIA.

Kontakt zwischen Rolf Schneider und Bruno Kreisky. Der Literat schrieb später über jene Zeit folgendes: „Ein paar Wochen lang lebte ich in einer strapazierenden Atmosphäre der hitzigen Diskussionen, der Selbstzweifel, der Verdächtigungen und der bohrenden Ängste. Man stellte mir Aufpasser vor die Tür. Man ließ sich gehässig gegenüber meinen Kindern aus. Da ereilte mich ein freundlicher Brief vom österreichischen Bundeskanzler, des Inhalts, ich möchte, wenn mir danach zumute sei, und möglichst gemeinsam mit meiner Familie, sein Land besuchen, damit wir einander persönlich kennenlernten. Die Botschaft Österreichs in der DDR sei angewiesen, mir bei der Sache behilflich zu sein.“[123] Der Besuch Schneiders in Wien kam wirklich zustande, und als Kreisky einige Monate später die DDR besuchte, empfing er den Schriftsteller als einzigen Nichtoffiziellen zum Gespräch. Auch andere DDR-Intellektuelle hielten den Kontakt zum Botschafterehepaar Bauer und erregten damit die besondere Aufmerksamkeit des Staatssicherheitsdienstes.

Botschaftsasyl

Ein großes Problem westlicher Missionen im Ostblock war der Versuch von Bürgern der Gastländer, über diese Missionen ihre Ausreise in den Westen zu erzwingen. Die Gewährung von Asyl für Bürger des Gastlandes gehört nicht zu den völkerrechtlich fixierten Aufgaben der diplomatischen Vertretungen. Allerdings dürfen die Behörden des Gastlandes auch nicht gewaltsam in die Mission eindringen. Somit entsteht eine Patt-Situation, die meistens unangenehm für beide Seiten ist. Deshalb wurde eine diskrete Lösung solcher Vorfälle angestrebt. In der Antwort des BMfAA vom 5. Februar 1974 auf eine entsprechende Anfrage der Botschaft in der DDR steht dazu, „daß Österreich bekanntlich die in Lateinamerika verbreitete Doktrin der Gewährung politischen Asyls in Botschaften nicht vertritt, sondern vielmehr der Auffassung ist, daß die diplomatische Asylgewährung grundsätzlich unzulässig und nur in besonderen Ausnahmefällen gestattet ist. Die Gewährung des diplomatischen Asylrechtes stellt sich nämlich als Durchbrechung der Souveränität des Empfangsstaates dar und ist als Eingriff in die inneren Angelegenheiten des Empfangsstaates grundsätzlich auch restriktiv zu handhaben. Die Auffassung, diplomatische Missionen seien exterritorial in dem Sinne, daß sie sich rechtlich nicht im Empfangsstaat befinden, sondern Gebietsteil des Entsendestaates sind, hat sich nicht durchgesetzt. […] Die Gewährung des diplomatischen Asyls ist jedoch ausnahmsweise aus humanitären Erwägungen zulässig, um den Asylsuchenden vor der Volkswut oder gegen eine Verfolgung durch die Behörden des Empfangsstaates zu schützen, die nicht dem menschenrechtlichen Mindeststandard entspricht, der jedem Menschen

123 Rolf Schneider: Leben in Wien, München 1994, S. 115.

uneingeschränkt zustehen muß. Daraus ergibt sich, daß diplomatisches Asyl nur in extremen Ausnahmefällen dann gewährt werden darf, wenn auf anderem Wege die Abwendung einer unmittelbar drohenden Gefahr für das Leben oder die Sicherheit von Menschen ausgeschlossen erscheint. [...] Die vorstehenden Ausführungen mögen als Richtschnur dienen. Bei Vorliegen der oben angeführten Bedingungen hätte der Missionschef [...] selbst zu entscheiden, ob im konkreten Fall die Gewährung diplomatischen Asyls gerechtfertigt bzw. im Sinne der humanitären Traditionen Österreichs geradezu geboten erscheint."[124] In Bauers Amtszeit wurden alle Übersiedlungswünsche von Bürgern der DDR mit Österreich-Bezug erfüllt.

Bewachung und Überwachung

Für die Sicherheit der diplomatischen Vertretungen in der DDR war seit 1965 das dem Präsidium der Deutschen Volkspolizei Berlin direkt unterstellte Wachkommando Missionsschutz zuständig.[125] Im Befehl des Innenministers Friedrich Dickel vom 10. Februar 1965 steht zu den Aufgaben dieser Einheit u.a. folgendes: „Die Objekte der diplomatischen Missionen sind ständig durch Posten bzw. Streifen zu sichern. Die Volkspolizei-Angehörigen haben die Aufgabe, die Gebäude der diplomatischen Missionen und ihre Mitglieder zuverlässig zu schützen. Sie haben ihren Dienst diszipliniert und vorbildlich durchzuführen und dabei ständig das Ansehen der Deutschen Demokratischen Republik zu festigen. [...] Die Kräfte des Wachkommandos müssen sich durch große Zuverlässigkeit, hohes fachliches Können sowie einen guten Stand der Allgemeinbildung auszeichnen."[126] Das Wachkommando Missionsschutz war aber nicht nur an der Bewachung der diplomatischen Missionen beteiligt, sondern auch an deren Überwachung.

Seit 1968 war die zur Spionageabwehr gebildete Hauptabteilung II des Ministeriums für Staatssicherheit für die Überwachung aller Ausländer zuständig. Nach der Anerkennung der DDR durch zahlreiche westliche Staaten wurde die Diensteinheit personell erweitert. Grundlage für die Überwachung des Diplomatischen Corps in Ost-Berlin war der Befehl des Ministers Erich Mielke Nr. 16/74 vom 12. August 1974 „zur politisch-operativen Sicherung der Vertretungen anderer Staaten, internationaler zwischenstaatlicher Organisationen und bevorrechteter Personen in der Deutschen Demokratischen Republik". Mielke formulierte

---

124 BMEIA.

125 Siehe dazu Seewald, Enrico: Wachkommando Missionsschutz. In: *Zeitschrift des Forschungsverbundes* SED-Staat, Ausgabe Nr. 23/2008, S. 25–29.

126 BArch Berlin, DO 1 Nr. 58497

in seiner Zentralen Planvorgabe für 1976 und den Perspektivplanzeitraum bis 1980 die Erwartung, daß nach der Errichtung der diplomatischen Vertretungen westlicher Staaten der Gegner stärker von legalen Positionen aus operieren könne. Es gelte daher vor allem, „mit klug durchdachten Maßnahmen, die sich dem Gegner bietenden Möglichkeiten […] systematisch einzuengen und zurückzudrängen. […] Angehörige der Auslandsvertretungen [...] konzentrieren sich besonders auf solche Personen und Personenkreise, die auch als Zielgruppen der politisch-ideologischen Diversion und gegnerischen Kontaktpolitik/Kontakttätigkeit bekannt sind wie Künstler, Schriftsteller, Wissenschaftler. Sie nutzen – neben der unmittelbaren ideologischen Einflußnahme – alle Möglichkeiten, über diese Personen in den Besitz geheimzuhaltender und politisch gegen uns auswertbarer Informationen zu gelangen." Der Einsatz zuverlässiger Inoffizieller Mitarbeiter (IM) bei den diplomatischen Vertretungen nichtsozialistischer Staaten sei daher eine vorrangige Aufgabe.[127]

Ausführliche Informationen über die beiden österreichischen diplomatischen Vertretungen in Berlin lieferte der gebürtige Wiener Ernst Schwarz. Er war 1938 nach China emigriert und verpflichtete sich nach seiner Übersiedlung in die DDR unter dem Decknamen „Karl Weber" zur Zusammenarbeit mit dem Ministerium für Staatssicherheit.[128] Schwarz verfügte über gute Kontakte zum österreichischen Außenministerium und wurde mit Vertrag vom 18. Juni 1973 als Gastdozent an der Diplomatischen Akademie in Wien angestellt. Sein Führungsoffizier Horst Lehmann schrieb in einem Bericht vom 23. August 1973 über „Ziel, Einschätzung und weitere Maßnahmen", daß die Verbindungsaufnahme des IM „Karl Weber" zum Außenministerium und zur Diplomatischen Akademie mit der Absicht erfolgt sei, „durch seine Tätigkeit an der Diplomatischen Akademie in Wien und durch seine Verbindungen zu einflußreichen Personen im österreichischen Außenamt […]. Informationen über politische und diplomatische Vorhaben der Republik Österreich zu beschaffen. […] Alle diesbezüglichen Informationen sind als wertvoll einzuschätzen und wurden an die zuständigen Fachabteilungen der Hauptabteilung II sowie an andere Hauptabteilungen des Ministeriums für Staatssicherheit weitergeleitet."[129]

Mit der Errichtung der österreichischen Botschaft in Ost-Berlin erweiterten sich die Aufgaben des IM „Karl Weber". Im August 1973 gab es erste private Begegnungen zwischen Schwarz und Bauer. Bereits im zweiten Gespräch bot der MfS-Informant dem Botschafter seine Hilfe bei der Seßhaftwerdung in der DDR an. Hauptmann Lehmann notierte in einem Treffbericht vom 26. April

127 BStU, ZAIG 7400.

128 Seine Berichte sind in elf dicken Akten gesammelt im Bestand BStU, A 239/89.

129 Ebd., Teil II, Bd. 2, Bl. 250–253 [BStU-Zählung].

1974: „Auf Grund des guten Kontaktes zu leitenden Diplomaten der österreichischen Delegation in Westberlin und zur österreichischen Botschaft in der DDR beschaffte der IM Informationen, die Einblick in die Tätigkeit dieser Vertretungen geben und Erkenntnisse über Personen, politische Meinungen und Verbindungen vermitteln." In seinem Bericht vom 7. Juli 1974 schrieb Schwarz über den Botschafter folgendes: „Nach den Bemerkungen, die Bauer über die DDR und ihre Politiker zu mir machte, kann man mit Sicherheit annehmen, daß er uns gegenüber eine nicht nur ablehnende, sondern geradezu feindliche Einstellung hat. [...] Ich würde soweit gehen, zu behaupten, daß Bauer in seiner Berichterstattung unmöglich objektiv sein kann und eher dazu tendiert, die Stärke und Leistungsfähigkeit der DDR gewaltsam herabzusetzen. Ich habe ihn noch nie ein gutes Wort über irgendetwas oder irgendwen in der DDR sagen hören – mit Ausnahme der Kulturdenkmäler und gewisser landschaftlicher Schönheiten".[130]

Bauer schrieb später über die geheime Tätigkeit des IM „Karl Weber", Schwarz habe Österreich nicht geschadet.[131] Viele Spitzel-Berichte in der Stasi-Akte Bauers belegen die groteske Sinnlosigkeit der Schnüffeleien, dokumentieren aber auch die Gier der Funktionäre der DDR und ihrer Geheimpolizei nach Informationen jeglicher Art über die dort akkreditierten westlichen Diplomaten.[132] In der Akte des Botschafters sind auch dessen Ehefrau und die Haushälterin Beatrix Benkö erfaßt. Mercedes Bauer war 1956 aus Ungarn nach Österreich geflüchtet und erregte dadurch bei der Staatssicherheit besonderen Argwohn.[133] Umgekehrt hegten Ehefrau und Haushälterin großes Mißtrauen gegen die Handwerker des Dienstleistungsamtes, wenn diese in der Residenz tätig wurden. In einer Information der Hauptabteilung II vom 30. Januar 1975 steht dazu folgendes: „Während der Arbeiten stehen die Handwerker ständig unter der Kontrolle der beiden [...] Frauen und haben keine Bewegungsfreiheit. In allen Räumen der Residenz sind die vom Dienstleistungsamt gelieferten und montierten Leuchten entfernt und durch eigene Leuchten nach persönlichem Geschmack ersetzt worden. Die österreichische Haushälterin verhält sich sehr reserviert und vermeidet jegliche Gespräche. Sie erscheint unnahbar und kontaktlos."[134]

Reisen des Botschafters und seiner Angehörigen innerhalb der DDR wurden vom Staatssicherheitsdienst besonders akribisch überwacht. Viele Briefe des Botschafters an Personen in der DDR aber auch von Personen aus Österreich an ihn wurden von der Geheimpolizei abgefangen und in Bauers Stasi-Akte deponiert. Manchmal kopierte man im MfS den Schriftwechsel auch und vertraute

130 Ebd., Bl. 240 f., 299–301 und 344–347 [BStU-Zählung].

131 Bauer, S. 52.

132 BStU, MfS Allg. P. 7795/78.

133 Ebd., Bl. 53 f. [BStU-Zählung].

134 Ebd., Bl. 112 [BStU-Zählung].

die Originale wieder dem Postweg an. Das waren schwere Verstöße gegen die diplomatische Immunität und damit das Völkerrecht, nach dem die Korrespondenz der Diplomaten absoluten Schutz vor Durchsuchung genießt.

Botschafter Friedrich Bauer beim Verlassen des Bürogebäudes Otto-Grotewohl-Straße 3, Berlin Mitte. „Konspirative Aufnahme" des Ministeriums für Staatssicherheit

Foto: BStU-Kopie

Am 19. August 1975 erhielt Bauer von seinem Ministerium eine vertrauliche „Information" über das für die ausländischen Missionen in der DDR zuständige Dienstleistungsamt. Darin steht unter anderem folgendes: „Das Dienstleistungsamt für ausländische Vertretungen ist dem Ministerium für Auswärtige Angelegenheiten nachgeordnet und hat in den letzten Jahren weitgehend selbständige Befugnisse erhalten. [...] Dieses Dienstleistungsamt ist die zentrale Stelle sowohl für die Anwerbung und Einstellung von DDR-Personal (Dolmetscher, Kraftfahrer, Reinigungs- und Küchenpersonal) als auch für die Bereitstellung von Unterkünften und Wohnraum für die Angehörigen aller ausländischen Vertretungen. Auch sämtliche finanziellen Fragen werden über das Amt geregelt.

Die Finanzabteilung des Dienstleistungsamtes setzt die Höhe der Gehälter für das DDR-Personal fest und zieht die Zahlungen hierfür von den ausländischen Vertretungen ein. Es behält davon einen Prozentsatz in nicht bekannter Höhe als Verwaltungsgebühren ein und zahlt dem Personal Bezüge aus, die dem allgemeinen Verdienst in der DDR entsprechen. Auch die Mieten für Unterkünfte und Wohnungen werden von der Finanzabteilung festgesetzt. Neben der Beschaffung von Wohnraum und Unterkünften befaßt sich das Dienstleistungsamt auch mit der Einrichtung von Erholungs- und Freizeitobjekten für ausländische Diplomaten." Am Ende der Information wird dem Ministerium für Staatssicherheit unterstellt, „über das Dienstleistungsamt auch eigene Mitarbeiter in die ausländischen Vertretungen einzuschleusen" und hinzugefügt: „Beweise dafür hat es allerdings bisher nicht gegeben."[135]

Eine Woche nach Eingang dieser Information wurde die über das Dienstleistungsamt vermittelte und seit dem 8. Mai 1973 in der Handelsabteilung der Botschaft arbeitende Raumpflegerin Elke Quiel von Unterleutnant Karl-Heinz Wohlfahrt von der Abteilung 9 der Hauptabteilung II des Ministeriums für Staatssicherheit zu einem Gespräch aufgesucht. Zweck der Kontaktierung war die „Aufklärung der handelspolitischen Abteilung der österreichischen Botschaft" und die Anwerbung der Raumpflegerin als Informantin. Am 18. Dezember 1975 unterschrieb sie eine Verpflichtungserklärung zur inoffiziellen Zusammenarbeit mit dem MfS. Bis zum Ende der DDR bespitzelte Elke Quiel unter dem Decknamen „Felicitas" ihren offiziellen Arbeitgeber.[136]

IM „Felicitas" meldete am 10. August 1977 nach Gesprächen mit den Sekretärinnen der Handelsabteilung die bevorstehende Abberufung des Botschafters. Die Sekretärinnen hätten dabei zum Ausdruck gebracht, daß man sich an der Botschaft als Nachfolger einen „zweiten" Dr. Bauer wünschen würde.[137] Nach einer Information der Hauptabteilung II vom 7. November 1977 habe der Botschafter auf seinem Abschiedsempfang geäußert, „daß seine Zeit in Berlin zu den angenehmsten seiner diplomatischen Laufbahn gehört. Er hat echte Sympathien für die DDR und freut sich, daß die Beziehungen DDR-Österreich während der Zeit seiner Tätigkeit in der DDR offensichtlich besser geworden sind."[138]

Im November 1977 erfolgten die Abschiedsbesuche des Botschafters beim Staatsratsvorsitzenden, Ministerpräsidenten und Außenminister. In einem Ge-

135 BMEIA.

136 BStU 15433/91.

137 Ebd., Bl. 208 [BStU-Zählung].

138 Ebd., Bl. 215 [BStU-Zählung]. Dem Autor sagte Bauer dazu, er habe für die Menschen in der DDR Sympathien empfunden, und der Posten in Ost-Berlin sei angenehm gewesen – wegen West-Berlin.

spräch mit dem stellvertretenden Außenminister Herbert Krolikowski erhielt Bauer einen kleinen Einblick in die Ausbildung des Auswärtigen Dienstes der DDR in der sogenannten „Kaderschmiede" am Griebnitzsee bei Potsdam und schrieb dazu an sein Außenministerium: „Dem Außenstehenden bleibt zu erahnen, wie stark die Durchdringung des außenpolitischen Apparates mit Partei und Staatssicherheitsdienst ist. Hier wird nichts, aber auch gar nichts, dem Zufall überlassen. [...] Dies zum besseren Verständnis einer uns unbekannten und daher etwas unheimlichen anderen Welt."[139]

Ordenssegen

Eine der letzten politischen Aktionen des Botschafters war die Vermittlung hoher österreichischer Auszeichnungen für Staats- und Wirtschaftsfunktionäre der DDR. Im Zusammenhang mit der geplanten Errichtung eines Kaltwalzwerkes in Eisenhüttenstadt im Wert von etwa 13 Milliarden Schilling durch die VÖEST deutete Staatssekretär Gerhard Beil vom Außenhandelsministerium der DDR auf der Leipziger Herbstmesse 1977 im Gespräch mit Bauer an, daß man als Gegenleistung für die Verleihung des Ordens „Stern der Völkerfreundschaft" in Gold an den Generaldirektor der VÖEST, Herbert Koller, und des Ordens „Stern der Völkerfreundschaft" in Silber an das Mitglied im Vorstand der VÖEST, Ernst Matthes, „eine österreichische Geste erwartet" und schlug für „eine österreichische Auszeichnung [...] Günter Mittag [...] und zwei Generaldirektoren von Außenhandelsbetrieben der DDR nach unserer Wahl, die mit der VÖEST langjährige Beziehungen unterhalten, vor. Auf die Frage, warum der Name Beil nicht aufscheine, entgegnete der Staatssekretär, daß er sich selbst nicht vorschlagen könne, gab aber klar zu erkennen, daß er eine Auszeichnung annehmen würde." Botschafter Bauer empfahl Außenminister Pahr mit Schreiben vom 13. September 1977 Mittag und Beil sowie die Generaldirektoren Kurt Ullrich und Waldemar Neubert „mit großer Dringlichkeit" für die Verleihung österreichischer Orden und fügte hinzu: „Die Genannten haben sich um die Förderung der Wirtschaftsbeziehungen Österreich/DDR besondere Verdienste erworben. Bei der ersten Ordensverleihung an Persönlichkeiten der DDR erwarte ich neben bürokratischen Schwierigkeiten pseudopolitische Einwände, weshalb ich mich im Interesse der Arbeitsplatzsicherung direkt an Dich wende." Bauer sollte daraufhin die Lebensläufe und Vorschläge für eine passende Ordensstufe für die Genannten einreichen. Die Lebensläufe wurden bei der Beantragung der Auszeichnungen durch Handelsminister Staribacher am 24. Oktober 1977 verwen-

139 Bericht vom 15. November 1977: BMEIA.

det, der hinzufügte, daß die Entscheidung über die Vergabe der Aufträge an die VÖEST „bei den genannten vier Persönlichkeiten der DDR liegt".

Das Außenministerium der DDR informierte Bauer am 11. November 1977 darüber, daß der Ministerrat die Zustimmung für die Auszeichnungen erteilt habe und die genannten Personen ihre Annahmebereitschaft erklärt hätten. Bauer ergänzte in dem entsprechenden Fernschreiben vom selben Tag an sein Außenministerium: „Die DDR-Seite würde auf die Überreichung durch mich vor meiner Abreise in der Botschaft Wert legen." Der stellvertretende österreichische Protokollchef Rudolf Bogner informierte Bauer mit Schreiben vom 29. November 1977 über die Entschließung des Bundespräsidenten Rudolf Kirchschläger vom 23. November 1977 über die Verleihung der Auszeichnungen in der vorgeschlagenen Form an die Genannten. Staribacher überreichte am 19. Dezember 1977 in der Residenz im Rahmen eines kleinen Festaktes die Orden. Für Verdienste um die Republik Österreich erhielten Mittag das Große Goldene Ehrenzeichen und Beil das Große Silberne Ehrenzeichen am Bande sowie Ullrich und Neubert das Große Silberne Ehrenzeichen mit dem Stern.[140]

Bauer selbst erhielt als erster Botschafter Österreichs in der DDR einen hohen Orden von der Regierung seines Gastlandes. Die entsprechende Vorlage für das Sekretariat des Zentralkomitees der SED vom 8. Dezember 1977 enthielt dazu folgende Begründung: „Dr. Friedrich Bauer [...] wird in Würdigung seiner Verdienste um die Entwicklung und Vertiefung der bilateralen Beziehungen zwischen der DDR und der Republik Österreich anläßlich der Beendigung seiner Tätigkeit in der DDR der Orden ‚Stern der Völkerfreundschaft' in Gold verliehen." Der neue DDR-Botschafter Gerhard Schramm überreichte Bauer den Orden in Wien. Bauer hatte im Außenministerium die Leitung der Ostabteilung übernommen, war Stellvertreter des Leiters der Politischen Sektion und ab 1978 deren Chef. Dadurch war er weiterhin in die von ihm schon als Botschafter betriebene Vorbereitung des Besuches seines Regierungschefs Bruno Kreisky in der DDR involviert, den er auf dessen ausdrücklichen Wunsch auch begleiten sollte.[141] In einer aus Anlaß des Besuches im MfAA angefertigten biographischen Übersicht zu den Teilnehmern der Reise steht zu Bauer: „Er erwies sich als sachlicher, beweglicher und kontaktfreudiger Partner. Botschafter Bauer trug

---

140 Alle Unterlagen dazu im BMEIA. Mittag war zu dieser Zeit Mitglied des Politbüros der SED und Sekretär des Zentralkomitees für Wirtschaft. Beil war Staatssekretär im Ministerium für Außenhandel und 1. Stellvertreter des Ministers für Außenhandel der DDR sowie Kandidat des ZK der SED. Ullrich war Generaldirektor des Außenhandelsbetriebes Maschinen-Export und Neubert Generaldirektor des Außenhandelsbetriebes Industrieanlagen-Import.

141 Siehe dazu: Bauer, Friedrich/Seewald,Enrico: Bruno Kreisky in Ost-Berlin 1978, Ein Besuch der besonderen Art. Innsbruck/Wien/Bozen 2011.

aktiv zur Entwicklung der bilateralen Beziehungen zwischen der DDR und Österreich bei.“[142]

Bei der Überreichung des Beglaubigungsschreibens des neuen Botschafters Hans Walser an den Staatsratsvorsitzenden am 26. Januar 1978 lobte Honecker im anschließenden Gespräch Bauers Verdienste. Dann sprach man über den Besuch Kreiskys.[143] Dessen Visite wurde ein großer Erfolg für alle Beteiligten und erhöhte auch das Ansehen Bauers: Er war von 1986 bis Ende 1990 österreichischer Botschafter in Bonn. Am 3. Oktober 1990 nahmen Mercedes und Friedrich Bauer in Berlin an den Feierlichkeiten zur deutschen Einheit teil und freuten sich „als verwandte Nachbarn über das Glück der Deutschen. Der Kreis der deutschen Geschichte, der zu einem in jeder Hinsicht neuen Deutschland führte, hatte sich geschlossen.“[144]

142 BArch Berlin, DC 20/5196, Bl. 105.

143 Bericht Walsers an das BMfAA vom 2. Februar 1978: SBKA, Länderboxen DDR 1.

144 Bauer, S. 278. Siehe dazu Gehler, Michael: Österreich, die DDR und die Einheit Deutschlands 1989/90. In: Zeitschrift für Geschichtswissenschaft, 57. Jg. 2009, Heft 5, S. 427–452.

Die schwierige Beziehung zweier „Bruderparteien“. SED, KPÖ, Ernst Fischer und Franz Kafka

von Maximilian Graf und Michael Rohrwasser

Einleitende Bemerkungen

Man schlägt den Sack und meint den Esel (man kritisiert Ernst Fischer und meint die KPÖ), man spricht von Franz Kafkas „Prozess“ und meint den Prager Schauprozeß gegen Rudolf Slánský von 1952, man versucht einen jüdischen Autor zu rehabilitieren und thematisiert damit den Antisemitismus im stalinistischen System, man bekämpft Kafka und sieht in dessen Verteidigern Schädlinge der Partei – selten ist es so offensichtlich, daß Kulturpolitik, Ästhetik-Debatten und politische Auseinandersetzungen ineinanderfließen und sich überdecken wie bei den Kontroversen zwischen SED und KPÖ in den 1960er Jahren des Kalten Krieges. Naheliegend also, daß Zeithistoriker und Literaturhistoriker ihre Blickwinkel erweitern.

Die Beziehungen KPÖ-SED bis 1963

Im Moskauer Exil stand die österreichische KP im Schatten der deutschen Exil-KP und drohte 1937 ihre Eigenständigkeit zu verlieren.[1] Daß Stalin kein Interesse an einer weiteren Stärkung der Kommunistischen Partei Deutschlands (KPD) hatte, kam dann Ernst Fischer, Vertreter der Kommunistischen Partei Österreichs (KPÖ) bei der Kommunistischen Internationale (Komintern), und seinen österreichischen Landsleuten zugute. In einer 1944 in Moskau entstandenen Broschüre mit dem Titel „Die Wiedergeburt Österreichs“, an der Fischer mitgearbeitet hatte, wurde die Rolle der Kommunisten im „nationalen Freiheitskampf des österreichischen Volkes“ unterstrichen.[2] Und in seinen 1969 erschie-

1 Vgl. McLoughlin, Barry/Schafranek, Hans/Szevera, Walter: Aufbruch – Hoffnung – Endstation. Österreicherinnen und Österreicher in der Sowjetunion 1925–1945. Wien 1997.

2 Die Wiedergeburt Österreichs. Die Stellung der Kommunisten im nationalen Freiheitskampf des österreichischen Volkes, [o. O., Moskau und o. J., 1944]. Die Broschüre trägt den irreführenden Vermerk: „Am 10. und 11. Juni 1944 fand in einer österreichischen

nenen „Erinnerungen und Reflexionen" beschwört Fischer noch einmal die Gefahr, in einem „Heiligen Russischen Reich deutscher Nation" aufzugehen.[3] Dazwischen lagen 25 Jahre, in denen Fischer reichlich „deutsche" und „russische" Erfahrungen sammeln konnte.

Nach dem Ende des Zweiten Weltkriegs war Österreich in Sicht der Alliierten zum einen ehemaliger Bestandteil Hitler-Deutschlands, zum anderen aber auch ein befreites Land (dessen Wiedererrichtung seit der Moskauer Deklaration vom 30. Oktober 1943 ein Kriegsziel der Alliierten war). Daher kam es in Österreich in den Jahren 1945/46, obwohl wie Deutschland unter Viermächtebesatzung, – im Gegensatz zu Deutschland – zur Bildung einer provisorischen Regierung, zu freien Wahlen und zum Zweiten Alliierten Kontrollabkommen, das die Vetorechte der Alliierten erheblich reduzierte. Obwohl die sowjetische Österreich- und Deutschlandpolitik in den ersten Nachkriegsjahren durchaus Ähnlichkeiten aufweist, dürfte die sowjetische Aufmerksamkeit stets eindeutig Deutschland gegolten haben.[4]

In den sowjetischen Planungen für ein Nachkriegseuropa war Österreich nie explizit als Teil der sowjetischen Einflußsphäre aufgeschienen. Im Gegensatz zu Deutschland wurde es Österreich von sowjetischer Seite gestattet, eine Regierung zu bilden. Ursprünglich sollte wie im Falle Deutschlands eine Initiativgruppe, bestehend aus Mitgliedern des Moskauer Exils der KPÖ, nach Österreich entsandt werden, um den Aufbau kommunistischer Machtpositionen einzuleiten.

Gebirgsgegend eine geheime Beratung führender österreichischer Kommunisten statt. Die Konferenz hat einstimmig folgendes Manifest beschlossen" (ebd., S. 3). Auf die Mitautorschaft Fischers hat Ruth von Mayenburg, seine frühere Ehefrau, hingewiesen (Brief an Gerhard Bauer, Berlin, Januar 1989).

3 Fischer, Ernst: Erinnerungen und Reflexionen. Reinbek 1969, S. 417.

4 Siehe hierzu und zum Folgenden als Überblick Mueller, Wolfgang: Sowjetische Deutschland- und Österreichpolitik 1941 bis 1955 im Vergleich: Die Frage der staatlichen Einheit und des Friedensvertrages. In: Gehler, Michael/Böhler, Ingrid (Hrsg.): Verschiedene europäische Wege im Vergleich. Österreich und die Bundesrepublik Deutschland 1945/49 bis zur Gegenwart. Festschrift für Rolf Steininger zum 65. Geburtstag. Innsbruck/Wien/Bozen 2007, S. 123–154; Zur Besatzungszeit in Österreich allgemein und zur Politik der westlichen Alliierten siehe Rauchensteiner, Manfred: Der Sonderfall. Die Besatzungszeit in Österreich 1945 bis 1955. Graz/Wien/ Köln 1979; Bischof, Günter/Leidenfrost, Josef (Hrsg.): Die bevormundete Nation: Österreich und die Alliierten, 1945-1949 (Innsbrucker Forschungen zur Zeitgeschichte 4). Innsbruck 1988; Ableitinger, Alfred/Beer, Siegfried/Staudinger, Eduard G. (Hrsg.): Österreich unter alliierter Besatzung 1945-1955. Wien/Köln/Graz 1998; Eisterer, Klaus: Französische Besatzungspolitik. Tirol und Vorarlberg 1945/46. Innsbruck 1992; Angerer, Thomas: Frankreich und die Österreichfrage. Historische Grundlagen und Leitlinien 1945–1955, Diss. Wien 1996; Beer, Siegfried (Hrsg.): Die „britische Steiermark". Graz 1995.

Wie in den nach 1945 sowjetisierten osteuropäischen Staaten war auch für Österreich zunächst ein nichtkommunistischer Regierungschef vorgesehen gewesen. Daher nahm Stalin das Angebot des sozialdemokratischen „Politikveteranen" Karl Renner an. Bei der Bildung der Provisorischen Regierung wirkte die Besatzungsmacht jedoch auf die paritätische Beteiligung „aller demokratischen Kräfte" hin. Dieses Vorgehen entsprach den sowjetischen Vorstellungen einer Volksfront. Daraus resultierte die Beteiligung der KPÖ, die durchaus Schlüsselpositionen in der Regierung in der am 27. April 1945 konstituierten Regierung Renner erhielt. Der KPÖ-Vorsitzende Johann Koplenig wurde Staatssekretär in der Staatskanzlei und somit einer der Stellvertreter Renners. Franz Honner leitete das Staatsamt für Inneres (entspricht dem späteren Ministerium), womit ihm auch die Polizei unterstand. Ernst Fischer wurde mit der Leitung des Staatsamts für Volksaufklärung, Unterricht, Erziehung und Kultusangelegenheiten betraut.[5] Bei dieser Zusammensetzung der Regierung unter prominenter Beteiligung von Funktionären der KPÖ verwundert es kaum, daß die westlichen Alliierten der Regierung skeptisch gegenüberstanden. Diese Regierungsbildung führte, da sie ausschließlich unter sowjetischer Anleitung passierte, zu einer Krise unter den vier Besatzungsmächten. Sie war von der Sowjetunion nicht offiziell und von den Westmächten überhaupt nicht anerkannt und konnte daher nur in der sowjetischen Besatzungszone Österreichs tätig werden. Trotz der Beteiligung der KPÖ trat die Regierung Renner rasch eigenständig auf. Sie erhob kontinuierlich einen gesamtstaatlichen Vertretungsanspruch, und die Sowjets gewährten ihr einen erheblichen Gestaltungsspielraum. Warum dies der Fall war, ist nicht letztgültig geklärt. Jedenfalls erkannte die Besatzungsmacht diese Entwicklung, sie konnte oder wollte aber nicht „korrigierend" eingreifen. Schlußendlich konnte mit sowjetischer Unterstützung nach der Zusicherung freier Wahlen im Spätherbst 1945 eine Anerkennung durch die drei westlichen Alliierten mit 19. Oktober 1945 erreicht werden.[6]

---

5 Mueller, Wolfgang: Stalin, Renner und die Wiedergeburt Österreichs nach dem Zweiten Weltkrieg. In: *Vierteljahrshefte für Zeitgeschichte* 53 (2006) 1, S. 125–154; zu den Zielen der sowjetischen Besatzungspolitik 1945–1955 siehe Mueller, Wolfgang: Die sowjetische Besatzung in Österreich 1945–1955 und ihre politische Mission. Wien/Köln/Weimar 2005; sowie als breiteren Überblick: Karner, Stefan/Stelzl-Marx, Barbara (Hrsg.): Die Rote Armee in Österreich. Sowjetische Besatzung 1945–1955, 2 Bde. Graz/Wien/München 2005; und die konzise Edition: Mueller, Wolfgang/Suppan, Arnold/Naimark, Norman/Bordjugov, Gennadij (Hrsg.): Sowjetische Politik in Österreich 1945–1955: Dokumente aus russischen Archiven – Советская политика в Австрии 1945–1955гг.: Документы из Российских архивов. Wien 2005.

6 Zur Politik der Provisorischen Regierung siehe Enderle-Burcel, Gertrude/Jerabek, /Rudolf/Kammerhofer, Leopold (Bearbeiter): Protokolle des Kabinettsrates der Provisorischen Regierung Karl Renner 1945, 3. Bde., Bd. 1: Horn 1995, Bd. 2: Wien 1999,

Die Nationalratswahlen am 25. November 1945 endeten mit einer verheerenden Niederlage der KPÖ. Sie erhielt nur 5,4 % der Stimmen. Den Sieg trug die Österreichische Volkspartei (ÖVP) mit 49,8 % vor der Sozialistischen Partei Österreichs (SPÖ) mit 44,6 % davon. Leopold Figl (ÖVP) wurde Bundeskanzler der ersten frei gewählten Nachkriegsregierung, die erneut unter Beteiligung aller Parteien gebildet wurde. Eine Sowjetisierung Ostösterreichs erfolgte nicht, und die sowjetische Politik, die ursprünglich eine Steuerung der Zentralregierung durch die kommunistischen Vertreter angestrebt hatte, ging zu einer direkten Überwachung durch den Kontrollapparat über. Die angestrebte Einflußnahme durch die KPÖ war nach deren Abschneiden bei der Nationalratswahl nur noch äußerst beschränkt möglich, 1947 trat die KPÖ aus der Regierung aus.

Ernst Fischer 1945 auf eine Wahlkundgebung in Tirol

Während es in Österreich relativ rasch zur Bildung gesamtstaatlicher Parteien gekommen war, scheiterten derartige Versuche in Deutschland gänzlich. Statt dessen wurden die Parteien der Sowjetischen Besatzungszone Deutschlands (SBZ) in den Block hinein gegründet und wurden zu Teilen der von der Sozialistischen Einheitspartei Deutschlands (SED) dominierten Einheitsliste der Nationalen Front. Die Spaltung der Parteienlandschaft verhinderte auch das Entstehen einer wichtigen gesamtstaatlichen Klammer. Die Separatentwicklungen in der SBZ trugen somit zur Spaltung des Landes bei.[7] 1946 sollten sich die Unterschiede der Entwicklung zwischen Österreich und Deutschland weiter vertiefen.

Bd. 3: Wien 2003; zur Partizipation der KPÖ in der Provisorischen Regierung siehe Mugrauer, Manfred: Die Politik der KPÖ in der Provisorischen Regierung Renner, Innsbruck/Wien/Bozen 2006.

7 Mueller: Sowjetische Deutschland- und Österreichpolitik, S. 123–154, hier S. 129 f.

Auch wenn die sowjetischen Planungen und Absichten für Deutschland bis heute umstritten sind,[8] so geht aus den Planungen der KPD-Führer im Moskauer Exil ziemlich klar hervor, daß diese die Errichtung einer „kommunistische[n] Diktatur, sowjetischer Prägung“ anstrebten. 1945 war die KPD die einzige Partei, die über eine gesamtdeutsche Organisation verfügte. Bereits im Exil war für Wilhelm Pieck klar gewesen, daß die Einheit die Ausschaltung der Sozialdemokratischen Partei Deutschlands (SPD) bedeuten würde. Umso schwerer war es zu verkraften, daß diese von Einheitsplänen immer mehr abrückte, nachdem sie die KPD bereits im Verlauf des Jahres 1945 hinsichtlich der Mitgliederzahl überholt hatte. Daher begann man von Seiten der KPD auf den Zusammenschluß zu drängen. Ein weiterer Grund waren die überraschend klaren Wahlniederlagen der Kommunisten in Österreich und Ungarn im November 1945. Hinsichtlich zukünftiger Wahlen wurde nun verstärkt eine Einheitsliste angestrebt, und ab Anfang 1946 wurde dann auch von sowjetischer Seite der Vereinigungsdruck erhöht. Am 21. und 22. April fand schließlich der „Vereinigungsparteitag“ statt.[9]

Aufgrund der Gegebenheiten in Österreich konnte eine Fusion von SPÖ und KPÖ nicht erzwungen werden. Befürworter der „Aktionseinheit“, die die Koalitionspolitik der SPÖ ablehnten, deren prominentester Vertreter der Abgeordnete zum Nationalrat Erwin Scharf war, wurden nach einem „Kalten Krieg in der SPÖ“ 1948 aus der Partei ausgeschlossen. Scharf gründete daraufhin die „Linkssozialisten“, die mit der KPÖ auf einer gemeinsamen Liste kandidierten und 1956 geschlossen in die KPÖ eintraten.[10]

Die Parteikontakte zwischen KPÖ und SED intensivierten sich im Jahre 1946. Häufig reisten Kuriere und Wirtschaftskader der österreichischen KP in die SBZ. Aus der Korrespondenz zwischen den Parteivorsitzenden Koplenig und Pieck läßt sich unschwer erkennen, daß man hinsichtlich der „Arbeitereinheit“ mit einem gewissen Neid auf die deutschen „Genossen“ blickte: „Bei uns sind wir leider nicht so weit und unsere Lage ist sicherlich in mancher Hinsicht

8 Die Hauptkontroverse wurde zwischen Wilfried Loth und Gerhard Wettig ausgetragen. Der Fokus dieser Kontroverse lag aber insbesondere auf der Frage nach der Ernsthaftigkeit der Stalin-Noten von 1952. Siehe hierzu Loth, Wilfried: Stalins ungeliebtes Kind. Warum Moskau die DDR nicht wollte. München 1996; Wettig, Gerhard: Bereitschaft zu Einheit in Freiheit? Die sowjetische Deutschland-Politik 1945–1955. München 1999; für einen Überblick hierzu und eine ausgewogene Besprechung der jüngeren Forschungsliteratur siehe Bonwetsch, Bernd: Die Stalin-Note 1952 – kein Ende der Debatte. In: Jahrbuch für historische Kommunismusforschung 2008, S. 106–113.

9 Malycha, Andreas/Winters, Peter Jochen: Geschichte der SED. Von der Gründung bis zur Linkspartei. Bonn 2009, S. 16–37, für das wörtliche Zitat siehe S. 20.

10 Weber, Fritz: Der kalte Krieg in der SPÖ. Koalitionswächter, Pragmatiker und revolutionäre Sozialisten 1945–1950. Wien 1986.

schwieriger als bei Euch.“[11] 1947 war auch der letzte kommunistische Minister Karl Altmann aus der Regierung ausgetreten. Darüber informierte Koplenig brühwarm und gab seiner Hoffnung auf ein baldiges Wiedersehen Ausdruck.[12] Dazu sollte sich bald Gelegenheit bieten. Im Zuge einer Rundreise der beiden SED-Vorsitzenden Pieck und Otto Grotewohl durch die Hauptstädte der nach 1945 sozialistisch gewordenen Hauptstädte Budapest, Prag und Sofia im Juni wurde auch in Wien Station gemacht. Dies ermöglichte ausführliche Konsultationen zwischen den Parteiführungen.[13] Die weitere Entwicklung der Parteibeziehungen gestaltete sich bis in die zweite Hälfte der 1950er Jahre weitgehend konfliktfrei. Man entsandte regelmäßig Delegationen zu Parteitagen der „Bruderpartei“ auf der anderen Seite des „Eisernen Vorhangs“. Auf Seiten der SED dürfte man sich kaum Illusionen über den möglichen künftigen Einfluß der KPÖ in der österreichischen Politik gemacht haben. Und auch der KPÖ war ihre im Vergleich zur SED geringere Protektion durch die sowjetische Besatzungsmacht nicht verborgen geblieben. Georg Knepler, der wenig später in die SBZ übersiedelte, und Otto Kreilisheim berichteten der KPÖ-Führung über ihre Eindrücke vom ersten Kulturtag der SED, der im Mai 1948 stattfand. Darin fand sich folgende Passage: „Noch eine Bemerkung zur [sic!] dem Verhältnis zwischen SED-Führung und Russen. Dieses Verhältnis ist weit intimer als bei uns. Es hat uns – ehrlich ausgedrückt – nicht gefallen. Das bezieht sich sowohl auf die regelmässigen Russenpakete wie auch auf die Einzelheiten, etwa den Umstand, dass sowohl Pieck wie Grotewohl innerhalb der die russischen Quartiere einschliessenden Umzäunung leben.“[14]

Es verwundert daher auch nicht, daß die sowjetische Parteiführung dem bereits im Februar 1948 bei einem Gespräch in Moskau an sie herangetragenen Ansinnen der KPÖ, Österreich zu teilen und Ostösterreich in eine „Volksdemokratie“ zu verwandeln, ablehnend gegenüberstand. Zum einen wollte Moskau das strategisch bedeutendere westliche Österreich nicht alleine den Westmächten überlassen, zum anderen – und dies scheint von erheblicher Bedeutung – dürfte der sowjetischen Führung bewußt gewesen sein, „dass die sowjetische

---

11 Kolpenig an Pieck, Wien, 31. Dezember 1946, SAPMO-BArch, DY 30/IV 2/20/263 Bl. 3–4.

12 Kolpenig an Pieck, Wien, 26. November 1947, SAPMO-BArch, DY 30/IV 2/20/263 Bl. 10.

13 Verlauf der Reise der Genossen Pieck und Grotewohl durch die südosteuropäischen Länder vom 11. bis 22. Juni 1948, SAPMO-BArch, NY 4090/468 (Nachlaß Otto Grotewohl), Bl. 2–32.

14 Kreilisheim und Knepler an das Sekretariat (im Hause), Wien, 12. Mai 1948: Bericht über die Reise der Genossen Kreilisheim und Knepler zum Ersten Kulturtag der SED in Berlin 5.–8. Mai 1948, ZPA der KPÖ, Auslandskorrespondenz 1948.

Zone Österreichs – anders als jene Deutschlands – aufgrund ihrer Lage, Größe, Bevölkerungszahl und Wirtschaftsstruktur von sowjetischer Unterstützung abhängig sein würde, was ebenfalls den sowjetischen Interessen widersprach“. Paradoxerweise riet das Politbüromitglied Andrej A. Shdanow dem KPÖ-Vorsitzenden Johann Koplenig und Generalsekretär Friedl Fürnberg dazu, sich am Beispiel der SED zu orientieren, die erfolgreich die Losung des Kampfes für ein einheitliches Deutschland benütze.[15]

Zahlreiche österreichische Kommunisten waren davon überzeugt gewesen, daß ihnen die Sowjetunion den Sozialismus nach Österreich bringen würde. Diese Hoffnungen waren nach Abschluß des Staatsvertrages 1955 endgültig gestorben. Auf die neue Situation war die KPÖ nicht vorbreitet. Die Propagierung des Sozialismus war für die an Stimmen ohnehin schwache KPÖ aufgrund der negativen Vorbildwirkung der Entwicklungen in den Nachbarstaaten jenseits des „Eisernen Vorhangs“ eine Unmöglichkeit. Nach den Enthüllungen von Chruschtschows Geheimrede auf dem XX. Parteitag der KPdSU, die die KPÖ unvorbereitet trafen, setzte unweigerlich auch eine Diskussion über die Fehlentwicklungen in der Sowjetunion ein. Die von der KPÖ offiziell gebilligte Niederschlagung des ungarischen Volksaufstandes 1956 sorgte für eine endgültige Desillusionierung breiter Kreise in der KPÖ und brachte eine massive Austrittswelle mit sich. Die enge Identifikation mit der Sowjetunion hatte sich erneut wie auch über die gesamte Besatzungszeit hinweg als „schwere Belastung“ für die KPÖ herausgestellt. Zumindest unter den Intellektuellen vollzog sich eine Rückkehr zur „nationalen Utopie“ eines österreichischen Wegs zum Kommunismus. Unter diesen war aber eine breite Austrittswelle ausgeblieben.[16] Ein großer Einfluß auf die österreichischen Kommunisten wurde dem italienischen KP-Führer Palmiro Togliatti zugeschrieben, der vor allem eine starke Wirkung auf die Intellektuellen in der KPÖ gehabt haben soll.[17] Jedoch wurden diese Ideen bei der breiten Masse der Partei und bei den moskautreuen Funktionären eigentlich nie mehrheitsfähig. Viel zu sehr wirkte das Ende der 1950er Jahre heraufziehende

15 Mueller: Besatzung, S. 194–198. Für die Niederschrift über das Gespräch von Ždanov mit Koplenig und Fürnberg am 13. Februar 1948 siehe: ders.: Die Teilung Österreichs als politische Option für KPÖ und UdSSR 1948. In: Zeitgeschichte 32 (2005) 1, S. 47–54, hier S. 48–52.

16 Kroll, Thomas: Kommunistische Intellektuelle in Westeuropa. Frankreich, Österreich, Italien und Großbritannien im Vergleich (1945–1956). Köln/Weimar/Wien 2007, S. 293–357; vgl. auch Spira, Leopold: Ein gescheiterter Versuch. Der Austro-Eurokommunismus, Wien/München 1979, S. 28; sowie die Erinnerungen von Meisel, Josef: Die Mauer im Kopf. Erinnerungen eines ausgeschlossenen Kommunisten 1945–1970 (Biografische Texte zur Kultur- und Zeitgeschichte 3). Wien 1986, S. 135–143.

17 Spira: Versuch, S. 22 f.

sowjetisch-chinesische Schisma in die Partei hinein. Auch wenn die KPÖ auf Linie der Sowjetunion blieb, so dürften viele Sympathien für chinesische Aussagen über Stalin empfunden haben. Trotz der Treue zur Sowjetunion sollte sie nicht die entsprechenden Schlußfolgerungen aus dem XX. Parteitag der KPdSU ziehen.[18]

Die parteiinterne Diskussion wurde ohne Klärung der offenen Fragen bereits gegen Ende des Jahres 1956 zugunsten der „Einheit der Partei" beiseite geschoben. Der Diskussionsspielraum wurde eingeschränkt. Vor dem XVII. Parteitag der KPÖ im März 1957 sollte wieder Ruhe in der Partei herrschen.[19] Man war aber nicht soweit gegangen wie die französischen Kommunisten, die widerspenstigen Intellektuellen aus der Partei zu drängen.[20] In seinen Memoiren druckte der KPÖ-Vorsitzende (1965–1990) Franz Muhri die damals unveröffentlichte Stellungnahme Fischers ab, der seinerzeit ebenfalls Rücksicht auf die Einheit der KPÖ nahm. Rückblickend bekannte Muhri, daß es ein Fehler war, solche Positionen nicht bereits damals in der Partei und in der Öffentlichkeit zu diskutieren.[21] Viel mehr kanalisierte sich die Debatte innerhalb der KPÖ auf die Frage nach dem österreichischen „friedlichen" Weg zum Sozialismus. Dies führte freilich dazu, daß unterschiedliche Ansichten innerhalb der Partei bestehenblieben, was in den kommenden Jahren zu schweren Auseinandersetzungen führen sollte. Neben der rückläufigen Mitgliederzahl hatten viele auch einfach ihre Aktivitäten in der Partei einschlafen lassen.[22] Im Gegensatz zur Mitgliederzahl schrumpfte der aufwendige und den Notwendigkeiten nicht angemessene Parteiapparat kaum. Dies kann nur auf die finanziellen Möglichkeiten, die die KPÖ aufgrund ihrer wirtschaftlichen Betätigungen hatte, zurückzuführen sein.[23]

Die KPÖ sollte zunächst noch strikt auf Moskauer Linie bleiben. Bis auf wenige kritische Stimmen wurden vorbehaltlos alle Wendungen der KPdSU mitgemacht – sei es in der Politik gegenüber Jugoslawien, Albanien oder bei der Haltung zur chinesischen Staatspartei. 1959 verlor die KPÖ bei den National-

18 Gärtner, Heinz: Zwischen Moskau und Österreich. Analyse einer sowjetabhängigen KP (Studien zur österreichischen und internationalen Politik 3). Wien 1979, S. 161.

19 Mugrauer, Manfred: Zwischen Erschütterung, neuer Offenheit und „Normalisierung: Die KPÖ, der 20. Parteitag der KPdSU und die Ungarn-Krise 1956. In: Mueller, Wolfgang/Portmann, Michael (Hrsg.): Osteuropa vom Weltkrieg zur Wende. Wien 2007, S. 257–297.

20 Kroll: Kommunistische Intellektuelle, S. 221–241.

21 Muhri, Franz: Kein Ende der Geschichte. Wien 1995, S. 107–111.

22 Vgl. hierzu kurz Mugrauer, Manfred: Die Politik der KPÖ 1945 bis 1955/56. In: ders. (Hrsg.): 90 Jahre KPÖ. Studien zur Geschichte der Kommunistischen Partei Österreichs (Alfred Klahr Gesellschaft Quellen und Studien, Sonderband 9). Wien 2009, S. 37–52, hier S. 49–51.

23 Meisel: Mauer, S. 141.

ratswahlen ihre letzten Sitze im Parlament. Erst Chruschtschows zweiter Vorstoß in Richtung Entstalinisierung, der sich am XXII. Parteitag der KPdSU im Oktober 1961 ereignete, stellte die KPÖ intern erneut vor Probleme.[24]

In den Parteibeziehungen zwischen SED und KPÖ traten bereits in den ersten Jahren nach Abschluß des Staatsvertrags erste Dissonanzen auf. Einer der Gründe hierfür war, daß die KPÖ sich von 1956 an weigerte, eine Freundschaftsgesellschaft Österreich-DDR aus der Taufe zu heben. Eine solche war in den Planungen der SED, die internationale Anerkennung ihres Staates zu fördern, jedoch fest eingeplant. Ein weiterer Grund war, daß immer häufiger und gegenüber der DDR verstärkt nach dem Bau der Berliner Mauer 1961, in Gesprächen Kritik an der Entwicklung in den sozialistischen Staaten geäußert wurde. Ereignisse wie die Niederschlagung des Ungarn-Aufstands 1956 oder der Mauerbau hatten die sozialistische Staatenwelt in den österreichischen Medien vollends diskreditiert.[25] Der Spielraum der KPÖ war dadurch noch enger geworden. Zudem verglichen beispielsweise einfache Parteimitglieder, die im Rahmen von Gewerkschaftsdelegationen die DDR bereisten, gegenüber den örtlichen SED-Funktionären häufig die Lebensverhältnisse mit jenen in Österreich und gelangten zu einem für den ostdeutschen Staat wenig schmeichelhaften Urteil. All dies beunruhigte die SED-Führung. Wie sehr sich dieses Unbehagen auswuchs, zeigt sich unter anderem daran, daß keine andere westeuropäische kommunistische Partei tiefere Spuren im Nachlaß Walter Ulbrichts hinterlassen hat.[26]

Eine nicht unbedeutende Rolle im Verhältnis von SED und KPÖ spielte Ernst Fischer, der sich im Moskauer Exil mit Walter Ulbricht und Wilhelm Pieck auseinandergesetzt und dabei versucht hatte, die österreichische Autonomie zu retten. In Moskau war er von 1935 bis 1938 KPÖ-Vertreter bei der Komintern, Redakteur der *Kommunistischen Internationale*, und er war 1937 auch Berichterstatter beim Moskauer Schauprozeß gegen Karl Radek („Strafsache des sowjetfeindlichen trotzkistischen Zentrums“). Fischer hatte die gefährlichen Jahre in Moskau, die vielen seiner Mitstreiter das Leben kosteten, nicht nur „über-

---

24 Spira: Versuch, S. 35 f.

25 In der Öffentlichkeit wurde der Bau der Mauer verteidigt. So schrieb Bruno Frei im *Tagebuch*: „Mit der Kontrolle über die Sektorengrenzen ist den Brandstiftern die Fackel aus der Hand geschlagen. Das ist eine Friedenstat“ (TB, H. 10, 1961, S. 1/2).

26 Ehmer, Josef: KPÖ und SED. Ein ambivalentes Verhältnis. In: Neugebauer, Wolfgang (Hrsg.): Von der Utopie zum Terror. Stalinismus-Analysen (Österreichische Texte zur Gesellschaftskritik 59). Wien 1994, S. 172 f.

lebt", sondern als hoher Komintern-Funktionär auch belastende Dossiers über seine Landsleute verfaßt.[27]

Wolfgang Langhoff und Ernst Fischer auf einer Veranstaltung des Kulturbundes zur demokratischen Erneuerung Deutschlands in Ost-Berlin 1949 nach einer Diskussion über Fischers Theaterstück „Der große Verrat".

Foto BArch, Bild Y 10 1566 00

Fischer betonte in diesen Jahren die nationale Eigenständigkeit Österreichs[28] und opponierte auch später gegen eine Westanbindung. Nach seiner Rückkehr nach Österreich (im April 1945) stand er bis 1969 als Mitglied des Zentralkomitees

27 Vgl. Kröhnke, Karl: Ernst Fischer oder Die Kunst der Koexistenz. Frankfurt/M. 1994, S. 69-71 (Das Material verdankt Kröhnke den Wiener Historikern Barry McLoughlin und Hans Schafranek.); in „Erinnerungen und Reflexionen" schreibt Fischer, daß er „das System des Terrors nicht einmal zu ahnen vermochte" (1969, S. 370). Über die österreichischen Opfer des Stalinismus vgl. McLoughlin, Barry/Szevera, Walter: Posthum rehabilitiert. Daten zu 150 österreichischen Stalin-Opfern. Wien 1991.

28 Im Exil entwarf er seine Studie „Die Entstehung des österreichischen Volkscharakters", die 1945 in Wien erschien; in „Das Ende einer Illusion" schreibt Fischer selbstkritisch: „Gewiß habe ich häufig übertrieben, durch das Geraune und Gerede von der ‚deutschen Mission' Österreichs besorgt." (Frankfurt/M. 1988, S. 64).

der KPÖ zusammen mit Friedl Fürnberg und Johann Koplenig (die mit ihm im Moskauer Exil waren) an der Parteispitze, darüber hinaus war er Chefredakteur der ersten Nachkriegszeitung *Neues Österreich* und ab 1950 Mitherausgeber des (Österreichischen) *Tagebuch*, der kulturpolitischen Zeitschrift der KPÖ[29], die in diesen Jahren neben der *Volksstimme* zu seiner wichtigsten publizistischen Plattform wurde. Nach einem Herzinfarkt und dem Ausscheiden der KPÖ aus dem Nationalrat 1959 zog er sich aus der Tagespolitik zurück und widmete sich verstärkt seinen literarischen Arbeiten und kulturpolitischen Themen. Fischer war das prominente intellektuelle Aushängeschild der KPÖ; er selbst betrachtete sich als kulturpolitischer „Außenminister der Partei"[30] und inszenierte sich erneut als Dichter (auch wenn er „jahrelang nur in den konfidentiellen kommunistischen Organen publiziert" hatte,[31] darunter eine „Kantate an Stalin" und eine Hymne zu dessen 70. Geburtstag[32]). Trotz der sinkenden Mitgliederzahlen und des steigenden Altersdurchschnitts ihrer Mitglieder hatte die KPÖ außenpolitisch ihre Bedeutung erhalten, weil sie in den alten k. u. k-Raum hineinwirkte. Was das Wiener Parteiorgan *Volksstimme* schrieb, machte in den fünfziger und sechziger Jahren in Budapest, Warschau und Prag die Runde und spielte dabei eine wichtigere Rolle als in Österreich, außerhalb des KPÖ-Umfelds.

---

29 Vgl. Pfoser, Alfred: „Stalins Brückenköpfe". Der Kalte Krieg im und um das *Tagebuch*. In: Hansel, MichaelRohrwasser, Michael (Hrsg): Kalter Krieg in Österreich. Wien 2010, S. 228–243. Für die Überlassung ausführlicher Exzerpte und Kopien der Zeitschrift danken wir Doris Neumann-Rieser und Stefan Maurer.

30 Kroll: Kommunistische Intellektuelle, S. 308.

31 Jean Amery, der vieldimensionale Rebell. Die autobiographischen Aufzeichnungen Ernst Fischers. In: *Die Zeit*, Nr. 43 v. 24. Oktober 1969, S. 26.

32 Kantate an Stalin. In: *Volksstimme* v. 22. März 1953; Geburtstags-Hymne (TB, H. 12 1949, S. 3–7).

Ernst Fischers kulturpolitische Schriften bis zur Kafka-Konferenz 1963

Fischer versuchte sich in den Nachkriegsjahren in einem intellektuellen Spagat, weil er einerseits stalinistische Positionen vertrat (bis hin zur Rechtfertigung der sowjetischen Arbeitslager und der Forderung, dieses Modell des Strafvollzugs auch in Österreich einzuführen[33]), andererseits aber in kulturpolitischen und ästhetischen Fragen immer mehr gegen den Stachel einer Kulturpolitik löckte, die Front machte gegen die literarische Avantgarde.[34] Wirkliche Kontinuität entfaltet Fischer da, wo er den „österreichischen Volkscharakter“ gegen „die deutsche Misere“, den „preußisch-faschistischen Deutschnationalismus“ stark macht.[35]

Zu den stalinistisch-antisemitischen Nachkriegsprozessen in Osteuropa hat er öffentlich geschwiegen[36] und auch noch zum Einmarsch der Sowjets in Un-

33 Nach seinem Parteiausschluß 1969 grub die KPÖ einen Artikel Fischers aus dem Jahr 1949 aus, in dem dieser das System der sowjetischen Arbeitslager verteidigte: „Da ist vor allem die Frage der Arbeitslager. Der Strafvollzug der westlichen Welt ist das Gefängnis mit seinem grauenhaften Zellensystem, mit seiner Einzelhaft, mit seiner erzwungenen Untätigkeit der Inhaftierten, die dadurch jeden Rest der Menschlichkeit einbüßen […]. In der Sowjetunion gibt es keine Gefängnisse außer für Untersuchungshaft; der Strafvollzug ist das Arbeitslager. Ich selber kenne einige dieser Arbeitslager, über deren Toren die Aufschrift steht: ‚Arbeit sühnt alles!‘ Das Leben in diesen Lagern ist hart, aber es ist ein Leben, es ist sinnvoll, denn der Inhaftierte arbeitet produktiv, er hat seinen Klub, sein Kino, seine Bibliothek, er ist ein Gefangener, aber er ist ein Mensch!“ (zit. nach Kröhnke: Ernst Fischer, S. 84 f). Im *Tagebuch* spottet Fischer 1950 über die „antikommunistischen Lügen“ über „geheimnisvolle Konzentrationslager ‚hinter dem Eisernen Vorhang‘“, lobt das sowjetische Lagersystem und meint, auch in Österreich wäre es für „wurmstichige, faule Elemente“ gut, in Arbeitslager zu kommen (TB Nr. 2, 19.01.1950, S. 4). Zwei Nummern später wiederholt er gegenüber Friedrich Heer, daß „Schmarotzer ins Arbeitslager“ gehörten (TB Nr. 4, 18.02.1950, S. 4).

34 So heißt es beispielsweise 1964 im *Tagebuch* über Gerhard Rühm: „Der junge Dichter hat das Lallen der Dadaisten von 1919 neu entdeckt und in ‚skripturale Malerei‘ respektive ‚konkrete Poesie‘ umgesetzt. Späteren Historikern des Kultur- und Sprachverfalls dringend zur Lektüre empfohlen“ (TB Nr. 5, 1965, S. 11).

35 Vgl. Schmidt-Dengler, Wendelin: Ernst Fischer: Erziehung zur österreichischen Nation. In: Ernst Fischer. Texte und Materialien. Hrsg. von Bernhard Fetz. Wien 2000, S. 86–96.

36 Der Slánský-Prozess sei „für Ernst Fischer völlig unglaubwürdig und tief erschütternd“ gewesen, erinnert sich Lou Eisler-Fischer (Eisler-Fischer, Louise: Es war nicht immer Liebe. Wien 2006, S. 72). Fischer berichtet über eine Auseinandersetzung mit Koplenig, der ihn getadelt habe, weil er zu dem Prozeß keine Stellung genommen habe. Er habe geantwortet, daß er kein Wort der Anklage glaube, dennoch habe er öffentlich ge-

garn im Herbst 1956. Hans Mayer erwähnt zwar einen Protest Fischers, doch ein solcher hat sich wohl auf private Kreise beschränkt, denn bislang haben sich in Archiven dafür keine Anhaltspunkte gefunden – jedenfalls hat Fischer sich damals wie sein Parteifreund Bruno Frei geweigert, eine Protestresolution des österreichischen PEN-Club gegen die sowjetische Invasion zu unterschreiben, was im November 1956 zu ihrem Ausschluß aus dem PEN führte.[37] Bruno Frei rächte sich dafür später in seinen Erinnerungen („Der Papiersäbel“), in denen er die Wiener Kommunisten, die nach dem Einmarsch in Ungarn ihrer Partei die Treue gehalten haben, zu den Juden von heute, und die Antikommunisten, die sie auf den Straßen attackierten, zu den neuen Nazis erklärt.[38] Daß Fischers Positionen im *Tagebuch* deutlich doktrinärer sind als die seines Mitherausgebers Viktor Matejka, mag den überraschen, der den Häretiker von 1968 im Blick hat.[39]

Wegen seines kulturpolitischen Engagements nach 1959 gerät Fischer jedoch in der DDR bald unter Häresieverdacht. „Walter Ulbricht hat diesen Österreicher so tief gehasst, wie es ihm, dem dürren und emotionslosen Besserwisser, überhaupt möglich war“, schreibt Fischers Freund Hans Mayer.[40] Eine zentrale Rolle in dieser Entwicklung Fischers zum Häretiker spielten Franz Kafka und

schwiegen, weil er kein Wasser auf die Mühlen des Feindes habe gießen wollen (Das Ende einer Illusion, S. 345 ff).

37 Vgl. Mayer, Hans: Wachsamer Denker. Eine Wiederkehr: Der österreichische Schriftsteller und marxistische Theoretiker Ernst Fischer. In: Die Zeit, Nr. 42, 11. Oktober 1985; Torberg, Friedrich: Zwischenhändler verbeten. In: *FORVM*, Jg. 12, Heft 134 (Februar 1965), S. 79 f. Bruno Frei schreibt allerdings, Fischer habe sich „seit der ungarischen Konterrevolution […] Stück für Stück“ von der kommunistischen Bewegung entfernt (Der Weg Ernst Fischers. Eine Dokumentation. Wien 1968, S. 3) und verweist auf Fischers Aufsatz „Die unbequemen Intellektuellen“ (Tb 1/1957), in dem Frei den „Widerhall der ungarischen Ereignisse“ erkenne. Frei zitiert dann im folgenden aber auch linientreue Reden Fischers aus dem Jahr 1958, die er „verbale Verbeugungen vor dem dogmatischen Klassenstandpunkt“ nennt. In seinem Artikel „Wie konnte es geschehen?“ (*Volksstimme*, Nr. 275 v. 25.11.1956, S. 5) kritisierte Fischer die ungarische Parteiführung, die den Aufständischen eine Angriffsfläche geboten hätte; zugleich verteidigt er die militärische Intervention der Sowjetunion.

38 „Im ‚Nieder‘-Geschrei verschmolzen die Begriffe; wie einst. Die Exzesse dieser Nacht hielten sich eng an das Modell der unvergessenen Pogromtechnik“ (Frei: Papiersäbel, S. 319).

39 „Ernst Fischer, zweifellos auch in diesen Jahren durch seine Verlaine- und Baudelaire-Übersetzungen ein Mann der Literatur, trat im *Tagebuch* als pathetischer Stalinist auf, der nicht nur überschwänglich Stalin und die Sowjetunion pries, sondern eine Eigenständigkeit politischen Denkens im besten Fall erahnen ließ“ (Pfoser: „Stalins Brückenkopf“, S. 238).

40 Mayer: Wachsamer Denker.

der Marxsche Begriff der Entfremdung. Im Moskauer Exil, so versichert Fischer in seinen „Erinnerungen und Reflexionen“, sei er Kafka noch nicht begegnet, und er fügt hinzu, daß Kafka ihm dort vielleicht geholfen hätte, „manches mit schärferen Augen zu sehen“.[41] Erst in den späten 1950er Jahren taucht Kafka als Referenz in Fischers kulturpolitischen und literaturästhetischen Aufsätzen auf. Im Namen Kafkas wird vorerst eine Distanzierung gegenüber Georg Lukács vollzogen, der 1956 Thomas Mann über Kafka gestellt und erklärt hatte, daß Thomas Mann dem Sozialismus näher stünde.[42] Sicher ist, daß für seine eigene literarische Arbeit Kafka keine Spuren hinterlassen hat – über Fischers Autobiographie merkt Jean Améry an: „Das Wort von der kafkaesken Welt wird da und dort ausgesprochen, aber es ist nicht Kafka, der diese Welt uns vorführt“[43]. Da verharrt Fischer mit seinen belehrenden Agitationsstücken und seinen konventionellen Gedichten in einer Kafka-fernen Tradition, und die Berufung auf Kafka (in seinen Essays) bedeutet auch nicht zwingend eine Anerkennung der literarischen Moderne, denn immer noch bleiben für ihn Samuel Beckett und andere vorerst dem staatskommunistischen Décadence-Formalismus-Verdikt unterstellt. Fischer rettet sich aus diesem Widerspruch, indem er seinen Realismusbegriff öffnet und Kafka als „realistischen“ Autor feiert. Das Phänomen der Dekadenz bleibt vorerst bestehen: „Gewiß: die Welt, in der dieser Kafkaismus gedeiht, ist überfüllt von Erscheinungen der Dekadenz, des Niedergangs“.[44]

Fischers Aufsatz in Peter Huchels letztem *Sinn und Form*-Heft trägt den Titel „Entfremdung, Dekadenz, Realismus“. Hier plädiert der Autor dafür, Kafkas Verhältnis zur Dekadenz genauer zu bestimmen, ohne daß er die Gefährlichkeit der Dekadenz in Frage stellt. Dekadenz sei ein Gift, vor dem zu warnen Pflicht der Marxisten sei, aber es gebe „nicht allzu viele Dichter und Schriftsteller, die sich mit der Dekadenz identifizieren“[45]; andere hätten sich zwar mit der Dekadenz infiziert, aber Antitoxine entwickelt (die Metaphorik von Gift und Infektion durchzieht nicht nur diesen Aufsatz, sondern begleitet die ganze Kafka-Debatte im Umfeld der Liblice-Konferenz). Wie Franz Fühmann es 1964 in einem Brief an den DDR-Kulturminister tat und Sartre 1962 in Moskau getan hatte, gibt Fischer den Kunsttheoretikern und Feuilletonisten „der kapitalistischen

41 Fischer: Erinnerungen und Reflexionen, S. 367.

42 Lukács, Georg: Kafka oder Thomas Mann (Werke 4: Probleme des Realismus. Neuwied/Berlin 1971, S. 500–550); im Juni 1956 hatte L. an der Urania einen Vortrag mit dem Titel „Kafka oder Thomas Mann“ gehalten; das *Tagebuch* druckte Auszüge des Vortrags (TB Nr.14, 1956, S. 5 f).

43 Améry: Der vieldimensionale Rebell, S. 26.

44 Fischer, Ernst: Franz Kafka. In: Sinn und Form, Jg. 14, Heft 4, S. 497–553, hier S. 553.

45 Fischer, Ernst: Entfremdung, Dekadenz, Realismus. In: *Sinn und Form*, Jg. 14, Heft 5/6, S. 816–854, hier S. 823.

Welt" die Hauptschuld an der Funktionalisierung Kafkas: „Meister der phantastischen Satire wie Joyce und Kafka werden in Mystiker umgefälscht".[46]

Fischer bettet den Begriff der Dekadenz zwischen Entfremdung und Realismus ein. Der Begriff der Entfremdung spielte im staatskommunistischen Diskurs keine große Rolle (die „Ökonomisch-philosophischen Manuskripte" des jungen Marx wurden kaum rezipiert), für Fischer dagegen begann er eine immer größere Rolle zu spielen, aber erst auf der Kafka-Konferenz in Liblice wurde die Entfremdungsdiagnose auf den „realen Sozialismus" bezogen.

Dem Entfremdungs-Essay war ein über 50seitiger Kafka-Aufsatz von Fischer vorangegangen (ebenfalls in der Ost-Berliner Zeitschrift *Sinn und Form*[47]), der mit dem Satz schließt: „Der Kafkaismus wird vorübergehen, wenn seine Voraussetzungen überwunden sind. Kafka wird bleiben"[48] – eine Parole, die Kafka jenseits von Funktionalisierungen ortet und die zugleich ausblendet, daß Kafka noch gar nicht angekommen war in der literarischen Öffentlichkeit von Ost-Berlin, Prag, Budapest, Warschau etc. (wobei es spezifische Unterschiede gab, denn in Belgrad war es um Kafka weitaus besser bestellt; in den Schulbüchern fanden sich Texte von Kafka, und Orson Welles konnte in Zagreb seinen „Prozess"-Film drehen[49]).

Zum einen funktioniert dieser Aufsatz mit seinen ausführlichen Zitaten aus Briefen, Erzählungen und Romanen als eine Art von kleinem kommentiertem Kafka-Lesebuch für jene Leser, denen der Zugang zu dessen Texten verwehrt war (also nicht für österreichische Leser), zum anderen ist er ein fürstenaufklärerisches Plädoyer für den verfemten Dichter. Kafka wird den DDR-Kulturfunktionären als wacher Beobachter der Entfremdung (im Kapitalismus) und der Ausbeutung offeriert, als ein Autor mit sympathisierendem Blick für die Unterdrückten, wobei Fischer konzediert, daß der Dichter „die Arbeiter nicht als kämpfende Klasse, sondern als hilflose Einzelne" gezeichnet habe.[50] Es ist die kapitalistische Welt, die Fischer in Kafkas Texten gespiegelt sieht, und der

46 Fischer: Entfremdung, S. 816.

47 Fischer veröffentlicht in der renommiertesten Literaturzeitschrift der DDR (herausgegeben von der Akademie der Künste) zwischen 1951 und 1964 elf Aufsätze; sein Kafka-Aufsatz gehört in eine Reihe von Essays über österreichische Autoren (Robert Musil, Karl Kraus und Johann Nestroy).

48 Fischer: Kafka, S. 553. Fischer betont die Widerständigkeit der österreichischen Autoren (beispielsweise in seiner Aufsatzsammlung „Von Grillparzer zu Kafka" von 1962), das heißt,. sein Plädoyer für Kafka ist ein österreichisches, das sich ins große Programm Fischers fügt, den österreichischen Sonderweg zu begründen.

49 Vgl. Michael Rohrwasser: „In Sibirien verstehen wir Kafka besser". Franz Kafka und der Kalte Krieg. In: Hansel/Rohrwasser: Kalter Krieg, S. 153–167.

50 Fischer: Kafka, S. 534.

„Amerika"-Roman liefert ihm Anlaß zur ausführlichen Kritik am Wahlsystem der USA und an der „bürgerlichen Demokratie" überhaupt.[51] Außerdem wird Kafka hier den Tschechen zurückgegeben: „Um ein Volk zu finden, mußte er zu den Tschechen gehen".[52]

Fischer verfolgt dabei einen schlichten biographischen Ansatz (als ginge es darum, einen recht unbekannten Autor vorzustellen, über den nichts voraussetzbar sei, darüber hinaus aber mit der Sicherheit, daß sich Werk und Leben gegenseitig erläutern): Er unterstreicht Kafkas Schwächen, angefangen von seiner zerbrechlichen Physis bis hin zu seiner Unfähigkeit, richtige Beziehungen zu Frauen einzugehen, um zu schlußfolgern, daß diese Schwäche ihm die Sensibilität geschenkt habe, die gesellschaftliche Entwicklung seiner Zeit zu empfinden und darzustellen wie kein anderer: „Seine Schwäche [ist] Urgrund seiner literarischen Kraft".[53]

Diese Argumentation, daß Kafkas Schwäche für seine seherische Stärke verantwortlich ist, ist mehr als nur eine Wendung für die Funktionäre, es scheint eine Umschreibung des jüdischen Kafka. Sie erinnert von Ferne an die antisemitisch grundierte Erzählung vom gefährlichen schwachen Juden, aus dessen Schwäche die Kraft zur Zersetzung wächst. Fischer verleiht dem Autor eine prophetische Begabung, die aus der von ihm diagnostizierten Schwäche erwächst: „Kafka roch die Verwesung einer scheinbar noch intakten Gesellschaft, im Bürokraten von heute den Prügler, den Henker von morgen, im unscheinbaren Keim die heranreifende Katastrophe".[54] Die Rede von der seherischen Begabung, die dem „Genie der Schwäche" gegeben war, erscheint im Nachhinein als ein vergiftetes Lob, das auf Kosten der Anerkennung von Kafkas literarischem Vermögen geht – eine Gabe ist eine Gabe und kein Resultat schriftstellerischer Arbeit.

Fischer unterstreicht Kafkas Sympathien für die Arbeiterbewegung und erkennt auch noch im Verhältnis zu seinem Vater das „Wetterleuchten des Klassenkampfes", eine allzu routinierte biographische Interpretation, der man den Blick auf den Adressaten anmerkt. Er wiederholt, was schon Paul Reimann moniert hatte, daß Kafka keinen Klassenstandpunkt gehabt und nicht an die Revolution und die „geschichtliche Kraft der Arbeiterklasse" geglaubt habe. Das entspricht ganz dem Tenor der Einleitungen, Nachworte und flankierenden Aufsätze, die in den 1950er und 1960er Jahren in den osteuropäischen Staaten erschienen waren, aus der Feder von Reimann, Oto Biha, Franz Fühmann und anderen. Und gewiß ist es sinnvoll, die Kafka-Texte des österreichischen Kulturpolitikers

51 Ebd., S. 520.
52 Ebd., S. 508.
53 Ebd., S. 498.
54 Ebd., S. 501.

als Teil dieses staatskommunistischen Diskurses wahrzunehmen, in dem Kafka in die Schranken gewiesen wurde, um eine Edition zu ermöglichen, in dem seine Beschränktheit unterstrichen wurde, um ihn als ungefährlich erscheinen zu lassen. Ich gehe ein auf ein frühes Beispiel, das zugleich den Kontrast zu Fischers Strategie deutlich macht. Der Prager KP-Funktionär und Germanist Paul Reimann, einer der späteren Initiatoren der Liblice-Konferenz, publizierte 1957 auf Einladung von Louis Fürnberg einen Kafka-Aufsatz in den (von Fürnberg herausgegebenen) „Weimarer Beiträgen". Er geißelt dort die „Schwäche" von Kafkas „Weltanschauung": „Die Menschen sind bei Kafka nur passiv, nur leidend [...]. Die subjektiven Sympathien für das werktätige Volk, die in Kafkas Werk stellenweise sichtbar werden, genügten nicht, die gestellte Aufgabe zu bewältigen. Deshalb sind auch alle Versuche, aus Kafka eine mystische Persönlichkeit zu machen, ihn zum Rang eines Propheten zu erheben, völlig aussichtslos und zum Scheitern verurteilt. Kafka war nichts weniger als ein Prophet, er war ein Schiffbrüchiger". Reimann attestiert Kafka „ein starkes literarisches Talent", das freilich unfähig sei, mehr als „Skizzen oder Fragmente" zu liefern.[55]

Nach der Liblice-Konferenz von 1963 (von der gleich die Rede sein wird), war Kafka zum politischen Thema geworden. Bruno Frei lädt Reimann nach Wien zu einem Vortrag über Kafka ein, in der Hoffnung, mit dessen Hilfe die Wogen zu glätten, und Frei kommentiert auch, daß nun die Diskussion von Liblice „vom Kopf auf die Beine" gestellt worden sei[56] – Reimann habe von den Grenzen Kafkas gesprochen, daß er unfähig gewesen sei, in die Kämpfe seiner Zeit einzugreifen: „Wir machen ihm daraus keinen Vorwurf; aber als Kinder einer neuen Zeit müssen wir die Grenzen sehen, über die Kafka nicht hinauskam"[57]– dieselbe Argumentation, nun aber nach Liblice und statt in der DDR in Österreich vorgetragen, hat sich in eine doktrinäre Argumentation verwandelt.

Fischers Verteidigung Kafkas ist hier wie in früheren Annäherungen behutsam (aber auch er bringt auf dem Altar der Dogmatik Opfer und bezichtigt andere Autoren wie Samuel Beckett der „makabren Dummheit").[58] Doch unverkennbar ist auch eine verborgene Linie des Essays, nach der Kafka das stalinistisch-bürokratische System beschreibt. Im Dekadenz-Aufsatz hatte er gegen Ende ei-

---

55 Reimann gibt in seinem Aufsatz eine Antwort auf den programmatischen Essay von Lukács und feiert, trotz aller Einschränkungen, den Autor Kafka (Die gesellschaftliche Problematik in Kafkas Romanen. In: Paul Reimann: Von Herder bis Kisch. Studien zur Geschichte der deutsch-österreichisch-tschechischen Literaturbeziehungen. Berlin 1961, S. 150–173, hier S. 173 u. 151).

56 Frei: Papiersäbel, S. 363.

57 Zit. n. Frei: Papiersäbel, S. 363.

58 Fischer, Ernst: Das Problem der Wirklichkeit in der modernen Kunst. In: *Sinn und Form*, Jg. 10, Heft 3, S. 461–483, hier S. 476.

nen Ausfallschritt gewagt: „Aus der Sowjetunion kam zur Zeit des Personenkults zuwenig Ermutigung. In vielen Werken sowjetischer Kunst und Literatur wurde die Wirklichkeit nicht nur simplifiziert, sondern auch beschönigt oder verdrängt, also in einem gewissen Ausmaß ‚entwirklicht'".[59] In den verschiedenen Entwürfen seiner Essays, die sich im Nachlaß finden, läßt sich diese antistalinistische Stoßrichtung noch deutlicher erkennen, und besonders deutlich in seinem Vortrag auf der Kafka-Konferenz von Liblice. Daß diese Linie in seinem Essay von 1962 noch untergründig bleibt, sei ein Kennzeichen der „Sklavensprache", schreibt Hans Mayer – man könnte hinzufügen: ein Kennzeichen, daß Fischer sich hier auf ausländischem Terrain bewegte.[60]

Die Konferenz von Liblice

Die von der tschechischen Akademie der Künste, der Philosophischen Fakultät der Karls-Universität und dem Schriftstellerverband einberufene Kafka-Konferenz auf dem Schloß Liblice in der Nähe von Prag (am 27. und 28. Mai 1963, im Jahr von Kafkas 80. Geburtstag) versammelte einen Kreis internationaler Literaturwissenschaftler. Als Referenten wurden Marxisten eingeladen, um nicht „dem moskauhörigen Establishment" Gelegenheit zum Argument zu geben, „daß es sich bei den Teilnehmern um Klassenfeinde handelt".[61] Die literaturwissenschaftlichen Organisatoren der Konferenz, Eduard Goldstücker und Paul Reimann, verband neben ihrem Bemühen um Kafka ein weiteres. Sie waren 1952 beteiligt an dem sogenannten „Prozess gegen die Leitung des staatsfeindlichen Verschwörerzentrums mit Rudolf Slánský an der Spitze", in dem vierzehn Angeklagte (darunter elf Juden) zum Tode verurteilt wurden – Goldstücker als Angeklagter (als tschechischer Botschafter aus Israel zurückbeordert, wurde er zum Tode verurteilt, dann zur lebenslangen Haft begnadigt und 1955 rehabilitiert), Reimann als Hauptzeuge der Anklage. Daß diese beiden sich für eine Kafka-Konferenz zusammenschlossen, war ein deutliches Signal, daß Kafka zum Vehikel für die Aufarbeitung der stalinistischen Vergangenheit geworden war (Reimann und Fischer kannten sich aus dem Moskauer Exil). Die Forderung nach einer Rehabilitierung der Opfer der Stalin-Ära, nach einer Aufarbeitung des stalinistischen Antisemitismus und die nach einer Neubewertung des Werks von Kafka verschmolzen.

---

59 Fischer: Entfremdung, S. 853.

60 Mayer: Wachsamer Denker.

61 Eduard Goldstücker im Gespräch mit Bernhard Fetz. In: Fetz (Hrsg.): Fischer, S. 161–166, hier S. 161. Zur Konferenz vgl. Goldstücker, Eduard/Kautman, František/Reimann, Paul (Hrsg.): Franz Kafka aus Prager Sicht. Berlin 1966.

Pavel Kohout sagte im Juni 1963, wenige Tage nach der Liblice-Konferenz, auf dem Kongreß des tschechischen Schriftstellerverbandes, man müsse sich der „Prozesse" erinnern: „In einer Sache allerdings sollte man sich über die Wahrheit ohne Verzug, in vollem Umfang und in aller Öffentlichkeit auseinandersetzen. Ich denke an die Prozesse. Ich kann sie in dieser Versammlung nicht unerwähnt lassen". Er fährt fort, daß ihn einen Monat später die Witwe des hingerichteten Hauptangeklagten angerufen habe, Josefa Slánská.[62] Aus dieser Verbindung heraus entsteht Slánskás Buch über den Schauprozeß und ihren Mann, das im Frühjahr 1968 in Prag erscheinen kann. Sie montiert im ersten Teil ihres Buches Dokumente zur Geschichte des Prozesses. Der erste eigene Text, den sie in das Buch einfügt, beginnt mit den Worten: „Wie einen Hund / legten sie ihn an die Kette / für ein Jahr".[63] Kafka gibt ihr die Sprache, denn der Schlußsatz von „Der Prozess" heißt: „‚Wie ein Hund!' sagte er, es war, als sollte die Scham ihn überleben".

Die Auseinandersetzung um Kafka auf der Liblice-Konferenz hat deutliche politische Vorzeichen. Vor allem DDR-Delegierte wie Werner Mittenzwei und Klaus Hermsdorf halten daran fest, daß die Diagnose der Entfremdung sich auf die bürgerliche Gesellschaft beschränke. Goldstücker, der später im Rückblick auf Liblice vom „geistigen Verdun des Ost-West-Konflikts" spricht,[64] macht auf der Konferenz deutlich, daß er (nicht nur) seine einleitenden Sätze sowohl auf Kafka als auch auf die Prozesse bezogen sehen will: „Franz Kafka, den die ganze Welt uns zuzählt, wurde bei uns in der CSSR [...] ein Opfer dessen, was als Folgen des Personenkults bezeichnet wird. Zu diesen Folgen gehörte auch die gefährliche Schwarz-Weiß-Simplifizierung des Weltbildes, der Zweifel an der Stärke der sozialistischen Idee und dadurch die Ersetzung der Diskussion durch administrative Maßnahmen. Wir dürfen uns nicht mehr der Illusion hingeben, daß auf der geistigen Landkarte der Welt von heute [...] auf die Dauer irgendein Gebiet verdeckt oder einfach ignoriert werden könnte. Wir dürfen unter dem allumfassenden und undefinierten Begriff Dekadenz nicht summarisch alle künstlerischen Strömungen verurteilen, die anderen als unseren Voraussetzungen entspringen und Werke schaffen, die unserer Methode und unserem Geist zuwiderlaufen".[65] Und Fischer wendet seine Diagnose der Entfremdung nun explizit gegen die DDR: „Die Entfremdung des Menschen, die er mit maximaler

---

62 Kohout, Pavel: Bericht über einen Bericht. In: Josefa Slánská. Bericht über meinen Mann. Die Affäre Slánský. Wien/Frankfurt am Main/Zürich 1969, S. 7–13.

63 Slánská: Bericht über meinen Mann, S. 47.

64 Zit. n. Götze, Susanne: Ein Fensterchen Hoffnung. Kafkas Rezeption im Umfang des Prager Frühlings. In: Linksnet http://www.prager-fruehling-magazin.de/article/212.ein_fensterchen_hoffnung.html (zuletzt aufgerufen am 11. Mai 2010).

65 Franz Kafka aus Prager Sicht, S. 24.

Intensität dargestellt hat, erreicht in der kapitalistischen Welt ein schauerliches Ausmaß. Sie ist aber auch in der sozialistischen Welt keineswegs überwunden. Sie Schritt für Schritt zu überwinden, im Kampfe gegen den Dogmatismus und Bürokratismus, für sozialistische Demokratie, Initiative und Verantwortung, ist ein langwieriger Prozeß und eine große Aufgabe. Die Lektüre von Werken wie „Der Prozeß" und „Das Schloß" ist geeignet, zur Lösung dieser Aufgabe beizutragen. Der sozialistische Leser wird in ihnen Züge der eigenen Problematik wiederfinden, und der sozialistische Funktionär wird genötigt sein, in manchen Fragen gründlicher und differenzierter zu argumentieren. Anstatt Kafka als abgetan zu betrachten oder vor ihm Angst zu haben, sollte man seine Bücher drukken, und dadurch eine Diskussion auf hohem Niveau heraufbeschwören".[66]

Rückblickend schreibt er: „Durch die Kontroversen in Liblice und ihren Widerhall rings in der Welt wurden dogmatische Kommunisten genötigt, von Problemen zu sprechen, die bisher tabu waren, vom offiziellen Schweigen verschüttet; es gilt dies vor allem vom Problem der Entfremdung. Für die alten Dogmatiker war der junge Marx ein unmarxistischer Störenfried. Von ihm zu sprechen war Verlegenheit. Er wurde zur Un-Person, aus dem Marxismus ausgeschlossen, in die nicht-marxistische Welt verbannt […]. Zahllose junge Leute vor allem in der DDR hörten zum erstenmal das Wort ‚Entfremdung' und wünschten, mehr davon zu hören. Altbewährte Vulgärmarxisten nahmen sich der Sache an. Sie sahen ihre Aufgabe darin, den Begriff möglichst einzuengen und nach der zu Stalins Zeiten üblichen Methode alles zu verwerfen, was über das Zitat hinausgeht."[67]

Und Fischer unterstreicht die Außenseiterrolle der DDR-Delegation in Liblice: „Die Einmütigkeit der Auffassungen war für uns alle eine ermutigende Überraschung. Unabhängig waren wir zu ähnlichen Ergebnissen gelangt, in Fragen, die mit dem Werk Kafkas zusammenhängen, doch tief in andre Bereiche hineingreifen, vor allem in die Problematik der in der sozialistischen Welt weiterwirkenden Entfremdung. In der Freude über die plötzlich sichtbar gewordene Kampfgemeinschaft gegen konservative Vorurteile und offizielle Selbstgefälligkeit verhielten wir uns zur DDR-Delegation ungerecht. Die jungen deut-

66 Franz Kafka aus Prager Sicht, S. 157 (Fischers Rede wieder in: Fischer, Ernst: Von Grillparzer zu Kafka. Von Canetti zu Fried. Essays zur österreichischen Literatur. Frankfurt/M. 1991; sie schließt mit den Sätzen: „Ich appelliere an die sozialistische Welt: Holt das Werk Kafkas aus unfreiwilligem Exil zurück! Gebt ihm ein Dauervisum").

67 Ad Kafka Redivivus. In ÖLA, Nachlaß Fischer, Nr. 37/S 54–56 Est. Kafka-Konferenz. Auf die Bedeutung der Entfremdungsdebatte für die Loslösung Fischers von der KPÖ weist auch Sebastian Baryli hin. Vgl. Zwischen Stalin und Kafka. Ernst Fischer von 1945 bis 1972. Bonn 2008, S. 132–142.

schen Germanisten hatten durch anfechtbare Aeusserungen die grundsätzliche Diskussion heraufbeschworen und waren dadurch in eine schwierige Lage geraten [...]. Sie waren zur Defensive genötigt obwohl es ihnen vielleicht lieber gewesen wäre [...] unhaltbare Stellungen aufzugeben und auf angemessene Art kundzutun, wie weit sie mit den übrigen Konferenz-Teilnehmern übereinstimmten. Doch sie standen der Konferenz nicht als autonome Individualitäten gegenüber, sondern als disciplinierte ‚Delegation‘, als Verkörperung des strengen Corpsgeists, als die monolithe Meinung der DDR. Der schreckliche Widersinn, dass Staaten, Regierungen, Parteileitungen sich eine autoritative Meinung über das Werk eines Schriftstellers oder eines Malers oder eines Gelehrten anmassen, dass sie diese autoritative Meinung zu Konferenzen über Kunst, Literatur, Philosophie ‚delegieren‘, fand seinen Ausdruck darin, dass keinerlei Meinungsverschiedenheit zwischen den Sprechern der DDR zutage trat, dass sie nicht jeder er selbst waren, sondern gegenüber Diskussionsrednern, deren Gedanken keinerlei Direktiven oder Resolutionen entsprachen, einen Staat und eine Partei repräsentierten [...]“.[68]

Die Kafka-Konferenz von 1963 signalisierte eine neue Wetterlage. Die polnische Schriftstellerin Wanda Bronska-Pampuch zitiert im August 1963 in der *Süddeutschen Zeitung* einen Münchner Lektor, der von Warschau nach Prag gefahren war: „Ich reiste aus dem Herbst in den Frühling“.[69] „Der Tau troff“, schreibt Heinz Politzer im *FORVM*.[70] Den „Panzerkommunisten“ (eine Wortschöpfung von Ernst Fischer) galt die Konferenz im Rückblick als Anfang vom Ende, als ein politischer Schachzug, der zum „Prager Frühling“ geführt hat. Heiner Müller nennt in seinen Erinnerungen die Konferenz den „Beginn“, womit er die Verbindungslinie zum „Prager Frühling“ zieht. Er fügt einen galligen Kommentar hinzu, der von Kafka in der DDR erzählt: „Ein Literaturwissenschaftler an der Humboldt-Universität sagte damals: ‚Die Methode Franz Kafkas, einen Menschen in einen Käfer zu verwandeln, ist für uns nicht akzeptabel.‘ Sie hatten andere Methoden“.[71]

Auch Fischer, Garaudy und Goldstücker sehen die Verbindungslinie zum „Prager Frühling“, nur ist bei ihnen die Befreiung in den utopischen Lichtschein eines „Kommunismus mit menschlichem Antlitz“ (auch eine Wortschöpfung Fischers) getaucht. Es gibt nach 1989 aber auch skeptische Stimmen, die dieser

---

68 ÖLA, Nachlaß Ernst Fischer, Mappe 37/S 54–56 („ad Kafka-Konferenz“, maschinenschriftl. Mskr.).

69 Wanda Bronska-Pampuch: Prag atmet auf. Liberale Tendenzen in der tschechischen Literatur. In: SZ v. 08. August 1963, S. 12.

70 Politzer, Heinz: Wer hat Angst vor dem bösen Franz? Kafka hinter dem eisernen Vorhang. In: *FORVM* (Wien) XII, 135 (März 1965), S. 138–141, hier S. 141.

71 Müller, Heiner: Krieg ohne Schlacht. Leben in zwei Diktaturen. Köln 1992, S. 194.

Legende, nach der die Auseinandersetzung mit Kafka der Anfang vom Ende des Staatskommunismus war, widersprechen. Sie nehmen das Schloß-Szenario als gescheiterten Versuch wahr, Kafka ins kommunistische System zu integrieren. Goldstücker, dessen Erinnerungen recht rücksichtsvoll gegen das stalinistische System waren, beklagt sich: „Nach dem Umsturz hieß es, ich […] wollte Kafka durch die Konferenz in die kommunistische Ideologie einbinden“.[72] Sicher ist aber, daß auf der Liblice-Konferenz das stalinistische Redeverbot über Schauprozesse und Antisemitismus aufgebrochen worden ist. Die Delegierten der DDR, die Fischers These zurückwiesen, daß auch die DDR zum entfremdeten Territorium gehöre, waren ins Abseits geraten. Anna Seghers, die unangemeldet auf der Konferenz erschienen war, hatte schnell reagiert: Sie schwieg zu den Diskussionen und reiste nach einem Tag zurück nach Ost-Berlin.

Durch die internationale Resonanz, die diese Kafka-Konferenz fand, aufgeschreckt, wurde in der DDR Kafka zur Chefsache erklärt, Fischer wurde zum Feind erklärt,[73] und damit verschloß sich für ihn der Publikationsort DDR, wo 1963 noch im renommierten Insel-Verlag seine Ovid-Gedichte erschienen waren.[74] Man kann mutmaßen, daß mit der Rückkehr zum österreichischen Publikum und dem Wegfall der Sprachregelungen in Zeitschriften der DDR seine Argumentation in der Folgezeit an Deutlichkeit gewonnen hat.

Klaus Hermsdorf, der zur DDR-Delegation in Liblice gehörte, schreibt in seinen Erinnerungen „Kafka in der DDR“: „Mit Kafka und den Folgen beschäftigten sich höhere, jedoch geschlossene Gremien, die von dem einzigen Mann informiert wurden, der sich in dieser Sache ernsthaft engagierte, deren unseliger Urheber er war: von Alfred Kurella. Er sammelte sorgfältig die Daten […]. Er stellte sie in einer chronikalischen Auflistung zusammen […]. Er machte Vorschläge für den Umgang mit beunruhigenden Entwicklungen an einer unbekannten ideologischen Front“.[75]

---

72 Goldstücker, Eduard/Schreiber, Eduard: Von der Stunde der Hoffnung zur Stunde des Nichts. Gespräche. Wuppertal 2009, S. 149.

73 „Ab der Kafka-Konferenz von Liblice galt Fischer in der DDR als Renegat und Revisionist, und bald schon erschienen dort zwar keine Werke mehr von ihm, aber nicht wenige über ihn, in denen er als Hohepriester der internationalen Häresie, als Erzketzer figurierte“, faßt Karl Markus Gauß diesen Wendepunkt zusammen (Nachwort in Ernst Fischer: Von Grillparzer zu Kafka, S. 415–421, hier S. 420).

74 Fischer, Ernst: Elegien aus dem Nachlass von Ovid. Leipzig 1963. Fischers letzte Publikation in der DDR war sein Aufsatz „Hanns Eisler und die Literatur“, der 1964 in *Sinn und Form* erschien (Sonderheft Hanns Eisler).

75 Hermsdorf, Klaus: Kafka in der DDR. Erinnerungen eines Beteiligten. Berlin 2006, S. 175; vgl. Winnen, Angelika: Kafka-Rezeption in der Literatur der DDR. Würzburg 2006, S. 22 f.

Kurella veröffentlicht nach der Liblice-Konferenz in der Kulturbund-Zeitschrift *Sonntag* einen polemischen Artikel mit dem Titel „Der Frühling, die Schwalben und Franz Kafka“, der zum einen in Kafka eine Fledermaus wahrnimmt, zum anderen bei Fischer und Garaudy falsche politische Thesen und Tendenzen ausmacht. Das *Tagebuch* erlaubt sich, diesen Artikel nur in Auszügen abzudrukken[76] und dafür mit Antworten von Roger Garaudy, Bruno Frei und Ernst Fischer („Die Schwalbe war's und nicht die Fledermaus“) zu ergänzen. Fischer erntet daraufhin in der DDR scharfe Kritik, darf aber nicht antworten, weil die SED entschieden hat, die Diskussion abzubrechen (dazu weiter unten). Am Ende versanden seine Beschwerden, man würdigt ihn keiner Antwort mehr. Sein Redaktionskollege im Tagebuch, Bruno Frei, faßt zusammen: „Aus den temperamentvollen Entgegnungen Garaudys und Fischers wurde deutlich, daß der Streit um Kafka tatsächlich ein Gefecht von Maskierten ist. […] Kurellas Widersacher gebraucht nicht zufällig ein Bild, das sich nach dem XX. Parteitag der KPdSU eingebürgert hatte: in Liblice hätte man das ermutigende Bewußtsein gehabt, ‚daß unter dem Eis der Fluß sich bewegt und daß, indem er das Eis durchbricht, Welle um Welle vorwärtsdrängt. Das Neue, das auch in der Kafka-Konferenz hervortrat, ist nicht mehr aufzuhalten‘“.[77] Was Fischer und Garaudy über Kafka gesagt hätten, damit sei er einverstanden gewesen, nicht aber mit dem Komplex „Entfremdung und sozialistische Gesellschaft“.

Die erste Auseinandersetzung um Ernst Fischer

All dies konnte nicht ohne Rückwirkungen auf die Parteibeziehungen zwischen KPÖ und SED bleiben, auch wenn sich die Krise in den Parteibeziehungen erst langsam Bahn brach. Ein erster Höhepunkt erfolgte im Nachhang zur Kafka-Konferenz, die auch zu heftigen Polemiken zwischen der SED und der tschechoslowakischen KP geführt hatte.[78] Von Seiten der SED war insbesondere das Auftreten Ernst Fischers und seine Ausführungen zur „Entfremdung im Sozialismus“ angeprangert worden. Der führende DDR-Kulturpolitiker Alfred Kurella hatte Fischers Thesen im *Sonntag* heftig attackiert. Bald mußte aber jedem Beteiligten klar sein: „Es ging um Politik und nicht um Literatur.“[79] Im Februar 1964 hatte Horst Sindermann in einem Bericht des Politbüros an das 5. ZK-Plenum der SED, der in *Neues Deutschland* veröffentlicht wurde, „die Polemik

76 TB Jg. 18, Nr. 11, November 1963.

77 Frei: Papiersäbel, S. 361 f.

78 Zum Konflikt zwischen der SED und der KSČ vgl. Schwarz, Wolfgang: Brüderlich entzweit. Die Beziehungen zwischen der DDR und der ČSSR 1961–1968, München 2004, S. 71–88.

79 Spira: Versuch, S. 63.

gegen Ernst Fischer auf eine parteioffizielle Ebene“ gehoben.[80] Die Erwiderung Fischers ließ nicht lange auf sich warten und wurde im Zentralorgan der KPÖ *Österreichische Volksstimme* veröffentlich.[81] Seinen Konter ließ Fischer auch der Redaktion von *Neues Deutschland* zukommen. Laut Fischer war dies in der KPÖ abgesprochen gewesen. In seinem Begleitbrief, der nur einen Tag vor der Veröffentlichung in der *Volksstimme* datiert, kündigte er den Abdruck seiner Erwiderung auf den im Zentralorgan der SED abgedruckten Bericht, „in dem ich auf eine an schlimme Zeiten erinnernde Weise verdächtigt werde“, an und gab seiner Meinung Ausdruck, wonach er auch eine Veröffentlichung in *Neues Deutschland* erwarte: „Ich erwarte dasselbe von Euch, umso mehr, da in dem Bericht sehr viel von offener Diskussion und freiem Meinungsstreit in der DDR die Rede war.“ Seinen Brief schloß er „Mit Parteigruss“. Fischers Artikel akzentuiert das Verhältnis von SED und KPÖ und beschwört noch einmal das alte Gespenst von einem deutschen Zentrum, das eine österreichische Stimme ignoriert.

„Gen. Sindermann, der den Bericht des Politbüros der SED an das 5. Plenum des ZK erstattete, hat mich des ‚Revisionismus‘ angeklagt. Ebenso wurden Kommunisten andrer Länder gerügt. Hält sich die SED für befugt, über die Grenzen des eignen Landes hinaus ein ideologisches Protektorat auszuüben? Die Methode des Anklägers stammt aus einer Zeit, die vorbei sein sollte. Behauptung ersetzt die Tatsache, Machtwort das Argument, Verdächtigung die Diskussion. Dunkle Andeutungen, dass es darum gehe, ‚die sozialistische Ordnung zu negieren‘, sind in den Bericht eingestreut. Der Berichterstatter verschweigt, was ich sage, unterschiebt mir jedoch, was ich ‚will‘ – nämlich: ‚den grundlegenden Unterschied zwischen bürgerlicher und sozialistischer Gesellschaft verwischen und aufheben‘.

Der Beweis dafür sind ‚neue Frühlingstheorien‘ sowie die Propagierung eines ‚Realismus ohne Ufer‘, das Louis Aragon als ein ‚Ereignis‘ begrüßt hat, heisst nun freilich nicht Ernst Fischer, sondern Roger Garaudy und ist Mitglied des Politbüros der Kommunistischen Partei Frankreichs. Ich stimme mit den ästhetischen Auffassungen Aragons und Garaudys weitgehend überein und verhehle nicht, dass ich die in der DDR herrschenden Kunsttheorien ablehne. Obwohl es mich ehrt, mit meinem Namen bedeutende französische Schriftsteller decken zu dürfen, muss ich doch sagen: ein Heldenstück war es nicht, den Repräsentanten eines kleinen Landes öffentlich anzugreifen, ohne zu wagen, diesen Angriff auf prominente Mitglieder einer grossen Partei auszudehnen“[82].

80 Ehmer: KPÖ und SED, S. 174; „Zu einigen Problemen des geistigen Lebens“, *Neues Deutschland* v. 13. Februar 1964.

81 *Österreichische Volksstimme* v. 21. Februar 1964.

82 Fischer an die Redaktion von *Neues Deutschland*, 20. Februar 1964, ÖLA, Nachlaß Ernst Fischer, Mappe 37/S 54–56 Est. Kafka-Konferenz (Entwurf).

Die Antwort aus der DDR ließ ebenfalls nicht lange auf sich warten. Der Chefredakteur Hermann Axen persönlich informierte Fischer: „Unsere Redaktion hält die Veröffentlichung Deiner ‚Erwiderung‘ nicht für richtig. Erstens: Du richtest die Aufforderung zum Abdruck Deiner Erwiderung auf den Bericht des Politbüros des ZKs der SED im Organ des ZKs nicht an unser ZK selbst, sondern an die Redaktion. Entsprechend den zwischen den Bruderparteien üblichen Normen hättest Du als Mitglied der KPÖ diese Forderung auf Veröffentlichung Deiner Erwiderung auf ein Dokument unseres ZKs durch das ZK der KPÖ an uns richten müssen. Das ist nicht geschehen. Du schreibst zwar, daß Du Rücksprache mit Deiner Partei genommen hast, aber es gibt bei unserem ZK bis zum heutigen Tage keine entsprechende Mitteilung von Seiten des ZKs unserer österreichischen Bruderpartei. [...] Zweitens: Es gibt noch einen wesentlicheren Grund für die Ablehnung des Abdrucks Deiner Erwiderung durch unsere Redaktion. In Deiner Erwiderung hast du leider nichts über Deinen eigenen Standpunkt gesagt, wenn man von der ‚Ablehnung der in der DDR herrschenden Kunsttheorien‘ absieht. Statt dessen bist Du bemüht, Genossen anderer Bruderparteien in die Auseinandersetzung mit hineinzuziehen und Dich gewissermaßen hinter ihnen zu verschanzen, obwohl im Bericht des Politbüros des ZK der SED die politische Quintessenz von Auffassungen kritisiert wird, wie sie in einigen Deiner Reden und Artikel vertreten werden. Wir sind für Meinungsstreit und pflegen ihn. Wir sind für eine Veröffentlichung von Materialien in einem Meinungsstreit, die zur Klärung im Sinne des Marxismus-Leninismus und nicht zur Verwirrung beitragen. Der Abdruck Deiner Erwiderung würde aus den vorgenannten Gründen unserer Meinung nach nicht zur Klärung beitragen“.[83]

Fortan sollte Ernst Fischer zum „Kristallisationspunkt“ der Kritik der SED an der KPÖ werden[84] und „dies auch bis zu seinem Ausschluss aus der KPÖ im Herbst 1969 bleiben“.[85] Der „westliche Rundfunk“ freute sich freilich darüber, daß auf den ersten „Krach“ eine fortgesetzte offene Auseinandersetzung zwischen zwei kommunistischen Parteien folgte. Man stellte fest, daß es scheine, als ob Fischer sich die Angriffe Sindermanns nicht gefallen lasse und zitierte dessen

---

83 Axen an Fischer, 2. März 1964, ÖLA, Nachlaß Ernst Fischer, Mappe 37/S 54–56 Est. Kafka-Konferenz.

84 Ehmer: KPÖ und SED, S. 174.

85 Mugrauer, Manfred: „Oft setzte man sich über vernünftige Argumente hinweg...“. Die krisenhafte Entwicklung der KPÖ in den Jahren 1968 bis 1971. In: ders. (Hrsg.): 90 Jahre KPÖ. Studien zur Geschichte der Kommunistischen Partei Österreichs (Alfred Klahr Gesellschaft Quellen und Studien, Sonderband 9), Wien 2009, S. 261–318, hier S. 264.

Statement, wonach er nicht „verhehle“, „dass er die in der Deutschen Demokratischen Republik herrschenden Kunsttheorien ablehne“.[86]

Da beiden Seiten nicht an dieser öffentlichen Auseinandersetzung gelegen sein konnte, reisten Friedrich Hexmann und Erwin Scharf im März 1964 zu einer Aussprache nach Ost-Berlin. Scharf bezeichnete diese Reise später als „den Versuch [...] eine Zwistbereinigung mit Fischer zu erreichen“.[87] Für die SED nahmen daran Kurt Hager, Hermann Axen und Peter Florin teil. Welche enorme Bedeutung der Aussprache beigemessen wurde, zeigt sich allein darin, daß das Protokoll ganze 24 Seiten umfaßt, obwohl es sich nicht um ein Wortprotokoll handelt. Neben der gegenseitigen Information über die Politik der beiden Parteien und einer Aussprache über die Haltung zur chinesischen Partei nahm die Kontroverse um Ernst Fischer den meisten Raum ein. Zwar nahm man von Seiten der KPÖ Fischer in Schutz und betonte, daß er nicht „politisch abgeglitten“ sei, versprach aber, sich mit ihm zu Hause auseinanderzusetzen und notfalls seinen Ausschluß herbeizuführen, obwohl damit die Gefahr einer Spaltung der Partei verbunden wäre. Hexmann: „Wir hoffen, daß Genosse Fischer die nötige Einsicht zeigt, wenn nicht, müssen wir aufs ganze gehen“. Gleichzeitig räumte man ein, daß es mit Fischer seit 1956 Probleme gebe und die Partei viele seiner Auffassungen nicht teile. Überzeugen konnte man die SED-Gesprächspartner aber nicht.[88]

Während die KPÖ in Sachen Kafka zu beschwichtigen versuchte (Hexmann: „Man muß immer davon ausgehen, daß Kunstfragen sehr kompliziert sind“), unterstrich Kurt Hager, daß das Gerede um Kafka politisch motiviert sei. Er stellte klar, daß Kafka keine Bedeutung für die Gegenwart habe und die „Entfremdungsproblematik“ untauglich sei. Im Blick auf Fischer und den Ost-Berliner „Störenfried“ Robert Havemann faßte er zusammen: „Fest steht, daß hier die Philosophie, die Literatur und die Kunstkritik lediglich als Tarnmantel benutzt werden, um politische Fragen aufzuwerfen“.[89]

---

86 Staatliches Rundfunkkomitee, Abteilung Information, Vertrauliches Material, Nur f. d. Dienstgebrauch, 27. Februar 1964, gezeichnet Neubert, SAPMO-BArch, DY 30/IV A 2/20/1037.

87 Scharf, Erwin: Ich hab’s gewagt mit Sinnen... Entscheidungen im antifaschistischen Widerstand. Erlebnisse in der politischen Konfrontation. Wien 1988, S. 247.

88 Protokoll über die Aussprache der Genossen Hager, Axen und Florin mit dem Genossen Hexmann, Mitglied des Politbüros der KPÖ, und dem Genossen Scharf, Mitglied des Politbüros der KPÖ und Chefredakteur der *Volksstimme* am 6. und 7. März 1964, [ohne Zeichnung], Berlin, den 12. März 1964, SAPMO-BArch, DY 30/IV A 2/20/1037.

89 Ebd.

Eine zusammenfassende Information über die Aussprache erging an die Mitglieder und Kandidaten des SED-Politbüros.[90] Scharf erinnert sich, daraufhin gemeinsam mit Franz Marek eine Aussprache mit Fischer geführt zu haben. Er soll sich bei dieser sehr aufgeschlossen gezeigt haben und während eines Spaziergangs seine Gedanken über eine „Neue Linke“ dargelegt haben. Angeblich hatte er bereits diesbezügliche Gespräche mit den Sozialdemokraten Franz Olah und Günter Nenning geführt. Scharf blieb stets „unverständlich“, warum er ihm gegenüber diese Ideen dargelegt hatte und fragte sich, ob Fischer bezüglich seiner Einstellung „Illusionen“ gehegt haben könnte.[91] Der weitere Verlauf der Ereignisse sollte klar zeigen, daß Scharf auf der anderen Seite stand.

Fischer scheint damals mit der offiziellen Kulturpolitik der SED bereits abgeschlossen zu haben. Als er für Mai 1965 anläßlich des 20. Jahrestages der „Befreiung vom Faschismus“ zu einem Schriftstellertreffen in Weimar und Berlin eingeladen wurde, schrieb er an Anna Seghers in ihrer Funktion als Präsidentin des DDR-Schriftstellerverbandes: „Besten Dank für die Einladung zum Schriftstellertreffen in Weimar und Berlin. Ich muss nicht betonen, wie sehr ich den Anlass, die Befreiung Deutschlands, zu würdigen weiss, und mit den Zielen der Zusammenkunft, dem Protest gegen jegliche Kriegsvorbereitung, gegen den atomaren Krieg, übereinstimme. Wenn ich dennoch an dem Treffen nicht teilnehme, könnte ich dies wahrheitsgemäss mit meinem schlechten Gesundheitszustand begründen, füge aber hinzu, dass auch andre Gründe bestehn. Nach all den offiziellen Angriffen und publizistischen Verdächtigungen, auf die zu erwidern mir die Möglichkeit versagt wurde, muss ich leider annehmen, dass ich in der DDR kein willkommener Gast bin. Ich bedaure aufrichtig diese widersinnige Situation, die zu ändern nicht von mir abhängt.“[92]

90 Bericht über die Aussprache mit den Vertretern der KP Österreichs, gezeichnet Kurt Hager, Berlin, 15. März 1964, SAPMO-BArch, DY 30/J IV 2/2J/1163.

91 Scharf: Ich hab’s gewagt, S. 247.

92 Fischer an Seghers, 6. Mai 1965, ÖLA, Nachlaß Ernst Fischer, Briefwechsel.

Der KPÖ-Parteitag 1965 als der wahre Grund für die Krise in den Parteibeziehungen?

Im Mai 1965 fand der XIX. Parteitag der KPÖ statt. Auf diesem erfolgte eine Veränderung der programmatischen Haltung und in der Führung der KPÖ. Franz Muhri löste Johann Koplenig als Vorsitzenden ab. Das neue Parteiprogramm, das unter Federführung von Franz Marek erarbeitet wurde, zeigte sich kritisch gegenüber der Vergangenheit und schlug Töne an, die später von den eurokommunistischen Parteien vertreten wurden. Zudem wurde das Recht zu Kritik an anderen Parteien und den sozialistischen Staaten betont. Dementsprechend negativ wurden die Ergebnisse des Parteitags von der SED gewertet.[93]

Nach dem XIX. Parteitag begann eine verstärkte, aufwendige und intensive Analysetätigkeit zur KPÖ. Unter anderem unterzog man das theoretische Organ *Weg und Ziel* einer eingehenden Betrachtung. Dieses erschien mit einer Auflage von 3 000 Stück. Daraus ergab sich, daß maximal jedes neunte oder zehnte KPÖ-Mitglied die Zeitschrift abonniert hatte. Dies bedeutete aber nicht, „daß sie auch wirklich gelesen wird, denn von nicht wenigen Funktionären oder Aktivisten“, so schätzte man, „wird die Zeitschrift zwar gekauft, aber nur recht unregelmäßig oder gar nicht gelesen“.

Das Jahr 1965 begann in *Weg und Ziel* mit Beiträgen zur „Perspektive der KPÖ“, eine Debatte zu diesem Thema wurde auch in der *Volksstimme* fortgesetzt. Diese stand stark unter den Nachwirkungen des XX. Parteitages der KPdSU „wobei die Rückwirkungen der seit Jahren anhaltenden Stagnation der Kommunistischen Partei Österreichs aus allen Beiträgen sichtbar werden. Sie spiegelt daher in gewisser Weise den allgemeinen Zustand in der Partei wider.“ Daher verwundert es wenig, daß die Analyse des theoretischen Organs das Urteil der SED über die KPÖ weitestgehend bestätigte. Demnach war die KPÖ eine zahlenmäßig stagnierende und überalterte Partei, die keinen Plan hatte, wie man den Weg zum Sozialismus erreichen sollte. Einer der häufig wiederholten Gründe für ihr Scheitern war der Antikommunismus in Österreich. In dieser mißlichen Lage war eine ungeklärte innerparteiliche Situation entstanden. Der Schwerpunkt der Analyse lag aber auf Ernst Fischer und seinen publizierten Auffassungen.[94]

---

93 Bericht der Delegation des Zentralkomitees der SED vom XIX. Parteitag der Kommunistischen Partei Österreichs, Juni 1965, SAPMO-BArch, DY 30/IV A 2/20/1038, Bl. 1–19; sowie als Information an das Politbüro, SAPMO-BArch, DY 30/J IV 2/2J/1466.

94 Die Situation in der KPÖ und ihre Ansichten im Spiegel der theoretischen Zeitschrift *Weg und Ziel* Jahrgang 1965, 1966, ausgearbeitet von Dr. G. Hilke, SAPMO-BArch, DY 30/IV A 2/20/520, Bl. 1–44.

Die Analysetätigkeit blieb nicht auf das theoretische Organ der KPÖ beschränkt. Im Frühjahr 1966 wurde in der Abteilung für Internationale Verbindungen beim ZK der SED eine neunzehnseitige detaillierte Ausarbeitung zur KPÖ erstellt. Hierbei handelte es sich noch um eine sehr nüchterne und sachbezogene Analyse, die dem österreichischen Kontext breiten Raum gab. Das Bewußtsein über die politische und gesellschaftliche Bedeutungslosigkeit der Partei in den vergangenen Jahren wurde klar zum Ausdruck gebracht. Im Gegensatz zu anderen Analysen wurde hier aber nicht der größere Kontext vergessen, daß die SPÖ seit der Republikgründung die Arbeiterpartei gewesen ist. Durch die programmatische Fokussierung auf die österreichische Nation sollte der Beiname „Russenpartei“ abgelegt werden. Der XIX. Parteitag wurde als Zäsur gesehen.

Der Eindruck, die Kommunisten seien gegen alles, sollte fortan gemindert werden. Eine grundlegende Änderung sah man auch in der Haltung zur SPÖ. Als Indizien hierfür wurden die Diskussion des Parteitags der SPÖ 1965 in den KPÖ-Medien und die als partiell erfolgreich empfundene geänderte Wahltaktik gewertet. Als Resultate dieser sah man eine Abschwächung des Antikommunismus der SPÖ und die Tatsache, daß der KPÖ im In- und Ausland wieder ein gewisses Maß an Aufmerksamkeit zuteil wurde. Das Scheitern dieser Wahltaktik bei den Nationalratswahlen 1966, als die KPÖ mit Ausnahme eines Wiener Wahlkreises dazu aufrief, für die SPÖ zu stimmen, war in dieser ausführlichen Analyse noch nicht berücksichtigt worden, da diese vor dem Wahltermin fertiggestellt worden sein muß. Die Chancen auf einen Erfolg wurden jedoch nicht als besonders hoch eingeschätzt. Bezeichnenderweise wurde das Bestreben der KPÖ, „ihre demokratische Gesinnung in der Öffentlichkeit zu demonstrieren“, als „neu“ bezeichnet, womit die Zeit seit der Vorbereitung des XIX. Parteitags gemeint war. Die Parteidokumente der KPÖ der letzten Jahre wurden trotz aller attestierten Mängel allesamt als „enormer Fortschritt für die KPÖ“ gewertet, die jedoch erst „zu einem großen wissenschaftlich fundierten Programm zusammengefasst werden“ müßten. Als Gründe für dieses Manko wurden die Überforderung der älteren Mitglieder in der Parteiführung mit den neuen Anforderungen, der vielerorts mangelnde Organisationsgrad sowie die fehlende Geschlossenheit der Partei angeführt. Verantwortlich hierfür machte man „die zumindest sehr eigenwilligen, wenn nicht gar revisionistischen Auffassungen einiger Genossen der Parteiführung“. Bei diesen wäre bisher Ernst Fischer im Vordergrund gestanden, nun sei aber auch Franz Marek „auf diesen Kurs eingeschwenkt“. Diese wurden als die größte Gefahr für die „Einheit und Geschlossenheit“ der Partei gesehen. Obwohl man der Ansicht war, daß sich die Berichterstattung über die DDR seit 1964 entscheidend gebessert hätte, stimmte man mit der Feststellung der KPÖ, wonach sie an anderen kommunistischen Parteien und den sozialistischen Ländern „öffentliche, sachliche und freundschaftliche Kritik“ üben könne und müsse, nicht überein. Die ablehnende Haltung gegenüber der Politik der kommunistischen Parteien Chinas und Albaniens wurde positiv vermerkt.[95]

Erneute Auseinandersetzung um Ernst Fischer

Die Unzufriedenheit mit der Entwicklung und Lage der KPÖ kanalisierte man in Ost-Berlin aber zunächst auf die Person Ernst Fischer. Nach dem ersten Zusammenstoß im Gefolge der Kafka-Konferenz hatte zunächst ein Artikel von Fischer im Organ des Partito Comunista Italiano (PCI) *Rinascita*, der im Mai 1965 unter dem Titel „Marxismus und Ideologie" auch in *Weg und Ziel* abgedruckt wurde, zum Unbehagen in Ost-Berlin, aber auch zu parteiinternen Diskussionen in Österreich beigetragen. Das später ausgeschlossene KPÖ-Mitglied Leopold Spira urteilte retrospektiv hierzu: „Zum Teil wurden diese Diskussionen auch von außen genährt, vor allem von der Führung der SED, die glaubte, sich gegen ‚revisionistische' Ansichten wehren zu müssen, die in die DDR hineinstrahlten."[96] Fischer war nach einem Herzinfarkt im Jahre 1959 aus allen Parteiämtern ausgeschieden, jedoch Mitglied des ZK geblieben. Seither hatte er sich hauptsächlich seiner schriftstellerischen und publizistischen Tätigkeit gewidmet. Ohne den Namen zu nennen, hatte er keinen Hehl daraus gemacht, wie wenig er von Walter Ulbricht hielt. Er sah in diesem einen ungebildeten und eingebildeten Funktionär. Hier dürfte er mit Togliatti einer Meinung gewesen sein. „Da Ernst Fischers Auftreten nicht auf Österreich beschränkt blieb, sondern auch international wirksam war", war Spira überzeugt, daß er bereits vor dem August 1968 „in der Sowjetunion, der DDR usw. als ideologischer Hauptfeind betrachtet" wurde. Viele seiner Ansichten, die man dort ablehnte, waren freilich zu dieser Zeit der offizielle Standpunkt der KPÖ. Laut Spira war sich die KPÖ-Führung bewußt, „daß sich die Angriffe der SED aber auch anderer Parteien auf Ernst Fischer nicht nur gegen diesen, sondern auch gegen die auf dem 19. Parteitag beschlossene Orientierung der KPÖ richteten."[97] Auch Josef Meisel, ein weiterer später ausgeschlossener Kommunist sieht Angriffe gegen den XIX. Parteitag und auch gegen das ebenfalls in Erneuerung begriffene PCI gerichtet. Im ZK der KPÖ sei im Prinzip klar gewesen, daß Fischer nur ein „Vorwand" sei. Zur Rolle der SED urteilt er folgendermaßen: „Man muß sagen, daß die SED in dieser Beziehung am aggressivsten aufgetreten ist, sie hatte offensichtlich den Auftrag der KPdSU, die etwas mehr im Hintergrund geblieben ist,

---

95 [19seitige Einschätzung zu:] Kommunistische Partei Österreichs, Frühjahr 1966, SAPMO-BArch, DY 30/IV A 2/20/520, Bl. 45–63 (Hervorhebung im Original).

96 Spira: Versuch, S. 60.

97 Ebd., S. 62 u. 66.

diese Auseinandersetzung gegen die Politik der KPÖ zu führen. Sie hat engen Kontakt mit den konservativen Kräften bei uns gesucht, vor allem Erwin Scharf hat sich zum Sprecher der SED-Auffassungen in unserer Partei gemacht.“[98]

Dieser grundsätzlichen Einschätzung der Politik der SED kann zugestimmt werden. Jedoch konnte für den angenommenen und auch plausibel erscheinenden „Auftrag“ der KPdSU bisher kein Beleg gefunden werden. Bereits im Juli 1966 befaßte sich das Politbüro der SED erneut mit den österreichischen Kommunisten. Hermann Axen informierte über einen Anruf des ZK der KPÖ, in dem um Auskunft über Aussagen Ernst Fischers im Fernsehen der Bundesrepublik Deutschland ersucht wurde. Über die Identität des Anrufers gibt das Protokoll keine Auskunft. Es kann aber davon ausgegangen werden, daß es sich hierbei um ein konservatives Mitglied des ZKs gehandelt hat. Daraufhin wurde beschlossen, dem ZK der KPÖ den „Charakter der Fernsehsendung, in der Genosse Fischer vom ZK der KPÖ mitgewirkt hat, darzulegen“. Dem Schreiben vom 29. Juli wurde die Aufnahme der Sendung im „Westfernsehen“ beigelegt.[99] Für Josef Ehmer steht fest, daß die SED von diesem Zeitpunkt an „im geheimen“ auf einen Parteiausschluß Fischers hinarbeitete.[100] Zumindest war nun endgültig klar, daß es auch in der KPÖ Kräfte gab, die mit Fischer abrechnen wollten.

Stein des Anstoßes war eine am 21. Juli 1966 in einem westdeutschen Fernsehsender ausgestrahlte Sendung zum Thema „Volksfront“. In dieser waren Aussagen von Fischer und des ZK-Mitglieds des PCI Lombardo Radice in einem gegen die DDR gerichteten Beitrag verwendet worden.[101] Von Seiten der KPÖ dürfte man darauf erst durch eine in *Neues Deutschland* am 23. Juli veröffentlichte Polemik[102] aufmerksam geworden sein. Fischer war 1966 verstärkt in westdeutschen Fernsehsendungen aufgetreten und hatte mit seinen Äußerungen beständig Verärgerung in der SED-Führung hervorgerufen. Die Fernsehauftritte Fischers wurden fortan aufgezeichnet und Abschriften der Sendungen archiviert.[103] Am 26. August hatte Fischer einen Brief an den von der DDR stets als

98 Meisel: Mauer, S. 181.

99 Sitzung des Politbüros des Zentralkomitees am 26. Juli 1966 (Protokoll Nr. 29/66), SAPMO-BArch, DY 30/J IV 2/2/1068, Bl. 4. Im ZPA der KPÖ finden sich zahlreiche wörtliche Abschriften von westdeutschen Fernsehsendungen, in denen Ernst Fischer aufgetreten war, die allesamt von der SED nach Wien übersandt wurden. Zum Schreiben vom 29. Juli 1966 siehe auch Spira: Versuch, S. 64.

100 Ehmer: KPÖ und SED, S. 176.

101 Spira: Versuch, S. 63.

102 *Neues Deutschland* v. 23. Juli 1966.

103 So finden sich in nachstehender Signatur zahlreiche wortgetreue Abschriften von Sendungen in denen Ernst Fischer aufgetreten war: SAPMO-BArch, DY 30/IV A 2/20/1037.

„Agenten“ bezeichneten Leo Bauer[104] gerichtet, in dem er sich gegen die mißbräuchliche Verwendung seines Interviews wandte. In einer Sendung im Norddeutschen Rundfunk (*NDR*) am 24. September teilte dieser den Wortlaut des Briefes mit. Damit war Hermann Axen aber keinesfalls zufrieden und informierte Honecker darüber.

„In dem Brief hält Fischer im wesentlichen an seinen prinzipiell falschen Haltungen fest. Er bekräftigt gegenüber dem notorischen Agenten Bauer noch einmal ausdrücklich, daß er, Fischer, mit der SED und der DDR in bestimmten Fragen nicht einverstanden ist. Er verwahrt sich im wesentlichen nur gegen die Art der Verwendung seines Interviews. Dort, wo er für die DDR Stellung nimmt, entsprechen seine Forderungen etwa der Position jener Intellektuellen, die zwar die antifaschistisch-demokratische Umwälzung bejahen, aber mit der Dialektik der sozialistischen Entwicklung nicht zurechtkommen.“ [105]

Zunächst sollte Heinrich Fritz bei seinem DDR-Aufenthalt im Oktober eine Abschrift der Sendung zur Weiterleitung an seine Parteiführung übergeben werden. Vorerst sollte öffentlich nicht Stellung genommen und die Stellungnahme des Plenums des ZK der KPÖ abgewartet werden, auf dem, wie Fürnberg mitgeteilt hatte, „Fischers Verhalten und Auffassungen, die in der Hetzsendung verbreitet wurden, behandelt werden sollen“. Erst danach sollte eine Veröffentlichung darüber in *Neues Deutschland* geprüft werden. Dieser Ansicht war auch Ulbricht.[106]

Zu diesem Zeitpunkt erfolgte zwar eine heftige Diskussion innerhalb der KPÖ. Auch wenn nicht alle mit der Entscheidung der Zurückweisung der „simplifizierenden“ Kritik der SED einverstanden gewesen sein mögen, so stand man mehrheitlich in der Kernsache, der Frage nach der Existenz einer „Klassenwahrheit“, noch auf Seiten Fischers. Man gestand ihm zu, daß seine Aussagen mißbräuchlich verwendet wurden. Erfreut war man über diese erneute öffentliche Auseinandersetzung freilich nicht.[107]

---

104 Leo Bauer, 1912 in Ostgalizien (Österreich-Ungarn) geboren, war nach dem Krieg als Kommunist in die DDR gegangen und dort 1950 einer stalinistischen „Parteisäuberung“ zum Opfer gefallen. Erst zum Tode verurteilt, dann begnadigt, war er 1955 nach Westdeutschland ausgeliefert worden und arbeitete in den 1960er Jahren als Berater von Willy Brandt.

105 Axen an Honecker, 27. September 1966, („Streng vertraulich!“), beiliegend „Zum Auftritt Fischer im Westfernsehen – NDR mit Ausführungen von Leo Bauer“, SAPMO-BArch, DY 30/IV A 2/20/520, Bl. 104–109.

106 Ebd.

107 Spira: Versuch, S. 64–65; siehe für eine abweichende Position Scharf: Ich hab’s gewagt mit Sinnen…, S. 249 f.

Da Hermann Axen am 30. September zu geheimgehaltenen „inoffiziellen" Gesprächen mit Bruno Pittermann (SPÖ) und Karl Gruber (ÖVP) in Wien weilte,[108] nutzte er diese Gelegenheit zu einem ausführlichen Gespräch mit Muhri, an dem auch Fürnberg und Scharf teilnahmen. Zunächst sprach Muhri ausführlich über seinen Besuch in Rumänien und die Haltung der dortigen kommunistischen Partei zum sozialistischen Lager, der chinesischen Frage und der internationalen Entwicklung. Daraufhin informierte er über das letzte gerade beendete Plenum des ZK der KPÖ „und in diesem Rahmen ausschließlich über die Angelegenheit Ernst Fischer". Auf diesem sei Fischer „ernsthaft kritisiert" worden. „Es sei nicht richtig gewesen, das Interview zu geben, ohne die Parteiführung zu fragen. Das Verhältnis der KPÖ zur DDR sei eindeutig und klar. Das sei vom Plenum einmütig gebilligt worden." Die Stellungnahme von *Neues Deutschland* am 25. August 1966 war nach Muhris Ansicht nicht differenziert genug gewesen. Aus dieser sei eher herauszulesen gewesen, daß Fischer „ein Agent des Bonner Verfassungsschutzes" sei, was „natürlich nicht den Tatsachen" entsprechen würde. „Man müsse einen Unterschied machen: Es gäbe Probleme mit Fischer, aber er sei kein Feind. Eine solche unüberlegte Formulierung wie im ND helfe den österreichischen Genossen und den Genossen in der DDR nicht weiter." Fürnberg ergänzte: „[D]ie Reaktion im ND sei aufgeregt und nicht souverän gewesen. Vor allem der erste Satz", den Fischer auch am Plenum ausspielen konnte. Man dürfe den Streit mit Fischer nicht ausweiten, so daß der Westen ihn als Waffe gegen die DDR und auch die KPÖ einsetzen könnte. „Man solle die Sache umdrehen. Man solle so operieren, daß Fischer eine Hilfe für uns würde. Dabei müßte die DDR helfen. Unter bestimmten Bedingungen wären die Voraussetzungen dafür gegeben. Man solle den Versuch machen." Er beteuerte „den Wunsch, den Konflikt zwischen Ernst Fischer und der SED aus der Welt zu schaffen. Das sei beim Stand der Dinge keine Sache von heute auf morgen. Aber man müsse es versuchen. Er wisse nicht genau, ob Fischer dazu bereit wäre. Es würde bestimmt nicht einfach sein. Aber man müsse es probieren."[109]

Darüber hinaus meinte er, daß Fischer ja prinzipiell für die DDR Position beziehen würde, der Westen seine kritischen Aussagen aber beinhart ausnütze, wogegen er wiederum Position beziehen würde. Fürnberg nutzte die Gelegenheit, um vor Fischers kurz vor der Erscheinung stehendem Buch „Kunst und

---

108 Siehe hierzu Graf, Maximilian: Austria and the GDR 1949–1972. Diplomatic and Political Contacts in the Period of Non-recognition. In: Suppan, Arnold/Graf, Maximilian (Hrsg.): From the Austrian Empire to Communist East Central Europe (Europa Orientalis 10). Wien 2010, S. 151–177, hier S. 169–173.

109 Information über ein Gespräch des Genossen Hermann Axen mit dem Genossen Franz Muhri, Vorsitzender der KPÖ, am 30. September 1966 in Wien, SAPMO-BArch, DY 30/3651 (Büro Ulbricht), Bl. 1–13 (Hervorhebung im Original).

Koexistenz“[110] zu warnen: „Dort stehe viel Falsches drin, aber man müsse eben großzügig sein. Österreich könne Fischer kein Wirkungsfeld geben. Aber die DDR könne es.“ Abschließend regte Fürnberg an: „Die DDR solle prüfen, ob es nicht möglich wäre, Fischer in der DDR im Fernsehen auftreten zu lassen. Sicherlich werde er manches sagen, aber er würde bestimmt sehr stark und sehr gut für die DDR eintreten.“ Scharf beschwor dann noch Lenin, wonach „die Arbeiterklasse sich mit großem Takt gegenüber den Künstlern und Schriftstellern verhalten solle“.[111]

Axen erbat daraufhin die neuesten Materialien der KPÖ zu Fischer, deren umgehende Übersendung Muhri zusagte. Er versicherte, die Stellungnahme der Führung der KPÖ dem Politbüro zu unterbreiten. Eine Aussprache könne während der Delegation im Dezember erfolgen. Dennoch ließ er es sich nicht nehmen, „persönlich“ einige Bemerkungen zu Fischer zu machen und stellte die ostdeutsche Position klar: Die SED habe den Konflikt mit Fischer nicht begonnen, vielmehr hätte dieser wiederholt den „Marxismus-Leninismus“ und die SED angegriffen. Axen machte keinen Hehl daraus, daß er die Ansichten seiner Gesprächspartner zu den jüngsten Handlungen Fischers nicht teilen würde. Auch sah er keine Möglichkeit, Fischer für die gemeinsame Sache zu gewinnen. Seine einzige Hoffnung war, diesen durch Kritik „wieder auf die Position der Partei zu bringen“.[112]

Die DDR würde Fischer nicht aufgrund der persönlichen Bekanntschaft wie die KPÖ beurteilen „sondern im Zusammenhang mit neuen Vorstößen des Revisionismus in einer Reihe von Parteien. Und Fischer spielt dabei eine besondere Rolle und das macht uns Sorgen, weil er in deutscher Sprache spricht, schreibt, eben als ein talentierter Publizist. Und insbesondere, weil er uns ständig angreift, objektiv als Kronzeuge der antikommunistischen Propagandazentrale.“[113]

Zum Vorschlag Fürnbergs, Fischer im Fernsehen der DDR auftreten zu lassen, erinnerte er an einen Ausspruch, den er bereits vor Jahren [vermutlich 1964] gegenüber Hexmann und Scharf getan haben will. Man beachte die für einen Kommunisten vom Schlage Axens verwunderliche Wortwahl: „Fischer möge

110 In seinem ersten in Westdeutschland erscheinenden Buch kritisiert Fischer die Kulturpolitik in der DDR und rekurrierte erneut auf die Kafka-Konferenz (Fischer, Ernst: Kunst und Koexistenz. Beitrag zu einer modernen marxistischen Ästhetik. Reinbek bei Hamburg 1966, S. 191 ff. u. 71–74).

111 Information über ein Gespräch des Genossen Hermann Axen mit dem Genossen Franz Muhri, Vorsitzender der KPÖ, am 30. September 1966 in Wien, SAPMO-BArch, DY 30/3651 (Büro Ulbricht), Bl. 1–13.

112 Ebd.

113 Ebd.

doch in Gottes Namen den Kapitalismus in Österreich zersetzen, aber nicht den Sozialismus in der DDR, den er doch ohnehin nicht begreife.“[114]

Muhri betonte abschließend, daß neben der KPdSU die SED „das Wichtigste sei und ein regelmäßiger Kontakt und gute Beziehungen für die KPÖ lebensnotwendig sei“.[115] Aus den Aussagen Axens wird klar, daß es der SED bei ihren Polemiken gegen Ernst Fischer nicht nur, wie dies retrospektiv angenommen wurde, um mißliebige Positionen innerhalb der KPÖ ging, die seit dem XIX. Parteitag verstärkt verfolgt wurden. Es ging auch um die Präsenz der Aussagen Fischers im deutschsprachigen Raum. Die gemeinsame Sprache wurde als wirkliche Gefahr gesehen. Ob man Mitte der 1960er Jahre bereits konkrete Rückwirkungen auf die DDR, beispielsweise durch das Einwirken westdeutscher Medien befürchtete, muß dahingestellt bleiben. Jedenfalls soll zu dieser Zeit ein Fünftel der Gesamtauflage der *Volksstimme* in der DDR abgesetzt worden sein, weshalb ein direktes Einwirken des bereits reformorientierten KPÖ-Zentralorgans auf die DDR-Bevölkerung befürchten worden sein dürfte.[116] Ein Auftritt Fischers im Fernsehen der DDR war für die SED aus diesen Gründen aber natürlich undenkbar. Mit Sicherheit ging es auch um Fischers Wirkung unter den kommunistischen Intellektuellen in Westeuropa und vor allem um die Verbreitung seiner Thesen in der Bundesrepublik Deutschland. Diese schadeten nicht nur den ohnehin marginalisierten Kommunisten in der Bundesrepublik, sondern auch dem Bild, das in der Bundesrepublik von der DDR existierte. Die oftmals vehemente Kritik eines deutschsprachigen Kommunisten an einigen Entwicklungen in der DDR konnte wirkmächtiger sein als die Schlagzeilen der Medienprodukte aus dem Hause Springer.

In der SED war man der Meinung, daß in der *Volksstimme* Fischers Thesen als richtig bezeichnet wurden und ohne Erwähnung der SED, gegen deren Entgegnung polemisiert wurde. „In einem internen Material“ des ZK-Plenums, das Heinrich Fritz der SED zur Kenntnis gebracht hatte, wurde „direkt gegen die Auffassungen unserer Partei Stellung bezogen. [...] Weder [in der] Veröffentlichung in der *Volksstimme* noch im internen Material wird Genosse Ernst Fischer kritisiert bzw. werden dessen falsche und schädliche Ansichten widerlegt.“ Dies wurde als bewußte Fehlinformation der Parteimitgliedschaft gewertet. Alfred Ruschitzka, der für die als rechtfertigend gewerteten Ausführungen verantwort-

114 Ebd.

115 Ebd.

116 Zur *Volksstimme* in der DDR vgl. Dörr, Nikolas: Die Beziehungen zwischen der SED und den kommunistischen Parteien West- und Südeuropas. Handlungsfelder Akteure und Probleme. In: Bauerkämper, Arnd/Di Palma, Francesco (Hrsg.): Bruderparteien jenseits des Eisernen Vorhangs. Die Beziehungen der SED zu den kommunistischen Parteien West- und Südosteuropas (1968–1989). Berlin 2011, S. 48–65, hier S. 61.

lich zeichnete, wurde heftig kritisiert: „Die Darlegungen des Genossen Ruschitzka nähren weiterhin Spekulationen darüber, daß zwischen der KPÖ und der SED Differenzen bestehen. Diese Spekulationen, die selbst in den Reihen der KPÖ verbreitet sind, wird keine entschiedene Abfuhr erteilt."[117]

Im Verlauf des Jahres 1966 hatte sich jedenfalls eine Menge an mißliebigen Aussagen Ernst Fischers angesammelt. Die Abteilung Internationale Verbindungen beim ZK der SED hatte sogar eine eigene Dokumentation dazu erstellt.[118] Jedoch auch mit den Äußerungen Franz Mareks hatte man sich zunehmend kritisch auseinandergesetzt. Sein jüngstes Buch mit dem Titel „Philosophie der Weltrevolution"[119] wurde kritisch analysiert.[120]

Keine Entspannung bis zur Eskalation 1968

Auch ein Besuch einer KPÖ-Delegation unter der Leitung Franz Muhris in der DDR Ende 1966, bei dem auch eine Aussprache mit Walter Ulbricht geführt wurde, brachte keine Klärung des gespannten Verhältnisses zwischen KPÖ und SED. Die gegensätzlichen Positionen und die grundlegende Ablehnung der SED gegenüber der Entwicklung der KPÖ seit dem Parteitag 1965 blieben bis zur Eskalation im Jahre 1968 bestehen. Jedoch auch innerhalb der KPÖ war der Widerstand gegen den Reformkurs gewachsen. Auch in der Haltung zur SED gab es keine einheitliche Position. Die konservativen Kräfte intensivierten ihre Kontakte zur SED, die wiederum Unterstützung bei der Publikation von Fischer-kritischen Schriften gewährte.[121] Während die reformorientierten Teile der KPÖ und dadurch auch die Parteimedien den Reformen des „Prager Frühlings" wohlwollend gegenüberstanden, lehnte die SED die Entwicklung in der Tschechoslowakei grundsätzlich ab und drängte auf ein Einschreiten.[122] Die Verurtei-

---

117 *Volksstimme* v. 8. Oktober 1966 und Information zur Haltung der KPÖ, SAPMO-BArch, DY 30/IV A 2/20/520, Bl. 120–123.

118 Äußerungen Ernst Fischers. Eine Dokumentation, SAPMO-BArch, DY 30/IV A 2/20/520, Bl. 124–139.

119 Marek, Franz: Philosophie der Weltrevolution. Beitrag zu einer Anthologie der Revolutionstheorien. Wien 1966.

120 Bemerkungen zu Franz Mareks Buch „Philosophie der Weltrevolution" 1966, SAPMO-BArch, DY 30/IV A 2/20/520, Bl. 152–157.

121 Ehmer: KPÖ und SED, S. 171–181, hier S. 175–177.

122 Prieß, Lutz/Kural, Václav/Wilke, Manfred: Die SED und der „Prager Frühling" 1968. Politik gegen einen „Sozialismus mit menschlichem Antlitz". Berlin 1996; Wenzke, Rüdiger: Die NVA und der Prager Frühling. Die Rolle Ulbrichts und der DDR-Streitkräfte bei der Niederschlagung der tschechoslowakischen Reformbewegung. Berlin 1995; Zur Haltung Ulbrichts besonders eindrucksvoll: Pauer, Jan: Prag 1968. Der

lung der Intervention der Warschauer-Pakt-Staaten in der Tschechoslowakei im August 1968 durch die KPÖ führte schließlich dazu, daß die Parteibeziehungen eskalierten.

Zunächst muß angemerkt werden, daß der Einmarsch auch für die KPÖ überraschend kam. Nach den Gesprächen in Čierná nad Tisou und Bratislava war man eher von einer gütlichen Beilegung des Konflikts ausgegangen. Daher reagierte die konsternierte KPÖ auch ganz anders, als dies von den Warschauer-Pakt-Staaten gewünscht gewesen wäre. Bereits am 21. August, als die Welt von der Meldung über die Intervention in Atem gehalten wurde, hatte sich Muhri in Rundfunk und Fernsehen gegen die Intervention ausgesprochen. Die *Volksstimme* brachte am 22. August unter dem Titel „Die KPOe gegen den Einmarsch“ eine am 21. August im Politischen Büro formulierte Erklärung, wonach die KPÖ das militärische Einschreiten mißbillige. Eine eilig am 22. August einberufene ZK-Sitzung hatte auf Vorschlag Fischers aus der bisher kundgemachten „Mißbilligung“ eine eindeutige „Verurteilung“ gemacht. In den Folgetagen bemühte man sich vergeblich um eine Abstimmung mit anderen westeuropäischen kommunistischen Parteien. Die einhellige Positionierung war aber mit Sicherheit durch das urlaubsbedingte Fehlen einiger eindeutig konservativer ZK-Mitglieder bedingt. Die Reaktion wurde keinesfalls von allen Parteimitgliedern mitgetragen.[123]

Einmarsch des Warschauer Paktes. Hintergründe – Planung – Durchführung. Bremen 1995; zur DDR 1968 siehe Wolle, Stefan: Der Traum von der Revolte. Die DDR 1968. Berlin 2008; für eine kurze Zusammenfassung mit Blick auf die gesamten 1960er Jahre siehe Graf, Maximilian: Die Entwicklungen in der Tschechoslowakei in den 1960er Jahren aus Sicht der DDR. In: Kastner, Florentine/Veselá, Barbora/Jaroš, Jakub/Knoche, Christian (Hrsg.): „Prager Frühling“ und „Ära Kreisky“. Zwischen Reformwillen und Reformverwirklichung. Untersuchungen zu den europäischen Nachbarn Tschechoslowakei und Österreich (Iuvenilia Territorialia II.). Praha 2009, S. 19–40.

123 Mugrauer, Manfred: Der „Prager Frühling“ und die Parteikrise der KPÖ. In: Karner, Stefan/Tomilina, Natalja/ Tschubarjan, Alexander et al.: Prager Frühling. Das internationale Krisenjahr 1968. Bd. 1: Beiträge, Köln/Weimar/Wien 2008, S. 1043–1061, hier S. 1046–1049; ausführlicher ders.: „Oft setzte man sich über vernünftige Argumente hinweg…“, S. 261–318, hier S. 267–271; Für eine ausführlichere Dokumentation der Diskussion im ZK und zum urlaubsbedingten Fehlen einiger Politbüromitglieder bei der Beschlussfassung am 21. August siehe Spira: Versuch, S. 89–99; Spira wirft Erwin Scharf vor, sich durch den Urlaubsantritt direkt nach dem Einmarsch einer Stellungnahme entzogen zu haben. Ähnlich sieht dies Meisel: Mauer, S. 184–195. Siehe auch die Darlegungen von Erwin Scharf, der angibt, sich gegenüber Franz Muhri „entschieden gegen eine solche hektische Vorgangsweise“ ausgesprochen zu haben und seinen Urlaubsantritt folgendermaßen rechtfertigt: „Ich erkannte, daß es sinnlos war, sich der Hysterie entgegenzustellen, beschloß jedoch für mich, unnachgiebig zu bleiben und die

Die Reformer der tschechoslowakischen KP waren nach der militärischen Intervention in die Sowjetunion entführt worden. Dort kam es nach einigen Tagen zu den sogenannten „Moskauer Verhandlungen", die mit einer weitgehenden Kapitulation der tschechoslowakischen Führung endeten. Eine bisher nicht in diesem Ausmaß angenommene Rolle dürfte der Präsident der ČSSR Ludvík Svoboda gespielt haben. Mit der Unterzeichnung des „Moskauer Protokolls" am 26. August wurde der Grundstein für die Rücknahme sämtlicher Reformen gelegt. Die einzige Konzession des Kremls war es, den Vorwurf der „Konterrevolution" fallen zu lassen.[124] Das Politische Büro der KPÖ begrüßte zwar das „Abkommen", da man eine friedliche Beilegung des Konflikts wünschte, gleichzeitig wurde aber die Forderung nach einem Abzug der Besatzer aufrechterhalten. Weitaus kritischer regierten zahlreiche Intellektuelle aus der KPÖ, die auch die Ergebnisse der Moskauer „Verhandlungen" vehement ablehnten. Unter ihnen war wenig überraschend auch Ernst Fischer, der besonders scharf intervenierte. In der KPÖ begann darauf endgültig jener Differenzierungsprozeß, der in die schwere innerparteiliche Auseinandersetzung der folgenden gut eineinhalb Jahre mündete. Als innerparteiliches Streitobjekt sollte aber zunächst nicht der Beschluß zur Verurteilung der Intervention dienen, sondern ein alter Bekannter: Ernst Fischer.[125]

Es verwundert daher wenig, daß die SED zur „Attacke" überging. Bereits am 4. September griff *Neues Deutschland* Ernst Fischer an. Spira spricht für die folgende Zeit von einer „ideologische[n] Offensive der SED".[126] Frische Munition sollte der österreichische Hauptangeklagte der SED-Propaganda binnen kürzester Frist selbst liefern. Am 10. September hatte Ernst Fischer, dem die österreichischen Medien damals verhältnismäßig viel Aufmerksamkeit widmeten, die Ergebnisse der Moskauer „Verhandlungen" als „Diktat" bezeichnet und für den Fall des Ausbleibens des unverzüglichen Abzugs der Besatzungstruppen sogar den Bruch mit Moskau gefordert.[127]

Auf der ZK-Tagung am 12. und 13. September 1968 bekräftigte die KPÖ ihre Haltung zum Einmarsch. Zunächst wurden die sehr zahlreichen Stimmen, die sich gegen die Verurteilung des Einmarsches durch die KPÖ wandten, als innerparteiliches Problem gesehen. Jedoch war bereits diese Sitzung vor allem im Zeichen des Fernsehauftritts Fischers gestanden. Gerade an dieser Frage hatte

überhastet einberufene Tagung zu ignorieren." Scharf: Ich hab's gewagt mit Sinnen …, S. 263–267, insbesondere S. 263 f.

124 Ruggenthaler, Peter/Knoll, Harald: Die Moskauer „Verhandlungen". In: Karner/Tomilina/Tschubarjan et al. (Hrsg.): Prager Frühling, S. 717–737.

125 Spira: Versuch, S. 100–105.

126 Ebd., S. 106

127 Mugrauer, Manfred: „Prager Frühling", S. 1043–1061, hier S. 1051–1052.

sich nun die offene Auseinandersetzung innerhalb der KPÖ entzündet. Die Fronten sollten sich in den darauffolgenden Wochen und Monaten zusehends klären.[128] Bereits am 13. September informierte der ohnehin ein Feindbild darstellende *Volksstimme*-Korrespondent Kurt Seliger im Auftrag des Politbüros der KPÖ die Abteilung für Internationale Verbindungen beim ZK der SED, daß die Haltung der KPÖ zur ČSSR und den Maßnahmen der fünf sozialistischen Länder nach wie vor unverändert sei und sich auch in Zukunft nicht ändern würde, „was auch kommen mag“. Seliger teilte auch mit, daß er „seine Berichterstattung streng auf der Grundlage der Beschlüsse der Partei durchzuführen“ habe, was bedeutete, „daß die Berichterstattung und die Stellungnahmen der SED und DDR nicht kommentarlos oder zustimmend übernommen werden könnten“. Hermann Axen wurde über die Vorsprache informiert. Damit einhergehend wurde festgehalten, daß die „persönliche Haltung des *Volksstimme*-Korrespondenten“ absolut den Positionen der KPÖ entspricht. Es wurde angekündigt, die Berichterstattung „genau [zu] verfolgen und bei einer gegen die SED gerichteten Berichterstattung Vorschläge [zu] unterbreiten.“[129]

Am selben Tag hatte Hajo Herbell in *Neues Deutschland* einen längeren Beitrag unter dem Titel „Ernst Fischer – am Ende der Illusion“ veröffentlicht. Darin wurde mit Fischers Auftritten im westdeutschen Fernsehen und seinen Aussagen im Gefolge des 21. Augusts abgerechnet und relativ offen dessen Ausschluß gefordert.[130] Natürlich war dieser Artikel ebenfalls Gesprächsthema bei der Vorsprache Seligers. Dieser hatte bemerkt, daß in Herbells Artikel auch gegen Positionen Fischers polemisiert wurde, die Standpunkt der KPÖ waren. Sein Gesprächspartner bestätigte ihm diesen Eindruck. Darauf meinte Seliger: „Ihr sagt also Fischer und meint den Standpunkt unserer Partei.“ Sein Gegenüber erklärte darauf: „Es ist so doch auch besser für euch, als wenn wir offen eure Partei angreifen würden.“ Da mehrmals erwähnt worden war, daß Fischer ZK-Mitglied sei, schloß der *Volksstimme*-Korrespondent, daß es Ziel der Kampagne sei, dessen Ausschluß aus dem ZK zu erreichen.[131] Die Stasi hatte über den Wortlaut des Berichts, den Seliger über seine Unterredung in der Abteilung

128 Ebd., S. 1043–1061, hier S. 1052; siehe für eine ausführliche Dokumentation einzelner Wortmeldungen Spira: Versuch, S. 109–122; zum der Intervention folgenden „fortschreitende[n] Differenzierungsprozess“ in der KPÖ siehe ausführlich Mugrauer: „Oft setzte man sich über vernünftige Argumente hinweg…“, S. 261–318, hier S. 271–278.

129 Abteilung Internationale Verbindungen an Axen, 13. September 1968, SAPMO-BArch, DY 30/IV A 2/20/522.

130 *Neues Deutschland* v. 13. September 1968.

131 Spira: Versuch, S. 108.

Internationale Verbindungen nach Wien schickte, Kenntnis und informierte Honecker und Axen darüber.[132]

Offene Krise bis zum Ausschluß Fischers 1969 und zur „Normalisierung“ 1971

In der KPÖ formierten sich daraufhin die konservativen Kräfte. Der XX. Parteitag im Januar 1969 leitete die Niederlage des Reformflügels ein. Ernst Fischer wurde „aus Altersgründen“ nicht mehr ins ZK gewählt. Noch im selben Jahr wurden er und noch zahlreiche weitere Anhänger des Reformflügels aus der Partei ausgeschlossen. Dies führte aber, auch wenn es für die SED mit Sicherheit eine Genugtuung war, noch nicht zu einer Normalisierung der Parteibeziehungen. Da der Vorsitzende Muhri, um eine von ihm befürchtete Spaltung der Partei zu vermeiden, die Abwahl einiger Reformer verhindert hatte, meinte die SED zunächst sogar, daß die Reformer auf dem Parteitag einen Sieg davon getragen hätten.[133] Bald sollte aber auch der SED klar werden, daß tatsächlich eine Wende gegen die Reformer erfolgt war. Das Hauptproblem in den Parteibeziehungen blieb aber auch noch nach dem außerordentlichen XXI. Parteitag vom 28. bis 31. Mai 1970 bestehen. Nach wie vor hatte die KPÖ ihre Verurteilung des Einmarsches in der Tschechoslowakei nicht zurückgenommen.[134] Nach der endgültigen „Säuberung“ der Parteipresse und dem Ausschluß weiterer Reformkräfte wie Franz Marek war es auch soweit, daß der von einer Mehrheit der Partei geforderten Revision der Verurteilung der Intervention in der Tschechoslowakei Rechnung getragen werden konnte. Nachdem eine KPÖ-Delegation die Tschechoslowakei besucht hatte, wurde auf dem 5. ZK-Plenum am 11. März 1971 beschlossen, „das ‚Eingreifen der fünf Warschauer-Pakt-Staaten‘ als ‚eine bittere

---

132 Information über den Bericht des Korrespondenten der *Volksstimme* (KPÖ), Seliger, über sein Gespräch mit Mitarbeitern der Auslandsabteilung des ZK der SED, 18. September 1968, BStU, MfS ZAIG Nr. 1577, Bl. 1–3.

133 Sitzung des Politbüros des Zentralkomitees am 14. Januar 1969 (Protokoll Nr. 2/68), SAPMO-BArch, DY 30/J IV 2/2A/1350, Bl. 50–79; für den Bericht siehe auch Bericht von Hermann Matern über die Teilnahme einer Delegation des ZK der SED am XX. Parteitag der KPÖ vom 3. bis 6.1.1969 in Wien (für alle Mitglieder und Kandidaten des Politbüros), Berlin, 13. Januar 1969, SAPMO-BArch, DY 30/IV A 2/20/1040, Bl. 1–21.

134 Bericht über den XXI. (außerordentlichen) Parteitag der Kommunistischen Partei Österreichs in Wien [1970], SAPMO-BArch, DY 30/IV A 2/20/521, Bl. 183–195.

Notwendigkeit‘ anzusehen.“[135] Mit der „normalisierten“ KPÖ unterhielt die SED fortan wieder „enge Beziehungen“[136]

Das „Aus“ für Kafka kommt mit dem August 1968. Der DDR-Kulturminister Klaus Gysi, der wie Bruno Frei aus einer jüdischen Familie stammt, hält wenige Tage nach dem sowjetischen Einmarsch in Prag eine Rede zur Eröffnung des Weimarer Nationaltheaters mit dem Titel „Faust oder Kafka“? Kafka ist damit endgültig aus dem DDR-Kanon gestrichen. Hinter dem von Kulturfunktionären entworfenen Bedrohungsszenario, daß das Werk Kafkas eine „ansteckende Krankheit“ sei und die Liblice-Konferenz eine „absichtliche Infektion im Blutkreis der sozialistischen Literatur“[137], die den gesunden Volkskörper gefährde, verbirgt sich ein tradiertes antisemitisches Stereotyp.

Angesichts seiner vehementen Kritik an der Sowjetunion nach der militärischen Intervention in Prag hätte man erwarten können, daß Fischer selbst den Bruch mit der Partei vollzieht. Doch er harrt aus, vielleicht auch deshalb, weil er in Teilen der Partei Solidarität erfährt und an einen Reformprozeß glaubt. Er wird in den Monaten nach dem August 1968 zum Hoffnungsträger der Unzufriedenen in der Partei, ebenso wie in Frankreich Roger Garaudy. Er gehört damit zu jenem Typus des Renegaten, der seinen Ausschluß durch die Partei herbeiführt. Als Fischer „aus Altersgründen“ nicht mehr ins Zentralkomitee gewählt wurde, erwiderte er, seine Senilität sei so fortgeschritten, daß er beim Ausdruck „brüderliche Hilfe“ nur noch an Panzer denke. Am Ende gibt sein Auftritt im ORF, wo er in einem Fernsehinterview den Begriff „Panzerkommunismus“ prägt, den Anlaß, der zu seinem Ausschluß führt. Hatte Fischer in seinem Dekadenz-Essay noch von Infektion und Ansteckung gesprochen, so wird er nun selbst als gefährlicher Bazillus wahrgenommen. Es kommt zu Solidarisierungen und zu Einspruch, aber die Schiedskommission der Partei erklärt am 22. Oktober 1969, Ernst Fischer habe „der Partei schweren Schaden zugefügt“.

Noch einmal Bruno Frei: „Es ging um die Zurückweisung eines Angriffs auf die Fundamente des Baus“.[138] Frei läßt eine Broschüre drucken, in der er sich

135 Mugrauer, Manfred: „Prager Frühling“, S. 1043–1061, hier S. 1060–1061.

136 Dörr: Beziehungen, S. 48–65, hier S. 61.

137 Kozak, Jan, zit. n. Franz Kafka – Visionär der Moderne. Hrsg. von Haller-Nevermann, Marie und Rehwinkel, Dieter. Göttingen 2008, S. 56; Ernst Fischer schreibt 1972, daß der neue Vorsitzende des tschechischen Schriftstellerverbandes, der „weithin unbekannte“ Kozak, das Werk Kafkas „als ansteckende Krankheit verdammt, als Infektion im Blute der sozialistischen Länder verdammt“ habe (Der tschechische Schriftstellerverband, ÖLA, Nachlaß Ernst Fischer, 37/ S. 56).

138 Frei: Papiersäbel, S. 385.

von seinem alten Chef distanziert: „Der Weg Ernst Fischers“ führt, im Blick Freis, hin zur anderen Front des Kalten Kriegs, und Kafka ist der Verführer.[139]

Der Ausschluß beflügelt noch einmal Hoffnungen. Am 4. Dezember 1969 berichtet Fischer an Ernst und Karola Bloch nach Tübingen, „dass in Österreich 27 Mitglieder des ZK, darunter fast alle Betriebsdelegierten und alle Jungen, öffentlich gegen meinen Ausschluss protestiert und eine Fraktion gebildet haben, dass alle Redakteure der *Volksstimme* (mit vier Ausnahmen) sich öffentlich mit diesem Protest solidarisieren, dass fast die gesamte Jugend-Organisation diesen Protest unterstützt und sich aus der Vormundschaft der Partei befreit hat“.[140]

Als ein halbes Jahr später auch Roger Garaudy aus der kommunistischen Partei Frankreichs ausgeschlossen wird, meldet Karola Bloch dies Fischer,[141] und bald darauf schreibt sie ihm: „Eine neue KP im internationalen Maßstab wäre fällig, mit Männern wie Du und Garaudy“.[142] Doch die Kräfteverhältnisse entwickeln sich anders. Fischer schreibt im März 1970 an den mittlerweile emigierten Eduard Goldstücker nach England: „Die Rache der Reptilien ist unaufhaltsam“.[143]

---

139 Frei, Bruno: Der Weg Ernst Fischers, S. 7. Frei kritisiert Fischers „Bereitschaft, bürgerliches Gedankengut zu übernehmen“, was sich augenfällig bei seinen ästhetischen und kunsttheoretischen Ansichten gezeigt habe.

140 Fischer an Ernst und Karola Bloch, 4. Dezember 1969, ÖLA, Nachlaß Fischer, Briefwechsel mit Ernst und Karola Bloch.

141 Karola Bloch an Fischer, 24. Mai 1970, ÖLA, Nachlaß Fischer, Briefwechsel mit Ernst und Karola Bloch.

142 Karola Bloch an Fischer, 17. Juli 1970, ÖLA, Nachlaß Fischer, Briefwechsel mit Ernst und Karola Bloch. Auch Fischer ist guter Hoffnung: „Geächtet von allen Hierarchien, über keine Macht verfügend, sind wir vielleicht ein mächtiges Häuflein, ein im Entstehen begriffenes“ (Die Revolution ist anders. Ernst Fischer stellt sich den Fragen kritischer Schüler. Reinbek 1971, S. 8).

143 Fischer an Goldstücker, 7. März 1970, ÖLA Nachlaß Fischer, Briefwechsel mit Eduard Goldstücker.

„Operationsgebiet" Österreich

von Angela Schmole

Auch das neutrale Österreich zählte zum „Operationsgebiet" des Ministeriums für Staatssicherheit der DDR (MfS). In dessen Sprachgebrauch wurde dieser Terminus für alle Länder verwendet, in denen die Inoffiziellen und hauptamtlichen MfS-Mitarbeiter geheimdienstliche Aktionen durchführten. Aufgrund der veränderten innenpolitischen Lage galten 1968 die Tschechoslowakei und in den 1980er-Jahren auch Polen als Operationsgebiet.[1] Österreich erleichterte den MfS-Agenten nicht nur wegen der gemeinsamen Sprache die Untergrundarbeit. Spionagehandlungen gegen die Bundesrepublik Deutschland waren in Österreich nicht strafbar. Auch war das Risiko, in Wien enttarnt zu werden, geringer als in der Bundesrepublik. Hier trafen sich häufig West-Spione des MfS mit ihren Stasi-Instrukteuren aus Ost-Berlin. In den hinterlassenen Aktenbeständen des MfS finden sich zur „Republik Österreich" über 2500 MfS-Signaturen im BStU-Zentralarchiv in Berlin und mehrere tausend MfS-Akten in den BStU-Außenstellen. Der Staatssicherheitsdienst bewahrte neben Schriftstücken auch Fotomaterialien und Tonbandaufzeichnungen auf. Umfangreichere Überlieferungen zu MfS-Vorgängen über Österreich wurden bislang in folgenden MfS-Beständen aufgefunden:

- Hauptverwaltung A (Auslandsspionage)
- Hauptabteilung I (Abwehrarbeit der NVA und Grenztruppen),
- Hauptabteilung II (Spionageabwehr),
- Hauptabteilung III (Funkaufklärung/Funkabwehr),
- Hauptabteilung VI (Paßkontrolle/Tourismus/Interhotel),
- Hauptabteilung VIII (Beobachtung/Ermittlung/Durchsuchung/Festnahme),
- Hauptabteilung IX (MfS-Untersuchungsorgan),
- Abteilung 26 (Telefonkontrolle, Abhörmaßnahmen),
- Abteilung M (Postkontrolle),
- Arbeitsgruppe Bereich Kommerzielle Koordinierung (AG BKK).

---

1 Das MfS-Lexikon. Berlin 2011; Herbstritt, Georg: Stichwort Operationsgebiet, S. 227 f.

Das MfS-Schriftgut enthält vier größere Themenkomplexe zu Österreich:

- Österreich als „Feindobjekt",
- Österreich als Handelspartner,
- Österreicher in der DDR,
- Österreich als Basis für nachrichtendienstliche Aktionen.

Das älteste Schriftstück, das in der MfS-Akte Abteilung X 553 überliefert ist, stammt kurioserweise aus einer Zeit, als Karl Marx und Friedrich Engels noch theoretisch unausgereifte junge Männer waren. Es handelt sich hierbei um die Kopie eines Abkommens des Kaisertums Österreich mit dem Königreich Sachsen (Autriche et Saxe–Royale) über die Grenze zwischen Sachsen und Böhmen vom 5. März 1848. Daneben finden sich in dieser MfS-Akte Schriftstücke zum Grenzverlauf des Deutschen Reiches aus dem Jahre 1927 und eine Bekanntmachung zum „Gebietsaustausch an der Grenze" aus dem Jahre 1936.[2]

Das hergebrachte MfS-Schriftgut im BStU-Archiv stammt freilich aus den siebziger und achtziger Jahren, als die DDR um internationale Reputation bemüht war. Verschiedene MfS-Diensteinheiten sammelten „Länderinformationen" zur „Republik Österreich". Die MfS-Bezirksverwaltung Neubrandenburg trug Informationen zum Wiener Flughafen, zu bekannten Parks, Museen und Restaurants zusammen und fertigte zu den Sehenswürdigkeiten in Wien eine Fotosammlung an. Aus den Jahren 1987 und 1988 sind 45 Prospekte und Stadtkarten überliefert.[3] Die Hauptabteilung VIII führte außerdem einen „Regimespeicher" mit Landkarten, Stadtplänen, Branchenbüchern, Telefonverzeichnissen, Wegbeschreibungen und Zugverbindungen zwischen österreichischen Städten und den Nachbarstaaten. Die Materialien dienten den hauptamtlichen MfS-Mitarbeitern zur Vorbereitung der MfS-Agenten auf ihre Reisen nach oder durch Österreich.

Die Einstufung Österreichs als „Operationsgebiet" belegen die Überlieferungen mehrerer Diensteinheiten. Die Feindbilddefinition des Staatssicherheitsdienstes blieb im Prinzip von Anfang bis zum Ende des SED-Staates unverändert. Die MfS-Diensteinheit „Abwehrarbeit in NVA und Grenztruppen" (HA I des MfS) sollte im „politisch-operativen Zusammenwirken" mit den DDR-Grenztruppen und den benachbarten sozialistischen Staaten die „Grenzsiche-

2 Kopien von Verträgen und weitere Unterlagen über die Grenzen zwischen dem Kaiserreich Österreich-Ungarn (Böhmen) und dem Königreich Sachsen, dem Deutschen Reich und der CSSR sowie zwischen der BRD und der Republik Österreich, 1848, 1927, 1936, 1972. BStU, MfS Abteilung X 553.

3 „Regimeinformationen" zu Wien, 1987/88. BStU, AST Neubrandenburg; MfS BV Neubrandenburg, Abteilung XV 82.

rung“ zu Österreich garantieren.[4] Die Entspannungspolitik in den 1970er-Jahren bedeutete für das MfS nicht weniger, sondern insgesamt mehr Arbeit und eine dauernde Erweiterung der Einsatzorte. Inoffizielle MfS-Mitarbeiter reisten nach Österreich, um die dortigen „Regimeverhältnisse“ zu erkunden. Nach der Aufnahme diplomatischer Beziehungen mit Österreich richtete die Hauptverwaltung Aufklärung in Zusammenarbeit mit der MfS-Funkaufklärung (HA III) in Wien einen Abhörstützpunkt ein, um die Kommunikation zwischen dem Bundesamt für Verfassungsschutz, dem Bundesnachrichtendienst und den österreichischen „Landessicherheitsorganen“ abzuhören. Wien war neben Brüssel die einzige westliche Stadt außerhalb der Bundesrepublik Deutschland, in der das MfS eine Abhörstation betrieb.[5]

Nach Abschluß verschiedener Verträge und Abkommen mit Österreich auf den Gebieten des Tourismus und zu Staatsbürgerschaftsfragen in den frühen siebziger Jahren befürchtete das MfS eine Zunahme der Besuchsreisen aus dem Westen. Nach Auffassung eines MfS-Offiziers der Hauptabteilung Beobachtung/Ermittlung (HA VIII des MfS) sei zu erwarten, daß künftig „Reisespione“ leichter in die DDR einreisen könnten, was eine Ausweitung der Überwachungsaufgaben mit sich bringe. Die Zahl der Ausländer, die länger als drei Jahre in der DDR lebten, verdoppelte sich von 1971 bis 1980. Die Spionageabwehrabteilung (HA II des MfS) war für die Überwachung und Kontrolle aller „zeitweilig und ständig [in der DDR] wohnenden Ausländer“ zuständig. Eine Arbeitsgruppe Ausländer bei der Spionageabwehr sollte den „Feindmißbrauch von Ausländern“ in der DDR verhindern. Die AG Ausländer des MfS erhielt Zugang zur Personendatenbank des DDR-Meldewesens, um alle in der DDR lebenden Österreicher ausfindig zu machen.[6] Daß immer mehr Österreicher in der DDR lebten, hatte sowohl wirtschaftliche als auch kulturelle Gründe. In die Überwachung der Österreicher wurden die Abteilungen II der MfS-Bezirksverwaltungen einbezogen. Die „Übersichten zu österreichischen Staatsbürgern mit ständigem Aufenthalt“ in den Bezirken und Kreisen der DDR gingen als Einzelberichte nach Ost-Berlin an die Spionageabwehr (HA II) des MfS.[7] Daneben erfaßten diese Hauptabteilung und die HA VI (Überwachung des grenzüberschreitenden

4 HA I, Stellvertreter beim Kommando der Grenztruppen: Dienstliche Anweisungen zur Sicherung der Grenze zu Österreich. BStU, MfS HA I 5553.

5 Vgl. Schmidt, Andreas: MfS-Handbuch zur HA III: Funkaufklärung und Funkabwehr, BStU. Berlin 2010, S. 105–107.

6 Mitteilung des Auskunftsdienstes des Paß- und Meldewesens mit Personendaten von in Berlin gemeldeten Bürgern aus Österreich, Dänemark, Italien und Belgien, 1985, 1987. BStU, MfS HA II 30983.

7 Übersicht zu österreichischen Staatsbürgern mit ständigem Aufenthalt im Bezirk Karl-Marx-Stadt. BStU, AST Chemnitz; MfS BV KMSt Abt. II 301.

Verkehrs) alle Österreicher, die besuchsweise in die DDR reisten oder anderweitige „Kontakte“ zu DDR-Bürgern unterhielten.[8]

Generalleutnant Günther Kratsch, Leiter der Spionageabwehrabteilung (HA II), erläuterte am 25. Januar 1983 in Berlin vor den Spitzenfunktionären der MfS-Bezirksverwaltungen, die mit Ausländerfragen befaßt waren, in einer Grundsatzrede die „konkreten politisch-operativen Aufgaben“ bei der Überwachung von Ausländern in der DDR. Er forderte, eine Zusammenfassung des bisher erreichten Standes der „IM-Werbung unter Ausländern“ vorzulegen.[9] Zur Begriffsdefinition erhielten die anwesenden MfS-Offiziere vorab folgende Lektion:

„Genossen, vorab eine kleine sarkastische Faustregel zum Begriff *Ausländer*. Es wird immer wieder mal gefragt, wer denn alles als Ausländer zählt. Wir können getrost davon ausgehen, daß Ausländer jeder ist, der nicht Inländer ist. Und wenn wir davon ausgehen, daß lt. UNO-Statistik die Erdbevölkerung gegenwärtig rd. 4,4 Milliarden Menschen zählt, so sind die wenigsten davon Inländer. Die Anzahl der Ausländer, die sich im Jahre 1980 aus unterschiedlichen Gründen in der DDR aufhielten, betrug rund 37,5 Millionen, was in etwa dem Zweieinhalbfachen der Wohnbevölkerung der DDR gleichkommt. Es reisen also täglich weit mehr als 100 000 Ausländer in oder durch unsere schöne Republik.“[10]

Vertreter der MfS-Bezirksverwaltungen Berlin und Dresden berichteten auf der Zusammenkunft darüber, wie in Rostock und Frankfurt/Oder die „Kontrolle von Ausländerkonzentrationen auf Großbaustellen“ vollzogen wurde. Zur Erfassung ihrer Meldedaten wie Anschrift, Telefonnummer und Geburtsdatum nutzten MfS-Offiziere den Zugang zum Einwohnermeldeamt der DDR. So hielten sich laut einer Information der Spionageabwehr (HA II) beispielsweise im Sommer 1986 genau 111 354 Ausländer entweder ständig oder zeitweilig in der DDR auf – 1 244 von ihnen waren Österreicher.[11] Ermittler der HA VIII durch-

---

8 Information zur „Operativen Bearbeitung von Ausländern (v.a. aus Österreich, Niederlande, Griechenland) in der DDR aufgrund ihrer Reisetätigkeit sowie DDR-Kontakt“. BStU, MfS HA II 27488.

9 Oberstleutnant Reiner Wiegand (HA II/AG Ausländer, Leiter der AG): Konzeption und Ablaufplan zur Arbeitsberatung mit den Referatsleitern der Abteilungen II der Bezirksverwaltungen, AG Ausländer und Linie II/19, am 25./26.1.1983. BStU, MfS HA II 22859.

10 Generalleutnant Günter Kratsch (Leiter der HA II): Arbeitsnotizen zum Redemanuskript. BStU, MfS HA II 22859.

11 Oberstleutnant Reiner Wiegand (HA II/AG Ausländer, Leiter der AG): Information zur Entwicklung des ständigen und längerfristigen Aufenthaltes von Ausländern in der DDR (außer BRD-Bürger und Westberliner) v. 29.8.1986. BStU, MfS HA II 22858.

suchten die Datensammlung, um geeignete Österreicher „wegen Werbung“ herauszufiltern.[12] Leutnant Gerd Taube von der HA VIII ermittelte unter den Österreichern insgesamt 54 Personen zwischen 18 und 45 Jahren, die in Ost-Berlin lebten. Weil die meisten Österreicher Anwerbungsversuche des Staatssicherheitsdienstes jedoch ablehnten, sollte zumindest geprüft werden, wieweit die Personendaten für Doppelidentitäten von Inoffiziellen MfS-Mitarbeitern genutzt werden könnten. Der Auftrag im Stasi-Jargon lautete: Prüfung des Materials „zur op. Auswertung“.[13] Das bedeutete, die Identitäten nichtsahnender österreichischer Staatsbürger wurden für die Inoffiziellen Mitarbeiter der HA VIII aufbereitet. Diese MfS-Agenten wurden mit gefälschten Personaldokumenten ausgestattet, um bei Kontrollen im westlichen Ausland nicht aufzufallen, wenn sie ihre geheimdienstlichen Aufträge ausführten. Die wahren Inhaber der Pässe wurden währenddessen vom MfS permanent beobachtet, um eine zufällige Enttarnung zu vermeiden.

Die Tätigkeit der in Österreich recht aktiven Hauptabteilung VIII des MfS soll im folgenden Abschnitt anhand der vorhandenen MfS-Überlieferungen beispielhaft rekonstruiert werden.

MfS-Agenten der Hauptabteilung VIII in Österreich

Die MfS-Hauptabteilung für Beobachtungen/Ermittlungen (HA VIII des MfS) führte 1988 insgesamt 163 Inoffizielle Mitarbeiter im „Operationsgebiet“.[14] Sie arbeiteten vorrangig in West-Berlin, in der Bundesrepublik Deutschland, in Österreich und in der Schweiz. Aus den MfS-Überlieferungen geht hervor, daß viele Inoffizielle Mitarbeiter in der linken Szene verankert waren. Für die Kooperation erschien der HA VIII eine gewisse „Unzufriedenheit“ mit dem politischen und wirtschaftlichen System des Landes, in dem sie lebten, förderlich. Anders als die MfS-Aufklärung (HV A) suchte die HA VIII Agenten im Westen nicht vorrangig unter Akademikern. Die West-IM der HA VIII waren überwiegend Hausfrauen, Taxifahrer, Arbeitslose, mittlere Angestellte sowie Händler und Besitzer von kleinen Geschäften wie Zeitungskiosken, Tankstellen oder Blumenläden. Ihre Aufgabe war es „Personen und Objekt“ zu beobachten und alle „Sachverhalte“ zu registrieren, die der „politisch-operativen Aufklärungsarbeit“ des MfS dienten. Sie waren mit Videokameras, Fotoapparaten und Ton-

---

12 Leutnant Gerd Taube (HA VIII/13): Bearbeitung von in Berlin lebenden Österreichern wegen Werbung als IME-Ermittler, 1987–1989. BStU, MfS HA VIII 8550.

13 Leutnant Gerd Taube (HA VIII/13): Maßnahmeplan zur zielgerichteten Bearbeitung von Ausländerhinweisen v. 30.1.1989. BStU, MfS HA VIII 8550.

14 Vgl. Schmole, Angela: MfS-Handbuch zur HA VIII, BStU. Berlin 2011.

bandgeräten ausgestattet. Ihre Nachrichten in die DDR übersandten sie per Funk oder im Geheimschriftverfahren über Deckadressen.

Zum Netz der Stasi-Informanten in Österreich existiert im Bestand der MfS-Hauptabteilung VIII keine Statistik. Verzeichnisse zur Gesamtzahl der Inoffiziellen MfS-Mitarbeiter aus den achtziger Jahren sind unvollständig, geben aber dennoch Aufschluß über die gesammelten „operativen Informationen". Nicht alle Decknamen der Agenten der Ermittlungsabteilung konnten bislang entschlüsselt werden. Einige MfS-Überlieferungen haben das Jahr 1989 aber unbeschadet überstanden. Das restliche Schriftgut fehlt oder ist lückenhaft. Die Beobachtungsberichte der Informanten belegen, daß viele österreichischen Bürger nicht die geringste Ahnung hatten, wer ihnen da zu Leibe rückte. Harmlose bis bösartige Plaudereien über Nachbarn füllen zahllose MfS-Überlieferungen und „Tonbandabschriften". Nach bisherigem Stand arbeiteten folgende Agenten der MfS Hauptabteilung VIII in Österreich:

IM „Petit" – Unter dem Decknamen „Petit" berichtete der DDR-Journalist Johann Weiß der Stasi auch über Österreicher, die „eine positive Einstellung zur DDR" hatten. Weiß, Jahrgang 1912, von Beruf Tischler, Kommunist, kehrte im April 1945 aus der Sowjetunion nach Deutschland zurück. In der Sowjetischen Besatzungszone baute er unter Hermann Materns Leitung zunächst die Stadtverwaltung Senftenberg auf, arbeitete 1949 als Redakteur bei der Märkischen Volksstimme und übernahm nach einem Studium an der Parteihochschule beim ZK der SED im Jahre 1957 den Bezirksvorsitz des Deutschen Journalistenverbandes in Frankfurt/Oder. 1960 beendete Weiß ein Journalistikstudium an der Karl-Marx-Universität Leipzig. Nach MfS-Überlieferungen arbeitete er seit 1963 mit dem MfS zusammen. Als DDR-Journalist reiste er seit 1964 im inoffiziellen Auftrag der HA VIII als „Kundschafter" nach Österreich, Frankreich, in die Bundesrepublik und in die Schweiz, um „Personen mit einer positiven Einstellung zur DDR" anzuwerben.[15] Diese Westreisen waren als Dienstreisen der DDR-Nachrichtenagentur ADN getarnt. Für seine „operativen" Einsätze wurde er mit dem Vaterländischen Verdienstorden der DDR ausgezeichnet. Der Leiter der HA VIII beschrieb ihn als einen „treuen, zuverlässigen und ehrlichen Genossen". In der Zusammenarbeit habe er „ständig gute bis sehr gute Arbeitsergebnisse" zuwege gebracht.[16]

HIM „Karl August" – Der hauptamtliche Inoffizielle Mitarbeiter (HIM) „Karl August" aus Oranienburg fuhr in den 1970er-Jahren häufig nach Öster-

---

15 Leutnant Ralf Eggebrecht (HA VIII/III): Vorschlag zum Einsatz des GM „Petit" v. 14.5.1964. BStU, MfS AIM 2435/91, Teil I/1, Bl. 158–160.

16 Oberst Albert Schubert (HA VIII, Leiter): Einschätzung v. 23.2.1972. BStU, MfS AIM 2435/91, Teil I/1, Bl. 200-202.

reich, in die Schweiz, nach Westdeutschland sowie in die Niederlande.[17] IM „Karl August“, alias Konrad Wollenberg, Jahrgang 1928, von Beruf Lehrer, arbeitete seit 1961 mit dem MfS zusammen. Das sehr umfangreiche MfS-Material mit über fünftausend Seiten weist auf eine intensive Zusammenarbeit hin. Seit 1970 reiste er mit seiner Frau im MfS-Auftrag als Agentenpaar „Karl August“ und „Ilse Gärtner“ in den Westen. Das MfS stattete beide 1973 mit gefälschten Empfehlungsschreiben der Freien Universität Berlin aus, um verdeckte „Befragungen“ als Forschungsprojekt zur Bevölkerungsentwicklung in der Bundesrepublik Deutschland zu tarnen.[18] Mittels dieser Täuschung gelang es ihnen, die Nachbarn, Kollegen und Freunde von DDR-Flüchtlingen auszufragen. In Österreich machte das Agentenpaar mehrere Personen ausfindig, die Kontakte in die DDR hatten: Ein Dozent an der Universität Salzburg war der „Neffe eines DDR-Bürgers“ und wurde 1977 verdächtigt, „Hetzmaterial“ an seinen Verwandten zu verschicken.[19] Der Steinmetz Günter S. aus Linz stand im Verdacht „evt. Verbindungen zu Organisationen“ zu unterhalten, die DDR-Bürger zur Flucht verhelfen. Das Ehepaar Wollenberg sollte dem Hinweis nachgehen, ob S. in Ländern des Ostblocks mit DDR-Bürgern zusammentraf.[20] Auch der Finanzbeamte Franz-Johann R. aus Vöcklabruck wurde einer „Verbindung zu negativ-feindlichen Institutionen und Organisationen“ verdächtigt. Das Ehepaar hatte den Auftrag, sich ein klares Bild von Rs. Wohngegend zu machen und „eine Außenabklärung mit Quellenauswahl“ durchzuführen. Sie sollten Hinweise über Freunde und die Familie, über seine „politische Einstellung“ und seinen Lebensstil sammeln.[21] Neben nachrichtendienstlichen Ermittlungen in Österreich gelang es dem Ehepaar Wollenberg in Zürich die Räume der Fluchthilfeorganisation „Aramco“ und das berufliche und soziale Umfeld von Hans Ulrich Lenzlinger auszukundschaften.[22] Lenzlinger wurde am 5. Februar 1979 in seiner Villa mit mehreren Schüssen getötet. Bis heute ist der Mord an dem Züricher Fluchthelfer nicht aufgeklärt.

17 IM-Akte „Karl August“ unter BStU, MfS AIM 1346/91; BStU Teilablage A 253/76.
18 Hauptmann Heinz Bröse (HA VIII/6): Entwicklungsprogramm für die weitere Qualifizierung des IM „Karl August“ v. 13.6.1973. BStU, MfS AIM 1346/91, Teil I/1, Bl. 157–162.
19 Anlage zum Reiseauftrag Nr. 3/77. BStU, MfS Teilablage A 253/76, Teil II/7, Bl. 136–137, 195–197.
20 Anlage zum Reiseauftrag Nr. 5/78. BStU, MfS Teilablage A 253/76, Teil II/8, Bl. 278–238, 337.
21 Anlage zum Reiseauftrag Nr. 5/78. BStU, MfS Teilablage A 253/76, Teil II/8, Bl. 345–347.
22 Reiseauftrag v. 9.7.1975. BStU, MfS Teilablage A 253/76, Teil II/4, Bl. 274–322.

IM „Sepp Burger“ – Der Maschinenhändler Hermann Stumpf aus Bayern erhielt den Auftrag, mögliche Fluchtrouten von DDR-Bürgern nach Österreich herauszufinden. Laut MfS-Überlieferung erledigte Stumpf seit 1963 für das MfS „operative Beobachtungen und Aufklärungshandlungen“, zu dieser Zeit vorrangig in West-Berlin, und fertigte insgeheim Fotoaufnahmen an. Nachdem der damals verantwortliche DDR-Instrukteur aus Sicherheitsgründen aus dem Westen zurückgeholt werden mußte, arbeitete Stumpf als „Einzelkämpfer“ weiter. Nach einer Einschätzung von 1985 habe er sich in dieser Zeit zu einem „erfahrenen Kundschafter“ entwickelt. Zeitgleich gab es von der HA VIII den Vorschlag, Stumpf, seine Ehefrau und die längjährige „erfahrene“ Inoffizielle Mitarbeiterin „Crystina“ – frühere Mitarbeiterin im DDR-Ministerium für Elektrotechnik und Elektronik - zu einer IM-Beobachtergruppe zusammen zu schließen. Zuletzt gehörte das Agentenpaar zur IM-Gruppe „Wolf Dieter“, die im „Raum Bayern“ unterschiedliche Aufgaben hatte. Stumpf erkundete seit Mitte der 1980er-Jahre zusammen mit seiner Ehefrau IM „Christel Burger“ den „Einsatz von Datenterminals im Grenzkontrollsystem“ an der bayerischen Grenze zu Österreich.[23] Zu ihren Aufgaben gehörte auch die Beobachtung von Sportveranstaltungen im „Operationsgebiet“, um Informationen über geflüchtete DDR-Sportler zu sammeln oder die Überprüfung von Anschriften und Kfz-Kennzeichen von Privatpersonen und Geschäftsleuten, für die sich der Staatssicherheitsdienst interessierte.

IM-Gruppe „Reiner Bergmann“ – Bernd Rier, ein SED-Mitglied aus Chemnitz, Jahrgang 1945 alias „Reiner Bergmann“ war der Führungs-IM (FIM) der Gruppe. Rier war von Beruf Werkzeugmacher. Er berichtete der Stasi seit 1974 unter dem Decknamen „Reiner Bergmann“ laufend aus dem VEB Universal Berlin, in dem er arbeitete.[24] Rier erhielt 1977 den Auftrag, eine Beobachtergruppe aufzubauen, die Grenzregionen in Niedersachsen und Nordrhein-Westfalen sowie in der Schweiz und in Österreich auskundschaften sowie Informationen zum Reisefernverkehr innerhalb Österreichs sammeln sollte.[25] Zur IM-Beobachtergruppe „Reiner Bergmann“ gehörten zuletzt insgesamt neun Inoffizielle MfS-Mitarbeiter. Reisen und Treffen mit den West-Agenten deckte das DDR-Dienstleistungsamt für ausländische Vertretungen in Ost-Berlin durch ein Scheinarbeitsverhältnis mit Rier ab. Für seine Spitzeldienste wurde er 1982 mit der Verdienstmedaille der DDR ausgezeichnet.

---

23 IM-Akte „Sepp Burger“ unter BStU, MfS AIM 2824/91.

24 IM-Akte „Reiner Bergmann“ unter BStU, MfS AIM 2632/91; MfS Teilablage A 233/88.

25 Treffbericht zur „Grenzpassage OG-Österreich“ v. 4.3.1986. BStU, MfS AIM 2489/91, Teil II/6, Bl. 11–31.

IM-Gruppe „Franz Schuber"– Der Chef der IM-Gruppe „Franz Schuber", Toni Prehler aus Bad Orb, Diplom-Ingenieur, Jahrgang 1941, wurde während seines Studiums an der Technischen Hochschule Darmstadt 1968 vom MfS-Instrukteur „Heinz Bergmann" angeworben. Zu seiner Agenten-Gruppe gehörten zuletzt acht Inoffizielle Mitarbeiter, die in London, Kaiserslautern und Wien mehrere Sonderaufträge für das MfS erledigten. Das IM-Ehepaar „Albert Stein" und „Tanja Roth" aus Nordrhein-Westfalen erhielt 1980 den Auftrag, die Anschriften und Telefonnummern der „Firma Brookes und Martin, British Patent Agents" in London auszukundschaften und „umfassendes Fotomaterial" darüber anzulegen.[26] Der MfS-Buchführung zufolge traf sich „Tanja Roth" 1982 mit dem DDR-Instrukteur „Hans Löwe" in Wien zur Materialübergabe. IM „Tanja Roth" soll zuvor einen sogenannten Toten Briefkasten (TBK) geleert haben und geheime Erkenntnisse aus der Atomwissenschaft an sich genommen. Wer die Schriftstücke hinterlegt hatte, wußte sie nicht. Es handelte es sich dabei um eine aufschlußreiche Sammlung von Lageberichten, Einschätzungen zum Objektschutz und zum Forschungsstand aus den drei westdeutschen Kernkraftwerken Grohnde (Niedersachsen), Philipsburg (Baden-Württemberg) und Biblis (Hessen). IM-Instrukteur „Hans Löwe" fuhr 1982 noch zweimal nach Wien, um nähere Auskünfte zu den Hotels „Westbahn" und „Lindenhof" sowie zur Pension „Nossel", im Zentrum von Wien einzuholen.[27]

IME „Georg Marbach"– unterzeichnete im November 1985 eine schriftlich „Verpflichtung" zur inoffiziellen Zusammenarbeit. Der Kaufmann und Versicherungsmakler Rolf Georg Vaupel[28] aus Hessen hatte im Herbst 1984 wegen „Unregelmäßigkeiten" seine Arbeit verloren, worauf er am Grenzübergang Wartha in Thüringen erschien. Sein Antrag, Staatsbürger der DDR zu werden, wurde jedoch abgelehnt. Stattdessen reiste er zu mehreren Gesprächen mit MfS-Vertretern in die DDR. Als das MfS von seinem „berufsbedingt großen Umgangskreis" erfuhr, plante die HA VIII eine inoffizielle Zusammenarbeit mit ihm. In einem Vorschlag zur Erfassung als Inoffizieller Mitarbeiter würdigte Hauptmann Böttcher von der HA VIII die „Pünktlichkeit, Zuverlässigkeit und Exaktheit im Realisieren getroffener Vereinbarungen".[29] Bald nahm Vaupel seine Arbeit als selbständiger Versicherungsmakler wieder auf. Mitte der 1980er-

26 DDR-Instrukteur „Hans Löwe": Bericht zum Treff mit IM „Albert Stein" und „Tanja Roth" v. 25.6.1980. BStU, MfS AIM 1303/91, Teil II/1, Bl. 32–38.

27 Reiseauftrag Nr. 1/82 und Nr. 2/82 nach Wien. BStU, MfS Teilablage A 118/75, Teil II/7, Bl. 286–346.

28 IM-Akte „Georg Marbach" unter BStU, MfS AIM 2958/91.

29 Hauptmann Klaus Böttcher (HA VIII/13): Vorschlag zur Registrierung des IME-Ermittler/OG „Georg Marbach" als IM-Vorgang v. 20.2.1986. BStU, MfS AIM 2958/91, Teil II/2, Bl. 492-501.

Jahre beauftragte das MfS den Kaufmann aus Hessen, die Kundendaten der Krankenversicherung, in der er arbeitete, zu stehlen. Sein MfS-Führungsoffizier vermerkte als Informationseingang von IME „Georg Marbach" eine Kopie der Kundendatei und Hunderte von Kundendaten aus der Firma. Ein weiterer MfS-Auftrag aus dem Jahr 1987 sah vor, daß „Georg Marbach", den Schauspieler Wilhelm Seledec und den ORF-Journalisten Walter Seledec in Wien beobachten sollte. Ein entsprechender „Ermittlungsbericht" traf im Juli 1987 in Berlin ein.[30] Im Sommer 1987 beobachtete der Agent dann den grenzüberschreitenden Reiseverkehr zwischen der Bundesrepublik Deutschland und Österreich an der „Grenzkontrollstelle" in Passau. Dies zeitaufwendigen Observationen erbrachten den Ost-Berliner Auftraggebern Skizzen und Beschreibungen „zum Regime im grenzüberschreitenden Reiseverkehr".[31]

HIM „Marcel"– Johann Pomplun[32] aus Ost-Berlin, 1943 in Wien geboren, von Beruf Bauschlosser, arbeitete seit 1965 mit dem MfS zusammen und erhielt sehr unterschiedliche Aufgaben. Zum einen sollte er aus seinem Verwandtenkreis in Wien eine Person finden, die für eine nachrichtendienstliche MfS-Zusammenarbeit geeignet schien. Er erhielt den Auftrag, Familienangehörige in Wien regelmäßiger zu besuchen. Im September 1968 erging an Pomplun eine Weisung des MfS-Führungsoffiziers Leutnant Hans Kusche, bei seiner Großmutter Berta Kriz, einer alten Wiener Kommunistin, einen „Fluchtstützpunkt" aufzubauen. Ein Zimmer in der Wohnung der Großmutter in der Ybbsstraße sollte als Stützpunkt genutzt werden, in dem DDR-Instrukteure zeitweilig übernachten und in dem „finanzielle Mittel, Garderobe und Fluchtdokumente" aufbewahrt werden könnten. Der Großmutter erzählte Pomplun die Geschichte von DDR-Korrespondenten, die sie unterstützen könnte, „indem sie diesen Quartier zur Übernachtung und zeitweiligen Aufenthalt zur Verfügung stellt".[33] 1968 erhielt er den Auftrag, das Reisebüro IBUSZ in der Kärtnerstraße in Wien aufzusuchen, das Volksfest der KPÖ zu besuchen und über beide Aufträge zu berichten.[34] In zeitaufwendigen Observationen erkundete er das Internationale Handelsbüro in Innsbruck und verfaßte einen Beobachtungsbericht zum „Gasthof Sailer" in Innsbruck. IM „Marcel" wurde mit dem IM „Steuermann" und IM „Kapitän" zu einer IM-Beobachtergruppe zusammengeschlossen. Die IM-Grup-

30 IM „Georg Marbach": Ermittlungsbericht v. 13.7.1987. BStU, MfS AIM 2958/91, Teil II/1, Bl. 286–299.

31 IM-Bericht v. 14.7.1987. BStU, MfS AIM 2958/91, Teil II/2, Bl. 10–11.

32 IM-Akte „Marcel" unter BStU, MfS AIM 10713/66.

33 Leutnant Hans Kusche (HA VIII/3, Führungsoffizier): Vorschlag zur Werbung eines KW-Stützpunktes im kapitalistischen Ausland v. 2.9.1968. BStU, MfS AIM 9345/85, Teil I/1, Bl. 29–32.

34 Reiseauftrag Nr. 24 v. 3.7.1968. BStU, MfS AIM 10713/66, Teil II/6a.

pe machte 1969 für das MfS in der Bundesrepublik „einen Blutrichter“ ausfindig und beobachtete den KPD-Vorsitzenden Max Reimann während dessen Aufenthalt in Düsseldorf. Den drei Informanten dankte der Staatssicherheitsdienst für die „gewissenhafte Aufgabenerfüllung, Zuverlässigkeit und hohe Einsatzbereitschaft“.[35] Laut einem MfS-Dokument sollen die Ermittlungen in Österreich zur Verhaftung eines Verdächtigen geführt haben. Im Schreiben des MfS-Untersuchungsorgans (HA IX des MfS) heißt es: Durch die HA VIII wurden „in einem wichtigen und komplizierten Untersuchungsvorgang verschiedene Maßnahmen im westdeutschen und österreichischen Operationsgebiet durchgeführt. Dadurch konnten schnell eine Reihe von Personen aufgeklärt werden, wichtige Hinweise für die weitere zielgerichtete Untersuchungstätigkeit erarbeitet und Beweise für die feindliche Tätigkeit des Beschuldigten und seiner Verbindungen zu faschistischen neonazistischen Kreisen geschaffen werden.“[36]

IM-Gruppe „Rennfahrer“ – Die IM-Gruppe „Rennfahrer“ erledigte im Auftrag der Hauptabteilung VIII in der DDR und im „Operationsgebiet“ nachrichtendienstliche Spezialaufträge. Neben Beobachtungen und Ermittlungen waren in der Aufgabenzuweisung der IM-Gruppe „aktive operative Maßnahmen“ festgelegt. Der Chef der IM-Gruppe, Heinrich Peter Schneider, von Beruf Kaufmann, mit Verbindungen in die Kölner Unterwelt, hatte seit 1957 Kontakt zum Staatssicherheitsdienst. Schneider war als junger Mann begeisterter Automobilsportler; daher rührte sein Deckname „Rennfahrer“. Schneider baute aus seinem Verwandten- und Bekanntenkreis eine IM-Gruppe auf, die an Entführungen, an verdeckten Wohnungsdurchsuchungen sowie Einbrüchen in Ost und West beteiligt waren. Sein Partner Josef Tuszynski, IME „Karate“, wurde vom MfS im Umgang mit Schuß-, Schlag- und Stichwaffen sowie Handgranaten ausgebildet. Schneiders Ehefrau Ingrid, IME „Karin“, sorgte zwischen 1970 und 1989 für dic Absicherung ihres Mannes bei dessen verdeckten Einsätzen und hielt Funkkontakt zum Ministerium für Staatssicherheit in Ost-Berlin. Unter dem Decknamen „Parma“ arbeitete Schneiders Sohn Ralf von 1985 bis 1989 als Kurier, Beobachter und Ermittler für die Stasi. Gemeinsam mit IME „Genua“, dem Inhaber eines West-Berliner Schlüsseldienstes, lieferte er der HA VIII Informationen über Fluchthilfeorganisationen. Im November 1976 hatte die IM-Gruppe „Rennfahrer“ den Auftrag übernommen, in die Büroräume der Firma „Unicupler GmbH“ in Wien einzudringen, um „wichtige Beweismittel für eine feindliche Tätigkeit gegen die DDR“ zu sichern. An dem Einbruch waren vier Agenten der Gruppe

35 Hauptmann Manfred Miksch (HA VIII/3, RL): Kurzeinschätzung IM „Marcel“ v. 30.3.1970. BStU, MfS AIM 10713/66, Teil I/2, Bl. 61–62.

36 Oberstleutnant Pätzel (HA IX/5, Leiter): Schreiben v. 14.10.1971. BStU, MfS AIM 10713/66, Teil II/10, Bl. 128.

beteiligt: FIM „Rennfahrer“, IME „Karate“, IM „London“ und IM „Palermo“. Für den Fall, daß ein Angestellter unvorhergesehen „das Büro aufsucht“, sollten die IM „Karate“ und „London“ diesen „zeitweilig ausschalten“, um die Auftragsdurchführung zu sichern. Laut einem „Operativplan zur Durchführung einer besonderen Maßnahme“ sollte Schneider die Unterlagen in den Büroräumen sichten und zusammen mit „Karate“ in einer mitgeführten Reisetasche verstauen. IM „Palermo“, der in einem Fahrzeug in der Nähe wartete, sollte mit den gestohlenen Unterlagen in die Bundesrepublik reisen und diese dort einem MfS-Mitarbeiter übergeben. Für den Fall, daß „Material größeren Ausmaßes beziehungsweise Tresor“ transportiert werden mußte, war vorgesehen, daß IM „Karate“ und IM „London“ zum „Stützpunkt“ in Salzburg beziehungsweise nach Innsbruck zurückkehrten, dort die gestohlenen „Gegenstände“ einlagerten und weitere Instruktionen eines MfS-Offiziers abwarteten.[37] 1992 wurde IM „Rennfahrer“ alias Heinrich Peter Schneider verhaftet. Ab März 1993 mußte er sich vor dem Berliner Kammergericht verantworten. Die Anklage warf ihm nachrichtendienstliche Agententätigkeit und versuchten Mord vor. Das Gericht verurteilte ihn zu viereinhalb Jahren Haft.

Ein Freund der Kunst aus der DDR

Im Rahmen des Gerichtsverfahrens gegen die westdeutsche Einsatzgruppe „Rennfahrer“ der MfS-Beobachtungsabteilung (HA VIII) wurden 1992 auch die Decknamen eines österreichischen Ehepaares „März“ bekannt. In den MfS-Überlieferungen fanden sich Hinweise, daß das Agentenpaar „Irene und Gerhard März“ zu einer Beobachtergruppe der HA VIII in Österreich gehörte, die unter der Bezeichnung IM-Gruppe „Franz“ lief.[38] Ihr Führungs-Agent war der Ost-Berliner Lothar Schramm, von Beruf Kaufmann, Musiker und Sänger. Er hatte zu Beginn der sechziger Jahre den Auftrag übernommen, eine Agentengruppe in Österreich aufzubauen. In den frühen fünfziger Jahren arbeitete Schramm schon einmal für den DDR-Staatssicherheitsdienst. Nachdem jedoch bekannt geworden war, daß er „enge briefliche Beziehungen“ zu seinen „republikflüchtigen“ Schwiegereltern im Westen hielt, brach der Staatssicherheitsdienst den Kontakt ab. Unterleutnant Werner Müller von der Hauptabteilung VIII stellte 1963 den Kontakt zu Schramm wieder her und traf sich mehrmals mit ihm.[39] Er habe sich

37 Auftrag für die IM-Gruppe „Rennfahrer“ in Wien und Aufklärungsbericht v. 27.10.1976. BStU, MfS Teilablage A 593/79, Teil II/7, Bl. 335–360.

38 IM-Akte „Franz“ unter BStU, MfS AIM 1514/91.

39 Unterleutnant Werner Müller (HA VIII/3): Bericht über die Verbindungsaufnahme zum ehemaligen GHI „Franz“ v. 5.1.1963. BStU, MfS AIM 1514/91, Teil I/2, Bl. 21–23.

zu einem „Genossen“ entwickelt, der „jederzeit ohne Vorbehalte für Sondereinsätze außerhalb seines Fachgebietes zur Verfügung“ stehe.[40] Lothar Schramm, der als Referent des DDR-Kulturministeriums zu „Absprachen und Verhandlungen“ in den Westen, u. a. nach Österreich, reise, kenne sich zudem mit den dortigen Gepflogenheiten aus und „versteht es, sich allen Reisenden anzupassen“, hielt Unterleutnant Müller in einem Bericht über die Gespräche mit Schramm fest.[41]

Nach mehreren Unterredungen mit dem MfS-Mann hatte sich Schramm am 7. Februar 1964 handschriftlich zur Zusammenarbeit mit dem Staatssicherheitsdienst verpflichtet. Er wurde von der Hauptabteilung VIII/3 als „Geheimer Informator“ (GI) unter dem Decknamen „Franz“ registriert und rückte bald zum „Geheimen Hauptinformator“ (GHI) auf. Während des Gesprächs zur Werbung übergab er mehrere Paßfotos sowie einen Bericht über seine Dienstreise nach Ungarn. Darin schilderte er „einige Probleme, mit denen die ungarischen Genossen zu kämpfen haben“. Die Fälscherwerkstatt der HA VIII – sie fungierte im Dienst als Referat E – produzierte mehrere westdeutsche Pässe, die Lothar Schramm mit wechselnden Tarnidentitäten eine intensive Reisetätigkeit ins Ausland ermöglichten. Schramms Ehefrau wurde laut MfS-Unterlagen über die „bevorstehende Zusammenarbeit“ unterrichtet. Sie erklärte, ihrem Mann „eine gute Stütze“ sein zu wollen.[42]

Schramm erhielt von Unterleutnant Müller einen Ausbildungsplan, der Schulungen zu verschiedenen Themen vorsah. Freilich waren, wie sich später herausstellte, die theoretische Unterrichtung zur Arbeit mit „Legenden“, zum Aufbau eines sicheren „Verbindungswesens“ zwischen Ost-Berlin und Wien, zu den „Regeln der Konspiration“ und zum Anlegen eines „Toten Briefkasten“ (TBK) in der Praxis nicht immer umsetzbar. Nach und nach wurde der Inoffizielle Mitarbeiter „Franz“ durch die MfS-Beobachterabteilung (HA VIII) mit geheimdienstlichen Hilfsmitteln ausgestattet und erhielt in der Folgezeit neben

40 Unterleutnant Werner Müller (HA VIII/3): Vorschlag zur Anwerbung eines GI v. 21.1.1964; BStU, MfS AIM 1514/91, Teil I/2, Bl. 98–106.

41 Lothar Schramm gehörte 1951 bis 1953 bereits der Vorgängereinrichtung des DDR-Kulturministeriums, der Staatlichen Kommission für Kunstangelegenheiten an, die ein maßgebliches Instrument der SED zur Durchsetzung des Sozialistischen Realismus als verbindliche Kunstdoktrin war. Schramm arbeitete dort in der Hauptabteilung Darstellende Kunst und Musik und war unter anderem an der Maßregelung von Theatern und Opernhäusern beteiligt. Vgl. Staadt, Jochen (Hrsg.): „Die Eroberung der Kultur beginnt!“. Die Staatliche Kommission für Kunstangelegenheiten der DDR (1951–1953) und die Kulturpolitik der SED. Frankfurt am Main 2012, S. 69, 121–124 u. 320.

42 Unterleutnant Werner Müller (HA VIII/3): Bericht über durchgeführte Werbung von Lothar Schramm als GI v. 11.2.1964. BStU, MfS AIM 1514/91, Teil I/2, Bl. 192–194.

gefälschten Pässen, verdeckte Container für den Materialtransport, Radiogeräte zum Empfang von Funknachrichten, Dechiffrierhinweise für den Funkverkehr, Handfunksprechgeräte für mobile Einsätze und eine Fotoausrüstung. Nach einem Jahr Ausbildung reiste Schramm im August 1965 das erste Mal nach Wien. Die HA VIII hatte den Instrukteur mit Landkarten und Stadtplänen, Wegbeschreibungen, Zugverbindungen und „Verhaltensanweisen" für Hotelbuchungen und den Fahrkartenkauf ausgestattet.

Nach Rücksprache mit DDR-Kulturminister Klaus Gysi behielt Lothar Schramm einen Scheinarbeitsplatz beim Ministerium für Kultur. Unterdessen reiste er als angeblicher West-Berliner nach Österreich. Bei Grenzkontrollen sollte er als Lothar Sagolla den Beamten gegenüber mit folgender Geschichte auftreten: „Derzeit habe ich als Chorsänger kein festes Engagement und bin bestrebt, an einem Theater in Wien einen festen Vertrag zu bekommen."[43] Sein Auftrag in Wien war es, sich bei den Kontaktpartnern „Emma und Alex" als Nachfolger von IM „Grau" vorzustellen und zu beiden ein enges Verhältnis aufzubauen. Schramm sollte in einer „Parteizelle der KPÖ" in Wien „fortschrittliche Kräfte" ausfindig machen, die sich mit besten Absichten zur DDR hin öffnen würden. Er sollte dann herausfinden, welche KPÖ-Mitglieder für eine inoffizielle Zusammenarbeit geeignet erscheinen.[44] Die Verbindungsperson Alexander Bielewicz (KP „Alex") und dessen Frau Emma Winter (KP „Emma"), beide langjährige Mitglieder der Kommunistischen Partei Österreichs, sollten ihm dabei helfen.[45] Alexander Bielewicz, Jahrgang 1911, KPÖ-Bezirksleiter des 20. Wiener Bezirks, war mit der kommunistischen Untergrundarbeit vertraut. Er hatte 1937 im Spanischen Bürgerkrieg in den Interbrigaden gekämpft, wo er in Gefangenschaft geraten war und schließlich an die Gestapo ausgeliefert wurde. Nach dem Kriegsende kehrte er nach Wien zurück, wo er im ZK der KPÖ als hauptamtlicher Parteifunktionär arbeitete. Ende der 1950er-Jahre kam es während einer Reise in die DDR zu mehreren Gesprächen mit MfS-Leuten; das MfS warb ihn schließlich unter dem Decknamen „Arnold Benz" für eine Zusammenarbeit an.[46] Seit 1965 war er für Lothar Schramm die zentrale Anlaufstelle in Wien. Schramm reiste regelmäßig im MfS-Auftrag nach Wien, wo er in der Wohnung von Alexander Bielewicz mit anderen KPÖ-Mitgliedern zusammentraf. Schramms Auftrag war es, das „Interesse" der KPÖ-Mitglieder „für die DDR zu wecken" und sie zu „Studienreisen" nach Ost-Berlin einzuladen, um

43 Reiseauftrag v. 17.7.1965. BStU, MfS Teilablage A 470/79, Teil II/1, Bl. 81–83.

44 Hauptmann Hans-Jochen Schmidt (HA VIII/13): Analyse der Sicherheitslage des IM „Franz" v. 19.1.1981. BStU, MfS AIM 1514/91, Teil I/3, Bl. 59–63.

45 GM „Arnold Benz": Bericht über den Aufenthalt von „Lothar" in Wien. BStU, MfS AIM 1514/91, Teil I/2, Bl. 216–217.

46 IM-Akte „Arnold Benz" unter BStU, MfS AIM 1945/69.

den zuständigen MfS-Offizieren eine direkte Kontaktanbahnung zu ermöglichen.[47]

Nach zwei Jahren inoffizieller MfS-Tätigkeit hatte Lothar Schramm zu mehreren Österreichern engere Kontakte hergestellt. Anfangs wußten die Kontaktpartner nicht, mit wem sie es zu tun hatten. Schramm hatte sich nämlich als Mitarbeiter des Deutschen Wirtschaftsinstituts (DWI) der DDR ausgegeben. Bis 1980 warb Schramm für seine Agentengruppe „Franz“ insgesamt sieben österreichische Inoffizielle Mitarbeiter; elf Inoffizielle Mitarbeiter aus der DDR unterstützten die Logistik der Gruppe. Zu ihren Aufgaben gehörte der Materialtransport, die Überführung von Abhörtechnik, das Entleeren „Toter Briefkästen“, die Zustellung von Informationen und allem, was sonst noch erforderlich war, um der österreichischen Agentengruppe ihre Aufgabenerfüllung zu ermöglichen. Das Referat E („Operative Technik“ der HA VIII) stattete die „Franz“-Gruppe mit Taschen und Behältern für „verstecktes“ Fotografieren aus. Aus MfS-Protokollen gehen folgende Aufgabenstellungen von einzelnen Mitgliedern der Gruppe hervor: Das Agentenpaar „Arnold Benz“ und „Eva Wieland“ habe in Wien Treffen mit KPÖ-Mitgliedern organisiert. Beide kannten „viele Wiener Genossen“ und seien aufgrund ihrer Kontakte jederzeit „in der Lage, Unterkunft und materielle Unterstützung zu beschaffen“.[48] IM „Alfred Hofer“ erhielt von Lothar Schramm den Auftrag, Österreicher „zum Kennenlernen“ nach Ost-Berlin zu locken. Dazu kam es jedoch nicht. Nach seinen kritischen Äußerungen über den Einmarsch sowjetischer Truppen 1968 in die ČSSR, brach das MfS wegen „antisowjetischer Haltung“ jeglichen Kontakt zu ihm ab.[49] Ein Kurier mit Decknamen „Hans-Joachim Michael“ brachte die gesammelten Informationen der Agentengruppe nach Ost-Berlin oder traf sich mit MfS-Offizieren auf Transit-Raststätten zur Materialübergabe. Zwei ältere Wiener Kommunisten wurden von der Hauptabteilung VIII als „Konspirative Wohnung“ (KW) unter den Decknamen „Prater“ und „Rudolf Kleiber“ geführt. Sie stellten in der Annahme, einem DDR-Wirtschaftskader zu „helfen“, ihre Wohnungen für Treffen mit anderen Agenten zur Verfügung. Hin und wieder nutzte auch Lothar Schramm die konspirative Unterkunft KW „Prater“. IM „Kleiber“ diente dem DDR-Instrukteur in Wien als „Fluchtstützpunkt“.

Auf seiner zweiten Reise nach Österreich lernte Schramm im Oktober 1965 Peter und Wilhelmine Tomanek kennen, als die Wiener KPÖ-Gruppe bei Tomaneks zu Hause die Übertragung eines Fußballänderspiels Österreich –

---

47 Leutnant Werner Müller (HA VIII/13): Reiseauftrag v. 1.6.1966. BStU, MfS AIM 1514/91, Teil II/1, Bl. 155–158.

48 Oberleutnant Albert Schubert (HA VIII/3): Bericht über die Kontaktierung des Alexander Bielewicz v. 11.1.1961. BStU, MfS AIM 1945/69, Teil I/1, Bl. 18–20.

49 IM-Akte „Albert Hofer“ unter BStU, MfS AIM 1179/70.

DDR ansah. Doch während des Spiels verließen einige das Wohnzimmer vorzeitig. Die DDR-Auswahl gewann die Qualifikation mit 1:0. Statt eines unterhaltsamen Fernsehabends diskutierte die Gruppe über allgemeine politische Themen.[50] In seinem Reisebericht beschrieb der DDR-Instrukteur Peter und Wilhelmine Tomanek positiv. Allerdings sei „Wilma die eindeutig geistig beweglichere. Peter ist dagegen etwas unbedarft, wenn auch nicht unintelligent. […] Er ist zwar da, aber spielt eine untergeordnete Rolle“, so „Franz“.[51]

Peter Tomanek, Jahrgang 1942, von Beruf Dekorationsmaler, so hielt es das MfS fest, habe in Wien als Anstreicher gearbeitet. Im kommunistischen Jugendverband lernte er seine Frau kennen. Wilhelmine Tomanek, Jahrgang 1944, war beim KPÖ-eigenen Globus-Verlag als Buchhalterin beschäftigt. Beide waren DDR-freundlich und bereit, den Mitarbeiter des Deutschen Wirtschaftsinstituts (DWI) aus der DDR, Lothar Schramm, zu unterstützen. In den MfS-Akten heißt es zwar: „Zur Zeit konnten zwei Kandidaten als unverpflichtete GI für die HA VIII/III/2 registriert und eine aktive Zusammenarbeit entwickelt werden.“[52] Die Tatsache, daß Lothar Schramm eine Vertrauensperson des MfS war, wußten die Österreicher zu dieser Zeit vermutlich noch nicht. Gleichwohl wurde das Ehepaar in den MfS-Akten ab sofort unter den Decknamen „Gerhard und Irene März“ geführt. Auf Bitten Schramms suchte sich Peter Tomanek einen lukrativeren Job. Nach Abschluß eines Buchhalterlehrgangs begann er bei einem Rechtsberater von der Ring-Treuhandgesellschaft in Wien zu arbeiten. Dies war laut MfS-Unterlagen eine „juristische Steuerberatungsstelle privater Natur“, zu deren Klienten überwiegend „Juden und Kommunisten“ zählten.[53] Im Jahre 1970 wechselte er zur Firma Elektro-Hansa und arbeitete seit 1981 für den Höchst-Konzern. Seine Frau trat 1971 eine Stelle als Stenotypistin bei den Vereinigten Österreichischen Eisen- und Stahlwerken (VÖEST) in Wien an, wo sie es bald zur Chefsekretärin des Diplomingenieurs Ludwig Nerad brachte. Er leitete die Technischen Büros von VÖEST-Alpine in der Lindengasse in Wien.[54]

---

50 IM „Franz“: Bericht über die Reise v. 27.10. bis 2.11.1965 nach Wien. BStU, MfS Teilablage A 470/79, Teil II/1, Teil II/1, Bl. 108–110.

51 IM „Franz“: Bericht über die Kontaktaufnahme mit Peter Tomanek während einer Reise nach Wien in der Zeit v. 27.10. bis 2.11.1965. BStU, MfS Teilablage A 470/79, Teil II/1, Teil II/1, Bl. 116–117.

52 Leutnant Werner Müller (HA VIII/3/2): Vorschlag zur Prämierung des GI „Franz“ v. 22.4.1967. BStU, MfS AIM 1514/91, Teil I/2, Bl. 237–238.

53 IM „Franz“: Bericht über ein Treffen mit den Kontaktpersonen „Irene“ und „Gerhard März“ in der Zeit v. 26.–28.4.1968 in Aflenz, Österreich. BStU, MfS Teilablage A 470/79, Teil II/1, Bl. 279–289.

54 IM „Franz“ : Treffbericht über die Durchführung eines Treffs mit den KP „Gerhard März“ und „Irene März“ in Österreich v. 25.2.1977. BStU, MfS AIM 2455/91, Teil II/2, Bl. 97–108.

Die Frage, seit wann das Ehepaar wußte, mit wem es da in Wien immer wieder zusammentraf und Informationen aus dem beruflichen Umfeld übergab, läßt sich nicht eindeutig beantworten. Ihr DDR-Instrukteur „Franz“ hatte anfänglich behauptet, aufgrund der „immer stärker werdenden Handelsbeziehungen zwischen der DDR und Österreich“ im Ausland nach Kontaktpartnern zu suchen. Seine Bezugspersonen in Österreich sollten angeblich für bestimmte DDR-Waren „Werbung“ machen. Erwartet wurden von ihnen, daß sie ab und zu in die DDR reisten. Wer KPÖ-Mitglied war, sollte allerdings seinen Parteiaustritt erklären.[55] Spätestens als IM „Franz“ mit größeren Geldsummen aufwartete und darauf drängte, die Gespräche doch besser in eine abgelegene Berghütte zu verlegen, dürfte den beiden Tomaneks der geheimdienstliche Hintergrund ihres DDR-Bekannten deutlich geworden sein.

Der inoffizielle „Franz“ entspannt sich mit seinen österreichischen Freunden vom Spionagealltag

(Foto: Kopie BStU)

Im August 1968 reiste Lothar Schramm zur verabredeten „kleinen internen Partei-Zusammenkunft“ nach Österreich. Nach der Niederschlagung des Prager Frühlings erklärte er auf einem Parteitreffen des 20. Wiener Bezirks den KPÖ-Mitgliedern die „großen Ideen des Sozialismus“. Laut seiner Einschätzung habe es die Parteiführung der österreichischen KP versäumt, ihre Mitglieder über die Hintergründe und die „gegenüber der CSSR geleistete sozialistische Hilfe“ zu informieren. Während eines Treffens mit seinen Kontaktpartnern in einem abgelegenen Alpengasthof kritisierte Schramm die „Fehleinschätzung“ der KPÖ zur Lage in der ČSSR. Zu

55 Hauptmann Werner Müller (HA VIII/3): Reiseauftrag v. 26.11.1966. BStU, MfS Teilablage A 470/79, Teil II/1, Bl. 165–171.

Einzelgesprächen traf er auch Peter und Wilhelmine Tomanek. Am Ende stellte er fest: Die Mitglieder der österreichischen kommunistischen Partei seien über den „Demokratisierungsprozeß in der CSSR“, über die „Diktatur des Proletariats“ und über die „Aufrechterhaltung der Macht der Arbeiterklasse“ überhaupt nicht ausreichend informiert gewesen. In weiteren Treffen wollte „Franz“ von den Kontaktpartnern eine „ständige Analyse der Situation in der KPÖ“ abfragen.

Peter und Wilhelmine Tomanek erhielten den Auftrag, geeignete „Treffobjekte“ zu finden – möglichst einen kleinen Ort in den Bergen, abseits von Wien und dennoch gut erreichbar.[56] Seit 1968 versuchte Schramm das Agentenpaar „März“ davon zu überzeugten, die „Legalisierung durch eine Geschäftseröffnung zu perfektionieren“.[57] Das bedeutete, neben der Arbeit eines Ladenbesitzers sollten nachrichtendienstliche Tätigkeiten erledigt werden: Beobachtungsfahrten sollten als Einkaufsfahrten verschleiert werden; durch angebliche Werbungen am Telefon sollte der eigentliche Grund, die telefonische Abschöpfung, unerkannt bleiben; Zuschüsse und Prämien vom MfS sollten als Einnahmen des Geschäfts abgerechnet werden. Dazu erhielten Peter und Wilhelmine Tomanek geheimdienstliche Hilfsmittel: Geheimschriftpapier, eine Fotoausrüstung, spezielle „Container“ für den Materialtransport, ein Radiogerät zum Empfang von Funknachrichten, Dechiffrierunterlagen für den Funkverkehr und Geld zum Kauf eines Pkw für „Personen-, Betriebs- und Regimeaufklärungen [...] in Gesamtösterreich“.[58] Für den Pkw erwarb Peter Tomanek im Auftrag von „Franz“ eine Fahrerlaubnis. Im Herbst 1969 reisten Peter und Wilhelmine Tomanek auf Einladung des MfS das erste Mal zu Besuch in die DDR. Zwischen 1970 und 1980 erfolgten weitere Reisen mit falschen Identitäten.[59] Im Jahre 1969 sahen sie sich in Ost-Berlin zusammen mit mehreren Stasi-Leuten Brechts „Kaukasischen Kreidekreis“ an, besuchten die Ausstellung „20 Jahre DDR“ und trafen sich mit Schramm zu einem „gemütlichen Zusammensein“. Den Vorschlag des MfS, nach Westdeutschland überzusiedeln, lehnten sie ab. Mit der Übertragung neuer Aufträge erklärten sie sich einverstanden. Dabei ging es um: 1) die „Suche

---

56 IM „Franz“: Bericht über ein Treffen mit den Kontaktpersonen „März“ während einer Reise v. 3.–9.12.1968 nach Wien. BStU, MfS Teilablage A 470/79, Teil II/1, Bl. 312–326.

57 Hauptmann Benno Bock (HA VIII/III): Vorschlag zur Legalisierung für die GI „Gerhard März“ und „Irene März“ v. 17.5.1968. BStU, MfS AIM 1675/91, Teil I/1, Bl. 17–26.

58 Hauptmann Benno Bock (HA VIII/III, Leiter): Vorschlag zum Ankauf eines Pkw für die GI „Gerhard März“ und „Irene März“ v. 17.11.1967. BStU, MfS AIM 1675/91, Teil I/1, Bl. 13–15.

59 Hauptmann Hans-Jochen Schmidt (HA VIII/13): Treffvorbereitung v. 6.8.1981. BStU, MfS AIM 1676/91, Teil I/2, Bl. 11–15.

und Aufklärung eines geeigneten Treffobjekts in Österreich“; 2) „Aufklärung der ihnen übermittelten österreichischen Firmen“; 3) „Berichterstattung“ über die Firma Elektro-Hansa in Wien; 4) „Systematische Abwendung von der KPÖ“ und 5) Suche nach einer neuen Arbeitsstelle für „Irene März“.[60]

Monate später unterbreitete das MfS den Vorschlag, im Stadtzentrum von Wien eine Eigentumswohnung zu kaufen. Diese sollte mehrere Aufgaben erfüllen: „Legalisationsbasis“ und Stützpunkt. Beiden Inoffiziellen Mitarbeitern bot sie finanzielle Sicherheiten und „ein arbeitsfähiges Zentrum“, in der sie sich auf die Beobachtung von Personen vorbereiteten, für die sich das MfS in Österreich interessierte. Mitunter standen sie stundenlang an Straßenecken und beobachteten „Zielobjekte“ des MfS. So den Autohändler Egon F. in Wien, dessen Wohnadresse, Telefonnummer und Familienverhältnisse die beiden erkunden sollten. Den Staatssicherheitsdienst interessierten der „Charakter des Geschäftes“ und die Pkw-Typen, die F. verkaufte.[61] Sie erhielten den Auftrag, die Kohlegroßhandlung Marmorek in Wien zu erkunden. Sie sollten herausfinden, ob der Arbeiter H. dort arbeitete. Zu den sogenannten Zielpersonen, die über einen festgelegten Zeitraum beobachtet wurden, gehörten weiterhin der Wiener Kaufmann Peter H., der Grazer Ingenieur Hubert G. und der Elektromechaniker Karl S. aus Kapfenberg. Das MfS erhoffte sich weiterführende Hinweise auf die Arbeitsstellen, Lebensgewohnheiten, Hobbys und Verbindungen. Der Staatssicherheitsdienst verdächtigte mehrere Personen „Verbindung zu feindlichen Organisationen“ zu unterhalten.[62] Ganz oben auf der Prioritätenliste standen Ermittlungen zu „Personen, die im Zusammenhang mit Schleusungen bzw. Republikflucht stehen“ könnten. Ein Autohändler aus Stockerau gelangte ins Blickfeld des MfS, weil er als gebürtiger Westdeutscher nach Österreich gezogen war und dort ein Autogeschäft „mit Verkaufslokal, Werkstatt“ und Tankstelle eingerichtet hatte. IM-Instrukteur Lothar Schramm hielt in einem Treffbericht fest: „Während unseres Treffs wurde von mir ein neuer Auftrag übermittelt, und zwar [XY...] aufzuklären. Es handelt sich um einen Autohändler mit Reparaturwerkstatt. Es kommt darauf an, die Größe des Unternehmens, die Anzahl der Beschäftigten, die Vermögensverhältnisse, Umsatzverhältnisse, Einnahmen, Familienverhältnisse, politische Haltung, Parteizugehörigkeit, Bekanntenkreis, Auslandsverbindungen,

60 Hauptmann Werner Müller (HA VIII): Treffbericht v. 2.10.1969. BStU, MfS Teilablage A 464/79, Teil II/1, Bl. 234–238.

61 IM „Franz“: Treffkonzeption v. 3.3.1967. BStU, MfS AIM 1676/91, Teil I/1, Bl. 17–22.

62 IM „Franz“: Bericht über die Arbeitsergebnisse von „Gerhard und Irene März“ 1967. BStU, MfS Teilablage A 464/79, Teil II/1.

Geschäftsverbindungen, Hobbys usw. zu ermitteln. Gleichzeitig sollen Fotos vom Objekt angefertigt werden."[63]

Mitunter erhielt das Agentenpaar Tomanek den Auftrag, Anschriften und Telefonnummern auf Aktualität zu überprüfen und Lageskizzen zu verschiedenen Objekten anzufertigen – etwa zum „Radio Free Europe" und zum Internationalen Kulturzentrum in Wien, zur Volkshilfe Österreich sowie zu weiteren Organisationen der Freien Wohlfahrt Österreichs.[64] Das Ehepaar übergab Beobachtungsberichte und Fotos zur Donaubrücke, zum Donauturm in Wien, zum Wiener Wald, zum Wiener Rathaus und zum Burgtheater, zum Schloß Schönbrunn sowie zum Sowjetdenkmal.[65] Zu den beobachteten Objekten legten MfS-Auswerter der Beobachterabteilung (HA VIII des MfS) eine sogenannte Beobachtungsakte an. Darin waren der „Beobachtungsauftrag" enthalten, eine Lageskizze mit einer ausführlichen Beschreibung der Umgebung, Fotografien mit den dazugehörenden Negativen, Kopien sämtlicher Beobachtungsberichte und ein Abschlußbericht. Parallel zu den Beobachtungsakten führte die HA VIII verschiedene Karteien mit „operativ wichtigem Material" zu Personen (Personenkartei), zu Gebäuden und Hotels (Objektkartei), zu Straßen und Hausnummern (Straßen- und Häuserkartei) und eine Kartei über das sogenannte „Politisch-operativen Zusammenwirken" mit der DDR-Volkspolizei und der DDR-Zollverwaltung. Auf die „POZW-Verbindungskartei" konnten die bezirklichen Abteilungen VIII bei ihren territorialen Ermittlungen zurückgreifen.[66]

Außerdem ergänzten MfS-Offiziere der Spionageabwehr (HA II des MfS) mit den Meldungen aus der HA VIII die interne „Kfz-Kennzeichen-Kartei"[67] und die „Telefonnummern-Kartei".[68] Die Gruppe „Franz" erhielt den Auftrag, österreichische Fluchthelfer zu überwachen. Im Sprachgebrauch der SED und des MfS wurden Fluchthelfer generell als „kriminelle Menschenhändlerbanden" bezeichnet, ganz gleich, ob sie eigene Verwandte in den Westen holten, ob sie aus politischem Idealismus oder gegen Bezahlung halfen. Entsprechend firmierte die Fluchthelferkartei des MfS unter der Kennzeichnung „KMHB". Anfang

63 IM „Franz": Bericht über die durchgeführten Treffen mit den Mitarbeitern „Irene" und „Gerhard März" während einer Reise v. 15.–18.8.1969 nach Wien. BStU, MfS Teilablage A 464/79, Teil II/1, Bl. 214–228.

64 IM-Berichte von „Irene und Gerhard März". BStU, MfS Teilablage A 464/79, Teil II/1, Bl. 209–210.

65 Fotodokumentation Wien 1967. BStU, MfS Teilablage A 464/79, Teil II/1.

66 Generalmajor Albert Schubert (HA VIII, Leiter): Anweisung Nr. 1/77 zur einheitlichen Erfassung, Verdichtung und Speicherung operativer Daten in der Zentralkartei der HA VIII v. 20.12.1977. BStU, MfS HA VIII 1219.

67 HA II: Kfz-Kennzeichen-Kartei. BStU, MfS HA II 35528.

68 HA II: Telefonkartei. BStU, MfS HA II 35532.

der siebziger Jahre hatte die Hauptabteilung VIII die Ermittlungen zu den Fluchthelfern Johann S. und Josef S. aus Wien weitgehend abgeschlossen. Im Ergebnis wurde in einer 115 Seiten umfassenden Studie mit dem Titel „Dokumentation über die Menschenhändlerbande" Johann S./Josef S. die Organisation, Struktur und Geschichte der beiden Fuhrunternehmer skizziert. Johann S. und Josef S. waren gebürtige Wiener. Beide schlossen sich nach MfS-Ermittlungen Mitte der 1960er-Jahre „zu einer Bande zusammen". Die beiden Fluchthelfer sollen Kontakt zum West-Berliner Fluchthelfer und Geschäftsmann Hasso Herschel gehabt und einer Reihe von DDR-Bürgern bei der Flucht geholfen haben. Zusammen „mit anderen Banden in der BRD und Österreich" brachten sie laut MfS-Ermittlungen seit 1965 DDR-Bürger „in großangelegten Aktionen" nach Österreich. Dazu präparierten sie Fahrzeuge des Fuhrunternehmens. Die MfS-Ermittler fanden heraus, daß Josef S. und Johann S. die DDR-Bürger über Transitwege und Drittländer, meist über die tschechische Grenze schleusten. Dazu beschäftigte sie eine Vielzahl von Personen als Helfer und Kuriere; einige von ihnen waren zuvor selbst aus der DDR geflüchtet, die meisten waren gebürtige Österreicher. Ziel der Überwachung war es, Fluchthelfer mittels einer zielgerichteten Propagandaaktion unmöglich zu machen. Sie sollten im Westen und in der DDR als kriminelle Unterweltexistenzen diffamiert werden, die DDR-Bürger mit leeren Versprechungen und schmutzigen Tricks zur Flucht verleiteten. Jeder dem MfS bekannt gewordene Fluchthelfer wurde in einem eigenen „Operativen Vorgang" bearbeitet. Die „Dokumentation" zur „KMHB" Josef S./Johann S. zeigt, mit welch krimineller Energie die Hauptabteilung VIII gegen Fluchthelfer vorging.[69]

Die Inoffiziellen Mitarbeiter in Wien hatten den Auftrag, Aufenthaltsorte der Fluchthelfer zu ermitteln, sowie ihre „Eigenarten" wie Eßgewohnheiten, Lieblingsrestaurants und „exakte Tagesabläufe" zu erkunden. Um noch bessere Ergebnisse liefern zu können, sollte Peter Tomanek in der „operativen" Ermittlung geschult werden. Konkret sollte er die telefonische „Abschöpfung" von Auskunftspersonen erlernen. Ziel war die heimliche Sammlung relevanter Informationen. Unter einem Vorwand wurden Unbeteiligte angerufen, um ihnen Auskünfte zu Nachbarn, Freunden und Kollegen zu entlocken.

Vom Kauf einer Eigentumswohnung nahmen Tomaneks bald Abstand. Zwar wären sie als offizielle Eigentümer geführt worden. Tatsächlich hätte die Wohnung jedoch dem MfS gehört. Geplant war, in einer „schriftlichen Vereinbarung mit den IM" die Rückzahlung des Kredits und die Höhe der monatlichen Zus-

69 HA VIII: Dokumentation über die Menschenhändlerbande S./S., o. D. BStU, MfS HA VIII 5949.

chüsse zu regeln.[70] Doch die Regelung der Finanzierung war komplizierter als geplant und konnte nicht realisiert werden. So begann Lother Schramm Anfang der siebziger Jahre nach einer anderen Operationsbasis für die Agentengruppe zu suchen.[71] Zugleich wurden die Beobachtungsmethoden der Gruppe „Franz" ausgeweitet. So forcierten die Verantwortlichen der Hauptabteilung VIII die Überwachung sogenannter „Schwerpunktbereiche" – also relevanter Plätze, Bahnhöfe, Flughäfen, Fabrikanlagen und Industriegebiete. Peter und Wilhelmine Tomanek lieferten nach Aktenlage mehrere Berichte zu „operativ-interessanten Personen" und deren Umfeld: Grundrisse und Beschreibungen von Wohnhäusern, Adressen, Telefonnummern, Fahrzeugkennzeichen, Fotos von Straßenkreuzungen und Wohngebieten. Mit neuen „Methoden" wie der Kleinstfotografie sollten Geschäftsunterlagen an Ort und Stelle „abfotokopiert" werden. Zur „Materialübergabe" und zu weiteren Planungen traf sich die Agentengruppe häufiger in abgelegenen Bergdörfern.

Geheime Treffen im Gasteiner Tal

Anfang der siebziger Jahre testete die Gruppe „Franz" ein neues „Treffobjekt" im Gasteiner Tal.[72] Hier hatte in den sechziger Jahren der rasche Ausbau des touristischen Skisports begonnen. Außerdem waren Bad Gastein und Bad Hofgastein traditionelle Kurorte. Lothar Schramm reiste am 3. März 1972, in der Ski-Hochsaison, zum ersten Mal zum Treffen ins Gasteiner Tal. Gegen halb zwölf traf er unten im Tal in Dorfgastein ein. Nach einem verabredeten Zeichen mit Peter Tomanek – „Zigarette anzünden" – stieg er in dessen Pkw und fuhr mit ihm zum Hotel „Bergland" nach Bad Hofgastein. In vier Tagen mußten eine ganze Reihe von Fragen der Agententätigkeit durchgesprochen und verabredet werden. Das betraf unter anderem das Funken von Nachrichten, Chiffrieren von Informationen, getarnte Transporte von geheimen Materialien, verdecktes Fotografieren und Regelungen über Schutz und Sicherheit der Agentengruppe vor der „gegnerischen" Entdeckung.[73] Zunächst unternahmen die Mitglieder der

70 Major Benno Bock (HA VIII/3): Vorschlag zum Ankauf einer Wohnung im Operationsgebiet Österreich für die IM „Gerhard März" und „Irene März" v. 25.8.1970. BStU, MfS AIM 1675/91, Teil I/1, Bl. 27–31.

71 Hauptmann Werner Müller (HA VIII/3): Reiseauftrag v. 2.3.1972. BStU, MfS Teilablage A 470/79, Teil II/2, Bl. 177–181.

72 IM „Franz": Bericht über einen durchgeführten Treff während einer Reise v. 3.–7. März 1972 nach Hof Gastein (Österreich) mit den Kontaktpersonen „Irene" und „Gerhard März". BStU, MfS Teilablage A 468/79, Teil II/1, Bl. 160–170.

73 Hauptmann Werner Müller (HA VIII/3): Reiseauftrag v. 2.3.1972. BStU, MfS Teilablage A 470/79, Teil II/2, Bl. 177–181.

Gruppe „Franz“ einen „ausführlichen Spaziergang“ in die Berge, den Nachmittag des 4. März nutzen sie zur Erholung in den Felsenthermen von Bad Gastein. Am Abend wurde „die Arbeit“ im großzügigen Apartment „fortgesetzt“.[74] Eine intensive Debatte wurde über die Frage geführt, wie „Material“ unentdeckt vom Arbeitsplatz bei der VÖEST Alpine entfernt werden könnte. Die „bisherige Festlegung, das Material zwischen Papiertaschentücher zu verstecken und aus dem Betrieb zu schleusen“, schien nicht mehr sicher genug. Auch die Variante „des Transports über das Päckchen“ mit Mozart-Kugeln schien nicht ausgereift. Wilhelmine Tomanek unterbreitete den Vorschlag, von den angeforderten Geschäftsunterlagen zusätzliche Kopien zu fertigen und diese in einem frankierten und adressierten Briefumschlag zu verschließen. Bei Kontrollen könne sie vorgeben, auf dem Weg zum Postamt zu sein. Schramm hingegen favorisierte den Einsatz eines Mikrat, eines sogenannte Kleinstbildnegativfilms. Er plante eine Ausbildung des Ehepaares „in Dokumentenfotografie“. Der Einsatz eines Mikrat sollte dazu dienen, abfotografierte Geschäftsunterlagen auf einem Negativfilm so weit zu verkleinern, daß sie unauffällig transportiert werden konnten. Das MfS hatte diese althergebrachte Technik so weit perfektioniert, daß die Anfertigung von Fotonegativen von der Größe eines Stecknadelkopfes möglich war. Die sehr kleinen Fotonegative konnten problemlos geschleust werden. Sie ließen sich beispielsweise auf der Gummierung einer Briefmarke unauffällig versenden.[75] Nach einer Unterweisung wurden Peter und Wilhelmine Tomanek mit einer „Mikratkamera“ mit dazugehörigem „Stativ, Auslöser“ und diversen Filmen ausgestattet.[76]

Im Jahre 1973 fusionierte VÖEST mit den Betrieben der Österreichisch-Alpine Montangesellschaft (ÖAMG) Wien zur VÖEST-Alpine AG. Damit sollte die Effizienz der beiden Unternehmen gesteigert werden. Die Fusion fiel zeitlich mit der ersten Ölkrise zusammen. Ab 1975 erreichten die Auswirkungen der internationalen Stahlkrise wie etwa ein allgemeiner Preisverfall auch Österreich. Das Wachstum ging deutlich zurück. Auch eine Neuorganisation des Konzerns konnte den Bankrott 1985 nicht verhindern, der gesamte VÖEST-Alpine-Vorstand trat zurück. Ende 1988 entstand die VÖEST-Alpine Stahl AG mit der vierteiligen Konzernstruktur: Flachprodukte, Langprodukte, Edelstahl und Handel. Seit 1973 bemühte sich die VÖEST-Alpine um einen Auftrag zum Bau eines Stahlwerks in Eisenhüttenstadt. Friedrich Bauer beschreibt in seinem Buch

74 IM „Franz“: Bericht über den Ablauf einer Reise v. 3.-7. März 1972 in Hof Gastein (Österreich). BStU, MfS Teilablage A 468/79, Teil II/1, Bl. 171–172.

75 Vgl. Roewer, Helmut/Schäfer, Stefan, Uhl, Matthias: Lexikon der Geheimdienste im 20. Jahrhundert. München 2003.

76 IM „Irene März“: Empfangsbestätigung einer Ausrüstung für Mikrat-Verfahren v. 28.6.1971. BStU, MfS AIM 1676/91, Teil III/1, Bl. 13.

„Botschafter in zwei deutschen Staaten" die Schwierigkeiten bis zur Unterzeichnung der Verträge. VÖEST-Alpine unterhielt mit dem Stahlbauwerk VEB Weimar,[77] dem DDR-Chemiefaserkombinat Schwarza,[78] dem Werkzeugmaschinenhersteller WEMA Union Gera,[79] mit den Leuna Werken aus Halle/Saale,[80] der Werft in Rostock[81] und dem Kernkraftwerk in Greifswald[82] gute wirtschaftliche Beziehungen.

Nach einer Auszeit nahm Wilhelmine Tomanek 1975 ihre Arbeit bei VÖEST-Alpine in Wien wieder auf. Während eines Treffens mit Lothar Schramm beschrieb sie die Strukturänderungen und die neuen Aufgabenbereiche des Konzerns. Für sie selbst habe sich wenig geändert. Sie arbeite „im gleichen Arbeitsbereich", im Technischen Büro von VÖEST-Alpine. Daneben erledige sie für die neue Abteilung für Umweltschutz Schreibarbeiten, kopiere Dokumente, organisiere die Ablage und Vorgänge. In vielen Bereichen vollzog sich aus ihrer Perspektive ein langsamer Umbau zur VÖEST-Alpine AG. Für die „schon früher festgestellten Nachlässigkeiten in Sicherheitsfragen und Ordnungsproblemen" seien immer noch keine Grundlagen für eine Verbesserung geschaffen worden.[83] Aus der jährlichen Rechenschaftslegung der HA VIII geht der Umfang der von Wilhelmine Tomanek gesammelten Nachrichten hervor. Als Sekretärin bei der VÖEST-Alpine AG hatte sie seit 1975 Zugang zur internen Hauspost, zum Schriftverkehr mit ausländischen Unternehmen und zu VS-Vorgängen. Für die MfS-Auslandsspionage (die HV A) beschaffte sie Telefonverzeichnisse und Personalpläne, die nur wenigen Beschäftigten zugänglich waren. Sie schleuste aus ihrer Firma Geschäftsunterlagen, die der DDR-Volkswirtschaft einen Wettbewerbsvorteil bringen konnten. Sie kopierte Hunderte Seiten von internen Geschäftsunterlagen und sorgte für den Transport nach Ost-Berlin per Versteck in der Toilette eines Eisenbahnwagens – die Zugverbindung Wien–

---

77 Dossier Firma Vöest-Alpine AG/Österreich 1984, 1986–1988. BStU, AST Erfurt; MfS BV Eft KD Wei 144.

78 Bericht zur Aktion „Faser", Firma Chemiefaser Lenzing AG/Österreich, 1985. BStU, AST Gera; MfS BV Gera Abt. XVIII 3693.

79 Verhandlungen des VEB Wema Union Gera mit Vöest-Alpine, 1979–1984. BStU, AST Gera; MfS BV Gera Abt. XVIII 4075.

80 Berichte von Reisekadern der Leuna Werke über durchgeführte Dienstreisen nach Österreich. BStU, AST Halle; MfS BV Hle Abt. XVIII 3857.

81 Bauvorhaben der österreichischen Firma Vöest im Rostocker Überseehafen. BStU, AST Rostock; MfS BV Rst AS 16/76.

82 Importvorhaben im Kernkraftwerk Greifswald. BStU, AST Rostock; MfS BV Rst OD KKW Gwd 253.

83 IM „Franz": Treffbericht über die Durchführung eines Treffs mit den KP „Gerhard März" und „Irene März" in Österreich v. 25.2.1977. BStU, MfS AIM 2455/91, Teil II/2, Bl. 97–108.

Gmünd–Prag–Berlin wurde deswegen auch „Rollender Toter Briefkasten“ genannt.[84] Sie lieferte Interna aus ihrem Arbeitsumfeld, berichtete über Zusammenkünfte der Geschäftsführung, lieferte Informationen zu neuen Produkt- und Prozeßentwicklungen des VÖEST-Alpine Konzerns, schmuggelte Versuchsberichte zu neuen Stahlprodukten und Forschungsergebnisse aus der Firma und kopierte Berichte über die Entwicklung neuer Werkstoffe, neuer Beschichtungsmethoden und Verarbeitungstechnologien des Stahlkonzerns. Wichtig waren dem MfS alle „theoretischen Untersuchungen zum Stabilitätsverhalten von Dampferzeugern für Druckwasserreaktoren“, die neben den neuesten Experimenten und praktischen Tests auch die gesamten „Berechnungsunterlagen und Auslegungsvorschriften“ für die Dampferzeuger in den Braunkohlekraftwerken umfaßten.[85]

Wie in den MfS-Unterlagen festgehalten wurde, kopierte Wilhelmine Tomanek zwischen 1975 und 1978 für das MfS mehrere Berichte des Forschungszentrums Seibersdorf. Das Forschungszentrum wurde 1956 von der österreichischen Studiengesellschaft zur friedlichen Nutzung der Atomenergie gegründet; zunächst noch unter dem Namen Österreichisches Reaktorzentrum Seibersdorf. Als die Atomenergie in Österreich 1978 nach dem negativen Ausgang einer Volksabstimmung über die Inbetriebnahme des Kernkraftwerks Zwentendorf keine Zukunft mehr hatte, verlagerte das Forschungszentrum seine Schwerpunkte auf andere Gebiete. Die MfS-Beobachterabteilung (HA VIII) übersandte die eingegangenen Informationen, insgesamt 268 kopierte Seiten mit Geschäftsinterna aus dem zum Forschungszentrum gehörenden Institut für Reaktortechnik, an die Hauptabteilung XVIII (Volkswirtschaft des MfS) „zur Kenntnisnahme und Auswertung“.[86] Kopien des Zwischenberichts „Spannbetonbehälter Heliumversuchsstand“, den Testbericht zum „Stabilitätsverhalten von Dampferzeugern für Druckwasserreaktoren“, Patentvorgaben sowie einen Projektbericht zum „Einsatz von Kernenergie bei chemischen und metallurgischen Prozessen“ hatte Wilhelmine Tomanek an ihrem Arbeitsplatz angefertigt. Drei Jahre später kopierte Wilhelmine Tomanek „3 Akten“ mit Geschäftsunterlagen der Vertragspartner des Forschungszentrums Seibersdorf und gab diese an das MfS weiter. Die von VÖEST-Alpine als „vertraulich“ eingestuften Materialien umfaßten Protokolle zu Projektleitungssitzungen, Schriftverkehr zwischen der Alpine Montan AG und den Vereinigten Edelstahlwerken Ternitz sowie der Gesell-

84 Hauptmann Werner Müller (HA VIII/3): Reiseauftrag v. 7.1.1974. BStU, MfS Teilablage A 470/79, Teil II/2, Bl. 201–210.

85 Hauptmann Werner Müller (HA VIII/3): Reiseauftrag Nr. 26/79 für IM „Franz“ und Instruktion zum Treff mit „Gerhard und Irene März“ v. Mai 1979. BStU, MfS AIM 2433/91, Teil II/3, Bl. 80–87.

86 Vgl. Information v. 19.6.1975. BStU, MfS AIM 2455/91, Teil II/2, Bl. 40–41.

schaft für Hochtemperaturreaktorbau in Bergisch-Gladbach und neueste Forschungsberichte und Testergebnisse.[87]

Nach 1978 arbeitete das Forschungszentrum Seibersdorf an der Entwicklung von Meerwasserentsalzungsanlagen und der Nutzung von Sonnenenergie. Auch diese Vorgänge wurden dem MfS bekannt. Im Juni 1979 übergab die Hauptabteilung VIII an den Sektor Wissenschaft und Technik der HV A „weitere Materialien". Dazu gehörten etwa eine Konzeption über die Energieeinsparung „durch den Einsatz von Wärmepumpen", der Zwischenbericht zum Projekt „Sonnenkraftwerk Almeria", einem Gemeinschaftsprojekt österreichischer und westdeutscher Firmen, ein Projektplan über zukünftige Entwicklungen sowie ein „Tätigkeitsbericht zur Wärmepumpe und Meerwasserentsalzung".[88] Ein Jahr später gelang es, eine VÖEST-interne 160-seitige Studie zum Einsatz einer „Hochtemperaturwärmepumpe" in der Industrie und eine vollständige „Technische Dokumentation" zur neuesten Meerwasserentsalzungsanlage in die DDR zu schmuggeln.[89]

Im Zuge der Neuorganisation des Konzerns sollte Wilhelmine Tomanek abermals ihre Sicherheit überprüfen und neue Varianten für die „Schleusung des Materials" testen. Bei einer „Verhaltensanalyse" war Schramm zu dem Schluß gekommen, daß die größte Gefahr von ihr selbst ausgehe. Ihr Ehemann beklagte, daß sie bei der Schleusung von Material oft „oberflächlich und nachlässig verfährt und die Dinge nicht ernst genug nimmt". Der spezielle „Transportcontainer in Form eines Bildes" und der „Hauscontainer in Form eines Kastens mit Schachfiguren" genügten den Sicherheitsanforderungen des MfS nicht mehr. Schramm überbrachte die Weisung des MfS-Führungsoffiziers aus Ost-Berlin, die Container zu vernichten und vorerst nur den „Reisecontainer Fettbüchse" zu benutzen. Experten der Hauptabteilung VIII arbeiteten längst an der Entwicklung neuer Schleusungsbehälter.[90] Mitte der 1970er-Jahre war in der Hauptabteilung VIII eine Entwicklungsabteilung gebildet worden, in der an neuen Tarnprodukten zur Überwachungsarbeit und Sicherheit geforscht wurde. Die Abteilung „Technik, Foto, Vervielfältigung, Neuererwesen" war für die Erprobung, Bereitstellung und den Bau von Überwachungstechnik und speziellen Containern zuständig. Die dort entwickelten Gerätschaften sollten zuerst MfS-Beob-

87 Vgl. Information v. 25.5.1978. BStU, MfS AIM 2455/91, Teil II/2, Bl. 161–162 und Bl. 166–167.

88 Generalmajor Albert Schubert (HA VIII, Leiter): Information v. 1.6.1979. BStU, MfS AIM 2455/91, Teil II/2, Bl. 212–214.

89 Generalmajor Albert Schubert (HA VIII, Leiter): Information v. 17.7.1980. BStU, MfS AIM 2455/91, Teil II/2, Bl. 278–280.

90 Leutnant Siegfried Achilles (HA VIII): Treffbericht v. 25.2.1977. BStU, MfS AIM 2433/91, Teil II/3, Bl. 59–70.

achtern und Informanten zugänglich sein und von ihnen getestet werden. Vom Know-how des MfS profitierten Peter und Wilhelmine Tomanek auch beim Anlegen „Toter Briefkästen“ in München und Frankfurt am Main.[91] Auf verschiedenen Friedhöfen suchten sie nach einem Versteck, in dem Mitteilungen, Materialien, Geld oder Filmstreifen aufbewahrt werden konnten. Für das Entleeren des TBK waren „Sicherungszeichen“ anzubringen. In den MfS-Vorgängen sind Skizzen, Beschreibungen und Fotos zu den verschiedenen „konspirativen“ Verstecken überliefert.[92]

Die Spionage und Beobachtungsarbeit der HA VIII im Westen funktionierte fast ausschließlich nach dem Prinzip eines „Führungs-IM-Systems“. Daher erhielt auch Lothar Schramm eine entsprechende Einstufung. Nach Abschluß eines Fernstudiums an der Humboldt Universität Berlin zum Diplom-Kulturwissenschaftler wurde er 1980 zum Führungs-IM (FIM) befördert. Damit war er nun auch für die Vorbereitung und die Auswertung der Ermittlungsergebnisse seiner Agentengruppe zuständig. Schramm kannte jeden Inoffiziellen Mitarbeiter seiner Gruppe persönlich. Als FIM stand er in direktem Kontakt zum MfS-Führungsoffizier und gab Aufträge an die Gruppe weiter. Hauptauftraggeber der IM-Gruppe in den 1980er-Jahren waren die Hauptabteilung „Staatsapparat, Kultur, Kirche, Untergrund“ (HA XX des MfS), die MfS-Spionageabwehr (HA II) und die MfS-Auslandsspionage (HV A). Im Auftrag der Hauptabteilung XX sollte die Agentengruppe die Nachbarn von DDR-Flüchtlingen ausfragen und DDR-Künstler bei ihren Auftritten in Österreich beobachten. Die Hauptabteilung II wünschte von der Agentengruppe „Informationen zu Verbindungen, Hinweisen, Stützpunkten von Bürgern der VR Polen“ in Österreich.[93] Die HV A erteilte einige „komplizierte Auftragsersuchen“. MfS-Offiziere des Sektors Wissenschaft und Technik (HV A/SWT) interessierte alles aus den Bereichen Wirtschaft, Wissenschaft und Forschung sowie Berichte über „Objekte und Einrichtungen feindlicher Zentren, Organisationen, Institutionen“ in Österreich.

91 Hauptmann Werner Müller (HA VIII/3): Reiseauftrag v. 21.5.1976. BStU, MfS Teilablage A 470/79, Teil II/2, Bl. 259–262.

92 IM „Irene März“: Bericht über das Anlegen Toter Briefkästen in München und Frankfurt am Main. BStU, MfS AIM 2455/91, Teil II/2, Bl. 185–192.

93 Hauptmann Hans-Jochen Schmidt (HA VIII/13): Vermerk v. 29.6.1981 zur Absprache mit dem Gen. Brückner von der HA II. BStU, MfS AIM 1514/91, Teil I/3, Bl. 174.

Vom Staatssicherheitsdienst gefälschter West-Berliner Ausweis für Lothar Schramm alias IM „Franz“ (Kopie BStU).

Die „Herauslösung“ von Lothar Schramm aus seiner Arbeitsstelle und sein zusätzlicher Einsatz als Hauptamtlicher Inoffizieller Mitarbeiter (HIM) erfolgte 1981. Er war gleichzeitig Führungs-IM und Hauptamtlicher-IM (HIM). Das bedeutete, daß sein Westeinsatz durch ein dauerhaftes Scheinarbeitsverhältnis im DDR-Kulturministerium abgedeckt wurde und er fortan flexibel einsetzbar war. Seine Einsätze wurden stets mit DDR-Kulturminister Hans-Joachim Hoffmann abgestimmt. Konkrete Details regelte der Leiter der Hauptabteilung VIII/13, Hauptmann Hans-Jochen Schmidt, mit dem stellvertretenden Kulturminister Kurt Bork. Ausgestattet mit fiktiven Dienstausweisen reiste Schramm als freier Mitarbeiter des DDR-Fernsehens oder als Journalist „mit schriftstellerischen Ambitionen“ zu Studienzwecken nach Österreich und gelegentlich nach Ungarn.[94] Auch mit einem vom Staatssicherheitsdienst gefälschten West-Berliner Ausweis – ausgestellt auf den Namen Dr. Lothar Richter, geb. 11.1.1927, wohnhaft West-Berlin, Rückertstraße 6, Beruf: Hochschullehrer an der Freien Universität Berlin – reiste Lothar Schramm in Österreich ein.

Durch die Beförderung zum HIM war Lothar Schramm nun vom MfS auch finanziell und sozial versorgt. Denn HIM wurden zwar in den MfS-Planstellen ausgewiesen, standen aber im Unterschied zu den Offizieren im besonderen Einsatz (OibE) in keinem Dienstverhältnis (im Sinne des Arbeitsrechts) zum MfS.

94 Hauptmann Hans-Jochen Schmidt (HA VIII/13): Vorschlag zum Einsatz als hauptamtlicher IM v. 18.1.1981. BStU, MfS AIM 1514/91, Teil I/3, Bl. 53–56.

Als Hauptamtlicher-IM erhielt er ein regelmäßiges Gehalt von 1779,20 DDR-Mark im Monat plus Reisekosten, Bekleidungsgeld, Mietzuschuß und Prämien.[95] Zur Agentengruppe gehörten Anfang der 1980er-Jahre insgesamt acht „konspirative Wohnungen“ (in Wien, Ost-Berlin und West-Berlin).[96] Inhaber einer „konspirativen Wohnung“ erhielten vom MfS nötigenfalls auch schon einmal Kredite für den Kauf von Möbeln. Für verdeckte Postsendungen und den Datenaustausch standen der Agentengruppe zwei Deckadressen (DA) zur Verfügung: unter dem Decknamen „Walter“ und „Gohlke“. Über Decktelefone (DT) wurde Telefonate entgegengenommen und weitergeleitetet.

Um die Gefahr einer Enttarnung durch österreichische und westdeutsche Sicherheitsbehörden zu reduzieren, wurden seit den frühen 1980er-Jahren Treffen der Agentengruppe hin und wieder auch nach Ungarn verlegt. Aus MfS-Sicht sollten „bei aller operativer Aufgabenstellung“ die guten Beziehungen zu Österreich nicht gefährdet werden. Jede „unvertretbare operative Aktivität“ in Österreich könne die wirtschaftliche Zusammenarbeit aufs Spiel setzen.[97] Daher fanden geheime Treffen nicht mehr vorrangig in Wien statt, sondern in Sopron. Diese ungarische Stadt war für Peter und Wilhelmine Tomanek mit dem Auto in knapp einer Stunde erreichbar. MfS-Offiziere hatten außerdem herausgefunden, daß die ungarische Stadt nahe der österreichischen Grenze generell bei Österreichern beliebt war. Viele Österreicher nutzen die Wochenenden zu einem Kurzurlaub. Regelmäßiges Passieren der österreichisch-ungarischen Grenze durch die Wiener Agentengruppe würde gar nicht auffallen. In Sopron wohnten die meisten Wiener an den Wochenenden im Hotel „Lövér“ – hier checkte sich auch Lothar Schramm ein. Im Hotel traf er mit dem Agentenpaar Tomanek zu geheimen Absprachen zusammen. Schramm hatte außerdem den Auftrag, „operativ-interessante Partner“ als „Kundschafter“ zu gewinnen.[98]

Im August 1982 traf sich Schramm mit dem Agentenehepaar in Jugoslawien zur Auswertung der inoffiziellen Zusammenarbeit. „Ohne Irene“, so sein Resümee, „wäre es auf Dauer nicht zu dieser erfolgreichen Zusammenarbeit gekommen“. Sie sei der „stabilisierende Faktor in der Ehe, die Klügere, für Einsichten Offenere“. Ausführlich wurden Fluchtwege im Falle ihrer Verhaftung besprochen, Orte ausgewählt, an denen „Fluchtgeld“ hinterlegt wurden und Verhaltensrichtlinien „bei einer Konfrontation mit gegnerischen Aufklärungsorganen“

95 Vgl. Grundsätze zur Vereinbarung über Zusammenarbeit mit Lothar Schramm als HIM. BStU, MfS AIM 1514/91, Teil I/3, Bl. 286–395.

96 Vgl. „Aufstellung IM/IMK“. BStU, MfS AIM 1514/91, Teil I/3, Bl. 15.

97 Major Hans-Jochen Schmidt (HA VIII/13, Leiter): Instruktion zur Reise III/84. BStU, MfS AIM 2433/91, Teil II/3, Bl. 290–293.

98 Major Hans-Jochen Schmidt (HA VIII/13, Leiter): Reiseauftrag v. 4.10.1984. BStU, MfS AIM 2433/91, Teil II/3, Bl. 287–289.

festgelegt. Lothar Schramm bedankte sich bei Wilhelmine Tomanek für die „Schleusung aus der VÖSt". Zwischen Schramm und Peter Tomanek kam es, abseits der Gruppentreffen, zu einer heftigen Auseinandersetzung. Seine Sorge galt dem inzwischen fünfjährigen Sohn. Tomanek erhob schwere Vorwürfe. Würde es das MfS mit der „Sicherheit" tatsächlich ernst meinen, dann sei „es unverantwortlich, so weiterzumachen". Was würde passieren, falls er und seine Frau verhaftet würden? Seine Frau sei nach wie vor unvorsichtig, sie schlage alle „Vorhaltungen, die Sicherheit betreffend, in den Wind". Sein Vorschlag an das MfS lautete: „Einer muß aufhören". Vor der IM-Gruppe gab Schramm vor, daß die „Schleusung aus der VÖSt einzustellen" sei. Angeblich sollten die guten Beziehungen zwischen der DDR und Österreich nicht gefährdet werden. Im Falle einer Enttarnung könnten „schwerwiegende Störungen" der diplomatischen Beziehungen auftreten. Mit dieser Begründung gab sich Wilhelmine Tomanek letztlich zufrieden.[99]

Gleichwohl lieferte sie unverdrossen weiter Informationen aus ihrem Arbeitsbereich. Eine besonders brisante ging am 14. Oktober 1985 beim MfS in Ost-Berlin ein. In der VÖEST-Alpine seien leitende Mitarbeiter intern darüber informiert worden, daß es „im Zusammenhang mit dem Vertrieb von Waffen größeren Kalibers, die von der VÖEST-Alpine AG Tochtergesellschaft Noricum hergestellt werden" Probleme gebe. Angeblich war vorgesehen, eine Ladung Haubitzen „in einen nicht näher bestimmbaren nordafrikanischen Staat" zu liefern. Zwei Männer, die sich als Burkhart List und Otto Grüner auswiesen und behaupteten, Vertreter einer österreichischen Spedition zu sein, hätten sich im jugoslawischen Hafen Kardeljevo Zugang zu dem Frachtgut verschafft und die Frachtbriefe dergestalt manipuliert, daß nun als Zielort der Iran eingetragen sei. Offenbar solle durch die Manipulation eine Kampagne gegen Noricum wegen der Lieferung von Waffen an kriegführende Staaten vorbereitet werden.[100] Die österreichische Tageszeitung *Die Presse* erinnerte im April 2010 unter der Überschrift „20 Jahre ‚Noricum': Waffen, Spione, Tote und Millionen" an den Prozeß gegen achtzehn Noricum-Manager wegen der Waffengeschäfte mit dem Iran. Die beiden von „Irene März" erwähnten Österreicher waren demnach Reporter der österreichischen Zeitschrift *Basta*, die den Skandal aufdeckte und damit auch den 1989 geführten Prozeß auslöste, an dessen Ende vierzehn der achtzehn angeklagten Noricum-Manager zu Bewährungsstrafen verurteilt wurden.

99 IM „Franz": Bericht über ein Treffen mit „Irene und Gerhard März" v. 10.–17.8.1982 in Jugoslawien. BStU, MfS AIM 2455/91, Teil II/2, Bl. 341–358.

100 Oberstleutnant Hans-Jochen Schmidt (HA VIII/13): Information v. 14. Oktober 1985. BStU, MfS AIM 2455/91, Teil II, Bl. 378 ff. „Der IM ‚Irene März' hat im beschränktem Umfang Zugang zu derartigen internen Mitteilungen", schrieb Schmidt erläuternd zur Herkunft der brisanten Information.

Der Tip an die *Basta*-Redaktion kam ausgerechnet von Bruno Kreisky, der über die Verwicklung des ehemaligen österreichischen Außenministers Leopold Graz in die Angelegenheit informiert worden war.[101] Für die Staatssicherheit war die Angelegenheit deswegen von besonderem Belang, da auch die österreichische Munitionsfabrik Hirtenberger AG, ein enger Partner der DDR bei illegalen Geschäften im internationalen Waffenhandel, durch den Noricum-Skandal ins Visier der österreichischen Ermittler geraten war.

Höchstes Lob für das Agentenpaar „Irene und Gerhard März"

Wilhelmine Tomanek wurde in den MfS-Unterlagen gut zwanzig Jahre unter dem Decknamen „Irene März" als „Inoffizieller Mitarbeiter" geführt. Sie war in Österreich eine herausragende Informationsquelle für die Hauptabteilung VIII.[102] Über die Leistungen des Agentenpaares „Irene und Gerhard März" aus Wien findet sich in einem Sachstandsbericht der Hinweis des Leiters der Hauptabteilung VIII/13, Major Schmidt, daß die „Informationsbeschaffung" der Gruppe „Franz/März" aus den Bereichen Wissenschaft und Forschung des österreichischen Energiesektors nach dem Urteil der MfS-Aufklärung (HV A) „zu Erkenntnissen von strategischem Wert geführt" habe.[103] Das MfS registrierte in den siebziger Jahren etwa zwanzig Meldungen der Agentin „aus den Bereichen Wissenschaft und Technik" Österreichs, die von der HV A als „strategisch hoch bedeutsam eingeschätzt wurden".[104]

Als 1972 in München die Olympischen Spiele stattfanden, sollten sich „Irene März" mit ihrem Mann bereit halten, um „nötigenfalls" für das MfS „Aufgaben durchzuführen".[105] Zur Olympiade waren ganze Scharen von MfS-Leuten im „Operationsgebiet" unterwegs, um fluchtwillige DDR-Sportler notfalls mit Gewalt zurück in den Osten zu bringen. Dem Agentenehepaar wurde mitgeteilt, sich vom 26. August bis zum 10. September 1972 in Wartestellung zu halten und jederzeit erreichbar zu sein. Für den Fall eines Fluchtversuches aus der DDR-

101 Vgl. den Hintergrundbericht von Hans Werner Scheidl über den Noricum-Skandal. In: Die Presse v. 2. April 2010.

102 Generalmajor Albert Schubert (HA VIII, Leiter): Information v. 20.6.1978. BStU, MfS AIM 2455/91, Teil II/2, Bl. 166–167.

103 Hauptmann Hans Jochen Schmidt (HA VIII/13, Leiter): Vorschlag zum Einsatz als hauptamtlicher IM v. 18.1.1981. BStU, MfS AIM 1514/91, Teil I/3, Bl. 53–56.

104 Hauptmann Hans-Jochen Schmidt (HA VIII/13, Leiter): Treffvorbereitung v. 6.8.1981. BStU, MfS AIM 1676/91, Teil I/2, Bl. 11–15.

105 Hauptmann Werner Müller (HA VIII/3): Reiseauftrag v. 22.9.1971. BStU, MfS Teilablage A 470/79, Teil II/2, Bl. 157–160.

Olympiamannschaft sollte ihnen per Funk eine entsprechende Mitteilung geschickt werden. Ein Verbindungsoffizier der HA VIII würde dann auf dem Bahnhof in Augsburg mit ihnen zusammentreffen und „genaue Instruktionen" erteilen.[106] Vorab erhielt das Ehepaar 450 DM für Fahrkarten und Unterkunft, falls es zum „Ernstfall" käme und sie zum Einsatz nach Deutschland reisen müßten. Während der Streikwelle in Polen bat das MfS die beiden Agenten um Informationen über Kontakte der polnischen Opposition nach Österreich sowie über Organisationen, die von Wien aus zur Unterstützung von Solidarnosz beitrugen.

Bei einem Treffen im August 1981 erläuterte Lothar Schramm den Österreichern die neue Aufgabe. So sollte Wilhelmine Tomanek ihren Ehemann bei den „Aufklärungsaufgaben Polen/Österreich" helfen. Das MfS beabsichtigte, Polen, die nach Österreich übergesiedelt waren oder dauerhaft in Wien lebten, ständig zu überwachen. Peter und Wilhelmine Tomanek erhielten den Auftrag, in Österreich alle polnischen Flüchtlingslager ausfindig zu machen und Tageszeitungen „mit bestimmten Namensnennungen" auszuwerten. MfS-Offiziere der Spionageabwehr (HA II des MfS) hatten herausgefunden, daß sich in Traiskirchen bei Wien ein Aufnahmelager für Polen befand.[107] Von den österreichischen Informanten erhoffte sich die HA II eine nähere Beschreibung des Aufnahmelagers und der Umgebung, eine „Bilddokumentation" und diverse Lageskizzen. Daneben sollten die Inoffiziellen Mitarbeiter Angaben zu den dort beschäftigten Mitarbeitern, zur Herkunft der Flüchtlinge und zu den Anmeldevorschriften machen. Die Überlieferungen zu diesem Auftrag wurden offenbar aus den MfS-Unterlagen entfernt.[108] Überliefert ist hingegen die Reaktion der Tomaneks auf die Offenbarung des MfS. Als Schramm beim besagten Treffen im August 1981 den Österreichern anvertraute, mit wem sie es seit Jahren zu tun hatten, soll Peter Tomanek gefragt haben, warum denn nicht schon früher darüber „Klarheit geschaffen" wurde. Aus seiner Sicht hätte seine Frau dann „die Frage der Sicherheit ernster genommen".[109]

106 IM „Franz": Bericht über einen durchgeführten Treff während einer Reise v. 3.-7. März 1972 nach Hof-Gastein (Österreich) mit den Kontaktpersonen „Irene" und „Gerhard März". BStU, MfS Teilablage A 468/79, Teil II/1, Bl. 160–170.

107 Oberstleutnant Reiner Wiegand (HA II/AG Ausländer, Leiter der AG): Konzeption und Ablaufplan zur Arbeitsberatung mit den Referatsleitern der Abteilungen II der Bezirksverwaltungen am 25./26.1.1983. BStU, MfS HA II 22859, Bl. 118.

108 Oberst Willy Brückner (HA II/4): Nutzung operativer Kapazitäten in der Republik Österreich v. 14.8.1981. BStU, MfS AIM 1676/91, Teil I/2, Bl. 20–21.

109 IM „Franz": Bericht über einen Treff mit „Irene und Gerhard März" in Berlin v. 19. bis 22.8.1981. BStU, MfS AIM 1676/91, Teil I/2, Bl. 26–31.

Der Kurier des wahren Sozialismus aus der DDR. Lothar Schramm alias IM „Franz“

(Kopie BStU)

Vermutlich arbeitete Wilhelmine Tomanek nicht aus finanziellen Gründen für den Staatssicherheitsdienst, sondern aus kommunistischer Überzeugung. Das war ohnehin die beste Voraussetzung für eine geheime Zusammenarbeit, denn auch die österreichischen Kommunisten hatten ihre eigene konspirative Tradition. Lothar Schramm erhielt in der DDR mehrfache Auszeichnungen für seine guten Beziehungen zur Wiener KPÖ-Gruppe. Die KPÖ-Mitglieder des 20. Wiener Bezirks hofften mit Hilfe ihrer Kontakte nach Ost-Berlin die bilateralen Beziehungen verbessern zu können.

Die HV A (DDR-Auslandspionage) würdigte mehrfach den „hohen volkswirtschaftlichen Nutzen“ der von Frau Tomanek gelieferten neuesten Forschungsergebnisse, Proben, Versuchsberichte und Informationen über aktuelle Herstellungsmethoden aus der Stahlindustrie. Im April 1988 vergab die HV A für ein von der Hauptabteilung VIII geliefertes „Strategiekonzept Systembau – Stahlbau“ die Note „II“. Diese Benotung deutete auf ein „wertvolles Material“ mit „hoher Bedeutung“ für die DDR-Volkswirtschaft hin. Als Quelle wurde „I. März“ ausgewiesen.[110] Als Gegenleistung für ihre Spionage erhielt die Agentin einen Kredit vom MfS, Spesen und Reisekostenerstattungen, die mehr abdeckten als die tatsächlichen Ausgaben und Urlaubsreisen auf DDR-Staatskosten. Führungs-IM „Franz“, alias Lothar Schramm, erhielt für seine Arbeit einen Agentenlohn von insgesamt 34 261,25 DM und 25 999,30 Mark/DDR.

110 HV A/SWT: Einschätzung der Information v. 19.4.1988. BStU, MfS AIM 2455/91, Teil II/2, Bl. 419.

Weitere MfS-Agenten in Österreich

Inoffizielle Mitarbeiter der HV A berichteten in den 1980er-Jahren über Interna österreichischer Unternehmen, so z. B.:

- aus den Vereinigten Österreichischen Eisen- und Stahlwerken (VÖEST-Alpine) GmbH,[111]
- aus der Führungsetage von Steyr Daimler Puch AG,
- aus der Austria-Metall AG,
- aus der Hotel Bellevue Betriebs-GmbH
- aus der Elektrizitätswirtschaft AG in Wien.[112]

Berichte von MfS-Informanten über österreichische Firmen sind im Schriftgut mehrerer MfS-Diensteinheiten überliefert. Die Unterlagen, die die Spionage der Inoffiziellen Mitarbeiter der MfS-Aufklärung (HV A) belegen, wurden in den Tagen der Friedlichen Revolution von MfS-Offizieren großteils vernichtet. Unzureichend erforscht ist bislang, in welchem Umfang Österreicher für die DDR-Spionage arbeiteten. Vier Decknamen von Österreichern, die in den Schriftstükken der HV A genannt werden, konnten nicht entschlüsselt werden.[113] Unter dem Deckname „Wandt“ wurde ein österreichischer Journalist viele Jahre als „A-Quelle“ (Abschöpfquelle) geführt. Seine berufliche Position als Journalist war für das Spionagegeschäft außerordentlich förderlich. Unter den Decknamen „Mark“ und „Andreas“ arbeiteten in den 1980er-Jahren zwei Österreicher als „O-Quelle“ (Objektquelle) für die HV A. Eine „O-Quelle“ war in der Regel in einem Zielobjekt beschäftigt. IM „Mark“ und IM „Andreas“ lieferten dem MfS Berichte aus der Computerbranche, in der sie beschäftigt waren. Unter dem Decknamen „Thomas Schneider“ sollte 1986 ein österreichischer Student als „Werber“ aufgebaut werden. Seine Aufgabe war es, in Österreich Personen zu finden, die sich für eine Agententätigkeit eignen könnten. Danach sollte er als

111 Überwachung der österreichischen Firma Novum (KPÖ) und Vöest-Alpine in Österreich 1976–1989. BStU, MfS AG BKK 932.

112 Überwachung des Generaldirektors der österreichischen Elektrizitätswirtschaft AG in Wien. BStU, MfS AG BKK 684.

113 Das österreichische Nachrichtenmagazin *Profil* brachte im Mai 2012 eine Titelgeschichte über „DDR-Spione in Österreich. Die Geschäfte des ostdeutschen Geheimdienstes mit Wiener Szene-Promis im Kalten Krieg“. Der Bericht handelt über die Spionagegruppe um den Wiener Gastwirt Rudi Wein, MfS-Deckname „Prokurist“. Die Gruppe beschaffte der DDR im Auftrag des MfS-Hautverwaltung Aufklärung Informationen und Geräte aus dem Hochtechnologiebereich. Vgl. Herbert Lackner und Thomas Riegler: Die Lustigen Agenten, *Profil* Nr. 21 vom 21. Mai 2012, S. 22.

„Beziehungspartner“ das Interesse bei den „potentiellen Kandidaten“ wecken und sie dann an einen MfS-Führungsoffizier weiter vermitteln.[114]

MfS-Überlieferungen belegen, daß einige Österreicher, die zeitweilig in der DDR lebten, mit dem Staatssicherheitsdienst zusammenarbeiteten. In den 1980er-Jahren wurde unter dem Decknamen „Volvo“ ein Österreicher, der in Ost-Berlin lebte, als IM (Registriernummer XV/2399/77) geführt. Ein weiterer Österreicher, der in Wernigerode (Bezirk Magdeburg) lebte, war unter dem Decknamen „Ernst Schmoll“ als IM (Registriernummer XV/1915/81) erfaßt. Die MfS-Überlieferungen zum IM „Volvo“ wurden 1989 vernichtet; im MfS-Bestand der Spionageabwehr (HA II des MfS) sind Einzelinformationen dieses IM überliefert.[115] Die überlieferten Vorgänge zum IM „Ernst Schmoll“ sind im Archiv der BStU-Außenstelle Magdeburg in Fragmenten erhalten geblieben. Nach Aktenlage stand IM „Ernst Schmoll“, Jahrgang 1941, seit 1981 im Dienste der Staatssicherheit. Er beobachtete Österreicher, die in der DDR lebten und registrierte angeblich verdächtige Verhaltensweisen der Beobachteten. Er berichtete dem MfS laufend über „Personen, die auf dem Gebiet der DDR illegal Ausländer vermitteln“ würden.[116] Laut MfS-Protokollen berichtete er vor allem über die österreichischen Arbeitskräfte im Eisenhüttenkombinat in Schwedt, im Stahl- und Walzwerk Ilsenburg und in den Chemischen Werken Buna und Leuna. Zahlreiche detaillierte Personenbeschreibungen in den MfS-Akten weisen auf eine intensive Zusammenarbeit „Ernst Schmoll“s hin. Laut MfS berichtete er über „operativ-interessante Personen“ und deren Umfeld, lieferte Grundrißzeichnungen und Beschreibungen von Wohnhäusern, gab Adressen und Telefonnummern weiter. Schließlich testete IM „Ernst Schmoll“ fiktive DDR-Pässe für Reisen nach Österreich und zurück.[117]

Auch einige Österreicher, die in West-Berlin oder in der Bundesrepublik lebten, waren laut MfS-Unterlagen als Informanten für Ost-Berlin registriert, so u. a. Anfang der 1970er Jahre in West-Berlin der FU-Student Peter Porsch, als IM „Christoph“[118] und der Siemensingenieur Gerhard Perst, als IM „Peter Kunze“. Nach Aktenlage stand Gerhard Perst seit 1967 im Dienste der Staatssicher-

114 BStU, MfS, HV A/MD 2-6, SIRA-TDB 11-14 und 21, sowie BStU, MfS, Bestand Rosenholz, jeweils Recherche zu Reg.-Nr. XV/4047/83 („Andreas“), XV/4360/86 („Thomas Schneider“), XV/207/81 („Wandt“).

115 Operative Bearbeitung eines in der DDR tätigen Österreichers aufgrund von IM-Informationen. BStU, MfS HA II 28085.

116 Major Klaus Meyer (BV Magdeburg, Abt. II): Treffbericht v. 19.4.1982. BStU, MfS Teilablage A 632/89, Teil II/1, Bl. 27–28.

117 IM-Akte „Ernst Schmoll“ unter BStU, MfS Teilablage A 632/89.

118 Vgl. Jochen Staadt: Als die 60er noch jung waren. Frankfurter Allgemeine Sonntagszeitung vom 18. Oktober 2004.

heit. Dementsprechend umfangreich sind die von ihm unter dem Decknamen „Peter Kunze" gelieferten Berichte. Er hatte in Ungarn und in der DDR studiert und sich während seines DDR-Aufenthaltes zur Zusammenarbeit mit dem Staatssicherheitsdienst verpflichtet.[119] Seit 1970 arbeitete er als Elektroingenieur, Konstrukteur und Entwicklungsfachmann bei Siemens in West-Berlin. Fragmente seiner Spionageüberlieferung sind in der BStU-Außenstelle Dresden erhalten geblieben. Aus dem 1998 entschlüsselten „System der Informations-Recherche der HV A" (SIRA) geht hervor, daß er über 400 Informationen aus seinem Arbeitsumfeld bei Siemens an das MfS lieferte; zwölf in SIRA gespeicherte Einträge enthielten Berichte über seine Dienstreisen in den Nahen Osten, nach Amerika und in die Dritte Welt. Mitte der neunziger Jahre wurde Gerhard Perst als einer der wenigen österreichischen Staatsbürger zu einer Bewährungsstrafe verurteilt.

Im Zuge der manuellen Rekonstruktion zerrissener MfS-Akten wurden Schriftstücke eines Österreichers aufgefunden, der unter dem Decknamen „Georg Buchner" (Registriernummer XV/2907/66) als IM erfaßt war. Aus den zusammengesetzten Aktenstücken lassen sich Treffen und Absprachen zwischen dem Informanten und dem MfS-Führungsoffizier nachvollziehen. IM „Georg Buchner" stand seit den späten 1960er-Jahren im Dienste der HV A, konkret der Abteilung XV der MfS-Bezirksverwaltung Gera. Er hatte den Auftrag, die Bayerische Staatskanzlei und bayerische High-Tech-Unternehmen in München auszukundschaften. Er stellte seine österreichische Wohnung dem Staatssicherheitsdienst als „Stützpunkt" zur Verfügung und übermittelte anderen Informanten umfängliche Hintergrundinformationen über die Stadt Wien.[120] In der SIRA-Datenbank wurden zwischen 1982 und 1987 genau 35 Informationen des IM „Georg Buchner" zur „Akte Österreich" gespeichert. Diese Einzelinformationen umfaßten „Anmeldevordruck, Erhebungsfragebogen, Vorlagen" für Hotelbuchungen in Bayern, Hinweise zu „Versicherungsbehörden" in der Bundesrepublik, Dokumente zur „Arbeitserlaubnis, Beantragung, Genehmigung" in Österreich sowie Hinweise zur Beantragung österreichischer Dokumente wie „Personalausweis, Reisepaß, Führerschein, Aufenthaltsgenehmigung, Geburtsurkunde, Heiratsurkunden, Staatsbürgerschaftsnachweis".

In den MfS-Akten der für die Grenzsicherung und Überwachung des Militärs zuständigen MfS-Hauptabteilung I ist ein fünfseitiger MfS-Bericht über die „Rückführung eines Spezialkaders" aus Österreich überliefert. Der gebürtige

119 Schriftliche Verpflichtung von IM „Peter Kunze" v. 3.11.1967. BStU, Dresden AIM 17479/91.

120 Reiseberichte des IM „Georg Buchner" 1981–1988. BStU, AST Gera; BV Gera Abteilung XV, Nr. 1469.

Österreicher mit West-Berliner Paß soll demnach als „Vesir“ bis 1988 bei der VÖEST-Alpine AG in Linz gearbeitet haben. Er wurde dann in die DDR „zurückgeholt“, weil das MfS Ermittlungen durch die Sicherheitsdirektion Österreichs und eine mögliche Verhaftung befürchtete.[121]

Überwachung der österreichischen Botschaft in Ost-Berlin

Auf die Aufnahme diplomatischer Beziehungen mit Österreich und die Einrichtung der Botschaft in Ost-Berlin war das MfS vorbereitet. In einem entsprechenden Befehl hatte der MfS-Minister die „operative Absicherung“ der Bauvorhaben in den „Botschaften, Residenzen und Wohnungen für die in der DDR akkreditierten diplomatischen Vertreter“ angeordnet.[122] Die Abteilung 26 (Telefonüberwachung) des MfS nutzte beispielsweise Renovierungsarbeiten, Sanierungen, Neubauten und Umbauten zugleich für das Verlegen von Abhörleitungen und die Installation von Überwachungstechniken. Friedrich Bauer, erster Botschafter Österreichs in Ost-Berlin, berichtete aus eigenem Erleben, daß seine Telefongespräche abgehört wurden.[123] Im Herbst 1973 hatte Friedrich Bauer mit seiner Frau einen Plattenbau in Berlin-Pankow bezogen – die Residenz der Botschaft Österreichs. Das Botschaftsbüro wurde in der Otto-Grotewohl-Straße 5 eingerichtet – einem Plattenbau in der heutigen Wilhelmstraße, damals mit freiem Blick auf die Ostseite des Brandenburger Tores. Zu beiden „Objekten“ sind Fotos aus dieser Zeit überliefert. Das MfS legte mehrere Fotoalben über die Botschaftsmitarbeiter und deren Familienangehörige an.[124] Daneben fertigten MfS-Beobachter Lageskizzen über die Umgebung von Residenz und Botschaft an und lieferten detaillierte Beobachtungsberichte.[125]

Eine MfS-Dienstanweisung zur Überwachung aller „Einreisen von Personen aus nichtsozialistischen Staaten und Westberlin und ihres Aufenthaltes in der DDR“ aus dem Jahre 1975 regelte die Zuständigkeiten der MfS-Diensteinheiten

---

121 Oberst Schönhoff (HA I, Abt. 12): Vorschlag zur Liquidierung der Legalisierungsvariante des SK „Vesir“ v. 21.12.1988. BStU, MfS HA I 1609.

122 Generaloberst Erich Mielke (MfS, Minister): Befehl 4/73 v. 30.1.1973 zu geplanten Baumaßnahmen in den diplomatischen Vertretungen und Wohnungen von Diplomaten. BStU, MfS BdL/Dok. 1772.

123 Bauer, Friedrich: Botschafter in zwei deutschen Staaten. Die DDR zwischen Anerkennung und Auflösung. Die aktive Neutralitätspolitik Österreichs. Wien 2006.

124 Katalog der Mitarbeiter und Angehörigen ausländischer Botschaften, Personalangaben mit Paßfoto. BStU, AST Gera; MfS BV Gera Abt. II 953 u. 959.

125 Beobachtung bevorrechteter Personen durch die HA VIII, Fotos der Botschaften und Paßfotos der Botschaftsmitarbeiter und deren Familieangehörigen. BStU, MfS HA VIII 4794 u. 6904.

auf diesem Gebiet. Grundsätzlich sollte jeder Österreicher, der zu offiziellen Besuchen in die DDR reiste, überwacht werden. MfS-Leute erfaßten Ein- und Ausreisende an den Grenzübergangsstellen, beobachteten „touristische Einrichtungen, wie Interhotels, internationale Campingplätze, andere Übernachtungsstätten, touristische Reiseziele, Gaststätten". Die Abhörspezialisten der Abteilung 26 belauschten Telefongespräche aus den bzw. in die Interhotels. Eine offizielle Delegation des österreichischen Bundesheeres besuchte im September 1979 unter Leitung von Oberst Erich Eder die DDR. Dieser Besuch wurde fast lückenlos dokumentiert. Oberst Eder, Abteilungsleiter im Bundesministerium für Landesverteidigung, traf mit DDR-Verteidigungsminister Armeegeneral Heinz Hoffmann zu einem Arbeitsessen zusammen. Laut einem Protokoll der MfS-Diensteinheit „Arbeitsgruppe des Ministers" soll er geäußert haben, „daß der Aufenthalt der Delegation in der DDR und bei der Nationalen Volksarmee außerordentlich nützlich und informativ gewesen sei". Er unterbreitete den Vorschlag, „die Möglichkeit zur Entsendung einer Delegation der NVA der DDR in die Republik Österreich zu prüfen".[126]

Aus dem Jahre 1983 sind detaillierte Planungen des Staatssicherheitsdienstes zur Absicherung des offiziellen Staatsbesuchs von Bundespräsident Rudolf Kirchschläger in die DDR überliefert. Auch der Besuch des UNO-Generalsekretärs Kurt Waldheim in der DDR wurde 1988 vom MfS lückenlos beobachtet und abgesichert.[127] Zum privaten Besuch von Bundeskanzler Franz Vranitzky im Mai 1988 liegen Beobachtungsberichte und eine „Fotodokumentation" der MfS-Bezirksverwaltung Erfurt vor.[128] Der MfS-Einsatz lief unter dem Codenamen „Aktion Berg". Laut Einsatzanordnung der MfS-Beobachtungsabteilung (HA VIII) zur Aktion „Berg" reichten die Aufgaben der MfS-Kräfte von der einfachen Beobachtung bei der Ein- und Ausreise und während des Aufenthaltes im Bezirk Erfurt über das „rechtzeitige Erkennen" und die „vorbeugende Verhinderung von Plänen, Absichten und Maßnahmen feindlicher Zentren und negativer Personen"[129] bis zur „operativen Kontrolle operativ interessanter Kon-

126 Bericht über den Aufenthalt einer Delegation des Bundesheeres der Republik Österreich in der DDR, 9.–15.9.1979. BStU, MfS AGM 439.

127 Fotodokumentation „Besuch des Dr. Kurt Waldheim in der Albrechtsburg zu Meißen", o. D.. BStU, MfS BV Dresden, KD Meißen FO 39072.

128 Major Hans-Georg Erdmann (BV Erfurt, Abt. VIII): „Bildbericht Sicherungseinsatz zum privaten Aufenthalt des Bundeskanzlers der Republik Österreich, Franz Vranitzky, und seiner Begleitung v. 18.5. bis 19.5. 1988 im Bezirk Erfurt". BStU, AST Erfurt; MfS BV Erfurt Abt. VIII 2165.

129 Oberstleutnant Otto Eichentopf (BV Erfurt, Abteilung VIII): Einsatzanordnung zur Durchsetzung der Aufgabenstellung des Leiters der Bezirksverwaltung zur politisch-operativen Sicherung des privaten Aufenthaltes des Bundeskanzlers der Republik Öster-

takte und Verbindungen“.[130] Die Beobachter der MfS-Kreisdienststellen Eisenach, Arnstadt und Weimar sollten alle „operativ-relevanten Handlungsabläufe bzw. Personengruppen und Einzelpersonen an Konzentrations- und Schwerpunkten“ feststellen.[131] Die Beobachter sollten herausfinden, ob DDR-Bürger sich Vranitzky näherten, um mit ihm Kontakt aufzunehmen oder Briefe zu übergeben. Dazu wurden vier „Fotostützpunkte“ eingerichtet, die rund um die Uhr besetzt waren. Foto- und Kameratechnik befand sich auf der Wartburg in Eisenach, in der Nähe der Gedenkstätte Buchenwald, am Fuße der Wachsenburg im Kreis Ilm und in einer Arztpraxis, in der Nähe des Interhotels „Elephant“ in Weimar.[132]

Die Überwachung der österreichischen Botschaft in Ost-Berlin wurde bis nach der friedlichen Revolution und dem Mauerfall fortgesetzt. Am 2. September 1989 verfaßte der IM „Karl Weber“ alias Ernst Schwarz seine letzten Spitzelberichte, und zwar über Gespräche mit dem Handelsrat Stefan Kuzmich und dem Handelsattaché Ernst Huber am 31. August 1989. Letzterer soll dabei geäußert haben, „daß es mit der DDR zu Ende gehe“.[133] Das letzte Abhörprotokoll des Botschaftstelefons stammt vom 13. November 1989. Einer gewissen Bärbel Bohley wird eine Einladung der Österreichischen Volkspartei zu einer Diskussionsrunde in Graz am 24. November 1989 zum Thema: „Zukunftsbild Europa“ übermittelt.[134] Die Zukunft Europas sah aber ganz anders aus, als von der Staatssicherheit erwartet.

reich – Franz Vranitzky – im Verantwortungsbereich der Abteilung VIII gemäß Befehl 3/88 des Leiters der BV v. 17.5.1988. BStU, MfS HA VIII 3826.

130 Informationen des Zentralen Operativstabes zum offiziellen Besuch des Bundeskanzlers der Republik Österreich Dr. Vranitzky, v. 14.6.–16.6.1988 in der DDR. BStU, MfS AG XVII 999.

131 Vgl. Major Hans-Georg Erdmann (BV Erfurt, Abt. VIII): Beobachtungsbericht und Bildbericht v. Mai 1988. BStU, MfS HA VIII 3826.

132 Absicherung eines privaten Aufenthalts des Bundeskanzlers der Republik Österreich Franz Vranitzky v. 18.–19.5.1988 im Bezirk Erfurt. BStU, AST Erfurt; MfS BV Eft Abt. VIII 2165.

133 Berichte von Ernst Schwarz alias IM „Karl Weber“. BStU, MfS, A 239/89, Teil II, Band 11, Bl. 331–335.

134 Auswertung der Telefonüberwachung der österreichischen Botschaft. BStU, MfS HA II 34478.

Erwünschte Importe – Das MfS und die Wirtschaftsbeziehungen zwischen der DDR und Österreich

Österreich spielt als Handelspartner der DDR eine wichtige Rolle in den MfS-Beständen der „Arbeitsgruppe Bereich Kommerzielle Koordinierung“ (AG BKK des MfS).[135] Gebildet wurde die AG BKK 1983 als selbständige MfS-Diensteinheit. Die AG BKK war für die „politisch-operative Kontrolle“ des Bereichs Kommerzielle Koordinierung (KoKo) im Ministerium für Außenhandel (MAH) verantwortlich und für die Kooperation mit anderen MfS-Diensteinheiten zur „Erfüllung von Sicherungsaufgaben“. Die Vorgängerabteilung, die Hauptabteilung XVIII/7, erhielt bereits 1966 mit der Gründung des DDR-Außenhandelsministeriums (damals noch MAI – Ministerium für Außenhandel und Innerdeutsche Beziehungen) die Zuständigkeit für dessen „Absicherung“. Die Überwachung des Bereichs Kommerzielle Koordinierung unterstand direkt dem stellvertretenden Minister für Staatssicherheit, Generaloberst Rudi Mittig, denn die illegalen Geschäfte und Geldschiebereien waren ein Staatsgeheimnis erster Güte. Jedes Informationsleck und jede Flucht konnte wirtschaftliche und politische Schäden nach sich ziehen. Zuletzt waren in der AG BKK 171 hauptamtliche MfS-Mitarbeiter, 21 Offiziere im besonderen Einsatz (OibE) und achtzehn Inoffizielle Mitarbeiter tätig. Der Bereich Kommerzielle Koordinierung im DDR-Ministerium für Außenhandelshandel war kaum überschaubar. Er umfaßte den Handel mit Waffen, Kunstwerken und Antiquitäten sowie in spezieller Funktion die Tätigkeit von Oberst Alexander Schalck als Devisenbeschaffer und Unterhändler in deutsch-deutschen Angelegenheiten.

Inoffizielle Berichte zu österreichischen Unternehmen, Aufzeichnungen zu „kommerziellen Verhandlungen“, persönliche Notizen, geschäftliche Reiseberichte, Manuskripte und Firmenunterlagen über österreichische Unternehmen füllen mehrere Ordner der erhalten gebliebenen Überlieferung der AG BKK des MfS. Seit Mitte der 1980er-Jahre beschäftigten sich etliche MfS-Offiziere mit der Auswertung des Materials. Um es „für die operative Verwendung“ parat zu haben, wurde es statistisch bearbeitete und numeriert. So entstand eine Übersicht mit zahlreichen Personenregistern. In diesen waren den jeweiligen westlichen Unternehmen – darunter viele aus Österreich – die Namen der „Kontaktpartner“ und Mitarbeiter sowie deren Anschrift zugeordnet, die Telefonnummern, Geburtsdaten, Funktionen und Dienststellungen erfaßt, wo möglich auch ergänzt durch politische Einschätzungen der „Bezugspartner“.[136]

---

135 Vgl. Buthmann, Reinhard: MfS-Handbuch zur AG BKK, BStU. Berlin 2003.

136 Übersicht zu „Auslandsverbindungen NSW“ der DDR mit Aufstellung der „Kontaktpartner“, Mitarbeiter, Wohnanschriften, Geburtsdaten, Telefonnummern, Funktionen und Dienstellungen in der Firma. BStU, MfS AG BKK 1731.

Ein besonderes Augenmerk des MfS galt dem Internationalen Handelszentrum (IHZ) in der Ost-Berliner Friedrichstraße. Hier befanden sich die Büros von zahlreichen in der DDR akkreditierten ausländischen Firmen, darunter auch Vertretungen österreichischer Handelspartner. Das MfS schätzte die etwa einhundert Firmenbüros im IHZ als „einen Konzentrationspunkt von NSW-Stützpunkten auf dem Territorium der Hauptstadt der DDR“ ein und ging davon aus, „daß diese Büros unter mißbräuchlicher Nutzung für staatfeindliche und andere feindlich-negative Handlungen als Stützpunkte genutzt werden“. Insgesamt arbeiteten im IHZ zu dieser Zeit rund 200 Ausländer, 95 DDR-Bürger, von denen 33 als Reisekader auch geschäftliche Aufgaben im westlichen Ausland wahrnehmen durften.[137] Mehrere MfS-Offiziere im besonderen Einsatz (OibE) überwachten in den 1980er-Jahren aus Schlüsselpositionen das Geschehen im IHZ:

- OibE Major Seifert diente als Direktor des IHZ,
- OibE Oberfeldwebel Freese war seine Sekretärin,
- OibE Major Müller Leiter der Abteilung Ordnung und Sicherheit im IHZ,
- OibE Unterleutnant Kühling Sektorenleiterin für den Arbeitskräfteeinsatz im Bereich des Dienstleistungsamtes.

Hinzu kamen mehrere Inoffizielle Mitarbeiter unter dem DDR-Personal der ausländischen Firmen im IHZ. Dem Jahresarbeitsplan der MfS-Hauptabteilung XVIII/7 (zuständig für die Überwachung der DDR-Volkswirtschaft, Ministerium für Außenhandel) für das Jahr 1979 ist zu entnehmen, daß sich das Interesse des MfS insbesondere auf die Firmenvertretungen aus dreizehn westlichen Staaten konzentrierten, darunter auch die österreichischen Firmen im IHZ. Der zuständige MfS-Offizier Pfeffer erhielt den Auftrag bis spätestens November 1979 einen weiteren Inoffiziellen Mitarbeiter „zu ausgewählten Firmen aus Österreich oder Dänemark“ zu werben.[138] Neben der Hauptabteilung XVIII, die laut Arbeitsplan von 1986 insgesamt 30 Inoffizielle Mitarbeiter unter dem DDR-Personal plaziert hatte, steuerten auch die Hauptverwaltung Aufklärung (HV A) und die Spionageabwehr (HA II) eigene „Inoffizielle Kräfte“ im IHZ.[139] Die Telefonleitungen der ausländischen Firmenvertretungen wurden von Experten der MfS-Abteilung 26 überwacht.

Schon bevor die österreichischen Partner im IHZ ihre Büroräume bezogen berichtete am 11. August 1978 ein Vertrauensmann des Staatssicherheitsdienstes

137 Hauptabteilung XVIII/7/3: Arbeitsplan des Referats 3 für das Jahr 1981 v. 15. Dezember 1980. BStU, MfS AG BKK 241 Bd. II.

138 Hauptabteilung XVIII/7/2: Jahresarbeitsplan des Referates 2 für das Jahr 1979 v. 2. Januar 1979. BStU, MfS AG BKK 241 Bd. I.

139 Arbeitsplan des Referats 3 der HA XVIII/7 für das Jahr 1986 v. 17. Januar 1986. BStU, MfS, AG BKK 238.

sehr detailliert „über den Stand der Vorbereitung zur Eröffnung eines Büros der VÖEST-Alpine-Interdrading im IHZ". Der Mietvertrag für drei Räume sei von der Firma Novum und VÖEST-Alpine einerseits und dem IHZ andererseits geschlossen worden. Der Berichterstatter, ein IM-Vorlauf (IM-V) „Fritz" gehörte zum Personal der österreichischen Firmenvertretung. Ihm wurde, wie er seinem Führungsoffizier mitteilte, von VÖEST-Alpine „ein PKW, Typ Lada, der in Österreich gekauft wurde, zur Verfügung gestellt" und eine „kleine Handkasse", die bei der Firma Novum abzurechnen war. Vor der Eröffnung des Büros, sollte IM-V „Fritz" eine Einweisung im österreichischen Stammhaus erhalten. Der MfS-Führungsoffizier Hauptmann Hedrich wies „Fritz" auf die „Einhaltung der Konspiration" hin. „Fritz" solle „keinerlei schriftliche Aufzeichnungen, Vermerke, Notizen, die für mich bestimmt sind, im Büro anfertigen oder liegen lassen oder bei sich tragen".[140] Knapp zwei Wochen später lieferte IM-V „Fritz" seinem Führungsoffizier Informationen zum Personal der VÖEST-Vertretung im IHZ sowie zu den ersten geschäftlichen Vorhaben, die in Angriff genommen wurden.

Auch in der Ost-Berliner Novum-Firmenniederlassung hatte das MfS eine gute Informationsquelle. Die dort beschäftigte IMS „Claudia", eine Agentin der Hauptverwaltung Aufklärung, verfügte über „allseitige" Kontakte zum Büroleiter Karl S. Im Oktober 1982 forderte die Hauptabteilung XVIII des MfS von der HV A einen Bericht über die interne Situation in der Novum-Vertretung und Karl S. an, der auch prompt geliefert wurde. Karl S. sei Mitglied der KPÖ. Er habe mehrfach als Gast an Veranstaltungen der Parteiorganisation seiner Firma teilgenommen und „bei den Genossen einen guten Eindruck hinterlassen". Die Novum Handelsgesellschaft vertrete die VÖEST-Alpine, die den größten Umsatz in der DDR erziele, mit besonderer Umsicht. Der zuständige Sachbearbeiter Herr Z. besitze in der Firma den größten Freiraum. Karl S. widme sich mit großem Interesse „auch allen Sondergeschäften, wo es auf kurzfristige Realisierung von außerplanmäßigen Importen ankommt".[141]

In der Niederlassung der Dow Chemical Company im IHZ arbeitete IM „Jana", die häufig Dienstreisen in die Wiener Zentrale der Firma unternahm, aber auch nach Salzburg fuhr. Der Leiter der Dow-Chemical-Vertretung war seit Oktober 1981 der Österreicher Karl B.; gegen ihn verhängte der Staatssicherheitsdienst eine „weitestgehende inoffizielle Kontrolle", die sich bald zu einer Operativen Personenkontrolle (OPK) „Chemiker" ausweitete. Geplant wurde die

140 Hauptmann Hedrich: Treffberichte v. 11. und 24. August 1978 mit IM-V „Fritz". BStU, MfS, AG BKK Nr. 932, Bl. 15 ff.

141 Oberstleutnant Horst Gentsch, HV A, SWT: Information zur Person Karl S. v. 20.10.1983. BStU, MfS, AG BKK Nr. 629, Bl. 5 f. u. 79 ff.

„Herstellung eines Vertrauensverhältnisses durch die eingesetzten IM als Voraussetzung einer konkreten Aufklärung“. Aus der Dow Chemical Vertretung berichtete unter anderem IM „Jana“ über Interna wie Kreditprobleme und Zahlungsbedingungen von Dow Chemical. In einem Bericht über ein Gespräch mit ihr, das Major Gleißner von der MfS Hauptabteilung XVIII am 8. Mai 1981 führte, hieß es: „Jana“ informierte, daß sie ab Mai 1981 vorerst kommissarisch die Funktion eines Verkäufers im Dow-Büro übernommen hat.“ Sie solle mit einem Überleitungsvertrag vom Dienstleistungsamt zu Transinter künftig für Importe und Exporte der DDR zuständig sein, die zwischen dem Außenhandelsbereich Chemie und der Dow Chemical Company abzuwickeln waren. Sie werde im Juni 1981 zu einer Dienstreise in die Schweiz fahren, „um dort einen Lehrgang für Verkäufer zu absolvieren“.

In den Jahren 1982/83 berichtete „Jana“ immer wieder über Kreditprobleme bei der Finanzierung von Käufen seitens der DDR. Im April 1982 ging bei der Staatssicherheit die Mitteilung ein, das Firmenbüro von Dow Chemical im IHZ habe per Telex aus Wien die Weisung erhalten, ab sofort keine firmenbezogenen Kredite mehr zu gewähren oder irgendwelche Unterstützung bei der Finanzierung zu geben, selbst Vorschläge wie „180 Tage Ziel/60 Tage Netto, 120 Tage Banklaufzeit mit Zinsen“ würden abgelehnt. Storniert wurde ein Vertrag über 2000 Tonnen Propylen für 2,5 Millionen Dollar der mit dem Außenhandelsbetrieb Carl Zeiss Jena geschlossen worden war. Das Berliner Büro habe den Auftrag erhalten, sich unter Vorwänden aus schwebenden Vertragsverhandlungen herauszuziehen. In dem Telex, dessen Übersetzung aus dem Englischen der Information beilag, wird auf die Zurückhaltung der westlichen Banken bei der Finanzierung von DDR-Importen verwiesen sowie auf die Weigerung amerikanischer Banken solche Geschäfte überhaupt noch zu kreditieren. Die DDR habe ihre Quoten für den Import aus westlichen Ländern auf ein absolutes Minimum reduziert. Mitgeteilt wurde auch, daß westdeutsche Betriebe ebenfalls Verträge stornieren würden, so Degussa und Bayer sowie Union Carbid.

Im April 1983 fuhr „Jana“ zur Weiterbildung in „unser Büro, Hauptquartier in Wien“. Sie wurde von der dortigen Mitarbeiterin Gabi P. bei Einkäufen in einer Boutique begleitet, man hatte ihr 10 000 Schilling zu Repräsentationszwecken zur Verfügung gestellt. Am 16. Mai 1983 berichtete „Jana“ über die Ergebnisse ihrer Reise nach Wien. Die Lage hatte sich für den DDR-Außenhandel weiter verschlechtert. Dow Chemical werde dem DDR-Außenhandelsbetrieb keinen kommerziellen Kredit mehr gewähren. Dow Chemical wolle nur noch Geschäfte mit DDR-Partnern machen, wenn nach 30 oder 60 Tagen die Finanzierung durch eine Bank gesichert sei.[142] Genau zwei Tage später sollten zwei westdeutsche Politiker – Bundeskanzler Helmut Kohl und der bayerische Ministerpräsident Franz Josef Strauß – ihr abschließendes Gespräch über die Art und Weise, wie der DDR mit einem Milliarden-Kredit unter Federführung einer bayerischen Bank aus der Klemme geholfen werden sollte.[143] Das allerdings konnte IM „Jana" bei ihrer dramatischen Lagebeurteilung im Unterschied zum MfS-Offizier im besonderen Einsatz Alexander Schalck noch nicht wissen.

Unerwünschter Import – „Kunst und Koexistenz"

Im MfS-Bestand der Arbeitsgruppe des Ministers (AGM) ist eine Sammlung von MfS-Dokumenten zu Staats- und Rechtsfragen überliefert. Darunter befindet sich ein 34 Seiten umfassender Schulungstext der MfS-Hochschule aus dem Jahre 1968, der sich mit einem unliebsamen Österreicher befaßt. Das Lehrmaterial mit dem umfänglichen Titel „Information aus aktuellem Anlaß zu dem im Hamburger Rowohlt-Verlag im Oktober 1966 veröffentlichten Buch von Ernst Fischer, Österreich, Kunst und Koexistenz (Beitrag zu einer modernen marxistischen Ästhetik)" wurde in einer Auflage von 2 000 Exemplaren an junge „Offiziershörer" der Juristischen Hochschule Potsdam-Eiche ausgegeben. Im Vorwort wies der Prorektor für marxistisch-leninistische Grundlagenausbildung, Oberstleutnant Dr. Rudolf Hofmann, auf die Gründe für die Veröffentlichung hin.[144] Nach der „Reaktion des Publizisten und Mitglieds der KPÖ Ernst Fischer" auf die Niederschlagung des Prager Frühling sah sich demnach die MfS-Hochschule veranlaßt, die Offiziersschüler über die „revisionistische, konterrevolutionäre Konzeption" des österreichischen Kommunisten aufzuklären. Sie sollten „revisionistische Einstellungen und Verdrehungen" in Fischers Buch „Kunst und Koexistenz" erkennen lernen. Das „Erkennen einer Gefahr", so Oberstleutnant Hofmann, sei nämlich „die erste Voraussetzung für ihre Abwendung". Fischers Buch war allerdings in der DDR nicht erhältlich – auch der überwiegenden Zahl der MfS-Offiziersschüler dürfte es nicht zugänglich gewesen sein. Sie mußten

---

142 Die Berichte von IM „Jana" aus der Handelsvertretung von Dow Chemical im IHZ finden sich unter BStU, MfS AG BKK 1332.

143 Vgl. Schalck, Alexander: Vermerk über ein Gespräch zwischen dem Genossen Schalck und dem Vorsitzenden der CSU und Ministerpräsidenten des Landes Bayern, F. J. Strauß, am 05. Mai 1983 in Spöck/Chiemsee. BArch, DL 2/KoKo/1040.

144 Oberstleutnant Rudolf Hofmann (JHS, Prorektor für marxistisch-leninistische Grundlagenausbildung): Information aus aktuellem Anlaß zu dem im Hamburger Rowohlt Verlag im Oktober 1966 veröffentlichten Buch von Ernst Fischer, Österreich, „Kunst und Koexistenz. Beitrag zu einer modernen marxistischen Ästhetik", April 1968. BStU, MfS AGM 127.

glauben, was ihnen da als scholastische Trockenübung zur „Widerlegung“ der „revisionistischen Thesen“ Fischers vorgesetzt wurde. Es fällt schwer aus dem Schulungsheft und der darin enthaltenen Lektion von Oberstleutnant Hofmann noch herauszulesen, was Ernst Fischer in seinen fünf Essays zur Idee einer modernen marxistischen Ästhetik in „Kunst und Koexistenz“ wirklich geschrieben hatte.

Fischer widmete sich in seinem ersten Essay der synthetisierenden Analyse von Samuel Becketts Stück „Endspiel“ und Solschenizyns Gulag-Roman „Ein Tag im Leben des Iwan Denissowitsch“. Auch dieser Text aus der sowjetischen Tauwetterzeit wurde in der DDR auf Betreiben Walter Ulbrichts nicht gedruckt. Der zweite Essay „Koexistenz und Ideologie“ wandte sich gegen den Wahrheitsanspruch der kommunistischen Ideologie. „Wie soll es eine für Westeuropa, für Rußland und für China gemeinsame ‚monolithische‘ Ideologie geben?“ fragt Fischer und antwortet: „Gemeinsam kann die wissenschaftliche Methode sein, vielleicht die Philosophie, die Zukunftsvision, gewiß nicht die Ideologie.“[145] Der dritte Text mit der Überschrift „Der deformierte Mensch“ setzt sich mit der „Entfremdung zwischen dem Volk und den Regierenden“ in den sozialistischen Staaten auseinander. „Die Erneuerung des Menschen durch den Kommunismus ist bisher ausgeblieben“, schrieb Fischer, da durch die „Deformation des Kommunismus“ nicht erreicht wurde, was alle einmal glaubten, „die der Kommunismus mitriß“. Im vierten Essay „Zum Problem der Dekadenz“ wies Fischer auf die Parallelen des NS-Verdikts der „entarteten Kunst“ und der vom Dogma des Sozialistischen Realismus abgeleiteten Verurteilung der „Dekadenz“ von Rimbaud bis Kafka, von Cézanne bis Picasso hin, um dagegen seine Interpretation „eines neuen Sehvermögens“ zu setzen, für das gerade diese doppelt Verfemten stehen könnten. Im fünften und letzten Essay, „Lob der Phantasie“, schlug Fischer einen Ton an, der zwei Jahre später ein beachtliches Echo in der Losung „Die Phantasie an die Macht“ finden sollte. „Der Schrumpfungsprozeß der Phantasie“, schrieb Fischer, gehöre „zu den beunruhigendsten Erscheinungen unseres Zeitalters“.[146] In den Potenzen der universalen Wissenschaft und Kunst glaubte Fischer die Kräfte aufgehoben, „welche das Trennende überwinden“ könnten, um „im internationalen Teamwork die Menschheit als Arbeitsgemeinschaft zum Bewußtsein ihrer selbst“ zu bringen. Durch „das Innewerden des existentiell Gemeinsamen in all dem Anders-Sein, der gemeinsamen Nöte, Bedrängnisse, Hoffnungen, Ängste, Träume und Utopien“ werde der dem anderen entfremdete Mensch „in diesem anderen seiner selbst, des sich selbst ent-

---

145 Fischer, Ernst: Kunst und Koexistenz. Beitrag zu einer modernen marxistischen Ästhetik. Reinbek bei Hamburg 1966, S. 55.

146 Ebd., S. 222.

fremdeten Menschen, plötzlich gewahr“ und erlebe „die Menschheit als Einheit in der Vielfalt“.[147]

In seinem Plädoyer für eine Erneuerung des utopischen Denkens rief Fischer als seine geistesverwandten Mitdenker überwiegend Dichter und Denker auf, die sich im Widerspruch zum „realen Sozialismus“ befanden. Robert Havemann und Wolf Biermann wurden ebenso herbeizitiert wie Eduard Goldstücker, Václav Havel und Leszek Kolakowski – ganz zu schweigen von den intellektuellen Meisterdenkern aus der westlichen Welt, die Fischer anführt, um seine Kernthesen zu belegen, als da wären Theodor W. Adorno, Louis Aragon, Ernst Bloch, Roger Garaudy, Herbert Marcuse, C. Wright Mills, Jean-Paul Sartre usw. usf.. Für Fischer sind es diese und andere Intellektuelle, Dichter und Künstler, die in Ost und West eine Erneuerung im Sinne eines „demokratischen Sozialismus“ herbeiführen müßten, um die große Möglichkeit zu nutzen, „daß die Gattung Mensch über sich selbst hinauswächst, nicht nur An-Sich bleibt, sondern zu einem „Für-Sich wird, durch ein alle Grenzen sprengendes gemeinsames Erlebnis und Bewußtsein ihrer selbst in jedem einzelnen“.[148]

Für Oberstleutnant Dr. Hofmann waren das ungeheuerliche Zumutungen und zutiefst „konterrevolutionäre Ideen“. Er schrieb in dem MfS-Schulungsheft über Ernst Fischer, dieser ehemalige verdiente Kommunist, der bis zum XX. Parteitag der KPdSU 1956 „ein führender marxistischer Kulturtheoretiker“ gewesen sei, vertrete nun einen besonders gefährlichen Revisionismus, indem er eine menschenwürdige Gesellschaft verkünde, die „noch nirgends existiert“, die aber im „Ergebnis der Wechselwirkung“ zwischen allen Klassen, Nationen und Gesellschaftssystemen entstehen solle. Dazu habe Fischer den Begriff der „große Integration“ eingeführt. Nach Fischers Integrationsthese „wird sich das Positive, Fortschrittliche, Humanistische“ der unterschiedlichen politischen Systeme durchsetzen und „nach Überwindung des Negativen“ zu einer „menschenwürdigen Gesellschaft vereinen“. Mit seiner Theorie von der „großen Integration“ ignoriere Fischer die Unterschiede zwischen Kapitalismus und Sozialismus und mißachte die „Gesetzmäßigkeiten“ vom Sieg und von der Überlegenheit des Sozialismus. Fischer ignoriere zudem die „Errungenschaften des Sozialismus“ und versuche durch die „Hintertür Kunst“ seine „revisionistischen Ansichten“ zu verbreiten. Damit verleumde er nicht nur die Bürger der sozialistischen Länder und deren Regierungen, sondern letztlich die „große Idee des Sozialismus“. Für Fischer habe „die siegreiche Arbeiterklasse […] genauso aufgehört, eine revolutionäre Kraft zu sein, wie das angeblich verspießerte Proletariat in den entwickelten kapitalistischen Ländern“. Fischer leugne die „selbst von manchen

147 Ebd., S. 225.
148 Ebd., S. 227.

bürgerlichen Ideologen anerkannte Tatsache, daß sich z. B. in der DDR massenhaft neue Menschen, selbstbewußte, humanistisch denkende und handelnde Staatsbürger entwickelt haben“. Das Buch sei kein „Beitrag zur marxistischen Ästhetik“, wie es der Untertitel verspreche, sondern ein „verleumderischer Angriff auf die aktuelle Politik der kommunistischen Parteien in den europäischen sozialistischen Ländern“.

Die jungen MfS-Offiziere sollten Fischers Buch „richtig“ verstehen und darauf vorbereitet werden, daß Anhänger Fischers seine „gefährlichen“ Ideen auch in der DDR verbreiten könnten. „Neben einer Reihe spezieller operativer Maßnahmen, auf die hier nicht eingegangen werden kann,“ sei es notwendig „unsere Genossen so zu schulen, daß sie die revisionistischen Entstellungen und Verdrehungen“ Fischers erkennen und als „Vorbereitung der ‚Revolution neuen Stils‘, d. h. der Konterrevolution bestimmen können“.[149]

Zu der befürchteten „Revolution neuen Stils“ sollte es in der DDR tatsächlich noch in einem Ausmaß kommen, wie es sich Oberstleutnant Dr. Hofmann 1968 wohl nicht einmal in seinen negativsten „operativ-ideologischen“ Szenarien vorzustellen vermochte. Aus eindimensionaler geheimpolizeilicher Perspektive aber traf seine Warnung vor Fischers Reformsozialismus den Nagel auf den Kopf. Für das kommunistische Regime war die Idee einer zivilen Weltgesellschaft eine Bedrohung erster Güte. Ihr durfte auf keinen Fall Raum zur Entfaltung gegeben werden. Denn das von Fischer als unverzichtbare Bedingung eines humanistischen Sozialismus vorausgesetzte freie Denken war mit dem real in der DDR herrschenden Sozialismus ebenso unvereinbar wie sein Plädoyer für die Würde jedes einzelnen Menschen.

149 Oberstleutnant Rudolf Hofmann: Information zu Fragen des ideologischen Klassenkampfes. BStU, MfS AGM 127, Bl. 1041.

Die Novum Handelsgesellschaft mbH im Wirtschaftsgeflecht DDR – Österreich

von Malte Fischer

Ironie der Geschichte

Die Geschichte geht manchmal verschlungene Wege. Sie kann sogar Jahrzehnte später unerwartet zu Ereignissen führen, die geschichtliche Abläufe erneut schlaglichtartig beleuchten. Mehrere private Förderinitiativen und die Evangelische Kirche haben Mitte der 2000er-Jahre den Wiederaufbau der auf Befehl des preußischen Königs Friedrich Wilhelm I. zwischen 1730 und 1735 errichteten Potsdamer Garnisonskirche auf den Weg gebracht. Die Garnisonskirche wurde 1945 durch Bombenangriffe schwer beschädigt; 1968 wurden deren Ruinen auf Betreiben von Walter Ulbricht gesprengt. Sie war ein bedeutendes Bauwerk des preußischen Barocks, in ihr waren die Könige Friedrich Wilhelm I. und Friedrich der Große beigesetzt. Sie diente den in Potsdam stationierten Garnisonen als Gottesdienstkirche. Der Wiederaufbau wird wie bei der Dresdner Frauenkirche überwiegend von privaten Spenden finanziert.

Die Geschichte der Garnisonskirche ist aber von einem dunklen Ereignis überschattet, das am Beginn der größten Katastrophe in der deutschen Geschichte stand. Die Potsdamer Garnisonskirche diente als Ikone des Preußentums einer von Reichskanzler Adolf Hitler inszenierten Propagandaveranstaltung. Damit wurde am 21. März 1933 den dort versammelten Reichstagsabgeordneten und der deutschen Öffentlichkeit vorgegaukelt, der neue Reichskanzler stehe in der Tradition der preußischen Geschichte. Diesen Eindruck förderte auch der anwesende Reichspräsident Paul von Hindenburg, der als Symbol für die Vereinigung des „alten und des neuen Deutschlands" herhielt. Hitler verfolgte mit dieser Inszenierung einen bestimmten Zweck: Er wollte, daß die in der Potsdamer Garnisonskirche zum Staatsakt anläßlich der Konstituierung des am 5. März 1933 gewählten Reichstags versammelten Abgeordneten, insbesondere die der konservativen Parteien, dem Ermächtigungsgesetz zustimmten. Dessen Verabschiedung am 24. März 1933 im Reichstag beendete die Weimarer Demokratie; das Unheil nahm seinen Lauf.[1]

---

1 Vgl. die Darstellung der Fördergesellschaft für den Wiederaufbau der Garnisonskirche Potsdam (FWG) e.V. unter: http://garnisonkirche-potsdam.org/?page_id=525.

Vor diesem Hintergrund kann die Finanzierung des Wiederaufbaus der Potsdamer Garnisonskirche mit zwei Millionen Euro aus dem Vermögen der Sozialistischen Einheitspartei Deutschlands (SED) als bittere Ironie der Geschichte bezeichnet werden. Maßgebliche Akteure der Quelle dieser Finanzierung gehörten nämlich zu den aus rassischen, politischen und weltanschaulichen Gründen Verfolgten des NS-Regimes oder standen bzw. stehen diesen nahe. Der erwähnte Betrag stammt aus dem Vermögen der mit der SED verbundenen Firma Novum Handelsgesellschaft mbH, deren letzte Allein-Gesellschafterin und Geschäftsführerin bis 1992 die am 28. Oktober 2012 verstorbene Wiener Kommerzialrätin Rudolfine Steindling, genannt die „Rote Fini", war.[2] Ihr verstorbener Mann war der Résistance-Kämpfer und Holocaust-Überlebende Adolf Steindling. Rudolfine Steindling selbst war in der traditionsreichen jüdischen Gemeinde in Wien verwurzelt, deren Mitglieder nach dem „Anschluß" 1938 von den NS-Machthabern verfolgt und, soweit sie nicht emigrieren konnten, von ihnen ermordet wurden. Rudolfine Steindling gehörte von 1959 bis 1969 der Kommunistischen Partei Österreichs (KPÖ) an, deren Mitglieder und Sympathisanten ebenfalls von den NS-Machthabern in der „Anschlußzeit" in Österreich verfolgt wurden. Im Firmengeflecht der KPÖ hatte sie viele Funktionen.

Die Brückenfunktion der Novum Handelsgesellschaft mbH (Firma Novum)

Die DDR suchte den Weg über das gesellschaftlich westlich, außenpolitisch jedoch neutral orientierte Österreich, um ihren notwendigen Bedarf an Gütern und Leistungen aus dem westlichen Ausland zu decken. Sie bezweckte damit, der Isolierung ihrer Wirtschaft infolge der Teilung Deutschlands, der Abhängigkeit von der westdeutschen Wirtschaft und der damit verbundenen Anfälligkeit für politische Repressalien seitens der Bundesrepublik Deutschland zu entgehen. Wegen ihrer deutsch-österreichischen Unternehmensstruktur war die Firma Novum dazu prädestiniert, die Brücke zwischen der Wirtschaft der DDR und der österreichischen Wirtschaft zu schlagen. Sie war eine nach dem Recht der DDR mit Sitz in Ost-Berlin gegründete und im Ost-Berliner Handelsregister eingetragene Firma, die sich als österreichisches Unternehmen ausgab, von österreichischen Gesellschaftern gehalten und von österreichischen Geschäftsführern geleitet wurde, jedoch treuhänderisch an die SED gebunden war. Ihre österreichischen Gesellschafter und Geschäftsführer gehörten überwiegend dem Firmengeflecht der KPÖ an. Aus dieser Verbindung ergaben sich die Geschäftsbeziehun-

2 Mitteilung der Fördergesellschaft für den Wiederaufbau der Garnisonskirche Potsdam e.V. vom 9. Dezember 2009: „Bauen: Wiederaufbau beginnt 2011 mit SED-Geld – Zwei Millionen aus Vermögen der DDR-Parteien für die Garnisonskirche. http://garnisonskirche-potsdam.org/.

gen der Firma Novum in erster Linie zu den Treuhandunternehmen der KPÖ, die exzellente Verbindungen sowohl zu den Staatshandelsländern des Ostblocks als auch zu Wirtschaftsunternehmen im „kapitalistischen“ Westen hatten. Zunehmend waren auch andere österreichische Unternehmen, insbesondere aus dem verstaatlichten Industriebereich Österreichs, Geschäftspartner der Firma Novum. Sie entwickelte sich zu einem bedeutenden Faktor im Ost-West-Handel der DDR mit Österreich.[3] In den 1980er Jahren liefen 50 bis 60 Prozent des Außenhandels der DDR mit Österreich über die Firma Novum.[4] Auf der österreichischen Brückenseite agierten die Treuhandunternehmen der KPÖ, mit denen die Firma Novum auch wegen der ideologischen Verbindung der Treugeber, KPO und SED, eng zusammenarbeitete. Sie bestritten etwa 70 Prozent des Exports Österreichs in die DDR.[5]

Nach dem zweiten Weltkrieg war die KPÖ die einzige kommunistische Partei in Westeuropa, die ein Netzwerk von erfolgreichen Unternehmen eingerichtet hatte. Diese nutzten im sowjetischen Sektor Österreichs die guten Beziehungen zu der sowjetischen Besatzungsmacht für ihre Geschäfte, später im neutralen Österreich spielten sie ihre Erfahrungen und Beziehungen mit den Ostblockländern im Ost-West-Handel aus, um Geschäfte Richtung Ost und West zu vermitteln. Sie überspielten damit auf der einen Seite Handelshindernisse, die der Westen dem Ostblockhandel auferlegt hatte,[6] auf der anderen Seite die in den Staatshandelsländern nach sowjetischem Muster bestehenden ideologischen und bürokratischen Hindernisse gegen den Westhandel. Gerade das Ausblenden von ideologischen Gegensätzen erleichterte die Geschäfte in beiden Richtungen zum

---

3 Nikbakhsh, Michael: Geschäftsfrau Rudolfine Steindling ließ 130 Millionen Euro spurlos verschwinden, in der Online-Ausgabe des österreichischen Magazins *Profil*: http://www.profil.at/articles/1014/560/266160/geschaeftsfrau-rudolfine-steindling-130-millionen-euro-verschwinden.

4 Stolzlechner, Roman: Österreichs Wirtschaftsbeziehungen mit der DDR und die Bedeutung der KPÖ-Treuhandunternehmen. In: Mitteilungen des Österreichischen Staatsarchivs. Sonderband 9. „Zarte Bande“ – Österreich und die europäischen planwirtschaftlichen Länder. Herausgeber: Enderle-Burcel, Gertrude; Stiefel, Dieter; Teichova, Alice. Generaldirektion des Österreichischen Staatsarchiv Wien 2006. S. 161 f. (Veröffentlichung wird im Folgenden abgekürzt: MÖStA).

5 Abschlußbericht des 2. Untersuchungsausschusses der 13. Wahlperiode des Deutschen Bundestags „DDR-Vermögen“ vom 28. Mai 1998, BT-Drucksache 13/10900, S. 115 (abgekürzt: BT-Bericht DDR-Vermögen) unter Berufung auf eine Aussage von Gerhard Beil, ehemaliger Außenhandelsminister der DDR. Internet: http://dip21.bundestag.de/dip21/btd/13/109/1310900.pdf.

6 Zum Beispiel Embargobestimmungen der NATO-Länder "CoCom-Listen".

beiderseitigen Vorteil. Daraus entstand das Kernstück des späteren lukrativen Ost-West–Handels in Österreich.[7]

Die Ausgangslage: Deutschland und Österreich nach dem Zweiten Weltkrieg

Um die Wirtschaftsbeziehungen zwischen der DDR und Österreich besser verstehen zu können, muß auf die Nachkriegsgeschichte beider Länder näher eingegangen werden. Die vier Siegermächte Sowjetunion, USA, Großbritannien und Frankreich regierten das von ihnen nach Kriegsende 1945 besetzte Deutschland von ihren Besatzungszonen aus. Regierungsentscheidungen der Besatzungsmächte, die „Deutschland als Ganzes"[8] betrafen, wurden in dem am 5. Juni 1945 eingesetzten Alliierten Kontrollrat getroffen. Die gemeinsame Regierung von „Deutschland als Ganzes" zerbrach an den unterschiedlichen Regierungspolitiken der westlichen Besatzungsmächte einerseits und der sowjetischen Besatzungsmacht andererseits in ihren jeweiligen Besatzungszonen. Die westlichen Besatzungsmächte vereinigten ihre Besatzungszonen zu einer Wirtschaftseinheit (Bi- später Tri-Zone) und führten eine gemeinsame Währung (die DM) ein, nachdem im Alliierten Kontrollrat Initiativen der westlichen Besatzungsmächte für eine gemeinsame Wirtschaftsverwaltung für „Deutschland als Ganzes" am Widerstand der sowjetischen Besatzungsmacht gescheitert waren. Die sowjetische Besatzungsmacht setzte sich von der Entwicklung in den westlichen Besatzungszonen ab; sie gestaltete ihre Besatzungszone in ein stalinistisch-diktatorisches System mit Staats- und Planwirtschaft, Einheitspartei und mit – eine Besonderheit gegenüber den anderen Volksdemokratien – von dieser kontrollierten Blockparteien unter der Führung der von ihr kontrollierten SED um.[9] Dieser Bruch führte schließlich 1949 zur Gründung zweier deutscher Teilstaaten.

---

7 Seliger, Maren: KPÖ-Treuhandunternehmen und Osthandel 1945 – 1989. In: MÖStA, S. 111 f.; Enderle-Burcel, Gertrude: CPA-Companies (KPÖ-Unternehmen). In: Session 101: Austrian's Relations with her Neighbours. The XIV International Economic History Congress in Helsinki, Finland, 21 to 25 August 2006, abgekürzt IEHC Helsinki. Vortragsmanuskript im Internet: http://www.helsinki.fi/iehc2006/papers3/Enderle.pdf , S. 5. (Veröffentlichung im Folgenden abgekürzt: Vortragsmanuskript „CPA Companies" im Helsinki-Forum).

8 Terminus des Potsdamer Abkommens, Buchst. A. Politische Grundsätze Ziff. 1. Unter: http://www.kas.de/upload/dokumente/DDRMythen/potsdamer_abkommen.pdf

9 Vgl. Steininger, Rolf: Deutsche Geschichte seit 1945. Darstellung und Dokumente in vier Bänden. Band 2: 1948 – 1955. Fischer Taschenbuchverlag GmbH. Frankfurt am Main 1996, S. 15 ff. Folgend: Steininger: Deutsche Geschichte seit 1945.

Dagegen war die Nachkriegsentwicklung in Österreich eine andere. Österreich war bis 1938 ein souveräner Staat gewesen, der nach seinem Anschluß an das Deutsche Reich untergegangen ist. Das veranlaßte die Alliierten, für Österreich eine andere Nachkriegsplanung vorzusehen als für Deutschland. Schon 1943 wurde mit der Moskauer Deklaration der Außenminister der Sowjetunion, Großbritanniens und der USA vereinbart, Österreich als souveränen Staat nach Kriegsende wiederherzustellen.[10] In der „Anschlußzeit" hatten die NS-Machthaber die vorhandenen politischen und organisatorischen Strukturen beseitigt, die Parlamente aufgelöst und die Bundesländer (Bezirkshauptmannschaften) mit ihren eigenen Verwaltungszuständigkeiten durch Reichsgaue ersetzt, die andere Funktionen hatten, sich zum Teil in ihren Grenzen änderten und auch andere Namen trugen. Als oberste Vertreter des Reiches wurden ein „Reichskommissar für die Wiedervereinigung Österreichs" und ein „Reichsstatthalter in Österreich" eingesetzt.[11]

Nach der Besetzung Österreichs durch die vier Siegermächte wurden wie in Deutschland Besatzungszonen der vier alliierten Siegermächte eingerichtet. Wien wurde wie Berlin in alliierte Sektoren aufgeteilt. Wie in Deutschland wurde ein Alliierter Kontrollrat für Österreich eingesetzt, der 1946 weitere Souveränitätsrechte auf die österreichische Staatsregierung übertrug. Der Alliierte Kontrollrat für Österreich wurde erst mit dem zwischen Österreich und den vier Besatzungsmächten abgeschlossenen Staatsvertrag vom 15. Mai 1955 aufgelöst, der Österreich die volle Souveränität unter der Prämisse seiner Neutralität brachte. Entsprechend ihrem in der Moskauer Deklaration geäußerten Ziel, die Unabhängigkeit Österreichs wiederherzustellen, restaurierten die Siegermächte den österreichischen Staat, wie er vor dem Anschluß an das Deutsche Reich bestanden hatte. Die parlamentarische Demokratie wurde nach der Bundesverfassung von 1920 wieder eingeführt. Entsprechend dieser Verfassung wurden die Verwaltungsstrukturen wie die neun Bundesländer sowie alle staatlichen Landes- und Bundeseinrichtungen wiederhergestellt.

Allerdings hatte Stalin zunächst auch die Überlegung, Österreich wie Ungarn beim Einmarsch der Roten Armee gewaltsam zu sowjetisieren. Er nahm aber Abstand davon, da dies unweigerlich zu Konflikten mit den in Österreich präsenten Westmächten geführt hätte. Stalin setzte vor diesem Hintergrund eher

10 Text: http://www.ibiblio.org/pha/policy/1943/431000a.html.

11 Jagschitz, Gerhard: Regierungs– und Verwaltungsaufbau in Österreich. In: Sowjetisierung oder Neutralität? Optionen sowjetischer Besatzungspolitik in Deutschland und Österreich. Herausgeber: Hilger, Andreas. Schmeitzner, Mike und Vollnhals, Clemens. Schriften des Hannah-Arendt-Instituts für Totalitarismusforschung Band 32, Vandenhoeck & Ruprecht Göttingen 2006. S. 373. (Veröffentlichung wird mit „Optionen" abgekürzt).

auf eine „langfristige evolutionäre Machtübernahme“.[12] Dieses Ziel sollte hauptsächlich durch die Vereinigung der beiden als gleichstark angenommenen Arbeiterparteien SPÖ und KPÖ unter dem Motto „Aktionseinheit der Arbeiterklasse“ zumindest in der Sowjetischen Besatzungszone (SBZ-Ö) erreicht werden, wie es 1946 in der Sowjetischen Besatzungszone in Deutschland (SBZ-D) durch die Zwangsvereinigung der SPD mit der KPD realisiert worden ist. Auf Druck der sowjetischen Besatzungsmacht sollte die zusammengeschlossene Arbeiterpartei zu einer kommunistischen Partei umgeformt werden.[13] Diese Überlegung ging aus zweierlei Gründen nicht auf: Die SPÖ dachte gar nicht daran, sich mit der KPÖ zusammenzuschließen; anders als die SPD in der SBZ-D konnte sie dazu auch nicht gezwungen werden.[14] Die KPÖ erzielte in allen Wahlen während der Besatzungszeit nur niedrige Wahlergebnisse.

Im Unterschied zu Deutschland existierte von Anfang an eine gesamtösterreichische Regierung, die unter der Aufsicht der Besatzungsmächte arbeitete. Schon am 28. April 1945 nahm eine von der sowjetischen Besatzungsmacht eingesetzte Provisorische Staatsregierung unter der Führung des sozialdemokratischen Staatskanzlers Karl Renner offiziell ihre Arbeit im Wiener Rathaus auf.[15] Sie wurde im Herbst 1945 auch von den westlichen Besatzungsmächten bestätigt. Die Provisorische Staatsregierung amtierte bis zur Konstituierung der am 19. Dezember 1945 eingesetzten neuen Bundesregierung, die aus dem am 25. November 1945 gewählten Nationalrat hervorgegangen ist. Bei den ersten Nationalratswahlen nach dem Krieg erzielte die ÖVP die absolute Mehrheit, zweitstärkste Kraft wurde die SPÖ. Die KPÖ erhielt zur Enttäuschung der sowjetischen Besatzungsmacht nur 5,42 Prozent der Stimmen. Dieses niederschmetternde Wahlergebnis der KPÖ in einer freien Wahl veranlaßte übrigens die sowjetische Besatzungsmacht in der SBZ-D, den Zusammenschluß der KPD und der SPD im April 1946 zu erzwingen, woraus die SED entstand. Sie befürchtete, daß die KPD in den für Herbst 1946 vorgesehenen freien Wahlen zu den Kreis- und Landtagen in der SBZ-D im freien Wahlwettbewerb gegenüber der SPD „den Kürzeren ziehen würde.“[16] Genau wie in Österreich die KPÖ[17] war die KPD in der sowjetischen Besatzungszone als „Russenpartei“ verschrien, die

12 Mueller, Wolfgang: Die politischen Parteien in der sowjetischen Besatzungspolitik. In: Optionen, S. 314.

13 Ebd., S. 320.

14 Vgl. Ebd., S. 325 ff. S. 338.

15 Jagschitz: Regierungs- und Verwaltungsaufbau. In: Optionen, S. 401.

16 Schmeitzner: Die Kommunistische Partei will nicht Oppositionspartei sein. In: Optionen, S. 282.

17 Seliger: KPÖ-Treuhandunternehmen. In: MÖStA, S. 109.

SPD war nicht mit diesem Odium behaftet.[18] Gemessen an ihren Zielen fiel die SED bei den Kreis- und Landtagswahlen im Herbst 1946 durch. Sie erreichte flächendeckend keine absolute Mehrheit in den Kreisen und Landtagen, was sie als Ziel anstrebte.[19]

Die neue österreichische Bundesregierung wurde von Bundeskanzler Leopold Figl (ÖVP) geführt. An ihr waren auch die SPÖ und, trotz ihres geringen Stimmenanteils, die KPÖ beteiligt.[20] Mit der Konstituierung des Nationalrates am 19. Dezember 1945 war auch die Bundesverfassung von 1920 wieder in Kraft getreten. Es fanden in Gesamt-Österreich seit 1945 freie Wahlen statt, die zu der Bildung der jeweiligen Bundesregierung führten. Auch waren die nichtkommunistischen Parteien gerade in der SBZ-Ö nicht dem gleichen Druck durch die sowjetische Besatzungsmacht wie in der SBZ-D ausgesetzt. Sie blieben im Wesentlichen bis zum Ende der Besatzungszeit 1955 von den Sowjets unbehel-

18 Schmeitzner: Die Kommunistische Partei. In: Optionen, S. 282.

19 Bei den Kreistagswahlen kam die SED im Durchschnitt auf 50,3 Prozent, in den Landtagswahlen auf 47,5 Prozent der Stimmen. In Groß-Berlin, wo auf Initiative der Westmächte in allen Sektoren sowohl die SED als auch die SPD zu den Senatswahlen zugelassen wurden, erhielt die SED im Durchschnitt 19,8 Prozent der Stimmen; die SPD wurde dort stärkste Partei mit 48,7 Prozent der Stimmen. Vgl. DDR Handbuch Band 2, Hrsg. Bundesministerium für innerdeutsche Beziehungen, Köln. 3. Auflage 1984. S. 1163. (abgekürzt „DDR Handbuch 2").

20 Mueller: Die politischen Parteien. In: Optionen S. 327 ff. Die sowjetische Besatzungsmacht erhoffte sich eine evolutionäre Entwicklung durch einen Zusammenschluß gleich starker Arbeiterparteien der SPÖ und der KPÖ, was durch das marginale Wahlergebnis der KPÖ in weite Ferne rückte. Die KPÖ wurde deswegen in den folgenden Jahren unruhig. Nach den enttäuschenden Wahlergebnissen gab es innerhalb der KPÖ Überlegungen, die Macht durch einen von der sowjetischen Besatzungsmacht herbeigeführten Zwangszusammenschluß mit der SPÖ nur in der sowjetischen Besatzungszone zu erringen. Diese fanden aber bei der sowjetischen Besatzungsmacht keine Gegenliebe. Sie entsprachen nicht den Interessen der Sowjetunion, nämlich ein vereintes, unabhängiges und „neutrales" Österreich auf den Weg zu bringen, das mit der Sowjetunion freundschaftlich verbunden sein sollte. Sogar Putschpläne hegte die KPÖ. Die österreichische Bundesregierung sowie Gewerkschaftsführer, SPÖ-Politiker usw. sollten verhaftet, alle wichtigen Regierungs- und Gendarmeriegebäude besetzt werden. Auch diesen Plänen stimmte die sowjetische Besatzungsmacht nicht zu. Offensichtlich sollte der aktuelle gesellschaftliche und politische Status von Österreich nicht verändert werden. Vgl. ebd., S. 328 f. War hier an der ablehnenden Haltung der sowjetischen Besatzungsmacht zu den Umsturzplänen der KPÖ schon die Absicht Stalins erkennbar, den vorgesehenen Staatsvertrag der Besatzungsmächte mit Österreich, nach dem Österreich aus der Besatzungshoheit entlassen werden soll, als Modell für „die Lösung auch der deutschen Frage" vorzuhalten? Vgl. dazu Steininger, Rolf: Sowjetische Österreichpolitik 1945–1955. In: Optionen, S. 539.; ders.: Deutsche Geschichte seit 1945, S. 296 ff.

ligt.[21] Unter diesen Vorzeichen blieben in allen Besatzungszonen die gleichen gesellschaftlichen und wirtschaftlichen Strukturen erhalten. Anders als in der sowjetisch besetzten Zone Deutschlands gab es in der SBZ-Ö keine Sowjetisierung. Wie in den übrigen Besatzungszonen hielt sich das privatwirtschaftlich organisierte und marktwirtschaftliche System.

Nachkriegsentwicklung der Wirtschaft in der Sowjetischen Besatzungszone in Deutschland (SBZ-D) bzw. der frühen DDR

Die Wirtschaft in Ostdeutschland war am Ende des Zweiten Weltkriegs hochentwickelt, vor allem im verarbeitenden Sektor der Metall-, Elektro- und Chemieindustrie und der feinmechanisch-optischen Industrie. Sie war von Kriegszerstörungen (Bombenangriffe) im Verhältnis zu der Industrie in den Westzonen weniger betroffen.[22] Sie wurde in der SBZ-D und später der DDR entscheidend erst durch die Reparationsentnahmen der sowjetischen Besatzungsmacht geschwächt und in ihrer Weiterentwicklung beeinträchtigt.[23] Im Verhältnis zu den westlichen Besatzungszonen wies die Wirtschaftsstruktur der SBZ-D eine erhebliche Schwäche auf: es fehlten ihr an Rohstoffen, einer metallurgischen Basis und einer zweiten Verarbeitungsstufe der chemischen Industrie.[24] Diese wurde auch schon vor dem Krieg durch Lieferungen von Kohle und Eisen/Stahl aus dem Ruhrgebiet und chemischen Produkten aus anderen Teilen Westdeutschlands ausgeglichen. Sie wäre durch eine gemeinsame Wirtschaftsverwaltung der Alliierten in „Deutschland als Ganzes" kaum zu einem Problem für die Wirtschaft der SBZ-D geworden, wenn sich die Besatzungsmächte über eine gemeinsame Wirtschaftspolitik in „Deutschland als Ganzes" verständigt hätten.[25] Erst infolge ihres Scheiterns wirkte sich diese Schwäche negativ auf die Wirtschaft der SBZ-D bzw. der frühen DDR aus, die sogar später während des Kalten Kriegs zu Abhängigkeiten von der Wirtschaft der Bundesrepublik Deutschland und gleichzeitig zu Anfälligkeiten für Behinderungen der Wirtschaft der SBZ-D bzw. der DDR, ja sogar zu politischen Repressalien durch die Westmächte und der Bundesrepublik Deutschland führten.

---

21 Mueller: Die politischen Parteien. In: Optionen, S. 322 ff.

22 Ciesla, Burghard: Von der wirtschaftlichen Entwaffnung zur zentralen Wirtschaftsplanung, in: Optionen, S. 419.

23 Zum Beispiel wurde 1946 der höchste Prozentsatz von 49 Prozent an Industrieanlagen, Infrastruktureinrichtungen, Waren und Güter der Wirtschaft der SBZ als Reparationen entnommen. Siehe Stolzlechner: Österreichs Wirtschaftsbeziehungen. In: MÖStA, S. 154.

24 Cieslar: Zentrale Wirtschaftsplanung. In: MÖStA, S. 420.

25 Ebd.

Anders als es die westlichen Besatzungsmächte in ihren Besatzungszonen taten, gestaltete die sowjetische Besatzungsmacht ihre Zone und die spätere DDR komplett um. Schon im Herbst 1945 legte sie die wirtschaftliche Grundlage für die Entstehung des „Volkseigentums" und damit eine wesentliche Voraussetzung für das sozialistische Staatswirtschaftssystem mit seinen Planungsinstanzen in ihrer Besatzungszone. Mit ihren Befehlen Nr. 124 und 126 vom 30./31. Oktober 1945 konfiszierte die Sowjetische Militäradministration (SMAD) eine große Anzahl von Groß- und von mittelständischen Betrieben, die später in Volkseigentum (Staatseigentum) überführt wurden.[26] Bereits 1947 ging die sowjetische Besatzungsmacht von der Einrichtung einer nach dem Muster einer Volksdemokratie aufgebauten Volkswirtschaft aus. Konkret sah das in Stichworten aus: Macht der Arbeiter- und Bauernpartei SED, Vergesellschaftlichtes Eigentum, Planwirtschaft und Teilnahme der Massen an dem wirtschaftlichen Leben.[27] Dies führte in der SBZ-D, ab 1949 in der DDR, zu einer komplett staatlich gelenkten Volkswirtschaft, die später in Artikel 9 der Verfassung der DDR vom 6. April 1968 wie folgt umschrieben wird:

> „1. Die Volkswirtschaft der Deutschen Demokratischen Republik beruht auf dem sozialistischen Eigentum an den Produktionsmitteln. Sie entwickelt sich gemäß den ökonomischen Gesetzen des Sozialismus auf der Grundlage der sozialistischen Produktionsverhältnisse und der zielstrebigen Verwirklichung der sozialistischen ökonomischen Integration.[…]
>
> 3. In der Deutschen Demokratischen Republik gilt der Grundsatz der Leitung und Planung der Volkswirtschaft sowie aller gesellschaftlichen Bereiche. Die Volkswirtschaft der Deutschen Demokratischen Republik ist sozialistische Planwirtschaft. Die zentrale staatliche Leitung und Planung der Grundfragen der gesellschaftlichen Entwicklung ist mit der Eigenverantwortung der örtlichen Staatsorgane und Betriebe sowie der Initiative der Werktätigen verbunden.[…]
>
> 5. Die Außenwirtschaft einschließlich des Außenhandels und der Valutawirtschaft ist staatliches Monopol."[28]

Der hauptsächliche Teil des Waren- und Güteraustauschs fand zwischen der SBZ-D und den westlichen drei Besatzungszonen im „Interzonenhandel" statt. Die westlichen Besatzungszonen waren die Haupthandelspartner der Wirtschaft der SBZ-D. Die sowjetische Besatzungszone war wegen der geringen Kapazitäten in der Steinkohleförderung sowie in der Eisen- und Stahlproduktion hauptsächlich von den Kohle- und Stahllieferungen aus dem Ruhrgebiet abhängig. Sie

---

26 Ciesla, Burghard: Zentrale Wirtschaftsplanung. In Optionen, S. 426.

27 Steininger: Deutsche Geschichte seit 1945. Unter Bezugnahme auf eine Äußerung des SMAD-Chefs Tulpanow, S. 88.

28 Text im Internet unter: http://www.documentarchiv.de/ddr/verfddr.html

benötigte diese für ihre eisen- und stahlverarbeitende Industrie sowie die feinmechanische Produktion.[29]

Den Warenaustausch im Interzonenhandel regelten Vereinbarungen, welche die Wirtschaftsbehörden der SBZ-D mit den entsprechenden Behörden des Vereinigten Wirtschaftsgebiets (Bi-Zone, Tri-Zone) abschlossen hatten.[30] Nach der Gründung der Bundesrepublik Deutschland wurde ab Ende 1949 der Waren- und Güteraustausch mit der DDR von der Treuhandstelle für den Interzonenhandel mit Sitz in West-Berlin betreut und abgewickelt, seit 1981 unter dem Namen Treuhandstelle für Industrie und Handel (TSI). Sie unterstand der Aufsicht des Bundesministeriums für Wirtschaft.[31]

Zunächst wurde in der SBZ-D die Außenwirtschaft im wesentlichen von der SMAD wahrgenommen. Sie richtete dafür nach dem SMAD-Befehl Nr. 15 vom 27. Juli 1945 neben vielen anderen unabhängig nebeneinander agierenden deutschen Zentralverwaltungen, zum Beispiel für Handel und Versorgung, Industrie, Landwirtschaft, Verkehrswesen usw., erst 1947 auch eine deutsche Zentralverwaltung für den Außenhandel ein, die im gleichen Jahr auf die von der SMAD nach Befehl Nr. 138 gegründete Deutsche Wirtschaftskommission (DWK) überging. Die SMAD hatte damit in der SBZ eine zentrale deutsche Verwaltungsinstanz geschaffen, die zum Ende der 1940er Jahre schließlich Regierungsfunktionen hatte.[32]

Mit der Gründung der DDR ging der Aufgabenbereich Außenwirtschaft über auf das Ministerium für Außenwirtschaft, das später in Ministerium für Außenhandel (MAH) umbenannt werden sollte. Das MAH nahm das in Artikel 9 Abs. 5 der DDR-Verfassung von 1968 festgeschriebene Außenhandelsmonopol wahr und kontrollierte den Handel mit den sozialistischen (RGW) und nicht-sozialistischen Staaten. Es war auch für die Devisenbeschaffung und die Transportdurchführung zuständig. Nur mit Genehmigung des MAH durften Außenhandelsbetriebe (AHB) sowie Kombinate und Volkseigene Betriebe (VEB) selbständige Handelsbeziehungen insbesondere ins nicht-sozialistische Ausland aufnehmen.[33] Eine Sonderrolle spielte hier der Handel der DDR mit der Bundes-

---

29 Fäßler, Peter E.: Innerdeutscher Handel als Wegbereiter der Entspannungspolitik. In: Aus Politik und Zeitgeschichte D 3/2007 vom 4. Januar 2007, S. 2, unter: http://www.bpb.de/apuz/30717/innerdeutscher-handel-als-wegbereiter-der-entspannungspolitik ;

30 DDR Handbuch 1, S. 643 f.

31 DDR Handbuch 1, S. 644.

32 DDR Handbuch 1, S. 276.

33 DDR Handbuch 1, S. 122 ff.; Bericht der Unabhängigen Kommission zur Überprüfung des Vermögens der Parteien und Massenorganisationen der DDR (UKPV) an den Deutschen Bundestag vom 24. August 1998. BT-Drucksache 13/11353, S. 107 f. (abgekürzt:

republik Deutschland. Auf der Seite der DDR wurde er als „Außenhandel mit dem nicht-sozialistischen Wirtschaftsgebiet (NSW)" bezeichnet und ressortierte zum MAH.

Schattenwirtschaft

Im Hinblick auf den Kalten Krieg reifte bei den Verantwortlichen der SBZ-D und der späteren DDR die Erkenntnis, daß „man neben einem legal arbeitenden Außenhandelsbereich, der die ‚normalen' Geschäfte mit dem Westen abwickelt, in kürzester Zeit einen illegalen Wirtschaftssektor aufbauen mußte: einen Apparat von Tarnfirmen, der Embargogüter für den Osten beschaffte und daneben die geheimen Devisenkassen der kommunistischen Partei aufbessern half."[34] Anlaß dazu gab auch die Einrichtung des Coordinating Committee on Multilateral Export Controls (CoCom) am 1. Januar 1950 in Paris von den NATO-Staaten auf Betreiben der USA. Ziel dieser Einrichtung war es, den unter sowjetischem Einfluß stehenden Ostblockländern den Zugang zu strategisch wichtigen Gütern, insbesondere zu moderner Technologie, später hauptsächlich der Mikroelektronik, zu verwehren. Es handelte sich um eine Maßnahme des „Kalten Krieges". In den Listen dieses Ausschusses, genannt CoCom-Listen, wurden die Waren und Güter notifiziert, die von den NATO-Staaten nicht an die Ostblock-Länder, später auch die Volksrepublik China, geliefert werden durften.

Es entstanden in der SBZ-D und später in der DDR außerhalb der Planungskontrolle durch das MAH geheime Wirtschaftsstrukturen, die direkt der 1947 geschaffenen Abteilung Verwaltung der Parteibetriebe des Zentralkomitees (ZK) der SED unterstanden, woraus später die Abteilung Finanzverwaltung und Parteibetriebe wurde. Am 28. September 1950 wurde die für die Außenhandelsbetriebe der SED zuständige Holding Dachorganisation der Außenhandelsbetriebe des ZK (DEAG) gegründet, die später in Deutsche Warenvertriebsgesellschaft mbH (DWV) umgewandelt wurde. Unter dieser Holding gruppierten sich zahlreiche privatwirtschaftlich organisierte kleinere Außenhandelsbetriebe (AHB) der SED. 1951 wurde die DWV umstrukturiert. Ausgegliedert wurde der innerdeutsche und Österreich-Bereich. Der Handel mit West-Deutschland wurde auf die Meletex GmbH und der Handel mit Österreich auf die neu gegründete Firma Novum Handelsgesellschaft mbH (Firma Novum) übertragen.[35] Die Firma Novum ist also ein gemeinsames Kind der Nachkriegsgeschichte Deutsch-

BT-Bericht der UKPV vom 24.8.1998, S. ...), unter: http://dip21.bundestag.de/dip21/btd/13/113/1311353.pdf.

34 Förster, Andreas: Auf der Spur der Stasi-Millionen – Die Wien Connection. Berlin 1998, S. 51.

35 Ebd., S. 65.

lands und Österreichs. Sie war ebenfalls ein außerplanmäßiger AHB und diente ihrem Träger später zur Beschaffung von Devisen oder von Embargo-Waren, deren Lieferung an die sowjetisch beherrschten Ostblock-Länder nach den CoCom-Listen verboten war.

Im Ministerium für Außenhandel wurde 1964 der Bereich Kommerzielle Koordinierung (KoKo) eingerichtet, der ab 1976 direkt der Abteilung „Wirtschaft und Verkehr" des Zentralkomitees der SED und dem Ministerium für Staatssicherheit (MfS) unterstand, aber formal dem MAH zugeordnet blieb.[36] Ihr Leiter war der MfS-Offizier Alexander Schalck-Golodkowski. Daraus entstand ein ganzes Geflecht von in der Bundesrepublik Deutschland und im westlichen Ausland residierenden Unternehmen, die im Außenhandel der DDR mit dem westlichen Ausland tätig waren. Am Ende der DDR handelte es sich dabei nach dem Bericht des KoKo-Leiters Schalck-Golodkowski an Staats- und Parteichef Erich Honecker vom 9. Dezember 1988 um 31 Unternehmen. Darunter waren Unternehmen in der Bundesrepublik Deutschland, die der Deutschen Kommunistischen Partei (DKP) nahestanden, ferner zahlreiche Anstalten nach liechtensteinischem Recht in Vaduz sowie Unternehmen in der Schweiz und eine Briefkastenfirma in Curacao auf den Niederländischen Antillen.[37]

Die Aufgabe dieser Unternehmen war hauptsächlich die Beschaffung von Devisen für das ZK der SED und das Ministerium für Staatssicherheit (MfS). Beide setzten diese Geldmittel auch für politische Unterstützungsmaßnahmen zum Beispiel für die DKP[38] in der Bundesrepublik Deutschland und für kommunistische Parteien im westeuropäischen Ausland ein. In den Vordergrund rückte auch zunehmend der Ankauf von Waren und Gütern aus dem Bereich der westlichen Hochtechnologie, deren Ausfuhr an Ostblockländer (RGW-Bereich) verboten war (sogenannte Embargo-Waren). Die im Ausland ansässigen Unternehmen akquirierten den Ankauf von Embargo-Waren und wickelten die Geschäfte vielfach über österreichische Firmen des KPÖ-Bereichs ab, da für Österreich die Embargo-Bestimmungen der NATO-Länder bis 1988 nicht galten. Auch waren sie dazu bestimmt, Devisen zur Bezahlung dieser Lieferungen vorzuhalten.

---

36 BT-Bericht der UKPV vom 24.8.1998, S. 302 ff.

37 Ebd. S. 306 f.

38 Nachfolgepartei der verbotenen westdeutschen Kommunistischen Partei Deutschlands (KPD).

Wirtschaftsstruktur in Österreich insbesondere in seiner Sowjetischen Besatzungszone (SBZ-Ö)

Obwohl die Wirtschaft in der SBZ-Ö nicht sowjetisiert wurde, unterlag sie einer stringenten Kontrolle durch die sowjetischen Besatzungsbehörden. Das Wirtschaftsgeschehen in der SBZ-Ö und dem sowjetisch besetzten Sektor Wiens wurde maßgeblich von dem sogenannten USIA-Konzern bestimmt. USIA ist die russische Abkürzung für ein Unternehmen, das übersetzt „Verwaltung der sowjetischen Vermögenswerte in Österreich" heißt. Dieser Konzern wurde zunächst unter der Abkürzung USIWA (übersetzt „Verwaltung der sowjetischen Vermögenswerte im östlichen Österreich") von der sowjetischen Besatzungsmacht durch Befehl Nr. 17 des Oberbefehlshabers der sowjetischen Besatzungstruppen in Österreich, Generaloberst Vladimir Kurasov, vom 27. Juli 1946 mit dem Titel „Übergang des reichsdeutschen Vermögens an die Sowjetunion" gegründet. Die USIWA hatte die private Rechtsform einer Aktiengesellschaft. Ab 1947 nannte sich der Konzern unter Wegfall des russischen Worts für „östlich" und der Eingrenzung auf das östliche sowjetisch besetzte Österreich USIA.[39]

Der USIA-Konzern hielt insbesondere Unternehmen, die von den sowjetischen Besatzungsbehörden nach den Bestimmungen des Potsdamer Abkommens[40] als Teil des deutschen Auslandsvermögens zur Kriegsentschädigung beschlagnahmt worden waren. Dazu gehörten in der SBZ-Ö etwa 400 Unternehmen.[41] In bestimmten Wirtschaftsbranchen wie Banken, Versicherungen, Chemieunternehmen, Elektrogeräte herstellende Unternehmen und metallverarbeitenden Unternehmen lag der Anteil des deutschen Kapitals etwa bei 70 Prozent.[42] Darunter waren vielfach Tochterunternehmen der deutschen Großindustrie wie Daimler Benz, Osram und AEG, aber auch andere in der SBZ-Ö beschlagnahmte österreichische Unternehmen. Soweit deutsche Unternehmen in den Besatzungszonen der West-Alliierten domiziliert waren, zum Beispiel die in der amerikanischen Besatzungszone Oberösterreich gelegene Reichswerke AG für Erzbergbau und Eisenhütten „Hermann Göring", die spätere Vereinigte Österreichische Eisen- und Stahlwerke AG (VÖEST), hatten die West-Alliierten die Unternehmen der österreichischen Regierung zur treuhänderischen Verwaltung bis zur Entlassung Österreichs in die Unabhängigkeit überlassen. 1946 entschloß sich die österreichische Regierung, die deutschen Unternehmen per Ge-

39 Klambauer, Otto: Die sowjetische Wirtschaftspolitik in Österreich 1945–1955. In: Optionen, S. 440.

40 Abschnitt IV Nrn. 1 bis 3 des Potsdamer Abkommens.

41 Seliger: KPÖ-Treuhandunternehmen. In: MÖStA, S. 113.

42 Komlosy, Andrea: Österreichs Brückenfunktion und die Durchlässigkeit des „Eisernen Vorhangs". In: MÖSTA, S. 81.

setz zu verstaatlichen, womit die Grundlage für die verstaatlichte Wirtschaft in Österreich gelegt wurde.[43] Dies bezog auch die von der USIA übernommenen deutschen Unternehmen in der SBZ-Ö mit ein, deren Herausgabe an den österreichischen Staat die sowjetische Besatzungsmacht jedoch verhinderte.[44] Insofern genoß die USIA Exterritorialität.[45] Sie unterstand allein der zentralen Moskauer Behörde (deutsch) „Verwaltung des sowjetischen Vermögens im Ausland" (russische Abkürzung „USIZ").[46] Der USIA-Konzern bewegte sich mit seinen Unternehmen auf den Märkten in Österreich wie alle anderen Unternehmen auch. Er war hauptsächlich im Handel der SBZ-Ö mit den Ostblockstaaten tätig.[47]

Das Wirtschaftsimperium der KPÖ

Im Schatten der nach 1945 wieder gegründeten KPÖ entwickelten sich ebenfalls zahlreiche Handelsunternehmen, die überwiegend von rassisch und politisch verfolgten Emigranten geführt wurden und über die KPÖ die Verbindung zur sowjetischen Besatzungsmacht suchten. So entstand unter der KPÖ verdeckt ein ganzes Wirtschaftsimperium, das überwiegend dank der guten Beziehungen der KPÖ zur sowjetischen Besatzungsmacht und den sowjetisch beherrschten Ostländern mit diesen Geschäftsbeziehungen unterhielt. Die dazugehörenden Firmen hatten auch eng mit den USIA-Unternehmen zusammengearbeitet. Das Wirtschaftsimperium der KPÖ soll aus 30 bis 100 Firmen bestanden haben, genaue Zahlen sind nicht bekannt.[48]

Die Inhaber dieser Unternehmen kamen aus dem Kreis der „Westemigranten", die nach dem Zweiten Weltkrieg aus der Emigration nach Österreich zurückgekehrt waren. Sie pflegten „bürgerliche Lebensformen", mit „feinen Manieren" und „kultivierter Konversation." [49] Ihre Unternehmen führten sie scheinbar unabhängig, in Wirklichkeit waren sie aber durch meistens mündlich abgegebene Treuhanderklärungen an die KPÖ gebunden; sie überließen ihre Unternehmen der KPÖ zur „wirtschaftlichen Nutzung."[50] Die KPÖ verzichtete zumeist auf schriftliche Verträge mit ihren Treuhändern, weil das gegenseitige Vertrauen – aufgrund der politischen Einstellung und der gemeinsamen Vergangenheit – aus-

---

43 Ebd.

44 Klambauer: Die sowjetische Wirtschaftspolitik. In: Optionen S. 443.

45 Seliger: KPÖ-Treuhandunternehmen. In: MÖStA, S. 113 f.

46 Klambauer: Die sowjetische Wirtschaftspolitik, In: Optionen, S. 441.

47 Förster: Stasi-Millionen, S. 50.

48 Seliger: KPÖ-Treuhandunternehmen. In: MÖStA S. 116.

49 Ebd., S. 112.

50 Ebd., S. 114; auch Förster: Stasi-Millionen, S. 55.

reichend zu sein schien. Mit der Führung ihrer Unternehmen durch Treuhänder wollte die Partei verschleiern, daß sie sich „kapitalistisch" betätigte.[51] Die meisten KPÖ-Mitglieder wußten bis in den neunziger Jahren hinein nichts von ihrem Untergrundkonzern.[52]

Den größten Teil ihrer Einnahmen erzielte die Partei aus den Gewinnen der KPÖ-Treuhandunternehmen. Den Kontakt zu den KPÖ-Unternehmen hielt die Finanzkommission der KPÖ, die sich aus Mitgliedern des ZK der KPÖ inklusive des Parteivorsitzenden zusammensetzte. Sie war die „entscheidende [...] Institution der Partei", die auch teilweise unter Umgehung des Politbüros und des ZK der KPÖ agierte.[53] Nur ein kleiner Zirkel von Mitgliedern der Finanzkommission selbst lenkte die Geschicke des mächtigen Wirtschaftsapparates. Sie kannten nur den Umfang und das Ausmaß des Ost-West-Handels der Treuhandunternehmen der KPÖ.[54] Als Referentin der Finanzkommission war ab Ende der siebziger Jahre Rudolfine Steindling tätig, die allein den Überblick über das verwinkelte wie undurchschaubare Firmengeflecht hatte.[55] Erst Anfang der neunziger Jahre gab die KPÖ die Geheimhaltung ihres Untergrundkonzerns auf.[56]

Die Finanzkommission war zwar formal den Parteigremien wie dem ZK und dem Politbüro der KPÖ unterstellt; sie war ihnen gegenüber berichtspflichtig. Dieser Pflicht kam sie jedoch, was die KPÖ-Treuhandunternehmen betraf, gegenüber den Parteigremien bis Anfang der neunziger Jahre nur unvollkommen oder überhaupt nicht nach. Die Treuhandunternehmen wurden nur von dem Vorsitzenden der Finanzkommission und ihrer späteren Referentin Rudolfine Steindling geführt. Die Geschäftsaktivitäten der Treuhandunternehmen blieben geheim. „Das Thema der Treuhandfirmen war nicht nur auf den Parteitagen sondern auch in den höchsten Parteigremien tabu", so die Wiener Historikerin Maren Seliger.[57] Die Parteigremien sowie auch der Vorsitzende der Partei, der auch Mitglied der Finanzkommission war, wurden daher im Großen und Ganzen über die Aktivitäten der KPÖ-Treuhandunternehmen im Dunklen gelassen.[58] Die Berichterstattung über diese Firmen beschränkte sich allenfalls ab 1980 auf die Summe der Zuwendungen, die die KPÖ von „ihren Mitgliedern, die in der Wirt-

51 Enderle-Burcel: Vortragsmanuskript „CPA Companies" im Helsinki-Forum, S. 2.

52 Ebd.

53 Seliger: KPÖ-Treuhandunternehmen. In: MÖStA S. 123.

54 Ebd.; Förster: Stasi-Millionen, S. 48.

55 Stolzlechner: Österreichs Wirtschaftsbeziehungen. In: MÖStA S. 161.

56 Seliger: KPÖ-Treuhandunternehmen.In: MÖStA, S. 124.

57 Ebd., S. 123.

58 Enderle-Burcel: Vortragsmanuskript „CPA Companies" im Helsinki-Forum, S. 2.

schaft arbeiten", erhalten hat.[59] Dagegen berichtete die Finanzkommission „minutiös über die Organisationseinnahmen, wie Mitgliedsbeiträge und Spenden für die verschiedenen Kampffonds".[60] Das zeigt, daß die KPÖ-Treuhandunternehmen kaum von der Partei kontrolliert wurden, wie man es von einer Konzernmutter eigentlich erwarten würde.

Gründung der Novum Handelsgesellschaft mbH

Vor dem Hintergrund der Nachkriegsszenarien in der SBZ-D, der frühen DDR sowie in der SBZ-Ö wurde am 31. Mai 1951 die eingangs erwähnte Firma Novum Handelsgesellschaft mbH (Firma Novum) als ein als KPÖ-Firma getarntes SED-Unternehmen[61] gegründet. Sie stand später im Zentrum des Handels der DDR mit Österreich. Sie spielte in jeder Hinsicht eine Sonderrolle. In der privaten Rechtsform einer GmbH gegründet, unterstand sie nicht den staatlichen Planungsbehörden, sondern über die SED-Holdingsgesellschaft Zentrale Druckerei-, Einkaufs- und Revisionsgesellschaft (Zentrag) der Abteilung „Parteibetriebe und Finanzen" des ZK der SED. Gesellschafter und Geschäftsführer waren österreichische Staatsbürger, die der KPÖ angehörten.

Gründungsgesellschafter waren Oswald Rein und Prof. Dr. Georg Knepler, ein österreichischer Musikwissenschaftler. Sie hielten jeweils 50 Prozent der Gesellschaftsanteile. das von ihnen voll eingezahlte Stammkapital hat 50 000 Mark der DDR betragen. Sie ist eine Ausgründung der Österreich-Abteilung der Deutschen Warenvertriebsgesellschaft mbH (DWV), einem Außenhandelsunternehmen der DDR.[62] Nur Oswald Rein, ein ehemaliger Angehöriger der Österreich-Abteilung der DWV und österreichischer Staatsbürger, führte die Geschäfte der Firma Novum. Prof. Knepler war nicht involviert.[63] Das Unternehmen war dazu bestimmt, den inzwischen sich abzeichnenden verstärkten Handel mit Österreich[64] zu übernehmen, ab den siebziger Jahren beherrschte sie den Ost-West-Handel der DDR mit und über Österreich.

59 Seliger: KPÖ-Treuhandunternehmen. In: MÖStA.S. 123. Das Zitat stammt aus dem auf dem 24. Parteitag der KPÖ vom 6. bis 8. Dezember 1980 veröffentlichten Finanzbericht der Finanzkommission der KPÖ.

60 Ebd., S. 123, Fußnote 70.

61 Förster spricht in seinem Buch über die Stasi-Millionen auf S. 182 von einem „österreichischen Tarnmantel".

62 Förster: Stasi-Millionen, S. 178.; BT-Bericht DDR-Vermögen, S. 107, unter: http://dip21.bundestag.de/dip21/btd/13/109/1310900.pdf.

63 BT-Bericht DDR-Vermögen, S. 107.

64 Boyer, Christoph: Die Wirtschaftsbeziehungen zwischen Österreich und der Sowjetischen Besatzungszone in Deutschland bzw. der Deutschen Demokratischen Republik (DDR) (1945–1989/90). In: MÖStA, S. 167.

Um die Gründung der Firma Novum rankt sich eine eher romantische Geschichte, die das österreichische Magazin *Profil* zum Besten gab:

> „Es ist ein lauer Frühlingstag des Jahres 1951, als Georg Knepler[65] aus dem Urlaub in Wien in seine Wahlheimat Ostberlin zurückkehrt. Seit zwei Jahren lebt und arbeitet der 44-jährige Österreicher jüdischer Abstammung in der DDR. Die Kommunistische Partei Österreichs, deren Kulturreferent er seit Kriegsende ist, hatte ihn gebeten, den ostdeutschen Genossen beim Aufbau der Deutschen Hochschule für Musik zu helfen. Seit 1950 ist der promovierte Musikwissenschaftler dort Rektor. Knepler ist Künstler, kein Ökonom. Er hat in den späten zwanziger Jahren Karl Kraus bei dessen berühmten Lesungen am Klavier begleitet, später mit Hanns Eisler und Bertolt Brecht gearbeitet. Seine Promotionsarbeit aus dem Jahr 1931 trägt den Titel ‚Die Form in den Instrumentalwerken Johannes Brahms'. Dessen ungeachtet hat Knepler an diesem Frühlingstag 1951 präzise Direktiven aus Wien im Gepäck. Sein erster Weg führt ihn vom Hauptbahnhof in die Inselstraße in der Ostberliner Innenstadt, Sitz des angesehenen Notariats Ingeburg Gentz. Knepler lässt bei Frau Gentz[66] eine Urkunde aufsetzen, deren Tragweite er zu diesem Zeitpunkt nicht annähernd ermessen kann: einen Gesellschaftervertrag zur Gründung der Ostberliner Handelsgesellschaft Firma Novum GmbH. Die Kosten in der Höhe von 150 000 Mark der DDR begleicht der Professor in bar. Knepler bleibt für einige Jahre Treuhänder der Firma Novum. Die Fäden dort ziehen andere. Er weiß es und spricht nicht darüber – so wie seine Nachfolger. Als eine gewisse Rudolfine Steindling am 16. März 1978 in die Rolle der Firma Novum-Treuhänderin schlüpft, ist der Professor seit sieben Jahren im Ruhestand."[67]

Woher das Gründungkapital stammte, das Prof. Knepler mitbrachte und als Einlage im Notariat Gentz einzahlte, ist nicht geklärt.[68] Alle folgenden Gesellschafter und Geschäftsführer, inklusive der Wiener Kommerzialrätin Rudolfine Steindling[69] ab 1983 bis zum Ende, hatten Treuhanderklärungen zugunsten der SED-Holding-Gesellschaft Zentrag abgegeben, in denen insbesondere bei dem ersten Gesellschafterwechsel 1953 von dem Übernehmer des Anteils von Prof. Knepler 1953 versichert wurde: „Ich bestätige, von der Zentrag, Zentrale Druk-

65 Professor Dr. phil. Georg Knepler, geboren 1906 in Wien, verstorben 2003 in Berlin, Sohn des Komponisten und Librettisten Paul Knepler, kehrte als jüdischer Emigrant 1946 nach Wien zurück. Er wurde dort Kulturreferent der KPÖ. Er gründete 1950 in Ost-Berlin die Deutsche Hochschule für Musik Berlin, die spätere Hochschule für Musik „Hanns Eisler", in der er bis zu seiner Emeritierung forschte und lehrte.

66 Das Notariat Ingeburg Gentz war das Vertrauensnotariat der SED.

67 Redaktionsblog: Affäre: Die Signale verhört. In: *Profil* Online vom 27.09.2003. Internetadresse: http://www.profil.at/articles/0339/560/65588/affaere-die-signale.

68 BT-Bericht DDR-Vermögen, S. 107.

69 Nachfolgende Gesellschafter waren unter anderem Robert Bondy und Richard Hör, Ernst Müller, Helmut Fürböck und Johann Hanzlicek, alles österreichische Staatsbürger und Angehörige des Wirtschaftsapparates der KPÖ.

kerei- Einkaufs- und Revisionsgesellschaft mbH DM 25 000 (in Worten: fünfundzwanzigtausend Deutsche Mark der Deutschen Notenbank) erhalten zu haben, die von mir zur Einzahlung einer Stammeinlage von DM 25 000 bei der Firma Novum Handelsgesellschaft mbH verwandt wurden.“[70]

1978 übernahm dann Rudolfine Steindling 50 Prozent der Anteile an der Firma Novum. Sie war eine Wiener Geschäftsfrau mit ausgezeichneten Verbindungen zur österreichischen Wirtschaft und Politik. Sie gehörte dem Wirtschaftsapparat der KPÖ an. In ihrer Treuhanderklärung vom 16. März 1978 erklärte sie unter anderem:

> „1. Auf Weisung der Zentrag Vereinigung Organisationseigener Betriebe Berlin hatte Herr Johann Hanzlicek seinen Geschäftsanteil an der Firma Novum Handelsgesellschaft mbH Berlin in Höhe von M 25.000 ohne Gegenleistung meinerseits an mich abgetreten.
>
> 2. Ich verpflichte mich, bei der Ausübung meiner Gesellschafterrechte ausschließlich als Treuhänder der Zentrag Vereinigung Organisationseigener Betrieb zu handeln und mich in dieser Eigenschaft ausschließlich an die Weisungen der Zentrag zu halten.“[71]

Am 28. April 1983 hat Rudolfine Steindling den weiteren Geschäftsanteil in Höhe von 25 000 Mark übernommen. Sie hat ebenso wie zuvor eine Treuhanderklärung abgegeben. Sie führte auch ab 7. Mai 1985 die Geschäfte der Firma Novum und baute das Unternehmen zu einem bedeutenden Wirtschaftsfaktor im Außenhandel der DDR mit Österreich und über Österreich mit westlichen Unternehmen aus.

Hintergrund und Anlaß der Firmengründung Novum

Die Gründung der Novum, einer DDR-Gesellschaft mit Sitz in Ost-Berlin, durch die SED und ihre Legendierung als KPÖ-Unternehmen durch Einschaltung österreichischer Gesellschafter und Geschäftsführer, die aber durch Treuhanderklärungen mit der SED verbunden waren, ist bereits Programm, nämlich auf unorthodoxen Wegen den Außenhandel der DDR mit Österreich zu begehen. Dies wirft die Frage auf, warum die SED ihren Außenhandel mit Österreich einem Unternehmen anvertraute, das unter dem Deckmantel eines österreichischen Unternehmens der KPÖ agierte. Der Außenhandel mit Österreich hätte doch genausogut durch die bestehenden staatlichen Außenhandelsbetriebe

70 Vgl. OVG Berlin, Urteil vom 23. September 2003.

71 Das erste Blatt der Treuhanderklärung der Rudolfine Steindling vom 16. März 1978 ist abgedruckt in Förster: Stasi-Millionen, S. 66; vgl. OVG Berlin, Urteil vom 23. September 2003. Siehe Seiten 5, 2 f., 4 des in das Textverarbeitungsprogramm MS-Word kopierten Fließtextes der Internetfassung (html).

(AHB) der DDR mit den entsprechenden österreichischen Unternehmen abgewickelt werden können, die aufgrund des Außenhandelsmonopols dem Ministerium für Außenwirtschaft, später dem Ministerium für Außenhandel, unterstellt waren. Um diese Fragen zu beantworten, muß auf das zum Zeitpunkt der Gründung der Firma Novum im Jahr 1951 herrschende Szenario in der DDR und Österreich eingegangen werden, das durch die Nachkriegsentwicklung der Wirtschaft in der SBZ-D und der frühen DDR sowie in der SBZ-Ö bestimmt wurde.

Anlaß für die Gründung der Firma Novum gab der isolierte politische Status der DDR, der durch den Kalten Krieg verursacht worden war. Die DDR wurde von keinem westlichen Land anerkannt. Die Hallstein-Doktrin verhinderte die Anerkennung der DDR durch westliche Staaten, aber auch durch Staaten der Dritten Welt.[72] Auch die Abhängigkeit der Wirtschaft zunächst der DDR von der Wirtschaft der Bundesrepublik Deutschland spielte eine Rolle bei der Gründung der Firma Novum. Die Wirtschaft der rohstoffarmen DDR war von Rohstofflieferungen aus dem nichtsozialistischen Wirtschaftsgebiet abhängig, insbesondere von Kohle- und Stahllieferungen aus dem westdeutschen Ruhrgebiet. Wegen dieser mußte die DDR stets mit politischen Repressionen seitens der Bundesrepublik Deutschland rechnen, die den Handel beeinträchtigten.[73] So gingen diese Lieferungen infolge der Währungsreform in den westlichen Besatzungszonen und Berlin-Blockade dramatisch zurück. Nach der Gründung der DDR blieb die Abhängigkeit des Außenhandels – so ordnete die DDR die Wirtschaftsbeziehungen mit der Bundesrepublik Deutschland ein – bestehen, was sie besonders für politischen Druck seitens der Bundesrepublik Deutschland anfällig machte.

Das zeigte sich schon knapp ein halbes Jahr nach Gründung der DDR. Im Februar 1950 belegte das Bonner Bundeswirtschaftsministerium die DDR mit einem Stahllieferungsembargo. Warenbegleitscheine für Eisen- und Stahllieferungen in die DDR wurden nicht mehr ausgestellt.[74] Nach Gerhard Beil, ehemaliger Minister für Außenhandel der DDR von 1986 bis 1990, „[gingen] die westdeutschen Lieferungen […] von Januar bis Juni 1950 von 12 500 Tonnen Roheisen und 22 500 Tonnen Walzstahlerzeugnissen auf 1 800 bzw. 4 500 Tonnen zurück".[75] Das geschah auf Betreiben der USA. Die Organization for Euro-

---

72 Boyer: Wirtschaftsbeziehungen. In: MÖStA S. 167.

73 Stolzlechner: Österreichs Wirtschaftsbeziehungen mit der SBZ/DDR. In: MÖStA, S. 157; DDR Handbuch 1, S. 644.

74 Fäßler: Innerdeutscher Handel, S. 1 u. 4 f.; http://www.spiegel.de/spiegel/print/d-44447396.html; Beil, Gerhard: Außenhandel und Politik – Ein Minister erinnert sich. Berlin 2010, S. 20.

75 Beil: Außenhandel, S. 20.

pean Economic Organization (OEEC),[76] trat an die Bundesregierung heran, um diese dazu zu bringen, die Stahllieferungen an die „Ostzone" ab dem 10. Februar 1950 zu unterbrechen. Die OEEC hatte das Recht, die Stahllieferungen der Marshallplan-Länder, darunter auch die aus der Bundesrepublik Deutschland, an die kommunistischen Ostblockländer zu kontrollieren. Vorausgegangen waren Beschwerden anderer Marshallplan-Länder, daß die Bundesrepublik Deutschland sich im Fall der DDR über die von der OEEC festgelegten Verbote über die Lieferungen von besonderen Edelstählen und Stahllegierungen in den kommunistischen Machtbereich hinwegsetzte.[77] Die spätere Entwicklung des Handels der DDR mit der Bundesrepublik Deutschland bestätigte die Abhängigkeit der Wirtschaft der DDR von der Bundesrepublik Deutschland. Die Bundesrepublik übte nicht selten Druck aus, um ihre politischen Ziele zu erreichen: Schon 1954 wurden westdeutsche Geschäftspartner der DDR kriminalisiert, 1960 das innerdeutsche Handelsabkommen von der Treuhandstelle in Berlin auf Geheiß des Bundeswirtschaftsministeriums gekündigt.[78]

Ein weiterer Grund für die Gründung der Firma Novum war der chronische Devisenmangel der DDR. Die Schwerfälligkeit der Planwirtschaft stand einer Anpassung der Industrieprodukte an westliche Standards im Wege. Das hatte zur Folge, daß Devisen nur in geringerer Zahl durch den Export der Industrieprodukte der DDR ins westliche Ausland erwirtschaftet werden konnten. Die DDR-Wirtschaft war auf Roh- und Brennstoffe angewiesen, die zum Teil auch im westlichen Ausland nur mit Devisenzahlungen eingekauft werden konnten. Zudem war die Währung der DDR „Mark der Deutschen Notenbank" oder „Mark der DDR" wegen des durch das Außenhandelsmonopol begründete Devisentransaktionsverbotes nicht frei handelbar, sie konnte nicht gegen ausländische Währungen frei eingetauscht werden.[79] Die DDR-Wirtschaft konnte nur diese Waren über Tauschgeschäfte importieren oder selbst erwirtschaftete Devisen für den Import einsetzen.

Um diese Abhängigkeit „zu reduzieren, versuchte sich die DDR-Volkswirtschaft ‚störfrei' zu machen".[80] Deshalb entwickelte sich naturgemäß der Außenhandel mit den Ostblockländern, später dem RGW-Bereich. Dorthin exportierte die DDR einen großen Teil ihrer Industrieprodukte. Darin lag jedoch zugleich

---

76 Die 1948 gegründete OEEC war die Vorläuferorganisation der Organisation of Economic Co-operation and Development (OECD).

77 NN: Stahl-Helm. DER SPIEGEL 7/1950. Internet: http://www.spiegel.de/spiegel/print/d-44447396.html.

78 NN: Embargo mit Löchern. DER SPIEGEL Nr. 42/1960 vom 12. Oktober 1960. Internet: http://www.spiegel.de/spiegel/print/d-43067046.html#

79 Stolzlechner: Österreichs Wirtschaftsbeziehungen. In: MÖStA S. 155.

80 Beil: Außenhandel, S. 284.

ein entscheidender Nachteil für den Handel mit dem westlichen Ausland: Die Industriegüter der DDR hatten geringere Qualität als die westlichen, da sie nur nach den geringeren Anforderungen der RGW-Ostblockländer ausgerichtet waren. Sie waren daher für das westliche Ausland weniger attraktiv.[81] Das verstärkte den chronischen Devisenmangel, der durch den Export von DDR-Waren und Dienstleistungen nicht behoben werden konnte. Die Devisenbeschaffung durch Geschäfte mit den KPÖ-Unternehmen war ein weiterer Grund für die Gründung der Firma Novum.

Ausweg über Österreich

In diesem Szenario liegt auch die Ursache für den unorthodoxen Weg, den die SED mit der Gründung der Firma Novum und ihrer Legendierung als KPÖ-Unternehmen beschritten hat. Die SED sah in dieser Lösung einen Ausweg, einerseits über die Unternehmen des Wirtschaftsapparates der KPÖ im später neutralen Österreich ihre Industrieprodukte ins westliche Ausland abzusetzen und damit Devisen zu erwirtschaften, andererseits um an dringend benötigte hochtechnische Waren zu kommen, die durch westliche Embargo-Bestimmungen (CoCom-Listen) der DDR nicht zur Verfügung standen.

Warum kam Österreich als Ausweg in Betracht? Österreich war zum Zeitpunkt der Gründung der Firma Novum Anfang der 1950er Jahre ein westlich orientiertes Land. Zwar gab es noch Besatzungszonen, insbesondere die sowjetische mit ihren engen politischen und wirtschaftlichen Verbindungen zur sowjetischen Besatzungsmacht, aber der Außenhandel Österreichs war schon komplett auf die westlichen europäischen Staaten ausgerichtet; zum größten Handelspartner Österreichs entwickelte sich die Bundesrepublik Deutschland.

Österreich kam als beliebtes „Umgehungsland" von Handelsbeschränkungen ins Spiel, die seit 1950 das in Paris eingerichtete Coordinating Committee on Multilateral Export Controls (CoCom) mit seinen Embargolisten (CoCom-Listen) dem Osthandel der NATO-Staaten auferlegt hatte. In Österreich galten nicht die in den CoCom-Listen geregelten Handelsbeschränkungen. Als Nicht-Mitgliedsland des CoCom-Koordinierungsausschusses bezog es in die gesetzlichen Außenhandelsbestimmungen nicht die CoCom-Listen ein. Der Handel über Österreich bot die Möglichkeit, diese Handelsbeschränkungen zu umgehen. Zwar kontrollierten die österreichischen Behörden zuerst Anfang der 1950er Jahre streng Exportlieferungen von „strategisch wichtigen Rohstoffen wie [zum Beispiel] Aluminium und Kupfer" in die Ostblock-Länder, wozu es sich nach den Bedingungen des European Recovery Plans (Marshall-Plan) verpflichtet

81 Stolzlechner: Österreichs Wirtschaftsbeziehungen. In: MÖStA S. 157.

hatte.[82] Von dieser Kontrolle waren jedoch die USIA-Unternehmen und KPÖ-Treuhandunternehmen in der SBZ-Ö ausgenommen; die sowjetische Besatzungsmacht ließ keine Ausfuhrkontrolle bei diesen Unternehmen zu. Damit war der Weg frei für unkontrollierte Ausfuhren der USIA-sowie KPÖ-Unternehmen in die Ostblock-Länder, der über diese Unternehmen von den Ostblock-Ländern und ihren westlichen Handelspartnern genutzt wurde.[83] Damit ist die Legende von dem „Loch im eisernen Vorhang“[84] in der als „Sowjetische Wirtschaftsenklave“ bezeichneten SBZ-Ö entstanden, das von den USIA-und KPÖ-Unternehmen gerissen worden war.[85]

Daran änderte sich auch nicht viel in der Zeit nach dem Abschluß des Staatsvertrags 1955. Wegen seines Neutralitätsstatus hielt Österreich größeren Abstand zu der NATO-Veranstaltung CoCom, um den Ost-West-Handel zu fördern.[86] Es galt die Praxis, daß der Importeur bestimmter rüstungsrelevanter Waren aus dem NATO-Ausland auf der Einfuhrbescheinigung versichern mußte, die Ware nicht oder nur mit Genehmigung der zuständigen Behörden in Ostblock-Länder zu reexportieren. Es handelt sich dabei um eine privatrechtliche Verpflichtung, die staatlich nicht durchgesetzt werden konnte; es gab dafür keine gesetzlichen Grundlagen.[87] Das eröffnete der österreichischen Wirtschaft, insbesondere den KPÖ-Treuhandunternehmen Tür und Tor für Umgehungen der CoCom-Handelsbeschränkungen bei Exporten in den Ostblock.

Bis etwa Ende der 1980er Jahre wurden die CoCom-Listen nicht in innerstaatliches Recht umgesetzt.[88] Das geschah auf Betreiben der USA erst Anfang 1988. Seit diesem Zeitpunkt wandte Österreich direkt die Einschränkungen der CoCom-Listen auf seinen Osthandel an, bis 1994 der CoCom-Koordinierungsausschuß seine Arbeit einstellte. Damit verfolgt Österreich das Ziel, leichter Hochtechnologien aus den USA zu beziehen.

---

82 Klambauer: Die sowjetische Wirtschaftspolitik. In: Optionen, S. 446 f.

83 Seliger: KPÖ-Treuhandunternehmen. In: MÖStA, S. 113.

84 NN: Das Loch im Eisernen Vorhang - von unserem Korrespondenten. DIE ZEIT vom 13.7.1950, erschienen in ZEIT - Online. Internet: http://www.zeit.de/1950/28/das-loch-im-eisernen-vorhang.

85 Vgl. Ebd.; vgl. Enderle-Burcel: Vortragsmanuskript „CPA Companies“ im Helsinki-Forum, S. 6.

86 Vgl. Stankovsky, Jan: Österreich und das COCOM. WIFO (Österreichisches Institut für Wirtschaftsforschung) Monatsberichte 3/90, S. 149. Unter: http://www.wifo.ac.at/bibliothek/archiv/MOBE/1990Heft03_148_155.pdf

87 Ebd.

88 Großfeld, Bernhard/Juncker, Abbo: Das CoCom im Internationalen Wirtschaftsrecht. Tübingen 1991, S. 19.; Seliger: KPÖ-Treuhandunternehmen, S. 118.

Vorbild KPÖ-Treuhandunternehmen

Der Handel mit den KPÖ-Treuhandunternehmen verschaffte der Firma Novum die besten Verbindungen zur österreichischen Wirtschaft und zu Unternehmen aus dem westlichen Ausland. Die KPÖ-Unternehmen profitierten von der neutralen Position Österreichs „zwischen" den Blöcken. Als Teil der kommunistischen Weltbewegung hatten die KPÖ-Treuhandunternehmen die besten Beziehungen zu den kommunistischen Ostblockländern, die wiederum der Bruderpartei KPÖ und ihren Unternehmen den Westhandel anvertrauten. Über diese Firmen konnten die Ostblockländer Embargo-Bestimmungen und politische Behinderungen umgehen, die für westliche NATO-Länder maßgebend waren, für österreichische Unternehmen aber keinerlei Relevanz hatten. Maren Seliger beschreibt die Mittlerrolle der KPÖ-Unternehmen wie folgt:

„Die in der Geschäftsvermittlung tätigen (KPÖ-)Firmen mussten neben der Zusammenarbeit mit den Staatshandelsländern auch den angemessenen Umgang mit westlichen Firmen pflegen und dabei system- und mentalitätsbedingte Differenzen überbrücken. Die KPÖ verfügte in ihren Reihen über ausreichend geeignete vornehmlich ehemalige Westemigranten', viele von ihnen jüdischer Herkunft, die diese Rolle übernehmen konnten und einen Teil der ersten Generation Firmenmanager stellten. Zu Erfolg und Wohlstand gekommen pflegten ,Kommerz-Kommunisten' zum Teil bürgerliche Lebensformen."[89]

Die SED sah hier den Zugang der Firma Novum zum westlichen Markt über die KPÖ-Treuhandunternehmen gewährleistet, den der planmäßige Außenhandel nicht bieten konnte. Kennzeichnend für die DDR-Wirtschaft war ihr Mangel an Devisen, die sie für die Bezahlung von Westwarenimporten einsetzten mußte. Auf übliche Kompensationsgeschäfte, also Schweinehälften gegen Maschinen, ließen sich die Westunternehmen nicht ein. Hier halfen die KPÖ-Unternehmen, die große Erfahrungen mit dem Kompensationshandel mit den Ostblockländern hatten. Dieser führte am Ende zu einer Bezahlung der Westimporte mit Devisen.[90]

Wenn also ein Kombinat der DDR eine technologisch dem Stand der Technik eines westlichen Landes entsprechende Maschinenanlage dringend benötigte, wandte es sich an die Firma Novum. Diese schaltete eine KPÖ-Firma ein, der sie gleichzeitig eine Kompensation, zum Beispiel Chemikalien etwa im gleichen Wert von der zu importierenden Maschinenanlage, zum Weiterverkauf anbot. Das KPÖ-Unternehmen verkaufte die Chemikalien an ein österreichisches Unternehmen oder ins westliche Ausland und reichte die Erlöse aus diesem Ver-

89 Seliger: KPÖ-Treuhandunternehmen. In: MÖStA, S. 126.
90 Vgl. Ebd., S. 115 u. 117.

kauf in Devisen nach Abzug seiner Provision an die Firma Novum weiter, die wiederum mit dem Devisenerlös den Import der Maschinenanlage bezahlte.[91]

Hier waren auch die ehemaligen USIA-Firmen nützlich, die nach der Entlassung Österreichs aus der Besatzungsherrschaft mit dem Staatsvertrag zum größten Teil in den verstaatlichten Wirtschaftsbereich aufgingen. Im Zentrum des verstaatlichten Wirtschaftsbereichs stand die eisen- und stahlproduzierende und verarbeitende Industrie, insbesondere die Vereinigten Österreichischen Eisen- und Stahlwerke (VÖEST), die bereits 1946 verstaatlicht worden waren. Mit den ehemaligen USIA-Unternehmen standen die KPÖ-Treuhandunternehmen in enger Verbindung; über sie liefen die Handelsverbindungen zu den Ostblockländern. In ihren österreichischen Geschäftsführern und Gesellschaftern glaubte die SED das erforderliche flexible Personal gefunden zu haben, das auch mit westlichen Handelspartnern umgehen konnte.[92] Wegen der ideologischen Gemeinsamkeit mit der KPÖ vertraute sie darauf, daß die KPÖ-Unternehmen die geplanten Embargo-Geschäfte der Firma Novum mit der notwendigen Verschwiegenheit durchführten.

Der Außenhandel DDR – Österreich

Der Handel der SBZ und frühen DDR mit Österreich war zunächst ungeregelt. Er lief auf Kompensationsbasis über die Ost-Berliner Firma Deutsche Warenvertriebsgesellschaft (DWV) und die Wiener Firma Wagner & Co., die der KPÖ gehörte.[93] Die DDR konzentrierte ihren Außenhandel zunehmend auf die im RGW zusammengefaßten Ostblockländer. Im Handel mit diesen Ländern lag der Schwerpunkt auf den Export von Industriegütern dorthin. Als bedeutender Handelspartner trat die Bundesrepublik Deutschland, zunächst im Interzonenhandel, auf. Österreichs Außenhandel wurde zum größten Teil traditionsgemäß mit seinen Nachbarn in Osteuropa abgewickelt. Das änderte sich Ende der 1940er Jahre. Der Handel Österreichs orientierte sich infolge des European Recovery Plans der US-Regierung (Marshall-Plan) zunehmend auf den Handel mit den USA und den westeuropäischen Ländern um.[94]

Ab 1953 normalisierte sich der Außenhandel der DDR mit Österreich. Infolge der Nichtanerkennungspolitik der Bundesrepublik Deutschland, die von Österreich akzeptiert worden war, gab es keine diplomatischen Beziehungen zwischen der DDR und Österreich. Die DDR wurde deshalb auch nicht als Staat

91 Vgl. BT-Bericht DDR-Vermögen, S. 107 f.

92 Seliger: KPÖ-Treuhandunternehmen. In: MÖStA S. 126.

93 Ebd., S. 115.

94 Stolzlechner: Österreichs Wirtschaftsbeziehungen. In: MÖStA S. 157.

anerkannt. Sie suchte „im Wissen über diese Zwänge“ die Wirtschaftsbeziehungen mit den kapitalistischen Ländern, so auch Österreich, über nichtstaatliche Einrichtungen in die Wege zu leiten, „mit deren Hilfe [sie] das Ausbleiben verbindlicher staatlicher Beziehungen zwischen [ihr] und den kapitalistischen Industrieländern zunächst kompensieren konnte.“[95]

Unterhalb der staatlichen Ebene wurden zunehmend informelle Kontakte sowie Handelsbeziehungen aufgenommen. Bis zur Anerkennung der DDR durch Österreich und der Aufnahme diplomatischer Beziehungen 1972/1973 entwickelten sich die Handelsbeziehungen auf der Ebene und auf der Grundlage von Kammerabkommen. In diesem Rahmen wurde am 18. Dezember 1953 zwischen der österreichischen Bundeskammer für gewerbliche Wirtschaft und der Kammer für Außenhandel der DDR das erste Handelsabkommen über ein Volumen von 18,5 Millionen US-Dollar unterzeichnet.[96] In jährlichen Vereinbarungen wurde der Umfang des Handels zwischen diesen beiden Einrichtungen bis zur völkerrechtlichen Anerkennung der DDR durch Österreich und der Aufnahme der diplomatischen Beziehungen 1972 neu festgelegt. Die Geschäfte liefen auf Clearingbasis, das heißt auf der Grundlage der Verrechnung der Lieferungen und Leistungen zwischen den beiden Staaten. Bei der österreichischen Kontrollbank und bei der Deutschen Außenhandelsbank der DDR (DABA) wurden Konten über die für beide Seiten jeweils erzielten Erlöse aus Export- und Importgeschäften geführt. Nur im Rahmen dieser Erlöse konnten weitere Geschäfte getätigt werden, das heißt die Bilanzen mußten jeweils ausgeglichen sein. Überschreitungen des Kreditrahmens („Swing“) waren in einem festgelegten Rahmen möglich.[97]

Ab Mitte der 1960er Jahre veränderte sich der politische Rahmen für den Ost-West Handel. Österreich strebte als neutraler Staat im Rahmen seiner „Nachbarschaftspolitik, die es gegenüber den sozialistischen Staaten Europas pflegte“, eine stärkere Rolle als Mittler zwischen Ost und West an; es hatte gegenüber der DDR im Kontext der von Bruno Kreisky und Willy Brandt vertretenen Entspannungspolitik eine „Eisbrecherfunktion“ übernommen.[98]

Mitte der 1960er Jahre hatte eine Reihe von Außenhandelsunternehmen der DDR mit einem Konsortium der staatlichen österreichischen Stahlindustrie unter

95 Beil: Außenhandel, S. 58.

96 Boyer: Wirtschaftsbeziehungen mit der SBZ/DDR. In: MÖStA, S. 168.

97 BT-Bericht DDR-Vermögen, S. 112.

98 Graf, Maximilian/Lass, Alexander: Ein verdrängtes bilaterales Verhältnis: Österreich fungierte als Eisbrecher für die DDR. In: Wiener Zeitung (Online) vom 9. November 2009, unter http://www.wienerzeitung.at/meinungen/gastkommentare/67442_Ein-verdraengtes-bilaterales-Verhaeltnis-Oesterreich-fungierte-als-Eisbrecher-fuer-die-DDR.html.

der Federführung der Vereinigten Österreichischen Eisen- und Stahlwerke AG (VÖEST) langfristige Abkommen vereinbart. Eine offizielle Wirtschaftsdelegation der DDR unter der Leitung von Günter Mittag, dem für die Wirtschaft zuständigen ZK-Sekretär, besuchte 1967 auf Einladung der KPÖ Österreich. Das 1968 abgeschlossene Kammerabkommen wurde sogar vom österreichischen Ministerium für Industrie, Handel und Gewerbe bestätigt. Daraus zog die DDR den Schluß, daß Österreich sich langsam aus der Isolierung der DDR infolge des Alleinvertretungsanspruchs der Bundesrepublik Deutschland lösen wollte.[99]

Mit der staatlichen Anerkennung der DDR durch Österreich am 21. Dezember 1972, am selben Tag, als der Grundlagenvertrag zwischen der Bundesrepublik Deutschland und der DDR abgeschlossen wurde, änderte sich die Qualität auch der Wirtschaftsbeziehungen zwischen beiden Staaten. Am 30. August 1973 wurde das erste Handelsabkommen zwischen beiden Regierungen abgeschlossen. In diesem Abkommen ging es um die Lösung verschiedener bilateraler Handelsprobleme. Am 7. Dezember 1974 wurde in einem weiteren Abkommen der Rahmen der wirtschaftlichen, industriellen und technischen Zusammenarbeit abgesteckt.[100]

Auch politisch normalisierten sich die Beziehungen zwischen beiden Ländern. 1976 besuchte der österreichische Außenminister Erich Bielka die DDR. Es folgte 1978 als erster westlicher Regierungschef der österreichische Bundeskanzler Bruno Kreisky. 1980 erwiderte der DDR-Staatsratsvorsitzende Erich Honecker diese Visite, und 1984 folgte der Staatsbesuch des österreichischen Bundespräsidenten Rudolf Kirchschläger in der DDR.

Umfang und Struktur in den 1950er bis 1980er Jahren

Vom Umfang her war der Außenhandel der DDR mit Österreich in den 1950er- und 1960er-Jahren aus österreichischer Sicht nicht bedeutend. Das lag nicht nur daran, daß die österreichische Wirtschaft ihre Außenhandelsbeziehungen auf die westeuropäischen Länder, insbesondere die Bundesrepublik Deutschland, und die USA verlagert hatte und die auf Ostblockqualitätsniveau gesunkenen Industrieprodukte aus der DDR weniger gefragt waren. Es spielte eine hauptsächliche Rolle, daß der Handel mit der DDR durch deren unsicheren Status gehemmt war. Die DDR war von den meisten Staaten, auch nicht von dem neutralen Österreich, als Staat anerkannt worden. Die Bundesrepublik Deutschland, inzwischen der größte Handelspartner Österreichs, wachte mit Argusaugen über ihren Alleinvertretungsanspruch. Österreich unternahm deshalb zunächst nichts,

99 Boyer: Wirtschaftsbeziehungen mit der SBZ/DDR. In: MÖStA, S. 175.
100 Ebd. S. 177 f.

was diesen Status irgendwie in Frage stellen würde, allein schon aus dem Grund, es nicht mit seinem größten Handelspartner zu verderben.[101]

In den 1950er Jahren wurde die mangelnde Leistungsfähigkeit der DDR-Wirtschaft offenbar. In den Kammervereinbarungen festgelegte Volumina konnten seitens der DDR nicht ausgenutzt werden. Die von der DDR angebotenen Industriegüter entsprachen nicht den westlichen Qualitätsstandards, sie waren deshalb gegenüber den aus dem westlichen Ausland gelieferten Waren einfach nicht wettbewerbsfähig.[102] Das änderte sich auch nur zögernd in den 1960er Jahren. 1965 bezog Österreich aus der DDR Waren und Leistungen im Anteil von 1,2 Prozent des österreichischen Gesamtimports. Österreichs Importe aus der DDR lagen auf dem fünfzehnten Platz. Bei Österreichs Lieferungen von Waren und Leistungen in die DDR (Exporte) verhielt es sich nicht anders. Sie betrugen 1,8 Prozent des Gesamtexports und lagen auf dem dreizehnten Platz in der Rangfolge der Länder, die in die DDR exportierten.[103]

Allerdings verschob sich in diesem Jahrzehnt die Nachfrage der DDR-Wirtschaft von Gütern der Leicht- und Konsumgüterindustrie auf Stahl und Investitionsgüter, Maschinen und Anlagen. Grund war eine von Walter Ulbricht angestoßene Modernisierung der DDR-Wirtschaft. Er hatte mit dafür gesorgt, daß bei der Produktion der Industriegüter Wissenschaft und Technikinnovationen einen höheren Stellenwert bekamen.[104] Die Modernisierung weckte wiederum das Interesse der österreichischen staatlichen Schwerindustrie, insbesondere das der staatlichen Vereinigten Österreichischen Eisen- und Stahlwerke (VÖEST), der ehemaligen Reichswerke Aktiengesellschaft für Erzbergbau und Eisenhütten „Hermann Göring" in Linz.[105] Die VÖEST sah in den Veränderungen der Wirtschaftsstrukturen in der DDR Investitionschancen. Diese Verschiebung der nachgefragten Produkte der Schwer- und Maschinenbauindustrie schaffte jedoch der für die Handelsvereinbarungen mit der DDR zuständigen „Bundeskammer für gewerbliche Wirtschaft" erhebliche Probleme. Schließlich hatten sich die Handelsquoten hauptsächlich auf die Leicht- und Konsumindustrie (Textilien, Schuhe) bezogen. Die Leicht- und Konsumgüterindustrie stemmte sich gegen die Verschiebung des Handelsschwerpunkts auf Produkte der Schwerindustrie, insbesondere der staatlichen Stahlindustrie, und des Maschinenbaus. Der Konflikt wurde durch ein Machtwort der für die verstaatlichte Industrie zuständigen Sektion IV des Bundeskanzleramtes zugunsten der staatlichen Schwer- und Ma-

101 Ebd., S. 166 ff. u. 174 ff.

102 Ebd., S. 169.

103 Ebd., S. 175.

104 Ebd., S. 172.

105 Als Tochtergesellschaft der Hermann-Göring-Werke gegründet, Produktionsbeginn 1941.

schinenbauindustrie entschieden.[106] Dies sollte noch eine große Rolle bei der Handelstätigkeit der Firma Novum mit Österreich spielen.

Aus österreichischer Sicht veränderte sich in den siebziger und achtziger Jahren der Handelsumfang trotz der Umstellung auf die staatlichen Handelsabkommen infolge der Anerkennung der DDR durch Österreich kaum. 1981 hatte die Ausfuhr Österreichs in die DDR einen Anteil von 1,3 Prozent am österreichischen Gesamtexport; Importe aus der DDR einen Anteil von 0,8 Prozent der Gesamtimporte.[107] Das lag an den nach wie vor bestehenden Schwächen der DDR-Produkte, die qualitativ mit Industriegütern aus dem westlichen Ausland, insbesondere der Bundesrepublik Deutschland, nicht konkurrieren konnten.[108]

Struktur der Geschäftstätigkeit der Firma Novum

Die Geschäftstätigkeit der Firma Novum war in den 1950er- und 1960er Jahren nicht besonders in Erscheinung getreten. Sie „dümpelte" vor sich hin.[109] Die Firma Novum organisierte hauptsächlich Kompensationsgeschäfte über die KPÖ-Treuhandunternehmen, um Devisen für den Einkauf von Westwaren zu bekommen, was ein mühsames Geschäft war. Sie hatte aber schon seit 1953 die Vertretung der schweizerischen Firma Ciba Geigy übernommen.[110]

Erst mit der Neuordnung des Außenhandelswesens der DDR im Jahre 1969[111] änderte sich das. Dadurch stiegen der wirtschaftliche Erfolg der Firma Novum und ihre Bedeutung im Österreich-Handel. Außenhandelsbetriebe durften danach ihre Geschäfte mit Unternehmen aus dem „nichtsozialistischen Wirtschaftsgebiet" nur noch über eine Vertreterfirma führen. Die Vertreterfirmen bekamen für ihre Mittlertätigkeit eine Provision. Die Firma Novum wurde eine solche Vertreterfirma, sie war für den Handel mit Österreich zuständig. Organisatorisch waren die Vertreterfirmen dem Bereich KoKo des MAH zugeordnet. Das traf nicht auf die Firma Novum zu, die dem ZK der SED und nicht dem MfS zugeordnet war. Das Geld, das die Firma erwirtschaftete, füllte nicht die Kassen der Stasi, sondern die der Partei.

Es gab Unternehmen, die bilanzpflichtig waren und der Kontrolle der staatlichen Finanzrevision unterlagen und Unternehmen, die außerhalb dieser Kontrolle agierten.[112] Zu den ersteren gehörte die Transinter GmbH, zu der zweiten

106 Boyer: Wirtschaftsbeziehungen mit der SBZ/DDR. In: MÖStA, S. 173.
107 Ebd., S. 180.
108 Ebd., S. 169.
109 Förster: Stasi-Millionen, S. 177.
110 BT-Bericht DDR-Vermögen, S. 441.
111 Ebd., S. 108.
112 Ebd., S. 108.

Gruppe zählten die sogenannten nichtstaatlichen Vertretergesellschaften wie die F.C. Gerlach Export-Import mit Dependancen im Fürstentum Liechtenstein (FL), oder aber Günther Forgber Wahrnehmung von Interessen für Industrie und Handel mit Niederlassungen in Wien und Budapest. Die nichtstaatlichen Vertretergesellschaften waren eng mit dem MfS verbunden.[113] Sie konnten ihre Geschäfte auf eigene Rechnung machen, ihre Gewinne flossen auf Konten der Stasi bei der Deutschen Handelsbank (DHB).[114]

Unter den Vertreterfirmen waren neben den DDR-Firmen auch ausländische Unternehmen aus dem NSW-Bereich tätig, die den kommunistischen Parteien ihrer Heimatländer nahestanden. Als ausländische Unternehmen waren zum Beispiel die Wiener Firmen Wagner & Co. und Kraus & Co., Procommerce Establishment, Vaduz (FL) und Batimex Establishment als Vertreterfirmen tätig, die zum Bereich der KPÖ-Treuhandunternehmen gehörten. Es gab auch noch Vertreterfirmen anderer Länder zum Beispiel in Frankreich und in Belgien, die der Kommunistischen Partei Frankreichs (KPF) bzw. der Kommunistischen Partei Belgiens (KPB) unterstanden.[115]

Das System der Zwangsvertretungen diente der Erwirtschaftung von Devisen für die „Operative Staatsdevisenreserve."[116] Die Firma Novum wie die anderen Vertreterfirmen besaßen das Monopol, daß für ihre Bereiche die westlichen Unternehmen eine solche Vertreterfirma einschalten mußten. Die für den Handel der DDR mit Österreich zuständige Firma Novum heimste dafür üppige Zwangsprovisionen ein und häufte Devisen an. Diese Einnahmen begründeten den Ruf der Firma Novum als eine „Goldgrube", der sie nach dem Zusammenbruch der SED-Diktatur so begehrlich machen sollte.[117]

Wie der Außenhandel über die Vertreterfirma Novum ablief, wird in dem Bericht „DDR Vermögen" des 2. Untersuchungsausschusses des Deutschen Bundestags beschrieben:

> „Benötigte ein Kombinat oder ein Volkseigener Betrieb (VEB) der DDR ein spezielles Produkt (oder eine spezielle Leistung), das nur durch Import aus dem westlichen Ausland beschafft werden konnte, so musste dieser Bedarf an das verantwortliche Fachministerium gemeldet werden. Dieses leitete den Import-Wunsch an den für die Beschaffung dieses speziellen Produktes zuständigen AHB weiter. Als nächsten Schritt schaltete der AHB die zuständige Vertreterfirma ein. Zuständig bedeutete, dass die Novum meist dann als Vertreterfirma eingeschaltet wurde, wenn der ausländische Produzent seinen Sitz in Österreich hatte. Novum vermittelte dann den

113 Ebd.
114 Ebd., S. 109.
115 Ebd.
116 Ebd., S. 108.
117 Stolzlechner: Österreichs Wirtschaftsbeziehungen. In: MÖStA S. 161.

> Geschäftskontakt zu dem für die Lieferung (Import) gewünschten Unternehmen und erhielt für die Bemühungen Provisionszahlungen in Devisen von dem jeweiligen Lieferanten; im Rahmen des innerdeutschen Handels wurde auch in Verrechnungseinheiten bezahlt."[118]

Der Bereich Kommerzielle Koordinierung als Konkurrent der Firma Novum

Auch der KoKo-Bereich tummelte sich im Handel mit den KPÖ-Treuhandunternehmen. Die KoKo-Unternehmen hatten enge Geschäftsbeziehungen zu ihnen.[119] Der KoKo-Bereich hintertrieb beim ZK der SED die Monopolstellung der Firma Novum bei den Zwangsprovisionseinnahmen, die sie als für Österreich zuständige Vertreterfirma auch aus Österreich-Geschäften des KoKo-Bereichs mit den KPÖ-Treuhandunternehmen einnahm. Diese sollten auf den KoKo-Bereich übergehen, soweit sie von KoKo-Unternehmen verdient worden waren. Mit den guten Beziehungen zu Günter Mittag und mit Unterstützung der KPÖ-Führung verhinderte Rudolfine Steindling dies, aber nicht vollends. Das ZK der SED ließ sich auf eine salomonische Lösung ein. Die Firma Novum mußte sich in einem ihr vom ZK der SED aufgenötigten Provisionsteilungsvertrag um 1973 gefallen lassen, daß die von ihr aus den Österreich-Geschäften erzielten Provisionseinnahmen mit der Firma Transinter GmbH aus dem KoKo-Bereich geteilt werden mußten.[120]

Ein Firmengeflecht unterstützte die Firma Novum bei der Abwicklung ihrer Geschäfte. Insbesondere Devisen von westlichen Kunden konnten nicht direkt an die Firma Novum auf Konten bei der Außenhandelsbank der DDR (DABA) überwiesen werden, da die Firma Novum als DDR-Inlandsunternehmen kein Devisenkonto führen konnte. Nur ausländische Unternehmen durften in der DDR Devisenkonten führen. So hat die Firma Novum über die Konten der in Ost-Berlin ansässigen Repräsentanzen von den liechtensteinischen Unternehmen wie Batimex Establishment, Schaan (FL), Procommerce Establishment, Vaduz (FL) und Mutual Cooperative Establishment, Vaduz (FL) bei der DABA ihren Devisen-Zahlungsverkehr mit westlichen Kunden abgewickelt. In diesen liechtensteinischen Firmen war Rudolfine Steindling als Generalbevollmächtigte tätig, die Buchhaltung der Repräsentanzen wurde von der Firma Novum geführt. Vielfach wurden Geschäfte mit westlichen Kunden direkt unter den Namen der genannten liechtensteinischen Unternehmen mit Wirkung für die Firma Novum abgeschlossen. Das geschah öfters, um die Monopolstellung der SED-Firma

---

118 BT-Bericht DDR-Vermögen, S. 107 f.

119 Stolzlechner: Österreichs Wirtschaftsbeziehungen. In: MÖStA S. 160 f.

120 BT-Bericht DDR-Vermögen, S. 111.

Novum auch im Hinblick auf die KoKo-Konkurrenz zu verschleiern. Für die SED-Firma Novum hatte das keine Auswirkung, da Rudolfine Steindling als Generalbevollmächtigte den Zahlungsverkehr dieser Unternehmen steuern konnte und die Provisionen bei der Firma Novum verbucht hat.[121]

Firma Novum unter der Regie von Rudolfine Steindling

Der Handel zwischen Österreich und der DDR wies gegen Ende der 1970er Jahre enorme Wachstumsraten auf. Im Verhältnis zu dem auch enorm angestiegenen Gesamtvolumen des österreichischen Außenhandels insbesondere mit den westeuropäischen Staaten (EG, EFTA) änderte dies aber nicht viel an der geringen Bedeutung des Handels Österreichs mit der DDR.[122] Der Anstieg fußte auch auf den engen Beziehungen zwischen der SED und der KPÖ, in der die Firma Novum eine herausragende Rolle spielte, und den besonderen außenpolitischen Rahmenbedingungen.

Vorausgegangen war Anfang der 1970er Jahre die Anerkennung der DDR durch Österreich, wodurch die politischen Beziehungen zwischen beiden Staaten nach dem Völkerrecht legalisiert wurden und die Handelsbeziehungen staatlich anerkannt waren, was zu einem Anstieg des Handels führte. Ebenso ist das am 26. März 1975 zwischen der DDR und Österreich abgeschlossene Konsularabkommen zu nennen, nach dem die Staatsbürgerschaft der DDR von Österreich anerkannt wurde. Dies stieß auf erhebliche Verstimmung bei der Bundesrepublik Deutschland, die ja auch nach dem Abschluß der Verträge mit der DDR an dem Anspruch, das gesamte Deutschland zu vertreten, festhielt und eine Staatsbürgerschaft der DDR nicht anerkannte. Hierdurch verschlechterten sich die innerdeutschen Beziehungen. Der Handelsumsatz zwischen den beiden Staaten ging zurück. Den schwächer gewordenen Handel mit der Bundesrepublik Deutschland kompensierte die DDR durch eine Verstärkung des Handels mit Österreich. Dies führte zu einer Reihe von „spektakulären Großaufträgen" der DDR insbesondere an die verstaatlichte österreichische Industrie „zur Deckung des Modernisierungsbedarfs der DDR-Industrie", wie wir noch sehen werden.[123] Auch hier ein Zeichen Österreichs, sich von den alten Strukturen des Kalten Krieges zu lösen und einen eigenständigen Weg zur Entspannung zwischen den beiden Blöcken zu beschreiten.

Auf dieser Woge der von der Politik herbeigeführten Aufhellung der DDR-Österreich-Beziehungen bewegte sich die Wiener Kommerzialrätin Rudolfine

---

121 BT-Bericht DDR-Vermögen, S. 110.

122 Boyer: Wirtschaftsbeziehungen ,it der SBZ/DDR. In: MÖStA S. 180.

123 Seliger: KPÖ-Treuhandunternehmen. In: MÖStA, S. 120; Stolzlechner: Österreichs Wirtschaftsbeziehungen. In: MÖStA, S. 162.

Steindling[124], die einen großen Anteil an der Verbesserung des Handelsaustausches zwischen der DDR und Österreich hatte. Sie wurde am 30. April 1973 zur zweiten Geschäftsführerin und Mitgesellschafterin der Firma Novum bestellt, ab 1985 hielt sie allein die Gesellschaftsanteile der Firma Novum und führte allein die Geschäfte der Firma Novum. Rudolfine Steindling war auch zugleich Finanzreferentin der Finanzkommission der KPÖ[125]; sie kontrollierte von dort aus die Tätigkeit und Finanzen der KPÖ-Treuhandunternehmen.[126] Es gelang ihr nicht zuletzt aufgrund der zentralen Stellung der KPÖ-Treuhandunternehmen im Ost-West-Handel ein dichtes Netz in Wirtschaft und Politik zu erschaffen. Der vielfach ausgezeichnete österreichische Journalist Michael Nikbakhsh[127] beschrieb dies wie folgt:

„Innerhalb weniger Jahre war es der durchaus charmanten Geschäftsfrau mit Faible für Chanel und Champagner gelungen, das Vertrauen von SED-Größen wie Schalck-Golodkowski, Günter Mittag oder Gerhard Beil zu erlangen. Sie ging im Politbüro des Zentralkomitees der Partei fortan ebenso ein und aus wie in den Residenzen österreichischer Banker, Industriemagnaten und Politiker – und setzte sich dabei anscheinend mühelos über ideologische Grenzen hinweg. Herren wie Franz Vranitzky[128] und Hannes Androsch[129] zählten und zählen ebenso zu ihren ‚lieben Freunden' wie der frühere FPÖ-Vizekanzler Norbert

---

124 Rudolfine Steindling, geborene Eckel (1934 bis 2012), fing ihr Berufsleben als Sekretärin in der Centralen Wechsel- und Creditbank (CWC-Bank), einer Tochtergesellschaft der Ungarischen Nationalbank, an. Diese Bank war eine Schaltstelle für Ost-West-Finanztransfers und nach der Wende beliebt für jegliche Geldwäschereien der abgehalfterten alten Machteliten aus den Ostblockländern zur „Rettung" des Staats- und Parteivermögens, meistens in die eigenen Taschen. Sie arbeitete sich dort hoch zur Abteilungsleiterin. 1966 heiratete sie den Direktor der CWC-Bank, der 1983 verstarb. Wegen dieser Heirat mußte sie die Bank verlassen und kam dann auf Vermittlung von Geschäftskunden der Bank in einer Steuerberatungskanzlei unter, die hauptsächlich Unternehmen aus dem KPÖ-Bereich betreute. Sie wechselte 1969 als Finanzreferentin in die Finanzkommission der KPÖ. Frau Steindling kontrollierte von dort aus die Finanzen der KPÖ-Treuhandunternehmen. Bald führte sie die Geschäfte der KPÖ-Treuhandunternehmen.

125 Stolzlechner: Österreichs Wirtschaftsbeziehungen, S. 161.

126 BT-Bericht DDR-Vermögen, S. 107.

127 In: Geschäftsfrau Rudolfine Steindling ließ 130 Millionen Euro spurlos verschwinden, unter: http://www.profil.at vom 10. April 2010.

128 Vranitzky war Bundeskanzler (SPÖ) und davor Chef der Österreichischen Länderbank, der Hausbank der Firma Novum.

129 Androsch war Finanzminister und Vizekanzler unter Bruno Kreisky, danach in Banken und Consultingfirmen tätig. Ihm wurden zahlreiche Ehrenämter in Universitäten im Bereich Forschung und Technologie etc. übertragen.

Steger, Ex-ÖVP-Nationalratspräsident Heinrich Neisser oder die früheren Bank-Austria-Chefs[130] René Alfons Haiden und dessen Nachfolger Gerhard Randa."

Unter ihrer Geschäftsleitung wurden insbesondere in den 1980er Jahren etwa bis zu 60 Prozent[131] des Handels zwischen den beiden Staaten über die Firma Novum und den KPÖ-Unternehmen abgewickelt. Das war wie „eine Goldgrube" für beide.[132]

Höhepunkt

Die Firma Novum übernahm in den Jahren von Rudolfine Steindlings „Regentschaft" die Vertretung vieler KPÖ-naher Unternehmen sowie vieler Unternehmen der verstaatlichten österreichischen Wirtschaft. Besonders schwer ins Gewicht fielen die Vereinigten österreichischen Eisen- und Stahlwerke (VÖEST), die sich ab 1973 VÖEST-Alpine nannten, und die Steyr-Daimler-Puch Werke, was auf ihre guten Verbindung zu den KPÖ-nahen Unternehmen zurückzuführen war, die traditionell gute Geschäftsverbindungen mit der österreichischen verstaatlichten Industrie hatten. Diese stammen teilweise noch aus der USIA-Zeit während der sowjetischen Besetzung Österreichs. Aber auch andere namhaften Unternehmen wie Austria Metall AG, Semperit aus Österreich, Ciba Geigy AG, Brown Boveri & Cie. AG (BBC) aus der Schweiz bzw. deren Tochter in Mannheim oder die Bosch AG aus der Bundesrepublik Deutschland reihten sich in den Kranz der Vertretungen von Unternehmen aus dem NSW-Bereich ein.[133]

Seinen ersten Staatsbesuch im westlichen Ausland unternahm Erich Honekker 1980 in Österreich. Im Rahmen dieses Staatsbesuchs wurde ein Vertrag paraphiert, der die Lieferung eines Konverter-Stahlwerkes im Wert von 1,7 Milliarden DM (etwa 850 Millionen Euro) für das Eisenhüttenkombinat Ost in der DDR von dem österreichischen Staatsunternehmen VÖEST-Alpine vorsah. Der Auftrag wurde von der Firma Novum, die seit 1974 Hauptgeschäftspartner der VÖEST-Alpine war, vermittelt und mit abgewickelt. Sie erzielte dabei eine Provision von etwa 68 Millionen DM (etwa 34 Millionen Euro).[134] Mitbietende westliche Stahlunternehmen aus Japan und der Bundesrepublik Deutschland wie die Firma Krupp wurden nicht berücksichtigt. Nach alledem ist anzunehmen, daß bei der Auswahl der Lieferanten des Konverter-Stahlwerks eher politische

130 Die Bank Austria hieß vorher Österreichische Länderbank.

131 Nach Angabe des früheren Außenhandelsminister der DDR, Dr. Gerhard Beil, siehe BT-Bericht DDR-Vermögen, S. 111.

132 Stolzlechner: Österreichs Wirtschaftsbeziehungen. In: MÖStA, S. 161.

133 BT-Bericht DDR-Vermögen, S. 108.

134 Bei einer Annahme eines durchschnittlichen Provisionssatzes von vier Prozent (so BT-Bericht DDR-Vermögen, S. 108) von 1,7 Milliarden DM.

Überlegungen im Vordergrund standen als wirtschaftliche. So wurde vielfach die Beauftragung der VÖEST-Alpine durch die DDR als Belohnung für Österreichs Anerkennung der DDR-Staatsbürgerschaft im Konsularabkommen mit der DDR vom 26. März 1975 verstanden.[135]

Zusammenbruch der Staatswirtschaften in Osteuropa und Niedergang der KPÖ-Unternehmen

Mit dem Untergang des Kommunismus in den Ostblockländern und der Sowjetunion war es mit der Herrlichkeit des Ost-West-Handels der Vertreterfirmen in den Ostblock-Ländern vorbei. In den Staatshandelsländern des Ostblocks wurden die Außenhandelsmonopole des Staates geschleift, die handeltreibenden Unternehmen brauchten für ihre Handelsgeschäfte nicht mehr staatliche Vertreterfirmen einzuschalten. Die westlichen Unternehmen nahmen direkt mit Handelsunternehmen in den Ostblockländern Kontakt auf und wickelten ihre Geschäfte bilateral ab.

Die KPÖ-Unternehmen hatten nun nicht mehr das Privileg, Handelsgeschäfte für Westfirmen bei den ihnen vertrauten Vertreterfirmen der Ostblockländer zu vermitteln und ihnen bei der Abwicklung der Geschäfte zu helfen. Zudem fiel der Haupthandelspartner der KPÖ-Treuhandunternehmen, die DDR, mit deren Beitritt zur Bundesrepublik Deutschland weg. Da es sich bei den KPÖ-Treuhandunternehmen um privatrechtlich organisierte Unternehmen handelte, mußten sie sich jetzt dem Wettbewerb vielfach mit neuen Geschäftsfeldern stellen. Vielen gelang das nicht. Der KPÖ blieben nur einige wenige Firmen.[136] Die Firmen, die sich unter den veränderten Rahmenbedingungen behaupten konnten, haben sich allerdings nach dem Zusammenbruch des Kommunismus in Ost-Europa und der Sowjetunion bestens entwickelt. Dazu zählen „die Spedition Express (130 Mitarbeiter, Umsatz '95: eine Mrd. S [Schilling – MF], inkl. Zölle), die Mineralölfirma Turmöl, das Handelsunternehmen Kraus & Co, früher stets für ein bis zwei Milliarden Umsatz gut, und die Polcommerce, die ihre Position ebenfalls behauptet hat und ungefähr für 600 Umsatz-Millionen gut ist".[137]

---

135 BT-Bericht DDR-Vermögen, S. 108; König, Ewald: DDR, Österreich (I) und das bessere Deutschland – Die Mauer, die Menschen und die Mitte Europas (49)– Berliner Notizen eines Wiener Korrespondenten. In: EurActiv.de vom 9. September 2010, unter: http://www.euractiv.de/druck-version/artikel/sterreich-i-das-bessere-deutschland-003612.

136 Muzik, Peter: Die Milliarden-Geschäfte der KPÖ, unter: http://wirtschaftsblatt.at/archiv/wirtschaft/990671/index?from=suche.intern.portal .

137 Ebd.

Werner Pirker resümierte düster den eher politischen Abgesang der KPÖ in der linken Tageszeitung *Junge Welt*: „Die Atmosphäre des Kalten Krieges und – was noch wesentlich schwerer wog – die überwältigende Suggestionskraft der Sozialpartnerschaft bewirkte, daß die KPÖ nach 1945 über ein Sektendasein nie wirklich hinauskam. Dieses stand allerdings in einem seltsamen Kontrast zur ökonomischen Stärke der Partei. Als eine Drehscheibe im Ost-West-Handel war sie eine Gewinnerin des Kalten Krieges. Sie vertrat österreichische Interessen (vor allem die der verstaatlichten Industrie) gegenüber den sozialistischen Ländern und ökonomische Interessen der sozialistischen Länder gegenüber Österreich. Nach dem Zusammenbruch der sozialistischen Länder trieb das KPÖ-Wirtschaftsimperium im offenen Meer. Den letzten Akt des ökonomischen Niedergangs bildete das Urteil des Oberverwaltungsgerichtshofes in Berlin, in dem das Eigentum der in der DDR tätig gewesenen KPÖ-Firma Novum der Bundesrepublik Deutschland zugesprochen wurde. Der Verlust der Schilling-Milliarden trieb den innerparteilichen Konflikt auf die Spitze bzw. brachte ihn auf den Punkt: Es geht um die noch vorhandene Kohle.“[138]

Letzter Akt – Das Ende der Firma Novum

Mit dem Untergang der DDR hatte auch die Firma Novum ihre Sonderstellung im Handel mit Österreich verloren. Sie orientierte sich deshalb um und bemühte sich, neue Geschäftsfelder zu erschließen. Sie gründete dafür neue Unternehmen. Die Belegschaft der Firma Novum wurde ausgedünnt. *Der Spiegel* kommentierte lakonisch: „... die alte Seilschaft hat längst wieder Tritt gefaßt. [...] Ihre Vergangenheitsbewältigung haben die Mitarbeiter längst abgeschlossen. Kurz nach dem Mauerfall lief auch in der Wönnichstraße der Reißwolf, und es wurde die Order ausgegeben: ‚Wer quatscht, der fliegt.‘“[139]

Letzter Akt für die Firma Novum war die verwaltungsgerichtliche Auseinandersetzung um die Frage, wer Eigentümer der Firma Novum war: die SED oder die KPÖ. Nach einem zwölf Jahre langen Rechtsstreit wurde diese Frage vom Oberverwaltungsgericht Berlin 2003 rechtskräftig zugunsten der SED beantwortet.[140] Nach Aufdeckung der Legendierung der Firma Novum als KPÖ-Unternehmen hatte die Treuhandanstalt im Einvernehmen mit der Unabhängigen Kommission zur Überprüfung des Vermögens der Parteien und Massenorganisa-

---

138 Pirker, Werner: Auf dem langen Weg ins Nichts. In: *Junge Welt* v. 05.01.2004, unter: http://www.antiimperialista.org/de/node/3405.

139 „SED-Kohle retten“. In: Der Spiegel 20/1991, S. 47, unter: http://www.spiegel.de/spiegel/print/d-13488245.html.

140 Vgl. dazu grundlegend den Schlußbericht der UKPV an den Deutschen Bundestag v. 24. August 2006, BT-Drucksache 16/2466, S. 23 ff, unter: http://dipbt.bundestag.de/dip21/btd/16/024/1602466.pdf.Schlußbericht

tionen der DDR (UKPV) Anfang 1992 festgestellt, daß die Firma Novum als ein mit der SED verbundenes Unternehmen nach § 20b Parteiengesetz der DDR der treuhänderischen Verwaltung unterliegt. Diese Vorschrift ist nach dem Einigungsvertrag mit Maßgabenregelungen Bundesrecht geworden.[141] Grundlage dafür waren die schriftlichen Treuhanderklärungen zugunsten der SED-Holding Zentrag, die Rudolfine Steindling und ihre Vorgänger in der Gesellschafterstellung und Geschäftsführung abgegeben hatten.

Die Firma Novum und Rudolfine Steindling hatten den Feststellungsbescheid der Treuhandanstalt mit der Behauptung angefochten, daß die Firma Novum ein Unternehmen der KPÖ sei. In einem sich anschließenden Verwaltungsprozeß stritten sich die Parteien über die Frage, ob die Firma Novum der SED oder der KPÖ gehört.[142] In der ersten Instanz hatte das Verwaltungsgericht Berlin die Frage zugunsten der KPÖ entschieden, in der zweiten Instanz das Oberverwaltungsgericht Berlin[143] genau andersherum, nämlich zugunsten der SED. Das Oberverwaltungsgericht Berlin hielt eine Verbundenheit der Novum GmbH mit der SED im Sinne von § 20b Abs. 2 Parteiengesetz der DDR für gegeben und damit den Feststellungsbescheid der Treuhandanstalt für rechtmäßig. Nach dieser ins Bundesrecht übernommenen Vorschrift wird „[z]ur Sicherung der Vermögenswerte von Parteien oder ihnen verbundenen Organisationen, juristischen Personen und Massenorganisationen […] das Vermögen der Parteien und der ihnen verbundenen Organisationen, juristischen Personen und Massenorganisationen, das am 7. Oktober 1989 bestanden oder an die Stelle dieses Vermögens getreten ist, unter treuhänderische Verwaltung gestellt".[144] Die „Verbundenheit" der Firma Novum zum SED-Vermögen wird durch die von Rudolfine Steindling gegenüber der Zentrag/SED abgegebenen Treuhanderklärungen hergestellt.[145] Diese Entscheidung ist rechtskräftig.[146]

Obwohl Rudolfine Steindling immer wieder behauptete, die Geschäftsanteile der Novum treuhänderisch für die KPÖ zu halten, konnte sie keinerlei schriftliche Treuhanderklärungen zugunsten der KPÖ oder ihrer Unternehmen vorlegen. Dieser Umstand war umso bezeichnender, als der KPÖ durchaus bewußt

141 Anlage II Kapitel II Sachgebiet A Abschnitt III Einigungsvertrag vom 31. August 1990. BGBl. II, S. 889 u. 1150.

142 BT-Schlußbericht UKPV, S. 24.

143 OVG Berlin, Urteil vom 23. September 2003 (OVG 3 B 12.96) Novum, unter: http://www.berlin.de/sen/justiz/gerichte/ovg/3b12_96.html.

144 Anlage II Kapitel II Sachgeb. A Abschn. III Einigungsvertrag vom 31. August 1990 (BGBl. II S. 889, 1150).

145 OVG Berlin aaO, siehe Seite 20 des in das Textverarbeitungsprogramm MS-Word kopierten Fließtextes der Internetfassung (html).

146 Vgl. BT-Schlußbericht UKPV, S. 24.

war, wie gefährlich die Überlassung von Geschäftsanteilen an Treuhänder ohne schriftlichen Treuhandvertrag sein konnte. Die KPÖ hatte ihre Unternehmen wohl mehr konspirativ geführt und zunächst nur mündliche Treuhanderklärungen zu ihren Gunsten von den Treuhändern abverlangt. Das führte Ende der 1970er Jahre in einem Fall zu einer Reihe von Gerichtsverfahren um die Eigentümerschaft bei der Firma Turmöl, einem der bedeutendsten KPÖ-Unternehmen.[147] Ein Alleingesellschafter bestritt die Treuhandschaft zugunsten der KPÖ. Er weigerte sich, dieses Unternehmen auf Weisung der KPÖ zu verkaufen. Nur mit Mühe konnte die KPÖ in den Gerichtsverfahren die Treuhandschaft nachweisen und den Verkauf des Unternehmens durchsetzen. Aus dieser Erfahrung heraus hat die KPÖ in der Folgezeit ihren Treuhändern schriftliche Treuhanderklärungen abverlangt. Daß Rudolfine Steindling hiervon abweichend für die Firma Novum keine schriftliche Treuhanderklärung zugunsten der KPÖ abgegeben hatte, versuchte der damalige Leiter der Finanzkommission der KPÖ Hans Kalt damit zu begründen, die von Rudolfine Steindling bereits in Berlin zugunsten der Zentrag/SED abgegebene Treuhanderklärung schütze die KPÖ vor eventuell von ihr vorgenommenen treuwidrigen Eigentumsveränderungen.[148] Tatsächlich bestätigt die in Berlin von Rudolfine Steindling zugunsten der SED abgegebene Treuhanderklärung das Eigentum der SED.

Sicherung des SED-Vermögens

Auf ihrem Außerordentlichen Parteitag am 8./9. und 16./17. Dezember 1989 beschloß die SED die Einrichtung der „Arbeitsgruppe zum Schutz des Vermögens der SED". Diese hatte die Aufgabe, „das vorhandene Parteivermögen zu erhalten und noch effektiver für die Durchführung der Parteiarbeit, für den Wahlkampf und im Interesse aller Mitglieder der SED zu nutzen" Damit war auch die Absicht verbunden, „wirksame Schritte gegen Angriffe auf das Eigentum der SED-PDS" einzuleiten."[149] Die SED verfolgte mit der Arbeitsgruppe das Ziel, ihr Inlands- und Auslandsvermögen zu verschleiern und beiseitezuschaffen, was sie auch ab Ende 1989 in Angriff genommen und durchgeführt hat.[150] Beschleu-

147 Anlage II Kapitel II Sachgeb. A Abschn. III Einigungsvertrag vom 31. August 1990. BGBl. II S. 889 u. 1150.

148 Zeugenaussage des Leiters der Finanzkommission der KPÖ Hans Kalt. In: OVG Berlin, a.a.O, siehe Seite 41 f. des in das Textverarbeitungsprogramm MS-Word kopierten Fließtextes der Internetfassung (html).

149 Zitat aus dem Parteitagsbeschluß der SED/PDS. In: Bundestags-Bericht der UKPV vom 24. August 1998, BT-Drucksache 13/11353, S. 67 f.

150 Siehe dazu den BT-Bericht der UKPV vom 24.8.1998, S. 267 ff.; Fischer, Malte: Bilanz mit Fragezeichen – Über die Arbeit der Unabhängigen Kommission zur Überprü-

nigt wurden die Verschiebungen von Parteivermögenswerten der SED dadurch, daß nach den Beschlüssen der Volkskammer der DDR vom 31. Mai 1990, die vom Einigungsvertrag bestätigt worden sind,[151] das SED-Vermögen gesetzlich unter treuhänderische Verwaltung gestellt worden ist.

Der ehemalige DDR-Außenhandelsminister Gerhard Beil,[152] ein enger Vertrauter von Rudolfine Steindling, war nach der Flucht des KoKo-Chefs Alexander Schalck-Golodkowski Anfang Dezember 1989 nach West-Berlin und seiner Anfang Januar 1990 erfolgten Übersiedlung nach Bayern in Ost-Berlin der „Regisseur […] bei der Sicherung des Auslandsvermögens von Stasi, KoKo und SED".[153] Es liegt nahe, daß Gerhard Beil auch Rudolfine Steindling bei der Verschiebung des Novum-Vermögens geholfen hatte. Er beriet nämlich die Firma Novum – und damit auch Rudolfine Steindling – vom 1. November 1990 bis April 1991 für ein Honorar von 1 000 DM monatlich.[154] Er war auch zur gleichen Zeit in der Österreichischen Länderbank (ÖLB) in Wien (der späteren UniCredit Bank Austria), eine für die Sicherung des Parteivermögens strategisch wichtige Schaltstelle, tätig, mit deren Vorstand er einen Beratervertrag abgeschlossen hatte.[155] Von dieser Bank gingen die von Rudolfine Steindling veranlaßten Verschiebungen der Novum-Gelder aus.

Gerichtsverfahren über fragliche Geldtransaktionen der Rudolfine Steindling

In diesem Zusammenhang stehend sieht auch die Treuhandanstalt – heute Bundesanstalt für vereinigungsbedingte Sonderaufgaben (nachfolgend THA/BvS abgekürzt) – verschiedene Geldtransaktionen in Millionenhöhe von Rudolfine Steindling, die Gegenstand von Gerichtsverfahren in der Schweiz waren und

---

fung des Vermögens der Parteien und Massenorganisationen der DDR (UKPV). In: *Zeitschrift des Forschungsverbundes SED-Staat* Nr. 27/2010, S. 114 ff.

151 Anlage II Kapitel II Sachgebiet A Abschnitt III Einigungsvertrag vom 31. August 1990. BGBl. II S. 889 u. 1150.

152 Beil war Mitglied des ZK der SED. Ihm werden enge Kontakte zum MfS nachgesagt, die er hauptsächlich über den KoKo-Bereich geknüpft hat. Vgl. Förster: Stasi-Millionen, S. 188.

153 Stasi-Millionen, S. 189.

154 BT-Bericht DDR-Vermögen, S. 125; vgl. auch Förster: Stasi-Millionen, S. 188.

155 Die Signale verhört. In: www.profil.at vom 27. September 2003. Unter: http://www.profil.at/articles/0339/560/65588/affaere-die-signale; Nikbakhsh, Michael und Staudinger, Martin: Im roten Winkel. In: www.profil.at vom 8. Oktober 2005. Unter: http://www.profil.at/articles/0540/560/123277/novum-affaere-im-winkel; Förster: Stasi-Millionen, S. 196.

noch sind.[156] Ausgangspunkt dieser Geldtransaktionen waren Konten der Firma Novum bei der Österreichischen Länderbank AG (ÖLB), heute Unicredit Bank Austria AG. Ablauf und Zielrichtung der nachfolgend näher zu beschreibenden Geldtransaktionen lassen klar die Absicht erkennen, das Novum-Vermögen den neuen Bundesländern zu entziehen, denen dieses Vermögen nach dem Einigungsvertrag zusteht.

In dem ersten Komplex geht es um eine beim Bezirksgericht Zürich anhängig gemachte Schadenersatzklage der THA/BvS gegen Rudolfine Steindling wegen Verletzung des Treuhandvertrages, Veruntreuung und ungetreuer Geschäftsführung. Ihr wurde vorgeworfen, von Konten der Firma Novum bei zwei Schweizer Banken erhebliche Geldbeträge unerlaubt abgehoben sowie Geldverschiebungen von Konten der Firma Novum bei der ÖLB, zwischen ihr und ihrer Tochtergesellschaft in Zürich, der BFZ Bankfinanz (BFZ Bank), später Bank Austria Schweiz, heute AKB Privatbank Zürich, zum Zwecke der Verschleierung der Empfänger der Gelder veranlaßt zu haben. In dem Prozeß ging es um einen Schadenersatzbetrag von umgerechnet rund 240 Millionen Euro nebst fünf Prozent Zinsen seit 1994 (insgesamt um rund 400 Millionen Euro inkl. Zinsen).[157] Ihm lag folgender Sachverhalt zugrunde:

Rudolfine Steindling legte 1982 und 1984 bei den Zürcher Banken Cantrade und Coutts & Co. Konten der Firma Novum an und füllte diese mit Geldern von Novum-Konten bei der Österreichischen Länderbank AG (ÖLB) in Wien, der späteren Unicredit Bank Austria AG, mit etwa 200 Millionen. Schweizer Franken (CHF), umgerechnet etwa 162 Mio. Euro, auf. 1991 und 1992 wurden die Novum-Konten bei beiden Banken „wie Getreidespeicher sturzartig vollständig geleert."[158] Von diesen Konten überwies sie zwischen Ende 1989 und Anfang 1992 Geldbeträge in verschiedenen Währungen umgerechnet im Wert von ca. 109 Millionen EUR an etwa sechzig verschiedene Banken in Hongkong, Is-

156 Die hier erörterten Gerichtsverfahren behandeln von Rudolfine Steindling veranlaßte Transaktionen von und auf Konten der Firmen Novum Handelsgesellschaft mbH und Transcarbon Handelsgesellschaft mbH. Die Transcarbon ist eine 1981 gegründete Tochtergesellschaft der Firma Novum. Rudolfine Steindling war auch Mitgesellschafterin und Geschäftsführerin dieses Unternehmens, sie hat zugunsten der Firma Novum Treuhanderklärungen abgegeben (vgl. BT-Bericht DDR-Vermögen, S. 109). Die Transcarbon hat in allen Rechtsstreitigkeiten um das Vermögen der Firma Novum keine eigenständige Rolle gespielt, sie wird deshalb hier unter dem Namen Firma Novum mit geführt und in der folgenden Erörterung nicht mehr erwähnt.

157 Antwort der Bundesregierung auf die Kleine Anfrage u.a. des Abgeordneten Rolf Schwanitz und der Fraktion der SPD, BT-Drucksache 17/6702 vom 26. Juli 2011, S. 4, unter: http://dipbt.bundestag.de/dip21/btd/17/067/1706702.pdf.

158 Mayr, Walter: Rote Fini auf der Via Dolorosa. In: Der Spiegel 29/2002, S. 117, unter: http://www.spiegel.de/spiegel/print/d-23215475.html.

rael, den USA und der Schweiz.[159] Die Unabhängige Kommission zur Überprüfung des Vermögens der Parteien und Massenorganisationen der DDR (UKPV) resümierte in ihrem Schlußbericht an den Deutschen Bundestag: „Die jeweiligen Empfänger, zum Teil in asiatischen Ländern, in Israel und der Karibik, konnten bisher nicht restlos ermittelt werden. Jedenfalls waren diese Transaktionen in den Büchern der Novum nicht nachvollziehbar und offensichtlich ohne erkennbaren wirtschaftlichen Hintergrund."[160] Der Sachverhalt über die weiteren Rudolfine Steindling vorgeworfenen Geldverschiebungen wird in dem folgenden zweiten Komplex beschrieben.

Das Bezirksgericht Zürich verurteilte Rudolfine Steindling wegen dieser Vorgänge sowie der weiteren Vermögensverschiebungen von Konten der Novum bei der AKB Privatbank Zürich AG (vormals Bank Austria Zürich) rechtskräftig in voller Höhe zur Zahlung von Schadenersatz. Die klagende THA/BvS schloß mit Rudolfine Steindling auf deren Initiative hin einen Vergleich zur Abwendung der Zwangsvollstreckung ab. Danach wurden Geldmittel im Wert von etwa 106 Millionen Euro zugunsten des beanspruchten ehemaligen SED-Parteivermögens von Rudolfine Steindling freigegeben, die von ihr bei einer Bank zugunsten der Züricher Staatsanwaltschaft hinterlegt, aber auch von der THA/BvS arretiert worden waren. Grund für den Vollstreckungsvergleich war die Feststellung der THA/BvS, daß eine Vollstreckung von weiteren Beträgen über den arretierten Betrag hinaus bei Rudolfine Steindling aussichtslos gewesen wäre.[161] Insgesamt nahm die THA/BvS bislang aus diesem Gerichtsverfahren zusammen mit anderen in diesem Komplex sichergestellten Vermögenswerten der Firma Novum 153 Millionen Euro ein.[162] Aus diesem Betrag wird, wie eingangs beschrieben, auch der Wiederaufbau der Potsdamer Garnisonskirche finanziert.

In dem zweiten Komplex wird in einem weiteren Gerichtsverfahren die AKB Privatbank Zürich AG (AKB-Bank) von der THA/BvS wegen eines Betrages von 128 Millionen Euro (plus 5 Prozent Zinsen seit 1994, zusammen etwa 250 Millionen Euro) unter dem Gesichtspunkt der Mitwirkung verantwortlicher Mitarbeiter der Bank an unerlaubten Abverfügungen von Rudolfine Steindling und an Geldwäsche in Anspruch genommen.[163] Die AKB-Bank ist infolge ihrer Übernahme der Bank Austria Schweiz AG (abgekürzt BA Schweiz, vorher BFZ Bankfinanz AG, abgekürzt BFZ Bank), Zürcher Tochterbank der Bank Austria AG in Wien (abgekürzt BA Wien, vorher Österreichische Länderbank AG, ab-

159 Vgl. auch Förster: Stasi-Millionen, S. 193.
160 BT-Schlußbericht der UKPV, S. 23 ff.
161 Vgl. Antwort der Bundesregierung, S. 4.
162 Ebd.
163 BT-Bericht DDR-Vermögen, S. 115.

gekürzt ÖLB, heute Unicredit Bank Austria AG, abgekürzt Unicredit BA), in die Rolle der Beklagten gerückt; sie muß sich die von Rudolfine Steindling veranlaßten und von leitenden Mitarbeitern des Vorgängerinstituts, der BA Schweiz/ BFZ Bank, durchgeführten Geldverschiebungen zurechnen lassen. Sie ist durch eine Ausfallgarantie („Patronatserklärung") heute der UniCredit BA abgesichert.[164]

Das Zürcher Bezirksgericht wies 2008 die Klage der THA/BvS in erster Instanz ab. Die dagegen von der THA/BvS beim Obergericht des Kantons Zürich eingelegte Berufung hatte Erfolg. Gegen das Urteil des Zürcher Obergerichts vom 20. März 2010 legten die unterlegende AKB Bank und die UniCredit BA als an dem Prozeß beteiligte Nebenintervenientin Beschwerde beim Kassationsgericht des Kantons Zürich ein, das mit seinem Zirkulationsbeschluß vom 30. November 2011 das Urteil des Zürcher Obergerichts „in Gutheißung der Beschwerde" aufgehoben „und die Sache im Sinne der Erwägungen zur Neubeurteilung an die Vorinstanz" zurückverwiesen hat.[165] Mit seinem Urteil vom 20. März 2012 verpflichtet das Obergericht die beklagte AKB Bank zur Zahlung von 128.355.788,45 Euro „nebst Zins zu 5 Prozent seit dem 27. Juni 1994" an die klagende THA/BvS.[166] Dieses Urteil ist nicht rechtskräftig. Die unterlegene Seite hat es beim Schweizerischen Bundesgericht angefochten.

---

164 Die Parteien dieses Prozesses sind in zahlreichen Medienberichten in Österreich, in der Schweiz und in Deutschland sowie in amtlichen Dokumenten des Deutschen Bundestags genannt worden. Das gilt insbesondere für die AKB Privatbank Zürich AG. Vgl. z.B. Böttcher, Marcus: Eidgenossen wollen Geld nicht rausrücken – Schweizer Bank bunkert DDR-Millionen. In: Berliner Kurier vom 5. Dezember 2012, unter: http://www.berliner-kurier.de/politik-wirtschaft/eidgenossen-wollen-geld-nicht-rausruecken-schweizer-bank-bunkert-ddr-millionen,7169228,11261390.html; Bank Austria soll 245 Mill. Euro in DDR-Klage an Deutschland zahlen, unter: www.welt.de/106210348; Schlußbericht der UKPV, S. 23; Antwort der Bundesregierung, S. 2. Die Rechtsnachfolge der AKB Privatbank Zürich AG nach der BFZ Bankfinanz AG/ Bank Austria Schweiz AG, deren verantwortliche Mitarbeiter die oben genannten Transaktionen zusammen mit Mitarbeitern der Österreichischen Länderbank, der späteren Bank Austria AG, durchgeführt haben, ergibt sich aus dem öffentlich zugänglichen Schweizer Handelsregister, das beim Schweizer Justizamt geführt wird. Vgl. http://zh.powernet.ch/webservices/inet/HRG/HRG.asmx/getHRGHTML?chnr=0203903335&amt=020&toBeModified=0&validOnly=0&lang=1&sort=0 oder http://www.zefix.ch unter Eingabe von „AKB Privatbank" in die Suchmaske.

165 Zirkulationsbeschluss des Kassationsgerichts des Kantons Zürich vom 30. November 2011 (Kass.-Nr. AA100057-P/U/mum), S. 35 f., unter: http://www.gerichte-zh.ch/fileadmin/user_upload/entscheide/oeffentlich/AA100057.pdf.

166 Urteil des Obergerichts des Kantons Zürich vom 20. März 2012 (Geschäfts-Nr. LB110077/U), S. 92 ff., unter: http://www.gerichte-zh.ch/fileadmin/user_upload/entscheide/oeffentlich/LB110077-U-anon.pdf.

Das Obergericht hat folgenden Ablauf der von Rudolfine Steindling veranlaßten Transaktionen festgestellt: Im Sommer 1990 setzte sich Rudolfine Steindling mit dem Vorstand der Wiener Österreichischen Länderbank (ÖLB) in Verbindung, um – wie aus der Einlassung der beklagten Seite ersichtlich – die Kontenguthaben der Firma Novum „möglichst unauffällig [...] auf die KPÖ zu übertragen."[167] Durch Vermittlung des Vorstands der ÖLB eröffnete Rudolfine Steindling im Mai 1991 namens der Firma Novum Konten bei der Züricher BFZ-Bank, einer Tochterbank der Wiener ÖLB. Rudolfine Steindling war zwecks Einrichtung der Konten nicht in Zürich gewesen, sie ließ diese Konten von der Wiener Bankzentrale der ÖLB aus bei der Tochter BFZ-Bank in Zürich einrichten. Die für deren Einrichtung erforderlichen Unterlagen wie Firmenunterlagen, Gesellschafterlisten und Handelsregisterauszüge wurden auf dem Postwege nach Zürich gesandt.[168]

Im Mai 1991 ließ Rudolfine Steindling von leitenden Bankmitarbeitern von Novum-Konten bei der ÖLB 1.754.156.470,91 Österreichische Schillinge (ATS) im Wert von insgesamt 127,45 Millionen Euro auf ein in der Bankzentrale der ÖLB geführtes Verrechnungskonto (sogenanntes Nostrokonto) der BFZ-Bank übertragen, von dem dann die BFZ-Bank den Betrag den bei ihr eröffneten Novum-Konten gut schrieb. Die auf den Novum-Konten liegenden Beträge übertrug die Zürcher BFZ-Bank auftragsgemäß wieder auf ihr Verrechnungskonto bei der Österreichischen Länderbank in Wien (Nostrokonto).[169] Die ÖLB beschaffte im Auftrag der BFZ-Bank die dazu gehörigen Banknoten im Wert von 1.761.819.687 ATS (128.036.000 Euro) gegen eine Kommission von insgesamt 2,5 Promille in Höhe von 4.394.468 ATS (319.358 Euro).[170] Diesen Wert zuzüg-

167 So der Zirkulationsbeschluß des Kassationsgerichts vom 30. November 2011, S. 24 f.; vgl. auch Urteil des Obergerichts vom 20. März 2012, S. 10–18.

168 Urteil des Obergerichts vom 20. März 2012,, S. 10. Es ist wohl kein Zufall, daß Rudolfine Steindling in diesem Zeitpunkt die Initiative ergreift, die Guthaben auf den Novum-Konten abzuheben. Am 30. Mai 1990 hatte die frei gewählte Volkskammer der DDR beschlossen, das Vermögen auch der SED unter treuhänderische Verwaltung zu stellen. Die dazu ergangenen Änderungen des Parteiengesetzes der DDR vom 14. Februar 1990 traten am 1. Juni 1990 in Kraft (siehe BT-Schlußbericht der UKPV, S. 10). Damit war es für sie absehbar, daß der deutsche Staat (zunächst Behörden der seit der Wahl vom 18. März 1990 demokratisch legitimierten DDR, ab 3. Oktober 1990 die Treuhandanstalt im Einvernehmen mit der Unabhängigen Kommission – UKPV -) im Rahmen der treuhänderischen Verwaltung auf das Novum-Vermögen zugreifen wird, was sie zu verhindern suchte.

169 Urteil des Obergerichts vom 20. März 2012, S. 17.

170 Vgl. die Aufstellung über die Barbezüge und Kommissionen in dem Zirkulationsbeschluss des Kassationsgerichts des Kantons Zürich vom 30. November 2011 (Kass.-Nr.

lich der Kommission buchte die BFZ Bank zu Lasten der Novum-Konten in Zürich von ihrem Verrechnungskonto ab. In Form von Banknoten wurden diese Beträge „in den Räumlichkeiten [der] Muttergesellschaft [ÖLB] in Wien in 51 Tranchen von ATS 20 Mio. bis ATS 60 Mio. bar an Rudolfine Steindling ausbezahlt.“[171] Die Banknoten wurden dann auf Veranlassung von Rudolfine Steindling in der Kasse aufbewahrt. Entgegen Medienberichten hatte Rudolfine Steindling das Gebäude der ÖLB nicht „mit Geldscheinen [...] in den Händen verlassen.“[172] Auf Anweisung von Rudolfine Steindling legten leitende Mitarbeiter der ÖLB unterschiedliche Geldbeträge aus der Bargeldsumme in anonyme Spar- und Wertpapierkonten (Juxten Bons), die es damals gab, an. Der Verbleib der auf diese Weise anonymisierten Gelder ist bis heute ungeklärt.[173]

Allein die Art und Weise der Auszahlung an Rudolfine Steindling von Wien über Zürich zurück nach Wien über ein bankinternes Nostrokonto der BFZ-Bank zeigt, daß die beteiligten Führungsorgane beider Banken Rudolfine Steindling aktiv behilflich waren, die Spur der Guthaben auf den Novum-Konten zu verwischen. Ohne deren Hilfe wäre die Transaktion gar nicht zustande gekommen. Das Obergericht geht von der Feststellung aus, daß die Firma Novum ein nach den deutschen Vorschriften des Einigungsvertrages unter treuhänderischer Verwaltung stehendes Unternehmen ist und danach alle Vermögensverfügungen von Rudolfine Steindling der Zustimmung der THA/BvS im Einvernehmen mit der UKPV bedurften. Danach habe Rudolfine Steindling ohne Genehmigung der THA/BvS diese Vermögensverschiebungen nicht durchführen dürfen. Die an der Vermögensverschiebung beteiligten leitenden Mitarbeiter der ÖLB und der BFZ-Bank hätten auch gewußt, daß Rudolfine Steindling nicht über die Gelder hätte verfügen dürfen. Das Obergericht führt hierzu aus:

> „Die Beklagte hat an einer höchst verdächtigen Transaktion mitgewirkt. Die Transaktion kostete eine halbe Millionen Franken und unterbrach die dokumentarische Spur. Der Beklagten durfte und konnte nicht entgehen, dass hinter der Bargeldauszahlung kein Bargeldbedarf stand. Insgesamt hatte die Beklagte allen Grund, damit zu rechnen, dass es Stein [= Steindling] darum ging, mit der Transaktion den Verbleib der Guthaben von N. und T. zu verschleiern. Der wahre Berechtigte hat solches nicht nötig. [...] Die Beklagte und die Nebenintervenientin können nichts zu ihren Gunsten daraus ableiten, dass die Parteiverbundenheit nicht aus dem Handelsregister ersichtlich war. Die Transaktion hätte deshalb bei der Beklagten ganz erheb-

AA100057-P/U/mum), S. 3, unter: http://www.gerichte-zh.ch/fileadmin/user_upload/entscheide/oeffentlich/AA100057.pdf.

171 Urteil des Obergerichts vom 20. März 2012, S. 17.

172 Ebd.

173 So BT-Bericht DDR-Vermögen, S. 116 unter Berufung auf das Ergebnis der Ermittlungen im Rahmen der internationalen Rechtshilfe zwischen der Schweiz, Österreich und Deutschland.

liche Zweifel daran wecken müssen, ob sich Stein die Gelder wirklich ‚bar' auszahlen lassen darf. Die Beklagte hätte zum Beispiel von Stein eine Unbedenklichkeitserklärung oder eine Feststellungsverfügung der Klägerin verlangen können. Ferner hätte sie den Sachverhalt in anonymisierter, das Bankgeheimnis wahrender Form der Klägerin unterbreiten können. Bei einer Routine-Auszahlung über kleinere Beträge, hinter denen ein echter Bargeldbedarf steht, wäre solches übertrieben. Die Transaktion war jedoch höchst verdächtig und es gab keine Erklärung, welche die Bedenken aus der Welt zu schaffen vermochte."[174]

Verwendung des Vermögens der Firma Novum

Seit dem 1. Juni 1990 unterliegt das aus den Wirtschaftsbeziehungen der DDR mit Österreich stammende Vermögen der Firma Novum nach den Vorschriften des Einigungsvertrages vom 31. August 1990[175] der treuhänderischen Verwaltung durch die THA/BvS. Die treuhänderische Verwaltung der THA/BvS ist erst beendet, wenn alle Gerichtsverfahren abgeschlossen sind. Das Urteil des Schweizerischen Bundesgerichts könnte die Erledigung dieser Aufgabe ein Stück näherbringen.

In der Zeit der treuhänderischen Verwaltung der Firma Novum sind bisher ihr gehörende Vermögenswerte in Höhe von rund 153 Millionen Euro für das von der THA/BvS treuhänderisch verwaltete Vermögen der Parteien und Massenorganisationen der DDR (PMO-Vermögen) sichergestellt worden.[176] Sollte das Urteil des Obergerichts des Kantons Zürich vom 20. März 2012 vom Schweizerischen Bundesgericht bestätigt werden, dann würden dem PMO-Vermögen weitere etwa 250 Millionen Euro zufließen. Die sichergestellten Vermögenswerte der Firma Novum fließen nicht in den Bundeshaushalt ein; sie werden nach den Bestimmungen des Einigungsvertrages für gemeinnützige Zwecke, insbesondere der wirtschaftlichen Umstrukturierung in den neuen Bundesländern, eingesetzt.[177] Das Spektrum der bisherigen Verwendung des PMO-Vermögens reicht von der Wirtschaftsförderung, Tilgung der Altschulden der neuen Bundesländer und Berlin über Kommunal- und Sportförderung bis hin zur Unterstützung von Maßnahmen der Kultur- , Kunst- und Denkmalpflege in den neuen Bundesländern und Berlin.[178]

Die Gelder wurden und werden nach einem festgelegten Verteilungsschlüssel auf die neuen Bundesländer und Berlin umgelegt und an Einrichtungen in

174 Urteil des Obergerichts vom 20. März 2012, S. 74 f.

175 Anlage II Kapitel II Sachgebiet A Abschn. III Einigungsvertrag vom 31. August 1990 (BGBl. II S. 889 u. 1150).

176 Antwort der Bundesregierung, S. 4.

177 BT-Schlußbericht der UKPV, S. 33.

178 BT-Schlußbericht der UKPV, S. 34 f.

ihren jeweiligen Ländern vergeben. Zum Beispiel hat das Land Brandenburg aus diesen Zuwendungen zwei Millionen Euro staatlich anerkannten Musikschulen für die Anschaffung von Instrumenten zur Verfügung gestellt.[179] Hinzu kommen die bereits erwähnten zwei Millionen Euro für den Wiederaufbau der Garnisonskirche in Potsdam.[180]

Bis zu Auflösung der Unabhängigen Kommission zur Überprüfung des Vermögens der Parteien und Massenorganisationen der DDR (UKPV) zum 1. Januar 2007[181] sind dafür insgesamt für diese Zwecke 917 Mio Euro ausgegeben worden,[182] zum Beispiel für die

- Kapitalausstattung kleinerer und mittlerer Betriebe in den neuen Bundesländern
- Zuwendungen an die Deutschen Stiftung Denkmalschutz für Maßnahmen des Denkmalschutzes
- Ausstattung der Bundesstiftung zur Aufarbeitung der SED-Diktatur mit ihrem Stiftungskapital
- Überlassung von Kunstgegenstände aus dem PMO-Vermögen an Museen der neuen Bundesländer und Berlin
- Forschungsförderung.[183]

Nach dem Stand vom 30. Juni 2011[184] sind rund 1,1 Milliarden Euro an die neuen Bundesländer und Berlin geflossen, die diese Gelder in ihren Ländern zu gemeinnütziger Zwecke verwendet haben.

---

179 Landtag Brandenburg: Antwort der Landesregierung auf die Kleine Anfrage 1780 der Abgeordneten Marion Vogdt, FDP-Fraktion (Drucksache 5/4565), LT-Drucksache 5/4713, zu Frage 1, S. 2; Vgl. SED-Vermögen hilft Musikschulen. In: Märkische Oderzeitung vom 5. Mai 2009, unter: http://www.moz.de/heimat/lokalredaktionen/uckermark/artikel9/dg/0/1/62639/.

180 Mitteilung der Fördergesellschaft für den Wiederaufbau der Garnisonskirche Potsdam e.V. vom 9. Dezember 2009. Bauen: Wiederaufbau beginnt 2011 mit SED-Geld – Zwei Millionen aus Vermögen der DDR-Parteien für die Garnisonskirche, unter: http://garnisonkirche-potsdam.org.

181 Gesetz zur Auflösung der Unabhängigen Kommission zur Überprüfung des Vermögens der Parteien und Massenorganisationen der Deutschen Demokratischen Republik vom 19. Dezember 2006 (BGBl. I S. 3230).

182 BT-Schlußbericht der UKPV, S. 35.

183 BT-Schlußbericht der UKPV, S. 32 ff. einschließlich Ergänzung.

184 Antwort der Bundesregierung, S. 7.

Fazit

Die Wirtschaftsbeziehungen der DDR mit Österreich über die Firma Novum und den Treuhandfirmen der KPÖ sind von der Nachkriegsgeschichte beider Staaten geprägt worden. Sie entwickelten sich erst mit größerer Bedeutung ab 1973 nach der Anerkennung der DDR durch Österreich. Ihre Glanzzeiten im Rahmen des Ost-Westhandels hatten sie in den 1980er Jahren unter der Ägide der gleichzeitig mit den Treuhandfirmen der KPÖ eng verbundenen Wiener Kommerzialrätin Rudolfine Steindling, die seit 1983 bis 1992 Geschäftsführerin der Firma Novum war.

Aus österreichischer Sicht blieben die Wirtschaftsbeziehungen mit der DDR „marginal". Sie betrugen „lediglich circa 1/40" des Handelsaustauschs zwischen der Bundesrepublik Deutschland und Österreich.[185] „Hauptursache dafür war der ‚Westen' – in der doppelten Gestalt der Bundesrepublik Deutschland und Europäischen Gemeinschaft. Impulse für die Modernisierung der österreichischen Wirtschaft erwartete sich die Republik in erster Linie von der Annäherung an die Europäische Gemeinschaft und durch eine Verbesserung der Arbeitsteilung in Westeuropa, kurz: von der Integration ins ‚imperialistische System'", so der Salzburger Historiker Christoph Boyer.[186]

Aus Sicht der DDR hatten ihre Wirtschaftsbeziehungen mit Österreich eine andere Bedeutung als nur die Absatzförderung der eigenen Wirtschaft. Sie wurden von der DDR überwiegend aus politisch-strategischen Motiven in Szene gesetzt. Die DDR sah in Österreich „das bessere Deutschland"[187], das sich insbesondere in der Zeit des Kalten Krieges neutral zwischen dem kommunistischen Ost- und dem kapitalistischen Westblock bewegte und gleichermaßen mit den kommunistischen Ostblockstaaten und den kapitalistischen Weststaaten politische und wirtschaftliche Beziehungen unterhielt, während der kapitalistische Westen diese bis zur von Bruno Kreisky und Willy Brandt gemeinsam initiierten Entspannungspolitik Ende der 1960er Jahre behinderte.[188]

Die durch die Anerkennung der DDR eingetretene Entspannung auch im Ost-Westhandel hatte jedoch keinen Einfluß auf die weiterhin durch den CoCom-Ausschuß bestimmten Beschränkungen von Lieferungen von bestimm-

---

185 Friedrich (Fritz) Bauer in dem Bericht der Universität Hildesheim über seinen Vortrag, den er in der Universität Hildesheim gehalten hat. Sein Thema war: „Berlin-Ost – Bonn. Erfahrungen eines österreichischen Botschafters in der DDR und der Bundesrepublik 1972–1990." Unter: http://www.uni-hildesheim.de/media/fb1/geschichte/eg/ws2007/05-Bauer.pdf.

186 In: MÖStA, S. 182 f.

187 König: DDR, Österreich (I) und das bessere Deutschland.

188 Beil: Außenhandel, S. 25 ff.

ten rüstungsrelevanten Waren insbesondere der Hochtechnologie (Mikroelektronik) an die Ostblockländer, die erst mit dem Untergang der kommunistischen Herrschaft in den Ostblockländern fielen. In Österreich sind die CoCom-Beschränkungen jedoch erst 1988 verbindlich geworden, vorher wurden sie in Österreich kaum beachtet.[189]

Die Wirtschaftsbeziehungen der DDR mit Österreich dienten anfangs dazu, sich von der Abhängigkeit der DDR-Wirtschaft von der Bundesrepublik Deutschland zu lösen, die von dieser wiederholt zu politisch bedingten Repressalien ausgenutzt wurde. Die DDR bezweckte damit, die Isolierung der DDR im Kalten Krieg zu durchbrechen und über Österreich Handelskontakte zur westlichen Welt zu knüpfen.

Rein finanztechnisch zielten die Wirtschaftsbeziehungen mit Österreich darauf ab, mit dem Absatz von Wirtschaftsgütern nach Österreich die Deviseneinnahmen der DDR zu steigern, wobei die KPÖ-Unternehmen eine große Hilfestellung boten. Diese waren auch an den verschwiegenen Geschäften beteiligt, mit denen sich die DDR mit hochtechnologischen Wirtschaftsgütern eindeckte, deren Lieferung von den meisten westeuropäischen Ländern (meistens NATO-Staaten) in den kommunistischen Ostblock nach den Embargo-Bestimmungen des CoCom-Ausschusses verboten war.

Wie wir gesehen haben, war die Firma Novum ein wichtiger Teil der Wirtschaftsbeziehungen der DDR mit Österreich. Sie ist 1951 als ein KPÖ-getarntes SED-Unternehmen gegründet worden, sie war, so Amon Brandt treffend, „seit den fünfziger Jahren fixer Bestandteil der Osthandelspolitik der Republik und ihrer verstaatlichten Industrie. In den folgenden Jahrzehnten gab es auch für privatwirtschaftliche Konzerne wie Ciba-Geigy, Bosch und Steyr-Daimler-Puch kein Vorbeikommen an dieser Vermittlungsagentur. Für Gesprächstermine mit der DDR-Führung war die Novum die Rezeption – und die neutrale Alpenrepublik war das Wartezimmer. Ihren Höhepunkt erlebte die Firma in den achtziger Jahren, als sie gut sechzig Prozent des österreichischen Außenhandels mit der DDR betrieb.“[190]

Die Verbindung des SED-Unternehmens Firma Novum mit den Treuhandunternehmen der KPÖ folgte „der politischen Zielstellung der SED-Führung und des Staates, den Ausbau der sozialistischen Wirtschaft vor dem ökonomischen Eindringen der westlichen Staaten zu schützen, verbunden mit dem gleichzeitigen Bestreben, an den internationalen weltwirtschaftlichen Beziehungen ver-

189 Seliger: KPÖ-Treuhandunternehmen, S. 118.

190 Brandt, Amon: KPÖ gehört jetzt BRD. In: *Jungle World* Nr. 43, 15. Oktober 2003, unter: http://jungle-world.com/artikel/2003/42/11598.html.

stärkt teilzuhaben."[191] Die ideologische Verbundenheit der SED mit der KPÖ hatte dabei einen entscheidenden Anteil. Sie war die Grundlage des Ost-Westhandels ihrer Parteifirmen, sie führte zu der viel beschworenen Brückenfunktion zwischen den kommunistischen Ostblockländern sowie den westlichen kapitalistischen Ländern. „Der ihnen als Teil der kommunistischen Weltbewegung erleichterte Zugang zu den Handelspartnern im Osten stellte das wichtigste Gründungskapital der Parteifirmen dar und erklärt auch ihre mit zunehmenden Interesse anderer Firmen am Osthandel weiterhin bestehenbleibende Vermittlerfunktion" so Maren Seliger.[192] Die Westunternehmen, die auf der anderen Seite der Brücke standen, gingen davon aus, daß die Parteifirmen der SED bzw. KPÖ die Anbahnung der Geschäfte erleichtern halfen und die administrative und finanzielle Abwicklung ihrer Aufträge in den Osthandelsländern sicherstellten.

In diesem Zusammenhang steht die Lieferung und der Aufbau eines Konverter-Stahlwerks zur Ergänzung des Bandstahlkombinats „Herbert Matern" in Eisenhüttenstadt durch die VÖEST-Alpine unter Vermittlung und Begleitung der Firma Novum. Hier zeigt sich, welche beherrschende Rolle die Firma Novum im Partei- und Staatsgefüge der DDR spielte. Man stelle sich vor, der Aufbau des Konverter-Stahlwerks der VÖEST-Alpine in der DDR wäre nicht von der Firma Novum begleitet worden, sondern von einem normalen Außenhandelsbetrieb der DDR. Dieses Projekt wäre in der Bürokratie des DDR-Staates steckengeblieben. Durch die Verbindung der Firma Novum direkt zum ZK der SED wurden jegliche administrative Hindernisse bereits im Vorfeld ausgeräumt. Zum Beispiel die zahlreichen österreichischen Ingenieure und Baufachleute der VÖEST-Alpine auf der Baustelle in Eisenhüttenstadt unterlagen keinen Reisebeschränkungen, wie sie in der DDR stringent geregelt waren; die Baustelle kann mit allen Baugeräten, Maschinenteilen und Versorgungsgütern unter Außerachtlassung sämtlicher Einfuhrbestimmungen der DDR aus Österreich, aber auch aus der Bundesrepublik Deutschland, beliefert werden, ohne dafür Einfuhrzölle zu bezahlen; die zügige Abfertigung der Zulieferungen aus Österreich und anderen westeuropäischen Staaten für die Baustelle an den Grenzübergangsstellen war organisiert. Kurz gesagt, der Aufbau des Konverter-Stahlwerks fand in der DDR in einer Umgebung der Exterritorialität statt, die auf Veranlassung der Firma Novum von höchster Stelle sichergestellt wurde.

Nach dem Zusammenbruch der Staatswirtschaften in Osteuropa und der Vereinigung der beiden deutschen Staaten sind die Aufgabenfelder der Firma Novum und der Treuhandunternehmen der KPÖ weggefallen. Die Unternehmen mußten sich nach anderen Aufgaben umsehen. Das aus den Wirtschaftsbezie-

---

191 BT-Bericht DDR-Vermögen, S. 441.

192 Seliger: KPÖ-Treuhandunternehmen. In: MÖStA S. 125.

hungen der DDR mit Österreich erwirtschaftete Vermögen der Firma Novum wurde nach dem Einigungsvertrag vom 31. August 1990 unter treuhänderische Verwaltung der Treuhandanstalt/BvS gestellt. Zugunsten gemeinnütziger Zwekke wurde es und wird es wegen noch laufender Gerichtsverfahren erst nach deren Abschluß verwendet.

Anhang

Schaubild: Durch Rudolfine Steindling veranlaßte Transaktionen von den Novum-Konten

Ausgangslage

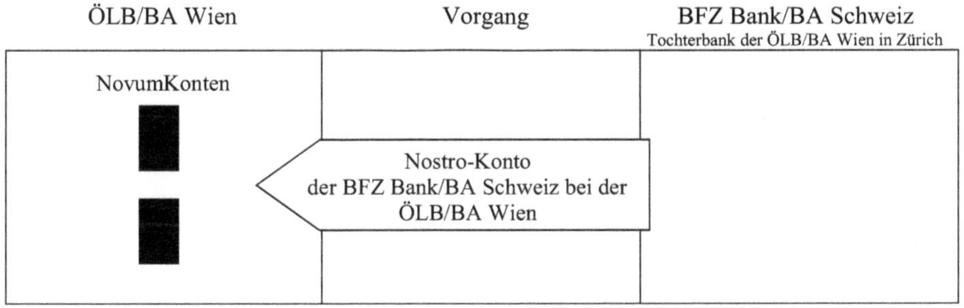

1. Schritt

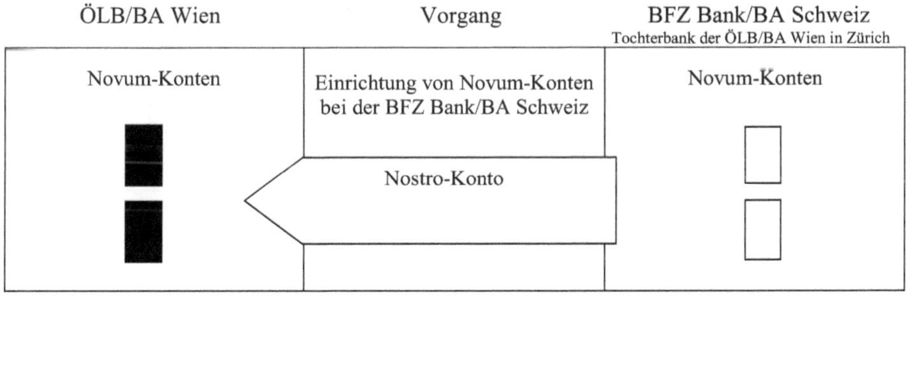

2. Schritt

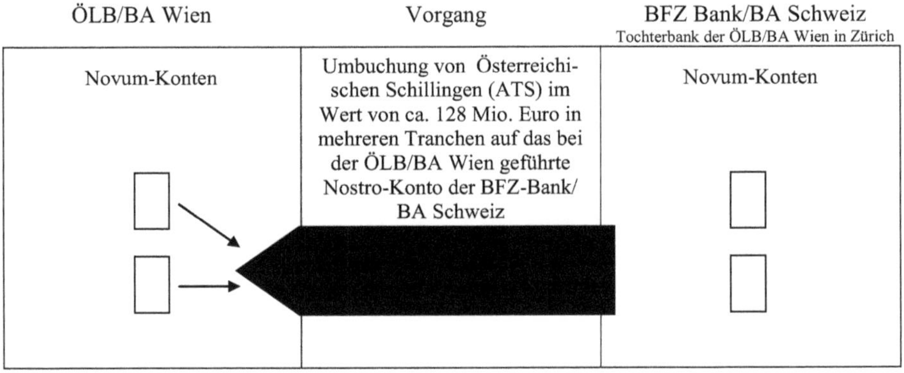

3. Schritt

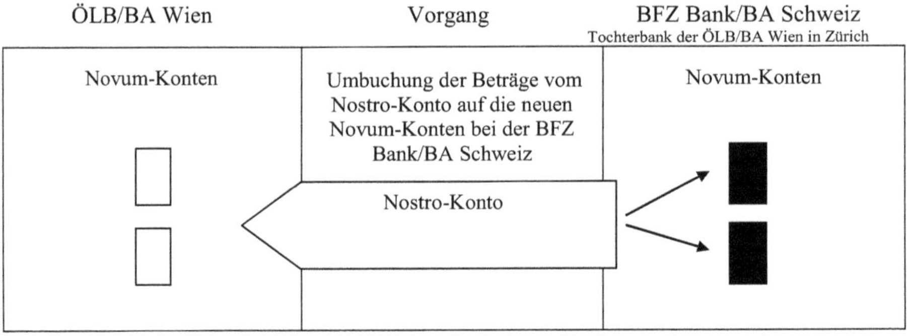

4. Schritt

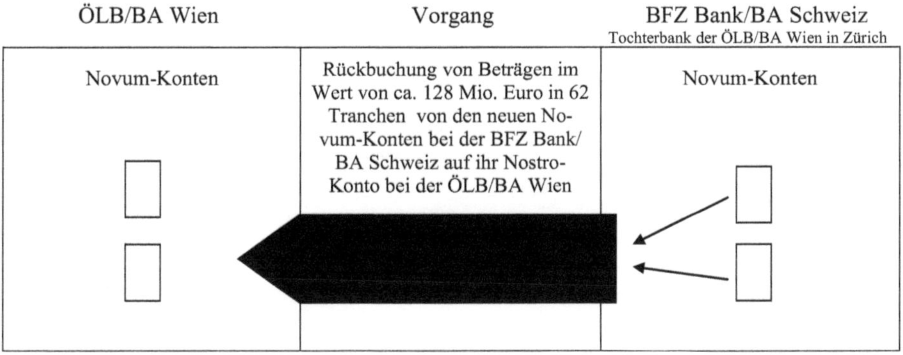

5. Schritt

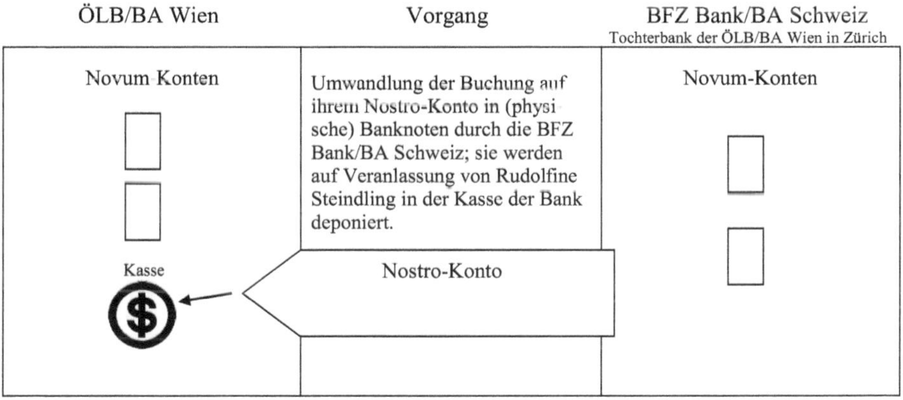

6. Schritt

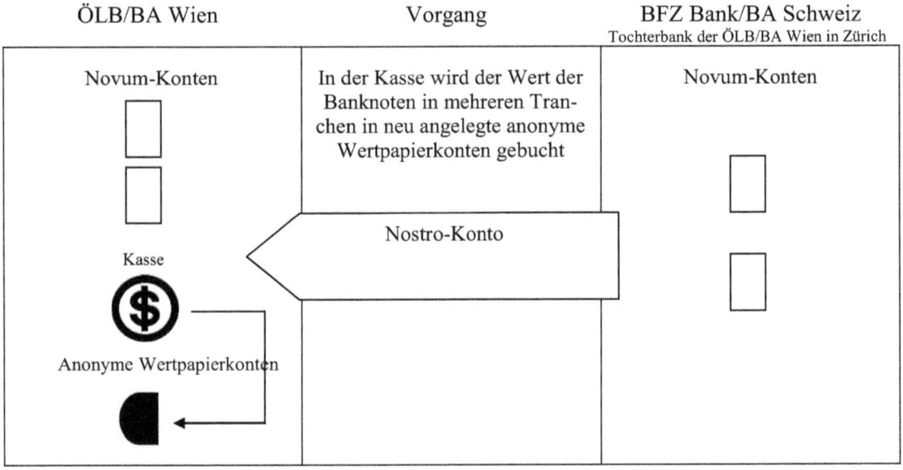

Quelle: Urteil des Obergerichts des Kantons Zürich vom 20. März 2012 (Geschäfts-Nr. LB110077/U), S. 10 – 18 der Internetausgabe

http://www.gerichte-zh.ch/fileadmin/user_upload/entscheide/oeffentlich/LB110077-U-anon.pdf.

Legende

R.S.	Rudolfine Steindling
ÖLB/BA Wien	Österreichische Länderbank AG (ÖLB), die infolge eines Zusammenschlusses mit der Zentralsparkasse in Bank Austria AG (BA Wien) im Transferjahr 1991/1992 umbenannt wurde; heute Unicredit Bank Austria AG (Unicredit BA).
BFZ Bank/BA Schweiz	BFZ Bankfinanz AG (BFZ Bank), Tochterbank der ÖLB, die in Bank Austria Schweiz AG (BA Schweiz) umbenannt wurde. Sie wurde übernommen von der Aargauer Kantonalbank (AKB). Sie nennt sich heute AKB Privatbank Zürich AG (AKB Privatbank).

		Leeres/geleertes Novum-Konto
		Volles/aufgefülltes Novum-Konto
		Nostro-Konto der BFZ Bank/BA Schweiz bei der ÖLB/BA Wien ohne Gutschriften von Novum-Konten.
		Nostro-Konto der BFZ Bank/BA Schweiz bei der ÖLB/BA Wien mit Gutschriften von Novum-Konten.
		Geldströme
Kasse		Die Kasse der ÖLB/BA Wien verwaltet Bargeldbestände und wickelt Einzahlungen auf Konten ab. Bei ihr wurden die Banknoten deponiert.
Anonyme Wertpapierkonten		Sog. Juxten Bons oder anonyme Sparbücher, die heute nicht mehr verwendet werden. In neu angelegte anonyme Wertpapierkonten wurde der Wert der in der Kasse deponierten Banknoten in mehreren Tranchen eingebucht.

Liste der Missionschefs

Botschafter der Bundesrepublik Deutschland in Wien

Carl-Hermann Mueller-Graaf	1955 – 1961
Friedrich Janz	1961 – 1963
Josef Löns	1963 – 1970
Hans Schirmer	1970 – 1974
Horst Grabert	1974 – 1979
Graf Maximilian von Podewils	1979 – 1982
Hans Heinrich Noebel	1982 – 1986
Graf Dietrich von Brühl	1986 – 1990

Botschafter der Deutschen Demokratischen Republik in Wien

Werner Fleck	1973 – 1976
Gerhard Schramm	1976 – 1983
Horst Grunert	1983 – 1986
Klaus Wolf	1986 – 1990

Botschafter der Republik Österreich in Bonn

Adrian Rotter	1955 – 1958
Josef Schöner	1958 – 1966
Karl Gruber	Februar – Mai 1966
Rudolf Ender	1966 – 1970
Wilfried Gredler-Oxenbauer	1970 – 1977
Franz Pein	1977 – 1983
Willibald Pahr	1983 – 1985
Friedrich Bauer	1986 – 1990

Botschafter der Republik Österreich in Ost-Berlin

Friedrich Bauer	1973 – 1977
Hans Walser	1978 – 1981
Hellmuth Strasser	1981 – 1985
Franz Wunderbaldinger	1985 – 1990
Erich Binder	16.1. – 2.10.1990

Leiter der Österreichischen Delegation Berlin

Alexis Altschiller	1947 – 1952
Franz Hoinik	1952 – 1956
Ernst Luegmayer	1956 – 1958
Hans Thalberg	1958 – 1962
Peter Müller	1962 – 1965
Helmut Liedermann	1965 – 1971
Friedrich Hoess	1971 – 1975
Franz Ceska	1975 – 1977
Erich Kussbach	1977 – 1981
Alexander Christiani	1981 – 1986
Gabriele Matzner-Holzer	1986 – 1990

Chronologie

27.04.1945	Nach Bildung einer provisorischen Staatsregierung proklamiert Karl Renner die Wiedererrichtung der Republik Österreich.
25.11.1945	Die KPÖ erreicht bei den österreichischen Nationalratswahlen 5,4 Prozent der Stimmen, die ÖVP 49,8 Prozent und die SPÖ 44,6 Prozent.
23.05.1949	Gründung der Bundesrepublik Deutschland.
07.10.1949	Gründung der DDR.
28.09.1950	Gründung der für die Außenhandelsbetriebe der SED zuständigen Dachorganisation der Außenhandelsbetriebe des Zentralkomitees (DEAG), die später in die Deutsche Warenvertriebsgesellschaft mbH (DWV) umgewandelt wurde.
31.05.1951	Gründung der Novum Handelsgesellschaft mbH (Firma Novum) aus der Österreich-Abteilung des SED-Außenhandelsbetriebes DWV; Übertragung des Österreich-Handels der DWV auf die Firma Novum.
18.12.1953	Erstes Kammerabkommen zwischen der österreichischen Bundeskammer der gewerblichen Wirtschaft und der Kammer für Außenhandel der DDR über ein Volumen von 18,5 Millionen US-Dollar.
15.05.1955	Unterzeichnung des Staatsvertrages über die Anerkennung der Unabhängigkeit Österreichs durch die Hauptsiegermächte des Zweiten Weltkrieges.
27.07.1955	Staatsvertrag tritt in Kraft, Ende der Besatzungszeit in Österreich.
26.10.1955	Verabschiedung des Gesetzes über die „immerwährende Neutralität" Österreichs.
27. und 28.05.1963	Kafka-Konferenz auf Schloß Liblice in der Nähe von Prag.

13.02.1964	Das *Neues Deutschland* veröffentlicht unter der Überschrift „Zu einigen Problemen des geistigen Lebens“ eine Polemik gegen Ernst Fischers Beitrag auf der Kafka-Konferenz.
1966	Im Verlagshaus Rowohlt erscheint Ernst Fischers Essay-Sammlung „Kunst und Koexistenz“, in dem Fischer sich kritisch mit den sozialistischen Staaten auseinandersetzt und für einen „Dritten Weg“ plädiert.
1968	Ernst Fischer bezeichnet die Niederschlagung des Prager Frühlings durch die Sowjetunion als „Panzerkommunismus“.
21.12.1972	Unterzeichnung des Grundlagenvertrages zwischen beiden deutschen Staaten. Völkerrechtliche Anerkennung der DDR durch Österreich und Aufnahme der diplomatischen Beziehungen.
16.05.1973	Friedrich Bauer wird als erster österreichischer Botschafter in der DDR akkreditiert.
30.08.1973	Erstes staatliches Handelsabkommen zwischen der DDR und Österreich.
07.12.1974	Weiteres Abkommen der DDR mit Österreich über wirtschaftliche, industrielle und technische Zusammenarbeit
26.03.1975	Abschluß des Konsularvertrages zwischen der DDR und Österreich, in dem die Staatsbürgerschaft der DDR von Österreich anerkannt wurde.
16.03.1978	Erwerb eines Geschäftsanteils an der Firma Novum durch Rudolfine Steindling verbunden mit einer Treuhanderklärung zugunsten der SED.
30.03.1978	Bruno Kreisky besucht als erster westlicher Regierungschef offiziell die DDR.
10. 11. 1980	Besuch des DDR-Staatsratsvorsitzenden Erich Honecker in Österreich.
12.11.1980	Paraphierung eines Vertrages mit dem österreichischen Staatsunternehmen VÖEST-Alpine AG über die Lieferung und Errichtung eines Konverter-Stahlwerkes für das Eisenhüttenkombinat Ost in

	Eisenhüttenstadt/DDR während des Staatsbesuchs von Erich Honecker.
28.04.1983	Zweite schriftliche Treuhanderklärung von Rudolfine Steindling zugunsten der Zentrag/SED als Alleingesellschafterin der Firma Novum.
06.11.1984	Inbetriebnahme der von VÖEST errichteten Konverteranlage in Eisenhüttenstadt durch Bundeskanzler Fred Sinowatz und Politbüro-Mitglied Günter Mittag
11.10.1983	Der österreichische Bundespräsident Rudolf Kirchschläger kommt zu einem Staatsbesuch in die DDR.
07.05.1985	Rudolfine Steindling wird Allein-Geschäftsführerin der Firma Novum.
14.06.1988	Besuch des österreichischen Bundeskanzlers Franz Vranitzky in der DDR
24.11.1989	Arbeitsbesuch von Bundeskanzler Franz Vranitzky in der DDR.
17.12.1989	Parteitagsbeschluß der SED über die Einrichtung der „Arbeitsgruppe zum Schutz des Vermögens der SED“. Ziel: Verschleierung und Beiseiteschaffung des Inlands- und Auslandsvermögens der SED.
26.01.1990	Gegenbesuch von Ministerpräsident Hans Modrow in Österreich.
31.05.1990	Die Volkskammer der DDR bestimmt gesetzlich mit Wirkung vom 01. Juni 1990 die treuhänderische Verwaltung des Vermögens der Parteien und Massenorganisationen der DDR (PMO-Vermögen), das am 07. Oktober 1989 bestanden hat oder seither an die Stelle dieses Vermögens getreten ist.
03.10.1990	Nach dem Einigungsvertrag zwischen beiden deutschen Staaten vom 31. August 1990 gelten die DDR-Bestimmungen über die treuhänderische Verwaltung des PMO-Vermögens nach der Wiedervereinigung als Bundesrecht fort.
14.01.1992	Feststellung der seit dem 1. Juni 1990 bestehenden treuhänderischen Verwaltung der Firma No-

	vum durch die Treuhandanstalt (THA).
05.04.1993	Schadenersatzklage der THA gegen Rudolfine Steindling wegen Verletzung des Treuhandvertrages, Veruntreuung und ungetreuer Geschäftsführung bei dem Bezirksgericht in Zürich.
29.06.1994	Schadenersatzklage der THA gegen die AKB Privatbank Zürich AG (AKB Bank), vor ihrer Übernahme durch die Aargauische Kantonalbank (AKB) Tochterbank der Österreichischen Länderbank AG (ÖLB)/Bank Austria AG (BA Wien) bei dem Bezirksgericht in Zürich.
12.12.1996	Entscheidung des Verwaltungsgerichts Berlin: Firma Novum ist ein KPÖ-Unternehmen.
23.09.2003/14.10.2004	Berufungsentscheidung des Oberverwaltungsgerichts Berlin: Firma Novum ist ein SED-Unternehmen. Eintritt der Rechtskraft mit Entscheidung des Bundesverwaltungsgerichts vom 14. Oktober 2004.
2008	Bezirksgericht Zürich: Verurteilung von Rudolfine Steindling zur Zahlung von Schadenersatz im Wert von 240 Mio. Euro plus 5 Prozent Zinsen seit Klageerhebung (1992). Der Rechtsstreit wird mit einem Vollstreckungsvergleich zwischen der THA/BvS und Rudolfine Steindling abgeschlossen.
2010	Vergabe von Mitteln aus dem Novum-Vermögen für den Wiederaufbau der Potsdamer Garnisonkirche und für Musikschulen im Land Brandenburg.
20.03.2012	Obergericht Zürich in der Berufungsinstanz: Verurteilung der AKB Bank zur Zahlung von Schadenersatz in Höhe von 128 Mio. Euro nebst 5 Prozent Zinsen seit Klageerhebung (1994).
Sommer 2012	Beschwerde der AKB Bank beim Schweizerischen Bundesgericht in Lausanne gegen die Entscheidung des Obergerichts Zürich vom 20. März 2012.

Index

Deck- und Vorgangsnamen

Abbildungsverzeichnis

Autorinnen und Autoren

Maxmilian Graf, geb. 1984, Dr. phil, Studium der Geschichte an der Universität Wien. 2008 Würdigungspreis des Bundesministeriums für Wissenschaft und Forschung. Seit 2010 wissenschaftlicher Mitarbeiter an der Historischen Kommission der Österreichischen Akademie der Wissenschaften. Veröffentlichungen zu den Beziehungen zwischen Österreich und der DDR, zur Kommunistischen Partei Österreichs, zur Grenzregion Burgenland sowie zur Geschichte des Kalten Krieges.

Malte Fischer, geb. 1942, Studium der Rechts- und Staatswissenschaften in Berlin, Tübingen und Göttingen, beide juristische Staatsexamina (Niedersachsen). Erste Stellung in einer Rechtsabteilung eines Handelsunternehmens eines großen deutschen Stahlkonzerns, Rechtsanwalt, zuletzt 27 Jahre Jurist im Bundesinnenministerium (BMI) in Bonn und Berlin. Dort ab 1990 im Zusammenhang mit der Wiedervereinigung und ihren Folgen tätig: Mitwirkung bei der Ausarbeitung des Einigungsvertrages insbesondere der Zusammen-führung von DDR-Recht und Bundesrecht; Aufbau der Verwaltungen in den neuen Bundesländern (Bund-Länder-Clearingstelle) und schließlich 16 Jahre lang Prüfung und Auflösung des Vermögens der Parteien und Massenorganisationen der DDR (PMO-Vermögen) in dem organisatorisch zum BMI gehörenden Sekretariat der Unabhängigen Kommission zur Überprüfung des Vermögens der Parteien und Massenorganisationen der DDR (UKPV); Ende März 2007 pensioniert. Veröffentlichungen über die Arbeit der UKPV und das PMO-Vermögen.

Michael Rohrwasser, geb. 1949, Studium der Germanistik und Politologie. Promotion 1979, Habilitation 1989 an der Freien Universität Berlin. Gastprofessuren in Stanford / USA, Wien, Freiburg, Hamburg, Germersheim, Oppeln (Opole). Seit 2005 Professor für Neuere deutsche Literatur an der Universität Wien. Publikationen: Saubere Mädel, Starke Genossen. 1975. Der Weg nach oben. Politiken des Schreibens. 1980. Der Stalinismus und die Renegaten. 1989. Coppelius, Cagliostro und Napoleon. Der politische Blick E. T. A. Hoffmanns. 1989. Freuds Lektüren. Von Arthur Schnitzler bis Arthur Conan Doyle. 2005. Rezensionstätigkeit u. a. in *Frankfurter Allgemeine Zeitung*, *taz* , *Frankfurter Rundschau, Neue Zürcher Zeitung, Die Zeit, Wiener Zeitung.*

Angela Schmole, geb. 1962, M.A., 1979–1982 Maschinistin im Kraftwerk Boxberg, Studium an der Pädagogischen Hochschule in Dresden, tätig als Erzieherin beim Land Brandenburg, seit 1992 in der Stasi-Unterlagenbehörde, Studium der Geschichte und Politikwissenschaft an der Humboldt Universität Berlin, Veröffentlichungen zu Frauen im MfS, zur MfS-Abteilung 26 (Telefonüberwachung) und HA VIII (Beobachtung/Ermittlung).

Enrico Seewald, geb. 1963, war in der DDR von 1980 bis 1981 aktiv im gewaltfreien Widerstand gegen das SED-Regime und von 1981 bis 1983 in politischer Haft in Karl-Marx-Stadt, Cottbus und Bautzen II. Nach dem Freikauf durch die deutsche Bundesregierung 1983 legte er das Abitur ab und beendete das Studium der Politischen Wissenschaften am Otto-Suhr-Institut der Freien Universität Berlin mit dem Diplom. Er ist Autor bzw. Mitautor mehrerer wissenschaftlicher Publikationen zur Geschichte der Diplomatie. Beim Forschungsverbund SED-Staat der Freien Universität Berlin ist er zuständig für die Erforschung des Diplomatischen Corps in Ost-Berlin und des Außenministeriums der DDR. Seewald ist Dozent für Diplomatie an der Universität Potsdam.

Jochen Staadt, geb. 1950, Dr. phil., Studium der Germanistik und Politologie an der Freien Universität Berlin. Seit 1992 Mitarbeiter im Forschungsverbund SED-Staat, Projektleiter. Autor der *Frankfurter Allgemeinen Zeitung*. Veröffentlichungen zur westdeutschen Studentenbewegung sowie zu den deutsch-deutschen Beziehungen und zur DDR-Geschichte

Studien des Forschungsverbundes SED-Staat an der Freien Universität Berlin

Herausgegeben von Klaus Schroeder und Jochen Staadt

Die Bände 1–14 sind beim Akademie Verlag erschienen.

Band 15 Jochen Staadt (Hrsg.): „Die Eroberung der Kultur beginnt!“ Die Staatliche Kommission für Kunstangelegenheiten der DDR (1951-1953) und die Kulturpolitik der SED. 2011.

Band 16 Benjamin Schröder / Jochen Staadt (Hrsg.): Unter Hammer und Zirkel. Repression, Opposition und Widerstand an den Hochschulen der SBZ/DDR. 2011.

Band 17 Klaus Schroeder/ Monika Deutz-Schroeder / Rita Quasten / Dagmar Schulze Heuling: Später Sieg der Diktaturen? Zeitgeschichtliche Kenntnisse und Urteile von Jugendlichen. 2012.

Band 18 Jochen Staadt (Hrsg.): Schwierige Dreierbeziehung. Österreich und die beiden deutschen Staaten. 2013.

www.peterlang.de

www.ingramcontent.com/pod-product-compliance
Ingram Content Group UK Ltd.
Pitfield, Milton Keynes, MK11 3LW, UK
UKHW041825290926
8980IPUK00002B/67

9 783631 640456